SONGDAIWENXUEYANJIUNIANJIAN

宋代文学研究年鉴

刘扬忠　王兆鹏　刘尊明　主编

(2004-2005)

主　办: 中国宋代文学学会　中国社会科学院文学研究所　武汉大学文学院　湖北大学文学院

本年鉴承蒙武汉大学文学院、湖北大学文学院中国古代文学学科资助，特此致谢。

武汉出版社

WUHAN PUBLISHING HOUSE

(鄂)新登字 08 号

图书在版编目(CIP)数据

宋代文学研究年鉴(2004—2005)/刘扬忠,王兆鹏,刘尊明主编.—武汉:武汉出版社,2007.5

ISBN 978-7-5430-3657-4

Ⅰ.宋… Ⅱ.①刘…②王…③刘… Ⅲ.古典文学—文学研究—中国—宋代—年鉴 Ⅳ.I206.2-54

中国版本图书馆 CIP 数据核字(2007)第 057056 号

书　名:宋代文学研究年鉴(2004—2005)

主　　编:刘扬忠　王兆鹏　刘尊明
责任编辑:李艳芬
封面设计:刘福珊
出　版:武汉出版社
社　址:武汉市江汉区新华下路 103 号　　邮　编:430015
电　话:(027)85606403　85600625
http://www.whcbs.com　　E-mail:wuhanpress@126.com
印　刷:湖北省通山县九宫印务有限公司　　经　销:新华书店
开　本:850mm×1168mm　1/32
印　张:15.125　　字　数:476 千字　　插　页:3
版　次:2007 年 5 月第 1 版　　2007 年 5 月第 1 次印刷
印　数:0001-2000 册
定　价:26.00 元

《宋代文学研究年鉴》编委会

目　录

⊙统计分析

⊙会议追踪

⊙研究综述

⊙专题讨论

⊙论文摘要

⊙新著选评

◎学者研究

◎论著索引

2004—2005 年
宋代文学研究论著的定量分析

刘 学

近两年,宋代文学研究领域有多少新成果问世?这些成果关注的是哪些对象,又是以怎样的方式诠释这些对象?这将涉及宋代文学研究三个方面的问题:研究对象、研究视角与研究方法、论著作者。本文拟从上述三方面对 2004—2005 年中国内地的宋代文学研究论著展开统计与分析,并且以前两年的统计结果为参照考察其发展趋向。[①]

本文的统计资料,主要来源于中国新闻出版署编《全国新书目》、中国国家图书馆馆藏书目(网络版)、上海图书馆编《全国报刊索引》、中国人民大学书报资料中心编《报刊资料索引》所收该时段的宋代文学研究论著。

经统计,2004—2005 两年,中国内地宋代(含辽金)文学研究论著的总量是 2565 项,[②]其中著作 358 部(包括 27 部尚未出版的博士论文与博士后出站报告),论文 2207 篇。共有 1761 位学者产出了宋代文学研究的成果。[③]与前两年比较,近两年宋代文学研究论著的总量略有增长,而著作数量却大为减少,前两年共有著作 569 部,近两年却减少了 211 部。详见表 1:

表1　论著总量比较表

时　段	论著总数(项)	论文数(篇)	著作数(部)	作者总数(人)
2002—2003	2530	1961	569	1767
2004—2005	2565	2207	358	1761

宋代文学研究论著在前两年是快速增长,缘何近两年又出现回落呢?是学科发展趋于萎缩,还是研究陷入瓶颈?值得深思。当然,数量的略减并不一定是坏事。以著作为例,前两年选本多达328种,赏析类作品有46种,普及性的书籍占了所有著作的一半以上,且重复率极高。而这两年选本仅有164种(含鉴赏类书籍),在论著"缩水"之后,具有创新价值的学术著作所占比例未减反增。前两年"一稿多发"的问题相当严重,近两年随着学术规范的进一步完善与科研信息的透明化,该现象已经有所好转。学术的发展有其周期性,而不可能直线上升。应该注意到,这两年的论著总量比2000—2001年增长了许多。从较长远的范围来看,宋代文学研究的发展态势尚好。

以下从研究对象、研究视角与方法、论著作者三个方面来考察这两年宋代文学研究的具体情况。

一　研究对象

我们首先考察这两年宋代文学研究的对象,看看研究者究竟研究了什么问题,了解哪些时段、哪些文体以及哪些作家作品受到关注,而哪些宋代文学现象被研究者忽视。

按照研究对象的朝代,本次收录论著可分为宋朝文学研究与辽金文学研究,而宋朝文学研究包括北宋、南渡与南宋三大时段。从该角度看,这两年的论著以中原文学为主要研究对象,且重北宋

轻南宋。详见表2:

表2 朝代与时段分布表(单位:项)

宋朝				辽金		
两宋总论	北宋	南渡	南宋	辽金总论	辽	金
789	940	194	561	24	5	52

由于沿袭传统的宋代文学观念,在两宋时段的文学研究中,辽金文学研究一直居于配角的地位。这两年,辽金文学研究论著共计81项,包括13部著作与68篇论文,虽无法与宋朝文学研究抗衡,但已经表现出一定的研究力量。近年来宋代文学界对于辽金文学研究的拓展已比较自觉,例如2005年《学术研究》曾组织"辽金文学研究态势"专题笔谈,邓绍基、胡传志、薛瑞兆、张晶、赵维江五位学者谈及辽金文学作为弱势学科的发展态势,包括研究成果与不足、开拓前景与方法等问题。从统计结果看,辽金文学需要加强作家作品研究。对于辽代文学而言,大量的具体研究工作的完成还有待时日。唯有金代文学的研究已经较为全面深入地展开,文体方面在诗、词、曲、文、小说诸领域,个案研究方面对于元好问、完颜亮等个体作家,都有较为细致的研究。相信今后的辽金文学研究将会日益走向具体与深入。

学界习惯于将南渡时期划归南宋,④ 即便如此,南、北宋的研究仍然不甚均衡。因为南宋的词人与词作约为北宋的三倍,⑤ 而2004—2005年的研究重心却向北宋倾斜。无论是对作家作品的研究,还是文学史总论,北宋的研究论著都大大多于南宋。仅在文学理论方面,包括诗话、词话等理论作品与文学观念的研究,南宋吸引了更多研究者的眼球。南宋尤其在诗话与诗歌理论的研究上占据优势,这是与文学理论在南宋发展的实际情况相称的。

我们再将研究对象按照文体进行归类,即根据论著研究的主要文体分为：诗、词、散文、小说、戏曲、其他、总论几类。“其他”指与宋代作家密不可分的其他艺术样式，如书法、音乐、金石等，而“总论”类囊括研究对象涉及两种以上文体的论著，例如探讨两宋诗词的论著、考察作家创作的整体风貌的论著、对某一时段文学史进行整体观照的论著。仍然将这两年的研究对象与前两年进行比较，见表3：

表3 论著文体分布表

年份	文体	词	诗	散文	小说	戏曲	总论	其他
04—05	数量(项)	978	564	188	74	13	675	73
	百分比	38.1%	22.0%	7.3%	3.0%	0.5%	26.3%	2.8%
02—03	百分比	43.4%	25.6%	6.5%	2.9%	1.5%	18.5%	1.6%

总体而言，宋代文学研究论著在文体的分布上趋于合理。诗、词研究所占比重明显减小，散文、小说研究进一步发展，所占比例均较前两年有所上升。“总论”类论著较前两年上升7个百分点，是涨幅最大的一类，此类研究甚至比宋诗研究还要多出百余项。研究者似乎更喜欢打破文体壁垒，对宋代文学进行宏观研究，而不局限于某一文体。因而，虽然一直以来词、诗、散文、小说、戏曲依次排位的研究格局未能发生实质性改变，但是，文体之间的不平衡现象有所调整。

然而，宋代文学研究的薄弱环节——戏曲研究似乎更显单薄。前两年仅产出了39项论著，这两年更是滑落到13项，可见研究者对于这一领域关注甚少。检视这13项论著，基本上是扎实的学术论著，而无一普及性读物。其中有3部著作，皆为考论专著，如俞为民著《宋元南戏考论续编》(中华书局2004年版)，薛瑞兆著《宋金戏剧史稿》(北京三联书店2005年版)，此外尚有两篇考证作品的文章。似乎宋代戏曲研究仍然在作史实考证与梳理、文体特质的辨析与论证的基础工作，而作品审美层面的深入研究尚未充分展开。宋代戏曲研究的步伐稍慢，应当引起学界的重视。

接下来再考察这两年对于宋代作家与作品的研究情况。针对个体作家展开研究的论著有 1538 项，即有一半以上的论著是进行作家的个案研究。在个案研究中，有 146 篇论文研究单篇作品。那么，究竟哪些作家与作品受到研究者的青睐？

个案研究的对象共有 140 名宋代作家，前两年是 121 名，研究范围比前两年稍有拓宽。其中有 33 名作家的相关研究论著在 6 项以上，其余 107 名作家则不到 6 项，有 62 名作家仅被 1 项论著研究。现在将最受研究者关注的前 33 名作家列表，见表 4：

表 4　个体作家研究频次表(单位:项)

对象	总数	成果类别		作品					文论				其他
		论文	论著	诗	词	散文	小说	总论	诗论	词论	文论	总论	
苏　轼	366	344	22	50	115	39		113	13	2	2	17	15
李清照	168	164	4	4	112	1		44		6			1
辛弃疾	110	105	5	3	81	2		22		2			
陆　游	88	85	3	37	8	5		33					5
欧阳修	82	76	6	8	6	21		21	11		1	7	7
黄庭坚	54	53	1	18	7	1		11	8			2	7
王安石	50	45	5	15	1	7		25	1				1
柳　永	46	43	3		41			5					
朱　熹	42	38	4	4	12			12			2	9	3
姜　夔	41	39	2	2	34			3	2				
秦　观	34	33	1	4	25			5					
周邦彦	27	27			26			1					
严　羽	23	23		1					22				
杨万里	22	22		12	2	1			6				1
元好问	20	18	2	3	4		1	7	5				
吴文英	16	14	2		15			1					
张　炎	15	14	1		5			2		8			

对象	总数	成果类别		作品					文论				其他
		论文	论著	诗	词	散文	小说	总论	诗论	词论	文论	总论	
蒋　捷	14	14			10			3					1
范仲淹	13	12	1	2	3	4		2					2
朱淑真	13	13	1	3				9					
刘克庄	11	9	2	4				2	5				
张孝祥	10	10			10								
刘辰翁	9	8	1	1	3	1			1	1		2	
苏　辙	9	8	1	2		4		2				1	
范成大	8	8		6		1		1					
晁补之	7	7		1				3	2		1		
吕祖谦	7	6	1			2		1	1		2	1	
文天祥	7	7		4		2							1
晏几道	7	7			7								
陈师道	6	6		1				1	2	1		1	
惠　洪	6	6			3			2	1				
曾　巩	6	4	2			3		2					1
张　先	6	6			6								

前两年，研究论著在6项以上的作家是34人，与表4所统计的情况相近。排在前三名的仍然是苏轼、李清照与辛弃疾，无论对于研究者的学术思维还是读者的接受频率，几乎都已经形成定势。相关研究能够继续开展，足以说明这三位巨擘创造了巨大的文学财富，并且具有恒久的艺术魅力。苏轼堪称两宋文坛第一人，独占所有论著的1/10强。与前两年相比，排在前10名的作家基本上保持不变。

最大的冷门是岳飞，曾经排在第18名，相关研究论著达到12项。这两年却仅有4篇研究岳飞的论文，其中只有2篇涉及他的文学作品。如此低的"曝光率"，当然无法登上排行榜。在此前的统计中已经指出，研究岳飞的论著多聚焦于岳飞的个人形象，而文学研究的深度与广度都相当有限。也就是说，岳飞在宋代文学研究领域所受到的热烈欢迎其实偏离了文学研究的本位。近两年岳飞研究的冷却，则表现了宋代文学研究的理性回归。

此外，还可以发现，原来榜上有名的洪迈、李觏、陈与义、苏洵、丘处机、张耒纷纷落马，而范成大、晁补之、吕祖谦、文天祥、惠洪和张先却又重新回到排行榜上。

蒋捷与张炎两位南宋晚期的作家，这两年研究的热度有所升高，他们原来排在第30名左右，现在却进入前18名。蒋捷存词数量不多，但是相关研究论文却多达14篇，既有考证蒋捷生平、名号的文章，也有剖析其词心、词美的论文。关于蒋捷的漂泊与孤独的情怀，就有4篇论文进行探讨。然而现存蒋捷资料较少，目前尚无研究专著问世。相比之下，集词人与词论家为一身的张炎，似乎留给研究者更大的开拓空间。除了其300余首内涵丰富的词作，其精湛的词论与深邃的词学思想也吸引了众多研究者，其词话与词学思想的研究成为这两年张炎研究的重点。

由于研究对象的分布相当集中，难以避免的老问题是，大量重复的研究依然存在。例如，李清照的咏花词，便费去4位不同作者的笔墨。而关于其词中所流露的“愁”情，相关论文便更多了。从研究对象的选取上，可以见出创新的艰难。研究者将热门研究对象的多种文学成就，甚至其他领域的表现也挖掘出来，如美学思想、书画观和经世思想等，皆为研究者孜孜以求。这不失为宋代文学研究拓展疆域的一种策略，如此而来，宋代作家更多的潜质被发掘与放大。

研究单篇作品的论文仅146篇，其中14篇为作品考证，32篇为作品赏析，其余100篇论文也倾向于分析与阐释，多为短小、轻巧的文章，较少观点犀利的论证文字。然而此类论文所反映的研究对象，可以辅助说明表4中作家个体的情况。下面将最为研究者喜欢的作品篇目列出，见表5：

表 5 单篇作品排名表

篇　名	论文篇数	文体	作者
前赤壁赋	11	文	苏轼
念奴娇·赤壁怀古	7	词	苏轼
定风波(莫听穿林打叶声)	7	词	苏轼
声声慢(冷冷清清)	5	词	李清照
醉翁亭记	5	文	欧阳修
一剪梅(红藕香残玉簟秋)	4	词	李清照
岳阳楼记	4	文	范仲淹
踏莎行	3	词	秦观
扬州慢	3	词	姜夔
爱莲说	2	文	周敦颐
石钟山记	2	文	苏轼
明妃曲	2	诗	王安石
题西林壁	2	诗	苏轼
江城子·乙卯正月二十日夜记梦	2	词	苏轼
武陵春(风住尘香花已尽)	2	词	李清照
破阵子·为陈同甫赋壮词以寄之	2	词	辛弃疾
鹧鸪天(临锦堂前春水波)	2	词	元好问

除了周敦颐,其余作家都是表 4 中排名在前 20 位的文学家,可见名家与名作不可分离,名作是成就名家的一个重要指标。他们大多具有多方面的文学成就,诗、词、文兼胜。苏轼则是其中的杰出代表,其作品《定风波》(莫听穿林打叶声)、《念奴娇·赤壁怀古》、《江城子·乙卯正月二十日夜记梦》皆为千古传颂的名词,也是当今个案研究的热点。苏轼著名的散文《前赤壁赋》,脍炙人口的诗作《题西林壁》,依然受到研究者的关注。苏轼的名篇远不止上述几首作品,他的过人之处不仅表现为创作量大,创作面广,而且表现为其文学作品中精品甚多。相比之下,辛弃疾的存词为宋代词人之冠,却精粗不一,其名篇的影响力亦不如东坡。

遗憾的是作品个案研究多集中于人们耳熟能详的名作，实际上还有很多佳作期待研究者去发掘。如果研究者能将目光从传统名作上转移，以选家的态度去重新甄别作品，则有可能推出更多的名作，这对于推进宋代文学研究更具意义。同样，倘若研究者对于宋代文体不那么“偏食”，也眷顾到小说、戏曲的佳什，个案研究将焕发新貌。

二　研究视角与方法

上一部分考察的是论著的研究对象，即研究的是什么，接下来追问是如何研究的，即对于这些研究对象，研究者是从哪些角度、使用哪些方法展开的。

依据论著的研究视角，可以将其大致归为三类：文学要素研究，文化观念研究，文学历史研究。

文学要素研究，指针对构成文学本体的某些要素展开研究，例如研究文学的主题、情节、意象、典故等。此类论著主要进行的是文学本体研究，与具体的作品结合紧密。

文化观念研究，关注文学生成与发展的文化背景，例如宋代的士风、宋代的政治制度、宋代的哲学与宗教等。此类论著所作的似乎是所谓的“外围研究”，却与文学本体息息相关。

文学历史研究，指研究者从某一角度重新审视原来的文学现象，探讨文学的历时性变化或共时性特征。例如从传播与接受的角度去考察作家作品的文学地位，从断代的角度去考察文学家之间的内在联系与文坛的更迭兴变。

这种归类是为了描述论著的研究视角，而非对其作定性判断。归类的前提是充分尊重论著各自的主要特点，将研究方式相近的论著大致归纳在一起，有的论著研究特点并不突出，则不强加归类。因而，这种归纳的意义在于反映论著的主要研究视角与侧重点，方便研究者了解研究总貌。大部分论著按照这种思路被分为三类，表面上泾渭分明，内里却存在着交叉。例如有的论著既研究文学要素，又探讨文化观念，不重复归类。下面将论著归类的情况列表显示，见表6：

表6　研究视角分类表(单位:项)

文学要素	作者心态	文体	意象	文献	主题	题材	人物形象	典故	语词	时空	情节
	88	73	76	22	18	16	22	14	17	8	1
文化观念	文化总论	哲学	宗教	政治	民俗	教育	经济	其他观念			
	48	51	34	17	4	2	1	20			
文学历史	类型	学术史	传播接受	比较	来源	群体流派	地域	家族	断代		
	147	120	89	99	81	57	31	11	11		

在“文学要素”一类中，“作者心态”研究为数最多，有88项。其次是“文体”研究，即对于文体的特性、规则加以探讨的论著。此类研究包括韵文的用韵规则研究，文体的特性研究，文体之间的关系研究等。事实上，“文体”研究以词体研究为多。有关词之起源、词韵、词律、词体形式、词体功能、词体言情方式以及词体与音乐的关系，词体与诗体的关系等，都为研究者深加探讨，而有关小说的文体研究则集中于外在的文本体式、内在的结构体制以及叙述模式。再次是“意象”研究，仍然保持了前两年的研究热度。意象研究已经成为研究者非常熟悉的研究方式，然而却形成了一种近乎模式化的思维方式，难以给研究带来创新的惊喜。在这两年中，被研究最多的还是月、水、花三大意象，均拥有5项以上的论著。其次是梦意象，木意象(包括杨柳、梧桐)，风雨意象，笛声意象。稍感新人耳目的是“汴京”意象，“山洞”意象。如此密集的用力难免研

究的撞车，研究同一作家的同一意象，亦不少见。例如李清照词，除了前文提到的数篇研究其咏花词的论文，另有 4 篇论文专门从花意象的角度论说其词。宋人喜咏梅，梅意象也成为屡见不鲜的研究切入点。又如陆游诗歌之“梦”意象，同样被重复研究。

文学要素研究的特点是紧扣作品，细读文本，坚守研究的文学本位，然而就研究现状而言，此类研究似乎逐渐陷入困境。这或许与陈旧的研究套路有关，一方面，缺乏新材料的发掘；另一方面，缺乏或新锐或深邃的思想。因而此类研究往往是以叙代议、以例析代替论证。故越来越多的研究者逐步远离这种研究方式，宁愿走向文学的外围去开辟新的天地。

在文学领域展开文化研究是近年来的研究热点之一，有的论著直接冠名为“文化学研究”。研究者以大文化的眼光去考量文学现象，甚至将研究重心转移到渗透于文学现象的文化观念以及文化环境之中。“文化观念”所归纳的正是这类研究，既包括制度层面的内容，如宋代科举制度（相关论著有 5 项），也包括观念层面的内容，如两宋士风（相关论著 4 项），互不偏废。最受研究者关注的观念形态是两宋的哲学与宗教思想，而二者不可分离。哲学研究中，有 12 项论著研究宋代理学与文学，如《黄庭坚诗学观中的理学因素》。有关宗教的研究则多为佛禅思想，有 19 项之多的论著专门研究禅宗与文学，如《禅宗与唐宋诗话美学》、《理禅融会与宋诗研究》等，更有一些学者讨论苏轼杂取众家思想所形成的复杂世界观，正是意识到宋代儒、释、道等多种思想交融汇合的状况。这两年，从哲学与宗教的角度来考察文学观念成为可以与“心态”、“文体”研究相媲美的研究视角。政治与文学也是近来逐渐升温的研究热点，既有政治制度与政治运动总论，如《从宋初政治的崇文倾向看宋诗气质的形成》；又有具体的政治现象与文学之研讨，有 4 项论著探讨两宋突出政治景观之“党争”，如刘培先生的论文《北宋后期的党争和辞赋创作》、沈松勤先生的专著《南宋文人与党争》

(人民出版社2005年版)。科举制度、两宋士风研究亦属此类。学者还将宋代的经济、教育、民俗等方面的观念纳入文学研究的领域,考察影响文学发展的诸多社会因素。此外,宋代的命遇观念、性别观念、历史观念等诸多思想也进入了文学的研究视野。

"文化观念"研究已经形成研究热潮,并取得了丰硕的研究成果。这种研究方式无疑为宋代文学研究拓展了空间,打破了传统文本研究的沉闷格局。然而新的困惑又将出现:文化研究与文学研究的比重将如何处理?文学研究将走向何方?

第三类研究视角是文学历史研究。有的研究方式并不新鲜,如"比较"研究、"群体"研究,有的方式也逐渐为学界所习见,如"传播接受"研究、"地域"研究、"家族"研究。此类论著的长处主要在于视角的创新。当研究者转换角度、转换思维方式去重新审视文学现象,必然会有新的收获。选取不同的视角,截取不同的文学片断,就能开创新的研究方式,故而此类研究尚有许多宝藏可供开采。下面依据这两年的研究动态,简单评说一下几种研究方式。

其一是类型研究,其论著数量居诸研究方式之首。此类研究指的是,从宋代文学中离析出具有共同描写对象或表述方式等的一类作品进行研究。在前两年,这类研究也数量众多。其突出特点在于方便操作,尤其对于受时间所限的博士论文写作,不失为较好的选题方式。事实上,本次统计所收博士论文中就有进行类型研究的,例如北师大昝红霞的《北宋居士诗研究》即是。田园、咏物、节序、题画等,是研究者经常选取的研究类型。

其二是来源研究。所谓来源研究,就是研究宋代作家所受到的前人的影响,类似于前代作家作品在宋代的接受研究,当然这种研究仍然是以宋代文学家为研究主体的。例如《简论清真词的"隐括"唐诗》,《绮窗凄梦:词中之商隐——试论义山诗对梦窗词的穿透性影响》,《试论辛词的屈骚精神》。这种来源研究对于深入考察宋代文学的发生、发展相当必要,同时也表露了宋代文学研究者锐意开拓研究空间的精神。宋代文学的传播与接受研究,是将宋代文学研究的历史时空向后延伸,在元、明、清文学领域挖掘研究资源,而来源研究则是将研究的历史时空向前推进,使得宋代文学研究的时空变得十分辽阔。研究者在大文学史观念的支配下,去探求文学史演进的内在联系,是颇具价值的研究方式。来源研究受到几乎与传播接受研究同样的欢迎。

其三是断代研究,即截取某一小段历史进行全方位的文学研究,其研究成果则好似文学史的一个横截面,多姿多彩。这两年有11项论著进行断代研究,其中9项集中于北宋,南宋和金代均以1项打住。因而,北宋文坛已经被横截数次,庆历、熙丰、元祐、徽宗时期,一一被细致地展现,而南宋仅有中兴时期被截选出来。断代研究同类型研究一样,便于操作,又比类型研究的涵盖面更广,研究者能够集中有限的笔墨,探讨较多的文学现象,同时,又可能梳理其共性,把握其内在联系。断代研究还有一个长处是具有较好的学术延展性,容易生成副产品,成功的断代研究也方便向上下两端推进,为下一步的研究铺垫基础。故断代研究成为博士论文选题的宠儿。本次统计中就有两篇博士论文和一篇博士后出站报告进行断代研究,他们是华东师大李强的《庆历士风与文学》、南开大学薛颖的《元祐文人集团与元祐体》和北京人学马东瑶的《文化视域中的北宋熙丰诗坛》。两宋尤其是南宋尚有不少时段值得去开垦。

其四是学术史研究,即研究者对宋代研究的学术史进行研究。这两年相关论著有120项,这表明了学人治学中的理性自觉。有的学者用定量分析的方法对宋代文学研究成果进行追踪统计研究,有的学者一直在关注词学史的发展动态,如张幼良先生有4篇专文探讨自20世纪80年代至今的词学发展情况。学术史研究大致涉及如下几个方面:对学术史的梳理、总结、评价与前瞻;对学人治学的总结与评价;对学术论著的评价(这两年共有40篇关于宋代文学研究论著的书评)；对学术所面临的当代问题的探讨，例如宋代文学的英译、今译，宋代文学的教学问题。大多数论著是进行学术史的回顾与思考(其中包括18篇研究综述)，如杨海明先生《关于词学研究的若干随想》，谭新红《词学研究的现状与对策——武汉大学王兆鹏教授访谈》。其中涉及具体问题的，例如徐安琪先生所谈的"词学"与"词学思想史"，王水照先生论说的钱钟书"《宋诗选注》删落左纬之因及其他"；还有数篇论文探讨具体的研究方法，如孟光全《训诂与多元文学分析方法的结合：以清真词的解读为例》。在宏观视野之下，越来越多的研究者深入学术史的具体问题，从而使宋代文学学术史研究显得更为丰满。此外，学人的重要研究成就，也是串联学术史的珍珠。胡适的"苏辛"研究，叶嘉莹先生词学研究的"兴发感动"说，甚至日本市河宽斋的陆游诗歌研究都成为研究对象。这种对研究成果的再研究，将宋代文学研究与当代学术相结合，成为宋代文学研究的增长点之一。

至于其他研究，如传播与接受研究，已经发展得较为成熟，且深入人心。尤其是接受研究，在近年来的硕博论文中出现频率很高，此不赘言。地域、家族研究尚处于研究的增长阶段，越来越多的研究者介入其中，其发展值得进一步关注。

比较研究与群体研究作为传统的研究方式，出现了新的问题。"比较"作为一种研究手段，为许多论著所使用。虽然本文统计的比较研究成果为99项，实际上，在文体研究、传播接受研究和类型研究中，无不存在比较的研究方法。比较研究可以渗入其他任何一种研究方式，而本文所归纳出的"比较"研究类别，是指主要使用比较方式进行研究、以比较为主要研究思路的论著，类似"比较文学"学科所做的工作。正是由于比较的手段被普遍运用，在论著中出现了手段高于目的的现象，即为比较而比较，缺乏对研究对象的洞察，只作表面现象的关联，因而研究思路上流于程式化，研究的"效能"不高。例如，苏辛词风之比较，历来为词学研究者所重视，其研究仍在源源不断地进行，未见突破性进展。同样，在李清照研究中，研究者经常以埃米莉·迪金森与白朗宁夫人为比较对象，还有苏轼与莱辛诗画论之比较，皆已成为老生常谈，难见新的突破。比较研究需要开拓新的比较点，对此研究者有所自觉，在中西、古今多方开掘。如姜夔之词与义山之诗的比较，姜夔与杨万里七言绝句之比较研究，或者远赴海外，如朱淑真与萨福之比较研究，或将苏轼“明月几时有”与莎士比亚“to be or not to be”在追问生命意义的共同点之上比较。这些论著令人看到研究者求新的努力。又如对晏几道词的研究几乎完全在对比中进行，冯延巳、晏殊、秦观、纳兰性德等都构成晏词研究的参照系。然而，提高比较研究的“效能”不仅在于比较点的开创，还在于比较对象设置的合理性。例如张毅《略论李清照与徐灿词之异同》，二者的可比性较强。近两年的比较研究中不乏令人眼前一亮之作，如孙维城先生《唐诗人孟浩然与宋词人张先比较及其文化意义》，陈忻《儒学对唐宋诗歌与日本和歌抒情性的影响》，牛贵琥《金初耆旧作家与庾信之比较》。这种新的比较点的开拓绝不仅是形式创新，更在于对研究对象的深刻体悟与把握。开阔的文化视界则是形成这种研究直觉的基础。

群体研究包括群体、流派研究，还有文人的交游以及社团研究。虽然群体研究也是常见的研究方式，但是近来研究者将群体类型划分得更细，针对小的群体类型进行研究，故而可以出新，如在原来常见的群体、流派之下，又划分出北宋馆职学士诗人群、宋末元初江西词人群、金代河朔词人群甚至苏门六君子，群体趋小，视角变新。此外，群体研究往往与其他研究方式结合紧密，如群体、流派与地域相结合，又如社团研究与社会文化学研究相结合。

研究方法，指研究方略，如文献考订、作品鉴赏、理论阐释等。这两年，共有 231 项考证类论著，可见有相当的研究者坚持在做扎实的文献工作。其中涉及文学作品的作者、时代、典故、版本，作家的生平、事迹、名号、交游、籍里等，并有8部新的作家年谱出炉。此外，论著中的赏析类论文有38项，选本164部，辞典9部，文学史9种，其余则为研究性论著。由于研究方法已经渗透到表6所列的研究视角之中，故此不详述。

总体而言，这两年由于宋代文学学科发展趋于成熟，宋代文学研究者在研究视角与研究方法的转换中寻求新的突破，取得了较多的成果。

三 论著作者

论著作者的情况，是考察学术史的又一个重要方面。这两年，有多少活跃作者，有多少一般作者，其分布比例是否有所变化？

2004—2005年，在宋代文学研究领域，个体作者的研究产量最高的是19项，比前两年高出4项。同样，我们按照普赖斯定律来划分一般作者和活跃作者。一段时间文献作者的最高创作量的开平方根乘以0.749，所得即为活跃作者的创作量。[6]这两年的活跃作者的创作量应为3.3项，取整数计，即两年内论著达到4项的方为活跃作者。不妨将一般作者与活跃作者的分布情况与前两年作一比较，见表7：

表7 作者创作量分布表(论著单位:项)[7]

梯队 / 时段	一般作者					活跃作者				
	论著量	百分比%	人数	百分比%	人均量	论著量	百分比%	人数	百分比%	人均量
02—03	1—2	70.3	1592	90.1	1.1	3—15	29.7	175	9.9	4.3
04—05	1—3	79.7	1671	94.9	1.2	4—19	20.3	90	5.1	5.8

很显然，这两年整体创作量有所提高。原来两年之内发表3篇论文就可成为活跃作者，现在两年之内生产3项论著仍属一般

作者。一般作者的人均创作量比前两年提高 0.1 项，活跃作者更是人均增长了 1.5 项。在全部 1761 名作者之中，活跃作者所占比重下降了不少，也就是说，一方面，活跃作者的创作量与一般作者拉开一段距离，另一方面，活跃作者的人数骤减，好似金字塔的顶部。

下面将前 17 名活跃作者排列出来，见表 8：

表 8　高产作者排名表（论著单位：项）[⑧]

作者	论著量	类别		文体分布							人复转载	CSSCI来源期刊
		论文	著作	诗	词	散文	戏曲	小说	总论	其他		
刘　培	19	18	1			19					1	10
王兆鹏	14	9	5		11				3		4	5
邱美琼	13	13		6	4				3		1	1
胡建次	12	12		9	2				1		1	3
陶文鹏	10	9	1	3	4				3		2	1
陈　忻	9	8	1	4	2				3		1	4
杨胜宽	9	9		1		1			6	1		1
张　剑	8	7	1	1	1				5	1	1	4
祝尚书	8	5	3	1	1	1	5				3	4
房日晰	8	8		2	5			1			1	1
钟振振	8	8		5	1			2				6
蕭伯象	7	7			6				1			3
李　静	7	7			7							2
刘贵华	7	7			7						1	
马茂军	7	7		3		2			2			4
张　晶	7	4	3	3					4		1	2
张再林	7	6	1		5				2			

表 8 中为 2004—2005 年创作量在 7 项以上的作者。其中，创

作量最高者为刘培，他共有 1 本专著，18 篇论文。两年内能发表如此多的论著，产量惊人。在量化统计中检验论著质量是一件十分困难的事。表 8 中仅以作者发表于 CSSCI 来源期刊的数量和论文被人大复印资料《中国古代近代文学研究》转载的情况作为参考，借用这两种评价体系来考察论文。而在这两种体系考评之下，表 8 中几乎所有的作者都有符合条件的成果，其中有 10 位作者在两种体系中均有收获。这种评价方式虽然是片面的，但也能从某一方面反映论文的质量与影响力。

在近两年的宋代文学研究队伍中，博士研究生成为一支生力军。与前两年相比，高产作者中大多为中青年研究者，他们基本上具有博士学历，有的还有博士后流动站工作经历，如刘培、胡建次、马茂军、张再林。表 8 中，老一辈的学者，出生于 20 世纪 40 年代的仅陶文鹏、祝尚书和房日晰 3 位先生。出生于 50 年代的中年学者有 4 位：王兆鹏、杨胜宽、张晶、钟振振。其余 10 位皆为六七十年代出生的青年学者。在现行科研评价体制之下，博士研究生与博士后流动站的工作者为宋代文学研究创造了一大批的论著。特别是博士后在站人员，专力从事科研工作，而已经完成的博士论文为其后续研究奠定了良好的基础，他们的成果通常比较丰硕。不仅表现于表 8 中的几位，在这两年论著量为 4～6 项的活跃作者中，博士后科研人员也大量存在，如有 6 项论著的路成文、马东瑶等。

从研究对象的文体分布来看，表 8 中的作者总体上倾向于广泛。在过去几年中，不少研究者对于文体的选择泾渭分明的情况有所变化，大多研究者在主力研究一种文体的同时，兼攻其他文体。实际上，限于本文的统计，学者们的研究面貌难以获得完整呈现。他们所涉猎的领域不止表 8 中所列，例如张晶先生并非专门从事宋代文学研究的学者，他的成果广布文艺学、当代文化批评等。而王兆鹏先生，虽然专力为词，但也偶涉诗的研究，这两年的研究兴趣向明代文学转移,已有不少对明词的考证与研究成果问世。值得注意的是,戏曲是表 8 中作者的共同空白区,进一步证明戏曲研究是宋代文学研究中最弱的一项。

当然,高产作者仍然需要相当的“专业”精神,如果精力旁骛,则难以保证在宋代文学研究领域的高产。研究者大多专注于某一文体,或者专注于某一时段。表 8 中,王兆鹏、李静、蒯伯象、刘贵华、张再林 5 位专力研究词体,而胡建次主要从事文论研究,尤重诗学研究。在时段方面,则不少研究者集中于北宋文学,如邱美琼、张剑、杨胜宽,而李静却专事南宋之词。排在第一的刘培是名副其实的“专家”,其论著全部集中于北宋的赋体文学。

在研究视角上具有连贯性则是表 8 中大多数研究者研究专门性的又一表现,其研究视角形成其研究个性之一。以宋代文化去观照文学,属于上文中“文化观念”的研究类别。刘培即是沿着这一思路,从北宋文人生活、心态、党争、科举、理学思潮等方面展开对宋赋的持续研究,成效甚显。祝尚书先生也是放眼宋代文化观念进行研究,如研究科举与文学,其论著相当厚重。与之有相近研究习惯的还有马茂军。有的学者则更偏好传播与接受研究方式。王兆鹏先生与邱美琼即是这方面的专家。王先生侧重传播研究,将其纯熟的考证手段与传播理论相结合,在扎实的文献根基上,以全新视角去观照文学现象,因而产生了系列性的成果。邱美琼侧重的是接受研究,在文学与文化批评视野中重新审视宋代作家,作出了较多的个案研究论文。而钟振振先生仍然坚持考证研究的路数,从作品文本出发,作了大量考证、辨析的工作。还有一些更小的研究角度,反映出作者独特的学术眼光,如胡建次的宋代唐诗学研究,陈忻的中日文学文化比较研究。

表 8 中的高产作者同样反映出宋代文学研究的延展倾向。在纵向上,打破文学史的朝代分界,将宋代文学研究上下拓展。在横向上,超越文体甚至学科界限,以大文化的眼光、以其他研究领域

的视角来研究宋代文学。

①2002－2003 年统计结果，参刘学《2002－2003 宋代文学论著的统计分析》，见《宋代文学研究年鉴（2002－2003）》，武汉出版社 2005 年版，第 1～16 页，以下不另注出处。

②1 本书或 1 篇论文均计为 1 项。

③本文只计第一作者，因而实际的作者总数应该大于这个数字。

④例如陶尔夫、刘敬圻《南宋词史》，哈尔滨：黑龙江人民出版社 2005 年版。

⑤据南京师范大学《全宋词》检索系统（含孔凡礼《全宋词补辑》）。

⑥参王崇德《文献计量学引论》，广西师范大学出版社 1997 年版，第 164 页。

⑦表 6 中所列前一百分比指该项论著量占所有论著量的百分比，后一百分比为该项作者数占作者总数的百分比。

⑧表 7 中论著量相同的作者以音序编排。“人复转载”指被中国人民大学报刊资料中心编的《中国古代近代文学研究》转载的论文篇数，“CSSCI 来源期刊”指发表于南京大学中文社会科学引文索引（2006 版）的来源期刊的论文数量。

学理性建构与学术本土化

——中国宋代文学学会第四届年会暨宋代文学国际学术研讨会开幕词

王水照

中国宋代文学学会第四届年会暨宋代文学国际学术研讨会，经过浙江大学、浙江工业大学两校认真而细致的准备，今天如期在美丽的杭州召开了。从2000年成立宋代文学学会以来的短短五年间，我们连续在上海、南京、银川举行过三届年会，在每次会议期间，我们不仅故友叙旧，新朋话雨，互相结下了深厚的友谊，而且及时交流研究成果，传递学术信息，对我们宋代文学研究这个学科的发展，起到了明显的促进作用，并形成了一种严谨务实而又生动活泼的会风，而对会议学术质量的追求，更是大家共同的态度。三大册《宋代文学国际研讨会论文集》就是很好的证明。我想这种学风将会得到发扬光大。因此，完全可以预期，我们这次会议一定也会获得圆满成功。

近几年来，我国的宋代文学研究有了较大的发展，成为我国断代文学研究中一个相当活跃并取得令人瞩目成绩的领域。我们的研究队伍不断扩大，宋代文学的博士论文成为不可忽视的一股学术力量;论著数量也是大幅度增长的趋势;尤其在研究格局的开拓和研究理念、视角、方法的创新方面,更有长足的进步。过去那种重词诗轻其他文学样式、重北宋轻南宋、重大作家轻中小作家的偏向有所纠正,研究视角的多元化打破了以往单一线性、从文学到文学的研究路数。我们学会按期编辑出版的《宋代文学研究年鉴》,成为学者们了解这类学术动向的有用之书。

在基本文献资料建设方面,继《词话丛编》出版增补本以后,《全宋诗》也正在准备补订,《全宋文》也可望近期内全部出齐(约360册),上海师范大学编辑的《全宋笔记》,第一辑十大册也已问世,使宋代文学基本资料汇辑本,从诗、词、文“三足鼎立”进而为“四维建构”,对宋代文学研究提供了坚实而系统的文本基础。建国后宋代文学研究一度相对落后的形势有了根本性的扭转。

我们从《文学遗产》编辑部得到的信息,宋代文学的来稿数量一直占居前列。今年第三期《文学遗产》推出了“宋代文学专辑”,在《编后记》中说,宋代文学研究界,是“一派生机蓬勃的景象”,还说:“我们殷切期望其他各历史阶段的文学研究也像宋代文学一样协调和谐地持续发展。”我们看了备受鼓舞。我想套用一句流行的话,就是要“用好”宋代文学研究的“机遇期”。

目前学术思想讨论活跃,都在探讨发展之路。我也有两点粗浅想法或困惑,趁此机会向大家请教。

第一,寻找能贯穿融会宋代文学研究的一种学理性建构。一门成熟的学科,既要有个案的细部描述与辨析,更需要整体性的宏观叙事,其中应蕴含有一种贯穿融会的学理性建构,即通常所说的对规律的探索。由于对“以论带史”、“以论代史”学风的厌恶,“规律性”、“宏观研究”的名声不佳,在某些西方理论的影响下,甚至引起根本性的怀疑。但不能设想,单靠一个个具体的实证研究,就能提升一门学科的整体水平。当然,我们不是提倡脱离具体专题研究的那种“高空作业”式的泛论、空论,只是提倡在研究宋代文学各类专题时，能同时关注宋代社会的历史定位，关注其时代特质，关注社会各个领域、各个部类的实质变化等等一些重大问题，逐渐能形成一种系统性、整体性的认识。

第二，寻找本土文学研究中曾被弱化、或被遮蔽那部分的学术生长点。从20世纪初“国学”、“经学”转型为现代学术以来，我们的学术模式始终处于外来强势学术思想的碰撞之下。梁启超算是引进西方思想最勤奋的一位先驱者，他也留下既要“采补其所无而新之”，又要“淬厉其所本有而新之”的忠告。的确，前辈学人大胆学习、吸纳西方思想，照亮了我们传统学术中原来的盲点和弱点，获得了崭新的认识；但对那些中国文学民族特征表现最为强烈的部分，比如汉语语言特点和汉文学特征等问题，因为找不到相应的西方理论可供参照，往往被冷落、被忽视。因此呼唤学术本土化意识的强化，提倡中国问题意识，也许能对我们的文学研究带来新的面貌。

九月的杭州气候宜人，美景如画。浙江工业大学、浙江大学的领导和朋友们给我们提供了坐而论道的良好机会，让我们再一次对东道主的热情和辛勤劳动表示衷心的感谢！

中国宋代文学学会第四届年会暨宋代文学国际学术研讨会综述

陶　然

由中国宋代文学学会、浙江大学、浙江工业大学联合主办的"中国宋代文学学会第四届年会暨宋代文学国际学术研讨会",于 2005 年 9 月 11 日至 14 日在浙江杭州举行。参加会议的 170 余位海内外专家学者中,既有名望卓著的宋代文学研究的领航者,又有大量锋芒正盛的学术中坚,还有不少崭露头角的青年才俊。这使得本次会议成为继举办于上海、南京、银川的前三次年会之后,体现宋代文学研究最新成果和创获的重要学术会议。

在会议开幕式上,中国宋代文学学会会长、复旦大学王水照教授致开幕词,对于近年来宋代文学研究所取得的长足进步表示欣慰,并提出两个方面的建设性期望:寻找能贯穿和融会宋代文学研究的学理性建构和整体规律性的探求,寻找本土文学研究中曾被弱化的新的学术增长点。引发了与会学者的关注与讨论。

开幕式后举行了四场专题报告。浙江大学沈松勤教授针对"宋词为一代之胜"的习惯观念,提出了不同的看法,引发了激烈的讨论。南京大学莫砺锋教授的报告探讨了宋代杜诗学的特点和成就。台湾成功大学张高评教授对北宋诗人的"读诗诗"与宋代诗学的关系进行了考察。日本早稻田大学内山精也助教授则从宋代士大夫的诗歌观角度阐述了苏黄至江西派的演变。四川大学周裕锴、日本南山大学蔡毅、武汉大学王兆鹏、北京大学钱志熙四位教授作为评议人对这四场报告分别作了精彩的评议甚至论难,学术气氛十分浓郁和热烈。

本次会议共收到论文 150 余篇,论文的总体质量较高,见解独特、观点新颖之作不在少数，基本涵盖了宋代文学研究的所有领域。苏轼、黄庭坚、辛弃疾等宋代文学名家，仍然是研究者所热衷的研究对象，当然，也有不少论文开拓出了新的研究方向，令人耳目一新。即使是传统大家的研究，也注意采用新的视角和切入点。而且，举凡作家作品、文学观念、文学流派、文献整理和辑佚、学术研究史等不同的方面，都有论文提交，这充分反映了宋代文学研究的繁盛和深入。从文体来看，宋词与宋诗研究仍然是学界所最关注的领域，其后依次为宋文、宋代文学批评、戏剧、话本小说等。事实上，结合前几届会议论文的情况来看，这也是目前宋代文学研究的基本结构特征，在短期内是难以改变的。新世纪的宋代文学研究应该在这方面做出更大的努力。

宋词领域的论文，在词人及其词作研究方面，基本上都集中于少数几位大家：如孙维城《冯延巳词：堂庑特大而不失五代风格》，赵维江《宋金元文学中的柳永现象》，刘尊明、陈欣《从用调与创意看苏轼的词史地位》，木斋《论东坡词的"应体"与"非应体"》，孙虹《论黄庭坚"好诗"词风对宋词内质的重构》，谭新红《李清照词的经典化历程》，王晓骊、许兴宝及李建萍、赵晓岚等都提交了与辛弃疾研究相关的论文，孙克强、左洪涛则都关注的是梦窗词。除了这些宋词名家之外，唯有王兆鹏之论潘阆、黄海之论康与之，稍显新异。从这些论文来看，经典名家的研究经过数十年来几代学者的开拓，如无新的材料与新的方法，研究的空间已日渐狭小，而其他大量的并非不重要的词人词作却少人问津，这是迫切需要引起学界关注的问题。词史与词学批评方面，沈松勤与欧明俊不约而同地都对宋词一代之胜说提出了质疑；钱建状《南宋词人的地理分布与南宋文学发展的新趋势》和刘荣平《论宋代闽词的地域特征》，则都从地理分布和地域文化的角度展开研究；其他如邓子勉《南宋词学体派观的生成及其相关问题的思考》、曾大兴《王国维的"境界说"与顾随的"高致说"》、王伟勇《冯煦论词绝句论宋词探析》、董希平和曹胜高《从诗词间作到诗词兼擅》、许伯卿《宋词题材"狭深"论辨正》、张仲谋《论词的字法》、杨万里《草堂诗余三论》、沈家庄《宋词咏物三境界》等，都提供了一些新的视角或结论。词乐研究向称绝学，然而本次会议有不少论文都做了可贵的探索，如高峰《宋词里的箫笛之音》、村越贵代美《姜夔乐论中的琴乐》、岳珍《隋唐燕乐小曲考论》、张春义《"大晟曲谱"南宋流传考》、田玉琪《花日新与刘几的交游——兼论北宋中期教坊乐和雅乐之改革》、李剑亮《宋词与流行歌曲关系研究》等。可以看出，虽然词乐本身的失传造成了研究的困难，但与词乐相关的领域仍有不少有待开掘的空间，对于认识宋代词乐与宋词的音乐背景是有重要意义的。

宋诗方面，关涉苏黄以及江西诗派的研究论文数量较多，如张福勋《苏轼论宋诗》、汪俊《"苏黄相争"与江西诗派的产生》、房开江《黄庭坚"以俗为雅，以故为新"平议》、郑永晓《黄庭坚学陶试论》、伍晓蔓《宗黄学苏——论江西宗派的诗学选择》、高利华《论陈简斋体的诗学内涵》、王锡九《略论刘克庄在江西诗派体系建构中的贡献》、内山精也《宋代士大夫的诗歌观：试论苏黄至江西派的演变》、萧瑞峰和刘成国《"诗盛元祐"说商榷》等。其他作家的研究，王水照分析了《正气歌》所本与《宋诗选注》的"钱氏手校增注本"；日本池泽滋子对钱易作了全面的考察并附年谱；陶文鹏《论胡宿的诗学观与诗歌创作》则填补了宋诗研究的一块空白；钱志煦《试论"四灵"诗风与宋代温州地域文化的关系》分析了四灵诗歌的地域文化与文学背景；此外如吴茂云对戴复古原籍的考辨、邱诗雯对杨万里饮食诗的分析、徐永明对方凤与戴良的比较等，都有所深化。宋诗的总体研究方面，有傅明善《沿袭·反拨·回归——论宋人对晚唐体的接受过程》、王祥《北宋诗人的地理分布及其文学史意义分析》、廖美玉《物理与人情：宋诗中所映现的生命乐境》等文。叶帮义《20 世纪 80 年代以来大陆的宋诗研究》综述了近二十余年来的宋诗研究成果，杜若鸿《宋诗文化学的理论体系建构》则提出了新的宋诗研究框架，富于学术勇气。另外，胡可先《新补〈全宋诗〉180 首》、周明初《叙〈玉华李氏宗谱〉中所见之李祥〈潜斋诗集〉》则辑佚了一些新的宋诗文献。总体而言，十余年来《全宋诗》的汇辑与陆续出版，为研究宋诗提供了基本的材料。但从本次会议提交的论文情况来看，学界对于其中的许多材料和问题，尚缺乏深入的研讨甚至关注的兴趣。宋诗的基础工作还有许多，宋诗研究要达到唐诗研究的高度，恐怕尚需假以时日，更需要学界的共同努力。

宋文和其他文体的研究，向来不够繁盛，但本次会议中却成为学者比较关注的内容，其中既有作品研究、概念辨析、文类研究，也有关涉宋文统系、文体批评者。如严杰对欧阳修《朋党论》的研究，洪本健所论欧阳修碑志文的局限性，日本东英寿从文体的角度探讨了欧阳修《六一诗话》的文章特色，黄坤尧将曾巩、苏轼和苏辙的三篇应试文章《刑赏忠厚之至论》加以比较，论其文风及高下，朱刚则从王安石《虔州学记》和苏轼《南安军学记》中探求二人思想主张的对立。祝尚书《论宋代理学家的"新文统"》、张海鸥和孙耀斌《〈论学绳尺〉与南宋论体文及南宋论学》、施懿超《宋四六文叙录之类书篇》、马茂军《北宋早期开始出现的“散文”概念研究》等论文，则从不同的角度进行了更为宏观的研究。其他涉及话本小说的有马晓坤《宋元小说话本中的民俗信仰论略》，涉及南戏戏文的有谭美玲《宋元南戏的悲剧愉悦与宣泄》、司徒秀英《宋代戏文〈王焕〉诲淫辨正》等文。

宋代文学的宏观研究方面，本次会议中也提交了不少比较重要的论文。周裕锴分析了佛禅观照方式对北宋后期审美观念的影响。张兴武《宋初百年文道传统的缺失与修复》，揭示了宋初文人对“宋学”启蒙的意义。邓乔彬探讨了宋代文学的雅与俗及其文化成因。张剑、吕肖奂则从总体上讨论了宋代的文学家族与家族文学的特征。胡传志则强调了金代文人的南宋文学与南宋文人的差异及其价值。日本野村鲇子总结了《四库提要》对南宋文学的评价。此外，诸葛忆兵和路成文都关注到了北宋宫廷“赏花钓鱼之会”与赋诗活动的政治意义与文学意义。针对朱熹的经学，邵炳军研究了朱熹的《诗集传》和南宋《诗》学革新精神的关系，张琪、郭丹的《经典与解释》则从解释学的视野下探讨了《论语集注》的阐释方法。在多学科交叉研究方面，施议对分析了易学与词学的关系，赵山林提示出宋代文人与戏剧的关系，戴伟华勾勒了北宋文人与兵学的关系及其缘由，衣若芬讨论了宋徽宗的题画诗，崔铭则从城建和生态环境的角度讨论了苏轼的市政建设观，程杰《宋代梅品种考》考证了宋代的56种梅树品种及分布地区，张蜀蕙《驯化与观看——北宋文人南方经验中的饮食书写与国族论述》从饮食的角度探讨了文人的日常生活体验。

从研究方法来看，本次会议论文既有许多关涉一代的视野广阔之作，也有不少扎实的考据性文章。相对而言，对宏观研究稍有侧重，提出了若干重要的学术命题，而微观研究方面丰富性略显不足。

大会闭幕式上，中国宋代文学学会会长王水照教授作了总结发言，他指出目前是宋代文学研究最好的时期，同时也仅是初步成熟的时期，本次年会和研讨会上，两岸四地的海内外学者之间所进行的多元化、多方面的学术对话以及所引发的热烈讨论，甚至不同立场观点的碰撞，都可以让人从差别中得到教益，有利于宋代文学研究的发展和深入。

会议期间，学会理事会讨论通过了增补邓乔彬先生为中国宋代文学学会副会长、龙建国等先生为学会理事的决定。

纪念黄庭坚诞辰960周年学术研讨会综述

文师华

纪念黄庭坚诞辰960周年学术研讨会于2005年10月31日至11月2日在黄庭坚故里江西修水县召开。会议由中国宋代文学学会、南昌大学、人民美术出版社、修水县人民政府、北京华夏翰林文化艺术研究院、《文学遗产》编辑部等六个单位联合主办。

来自全国20多个省市的80多名古代文学专家和书法家应邀参加了这一盛会,其中著名专家学者有:中华书局前总编傅璇琮研究员、中国书法家协会副主席陈永正教授、《文学遗产》主编陶文鹏研究员、中国韵文学会会长钟振振教授、上海师范大学黄宝华教授、上海古籍出版社水赉佑编审等。

10月30日,与会代表到南昌大学报到、集中,31日上午参观了南昌大学前湖新校区和共青城耀邦陵园,下午到达修水县,受到修水县政府的热烈欢迎。11月1日上午,与会代表参加了由中共修水县委、修水县人民政府举办的"隆重纪念黄庭坚诞辰960周年纪念大会暨黄庭坚塑像揭幕仪式",中国书法家协会、中华诗词学会均发来贺信。之后,与会代表到双井拜谒了黄庭坚的墓地山谷园、参观了位于南山岩的黄庭坚纪念馆。

1日下午,与会代表举行了大会学术交流,陈永正、陶文鹏、钟振振、水赉佑先后担任大会主持人,德高望重的傅璇琮先生作了重要的学术报告,著名研黄专家黄宝华教授、北京师范大学教授倪文东、天津诗词学会会长陈云君、江西师范大学教授王琦珍、北京大学博士后刘墨、南京艺术学院博士邱世鸿、暨南大学博士陈志平、四川大学博士伍晓曼先后宣读论文。2日上午,与会代表分成文学综合、书法两个组进行学术讨论,许多论文作者发表了自己的学术见解。无论是大会交流,还是分组讨论,都充满了浓郁的学术气氛。

傅璇琮先生在学术报告中提出了三条非常精辟而富有指导性的建议:一

是在已有研究成果的基础上开阔视野、开拓领域，从文学、书法、佛教及其他方面全面研究黄庭坚；二是做一些具体、实际的工作，如编撰黄庭坚研究史、校注黄庭坚全集、加强从地域和家族文化角度研究黄庭坚等；三是建立黄庭坚研究中心或黄庭坚研究学会，为黄庭坚研究活动搭建平台。

黄宝华教授宣读的论文是《陈师道和黄庭坚诗学的比较研究》，他从三个方面比较了陈师道与黄庭坚的异同：一是从诗格和人格看，两人都有高尚的节操，两人的诗格都奇崛傲硬，但由于陈师道一生贫困的境遇更养成了一种孤傲、独立的人格精神，因此其诗格奇崛傲硬的程度超过了黄庭坚。二是从气局看，黄诗气局宏大，有一种雄放厚重的气势，这实际上是来自韩愈，而陈师道的诗风更加凝练、质实，气局比较狭小，没有黄庭坚那么大的才气，从黄庭坚到陈师道是一个转型，即从宗韩到学杜。三是黄陈诗虽属宋调却兼有唐体，黄诗包含了杜牧、李商隐诗那种清扬、优美的成分，陈师道有些诗也接近唐诗的风神气象。倪文东教授宣读的论文是《略论苏黄交游对黄庭坚书法的影响》，认为当代书坛应有一种正确的导向，就是重视传统，重读经典，像苏轼、黄庭坚这样的中国古代文人书法的典型，值得仔细研究。黄庭坚勤奋好学，善于择师，又敢于创新，他的书法，特别是草书，在线条和结体造型以及笔墨情趣方面，实际上超过了他的老师苏轼。陈云君教授宣读的论文是《诗化书法禅化书法》，他着重从宗教的角度谈黄庭坚书法，认为“苏黄米蔡”四家各有特点和缺点，苏字端庄大气而不免“紧”，米字神采飞扬而不免“做”，蔡字丰腴秀润而不免“媚”，黄字纵伸横溢而不免“张扬”。他进而认为，黄庭坚的字是从诗的角度张扬，从禅的角度张扬，诗是浪漫的，禅是平和的，黄字的妙处在于融平和与浪漫为一体，在“宋四家”中，黄庭坚的书法成就最高。王琦珍教授宣读的论文是《传统文学世家在江西诗派形成中的作用》，指出江西诗派的形成，是宋诗发展的一个必然结果，江西诗派不是一个纯地域性的流派，但又与江西地域文化有一定的关系。刘墨博士宣读的论文是《从澄明走向超越》，从美术史的角度，肯定了黄庭坚书法的艺术价值。邱世鸿博士宣读的论文是《黄山谷诗书画理论对宋代蜀学的贡献》，认为黄庭坚是蜀学学派中的重要人物，其书画理论由苏轼“尚意”发展为“尚韵”，克服了东坡书画理论中的不足，代表了宋学的主体精神。陈志平博士宣读的论文是《黄庭坚诗书创作相似性联系》，认为黄庭坚以“行布”贯通于诗书创作之中，第一次从布局安排的角度成功地实现了诗书创作的相融、相通。伍晓曼博士宣读的论文是《论江西诗宗黄庭坚》,从诗学传承的勾勒、师友渊源的揭示、诗学范畴的建构等方面阐述了黄庭坚对江西诗派的影响。南昌大学文师华教授在小组讨论中,对黄庭坚书法中的“意”和“行布”作了简洁明确的阐释,指出宋人“尚意”与晋人“尚韵”的不同之处在于:“韵”偏重于感性、才情和秀丽,是柔和而有余味的美;“意”偏重于理性、学养和气节,是融入了学问修养、道德情操的士大夫精神意趣。所谓“行布”就是分行布白的简称。黄庭坚行书中内收外放的结构、狂草中动中杂静的章法,充分体现了作者旷达而又深沉的文人性格。

这次会议,收到学术论文60多篇、著作5部,根据这些论文、著作所涉及的范围可分为五类:(一)关于黄庭坚的生平踪迹、家学渊源:如安徽师范大学教授杨国宜《黄庭坚与安徽的缘分》、江西行政学院教授黄昌保《黄庭坚后裔在赣、湘、闽的繁衍》等;(二)关于黄庭坚诗文集刊刻流传情况:如广州大学教授吴晟《山谷诗集三家注述评》、中国社科院副研究员郑永晓《黄庭坚诗歌在宋代的传播与刊刻》、中山大学副教授钟东《史容〈山谷外集诗注〉略编》、九江学院教授梅俊道点校的《黄律卮言》、四川大学教授李勇先《〈舆地纪胜〉所见黄庭坚资料研究》等;(三)关于黄庭坚的哲学、诗学、书学思想:如复旦大学教授王水照等《论黄庭坚诗学思想与书法思想的互通互补》、鲁东大学副教授龙延等《苏轼与黄庭坚的禅学与诗学》、山东专业画家孙丰义《黄庭坚与儒家整体文化》、合肥市文联陈智《浅论禅宗思想对黄庭坚书风的影响》、吉林大学彭砺志博士《论黄庭坚书学对清代碑学的启蒙与影响》等;(四)关于黄庭坚的诗文创作:如《文学遗产》主编陶文鹏《论山谷诗比喻的艺术》、江西社科院研究员胡迎建《论黄庭坚的题画诗》、江西师范大学教授王以宪《黄庭坚赋研究》、中山大学博士吴晓蔓《论任渊〈山谷诗集注〉中的用事之法》、九江学院副教授吴国富《黄庭坚对杜甫的继承与创新》、广西民族文化艺术研究院研究员黄景林《试论黄庭坚人品艺品的民族性和人民性》、南昌大学讲师万文斌《论“夺胎换骨”、“点铁成金”与“陌生化”》等等;(五)关于黄庭坚的书法创作:如吉林大学教授张金梁《论黄庭坚其人其书》、南昌大学教授文师华《论黄庭坚的书法美学观和书法创作成就》、浙江绍兴兰亭书法所副所长毛万宝《黄庭坚书法创作灵感现象》、南京印社副社长徐畅《论黄庭坚大行书的汉隶意态》、浙江新昌报社梁少膺翻译的《日本中田勇次郎论黄庭坚书法》、广东省博物馆副研究员朱万章《闽南丛帖所刻黄庭坚书迹考略》、北京华夏翰林文化艺术研究院院长黄君《山谷书法钩沉录》(专著)、杭州师院副教授方爱龙《论黄庭坚书法在南宋的影响》等等。

上述学术报告和研究论文，在继承学界已有成果的基础上，对黄庭坚家学渊源、禅学思想、诗书理论、文集流传、书法作品考证、诗文创作特征、书法创作成就等诸多方面进行了广泛而深入的探讨，取得了丰硕的成果。注重研究黄庭坚禅学、诗学、书学之间的互通互补是这次会议论文中的亮点，其中最有代表性的论文是王水照教授与其弟子由兴波合写的《论黄庭坚诗学思想和书法思想的互通互补》，该文第一部分对黄庭坚“诗书一律”的文艺思想进行分析，以探究其在创作主体精神上的互通；第二部分剖析黄庭坚文艺观中“免俗”、“重韵”、“求拙”思想，以及三者之间的密切联系；第三部分探讨黄庭坚在诗歌和书法领域中“自成一家”的理论；第四部分具体阐释黄庭坚的笔法与诗法关系，以及对他诗书创作的影响；第五部分，对黄庭坚晚年的诗歌与书法创作进行研究，探求其晚年的文艺创作心态。这篇长达两万字的论文，资料丰富，视野开阔，理论性强，具有很高的学术价值。黄君的《山谷书法钩沉录》对黄庭坚 100 余件存世作品的创作年代进行了考证，论述了黄庭坚书法风格的变迁及各个时期的代表作，明确提出山谷为“千年书史第一家”的观点。

学术会议于 2 日下午落下帷幕，《文学遗产》主编陶文鹏先生在闭幕式上作总结讲话，他说这次会议有三个显著特点：一是时间紧凑，气氛热烈，学术成果丰富，学术水平很高；二是古代文学的专家与书画界的专家聚集在一起，进行学术研讨，打破了不同学科之间的障碍，形成了横向联合的新格局，使文学研究、书画研究贯通起来，把黄庭坚研究推进了一步；三是开创了大学、政府和民间学术团体联合办会的新模式，具体承担会务工作的三方即南昌大学、修水县人民政府、北京华夏翰林文化艺术研究院，既各司其职，又相互配合，把学术研讨与揭幕仪式、实地考察、诗歌比赛、书画展览、文艺表演等多种活动结合起来，形成了既多姿多彩又和谐统一的气象，使会议取得了圆满成功。

研讨会还具有总结以往，开创未来的功效。黄君选编的《黄庭坚研究论文选》(1～4 卷)由江西教育出版社出版并在会上发行，此书 160 多万字，汇集建国以来黄庭坚研究 700 多种文献资料，精选 20 世纪 70 年代以来海内外学者优秀论文 130 多篇，对海内外 30 多种研黄专著分列词条予以介绍。著名学者傅璇琮为该书所作《序》称：“这部四卷本论文选的出版，给黄研建立了一个比较全面而系统的信息平台，对今后黄研工作的开展可谓功德无量。”

全国第五届秦少游学术研讨会综述

朱丽霞

由全国秦少游学术研究会、江苏省文物局、北京大学社会科学部、上海社会科学院文学所和中共高邮市委、高邮市人民政府联合主办，中共高邮市委宣传部、高邮市文物局承办的全国第五届秦少游学术研讨会暨“秦观词社”开馆仪式于 2005 年 11 月 24 日至 27 日在历史文化名城高邮隆重召开。来自全国各地的学者及秦观后裔共 30 余人参加了会议。江苏省文物局局长、省文化厅副厅长王慧芬女士，高邮市委副书记范天恩先生，高邮市副市长钱富强先生出席会议并致欢迎辞。高邮市委宣传部部长张秋红女士、高邮市文化局局长姜文定先生、高邮市博物馆馆长李国耀先生出席会议。全国秦少游学术研讨会会长、上海社会科学院文学研究所徐培均教授作了主题发言。中国苏轼研究学会、四川眉山市三苏祠博物馆、上海社会科学院文学研究所发来贺电。大会围绕秦少游诗词、秦少游词集版本流变、秦少游词史地位及秦少游文化渊源诸主题进行了热烈讨论。

一、《淮海集》考证

在古代作家的研究中，其作品的收集整理向为学者所关注，也是作家研究必须首先要解决的重要问题。秦观《淮海集》的版本流变及作品笺注与补辑多年来一直是徐培均教授研究的重点。作为秦少游研究的首席专家，徐先生《淮海集笺注》对《淮海集》的版本嬗变作了详细考证和梳理。他认为，《淮海集》最早的版本为宋乾道癸巳(1173)高邮军所刻《淮海集》，宋绍熙年间谢雩重刻。此后，宋末、明嘉靖、万历均有翻刻。此次秦少游学术研讨会，徐先生又提交新发现的秦观佚作共七首(篇):从台北故宫博物院收集到的秦观佚诗《题东坡墨竹图》一首;从《诗渊·饮食门》中发现的秦观诗《蒙顶茶》一首;从《咸淳临安志》中发现秦观《跋元净龙井十题》一篇;从岳珂《宝真斋法书赞》中发现秦观《与王忠玉简》一篇、《与某郡守简》二篇、《与友人简》一篇(按:大都见之于徐著《秦少游年谱长编》,现即将收入由上海古籍出版社出版的《淮海集笺注》第三版)。从而为秦少游的进一步深入研究提供了更为翔实可靠的文献资料。

中国社会科学院文学所陈祖美教授对秦观《为何由“太虚”改字“少游”》作了详细考证。她对《宋史·秦观传》及秦观友人陈师道《淮海居士字序》的记载提出质疑,认为作为历史人物的马少游稍有成就即退隐回乡的人生选择,绝非刚刚进士及第的秦观的理想。秦观改字事实上是受到正处于党争中的苏轼兄弟的影响。苏轼在许多诗文中对马少游的辞官归乡流露讥刺之意,以此自我鼓励。由此,秦观秉承师训,直接将“太虚”之字改为“少游”以示自己在党争中坚定的政治立场。

上海同济大学中文系崔铭副教授、浙江工业大学中文系马晓坤副教授《黄庭坚〈答淮海居士书〉真伪辨》一文,对收入《黄庭坚全集》的《答淮海居士书》一文的作者提出质疑。认为《答淮海居士书》作者绝非黄庭坚而是另有其人。原因其一从二人相识的时间考察。文章从秦观于元丰八年(1085)改字“少游”并于同年进士及第的时间考证出《答淮海居士书》当作于元丰八年(1085)以前。又将徐培均先生《秦少游年谱长编》和郑永晓先生《黄庭坚年谱长编》合参,得知秦、黄二人相识于元丰三年(1080),但元丰八年(1085)二人并无相见的可能。其二从二人交游过程考察。熙宁五年(1072),秦观为湖州孙莘老幕僚,孙莘老即黄庭坚外舅,但由于某种原因秦、黄二人未能谋面。而黄庭坚仅从孙莘老处得秦观诗文,因此这个事实与《答淮海居士书》中读秦观文在离高邮回京师之后的记载相左。其三,《答淮海居士书》中载作者与参寥关系非比寻常,通过参寥的介绍,得以读到秦观诗文。但事实上,参寥与黄庭坚二人关系并不密切。在《黄庭坚全集》中,除《答淮海居士书》外,再无任何地方提及参寥,而在《参寥子诗集》中,亦仅一处提及黄庭坚。又,从苏轼、张耒、陈师道、秦观等的诗文中,也无从寻觅黄庭坚与参寥交往的痕迹。由此得出结论:《答淮海居士书》的作者绝非黄庭坚。所论较为可信。

四川省眉山三苏祠博物馆何家治先生《秦少游初识苏子瞻》一文对秦、苏相识的时间作出考证，认为秦观于元丰元年(1078)，29岁准备入京应试，闻苏轼守徐州而前去拜谒。尽管这个结论在徐培均先生《秦少游年谱长编》中已经详加考证，但何文却从通俗和普及的视角对秦、苏相识作了更富有文学性的描写和刻画，尤显生动活泼，易为一般读者所接受。

二、秦观词研究

秦观以词名家。词史上，奠定秦少游地位的即其被后世奉为“婉约之宗”的《淮海词》。所谓秦少游研究，往往即指其词的研究。因此，秦词研究成为词学研究中持续的热点。本届全国秦少游学术研讨会，依然以淮海词为关注中心。

山东社科院文学研究所乔力教授《论秦观词的艺术精神及词史意义》一文认为，尽管秦观以“艳词”而知名，但在其全部词作中，真正的“艳词”数量并不多，也不能代表其最高的艺术成就。事实上，少游的艳词已经超越了以往艳词的容量和价值而化为一种永恒的理想。秦词中数量最多、成就最大者当是其抒写相思恋情之作。少游于其中注入一己的真实情感，通过离怨别绪寄托自我的生命遭际。尽管这一抒情传统并非秦观的发明和独创，但传统的抒情模式却是在秦观手中得到开拓深化和艺术提升，从而承载了更多的范型意义和经典价值。词体原有的聊佐清欢的娱乐功能经历李煜、苏轼的努力到秦观再次遭遇颠覆。秦观径直将个体生命存在的种种形式纳入词中，借闺怨离思增大词的容量与深度，于保留传统本色风情韵调之际，又平添出许多沉咽哀婉意味和迷离惆怅色彩。秦词的抒情范式为李清照、姜夔所继承，到宋季周密、张炎仍深受沾溉。

上海大学中文系姚蓉副教授《论秦观词的心理特质》从意象感知、情绪记忆、个性气质三方面探讨了秦词所体现的心理特质。认为“流水”、“落花”是秦词中使用最高的意象，显示了秦观对柔弱美、无常感的敏锐感知，在柔和恬淡之中隐藏了秦观深沉的人生忧虑。“桃源”题材则展露了秦观对缺憾、失落情绪的沉痛深隐的记忆。这一意象在秦词中的屡屡出现说明秦观的贬谪与别离造成的强烈的人生缺失感。而这两点又与其脆弱的心理承受能力和抑郁的个性气质息息相关。

江苏省社会科学院王同书教授《千古伤心淮海词——秦观词散论》对词史上秦词柔弱的传统观念进行批驳。认为少游所遭遇责难之处，正是其文品、人品的高洁之处。同时将秦词置于与柳永词的对比之下，从柳词的词坛声望、词史地位的对比中突显秦词的个性特色。在艺术审美层面，又将秦词喻为王维之画，以微云淡墨表达深挚之情。从而证明了秦词在宋词发展史中具有的里程碑的意义。

湖南省郴州市文联贺湘汉先生《“问君能有几多愁？”——淮海词“愁”字初探》通过对《淮海词》的梳理，发现“许多反映淮海词凄婉情境的字和词汇，以‘愁’字为最，共有31处之多，分布在30余首词作中。也就是说，《淮海居士长短句》中四分之一的词作都有‘愁’字”。由此，进一步考察出，“愁”绪并没有伴随秦观一生。在秦词中，“愁”字集中出现于“元丰二年（1079）至元符三年（1100）这22年间的词作中”。而这段时间正是秦观读书、出游、友朋、求仕及第，又坐元祐党籍而被贬直到谪死蛮荒的时期。“愁”字反映了这22年中秦观不同的人生境遇和情感心态。

华东师范大学中文系彭国忠副教授《论秦观的词学观》一文从秦观“做赋正如填歌曲”的赋论中探析其词学观点，体现了独特的学术眼光。该文认为，秦观在进行赋体、词体比较时，流露出了其词学价值观：以协律、和声的音乐性为词的第一属性；词的文学性通过“情”、“辞”的完美结合，以作品整体形态，表现出一种超越具体形式、技巧因素的感人效果或艺术境界。不仅如此，秦观还对词体的结构安排、事典使用等技法因素也提出了具体要求。由此，彭文认为，秦观关于词的技法理论，填补了北宋词论的空白，丰富了宋代词学批评的内涵。

三、秦词的比较研究

秦观作为婉约词派的宗主，在词史及词学理论中始终是被高度关注的热点。尤其在婉约词的研究中，如果忽略秦观，将失去评价的依据。因此，秦词与其他婉约派词人的对比研究自然成为学者们所关注的焦点。

华东师范大学中文系朱惠国副教授《一样伤心两般情——秦观、晏几道词比较》体现了敏锐的学术眼光。秦观、晏几道于词史上并称“千古伤心人”，皆以婉约而知名。两位词人性格相似:均具有敏感、多情的资质和坎坷的人生历程;两家词多写艳词。但相比之下,二人仍有本质上的不同。晏小山的伤感多由个人情感而发,往往表现为对过去"花间月下"生活的追思和对心爱女子的思念。小山词使人更多地感到他对情人情事本身的追思而非人生慨叹。淮海词则不同。尽管淮海词也不乏由情事引起的感伤,但就少游个人性格气质看,却缺少晏小山的执著和缠绵。因此表现在情词中,淮海词不似小山词秾丽,而这又恰好成为淮海词成功的缘由。淮海词有意识地减少了情事本身的伤感而较多地染上了一层失败者被压抑的情绪。淮海词极少用准确的语言来追怀过去,较多地通过凄迷的词境表达自己的哀怨。在艺术技法方面淮海词与小山词也体现出不同之处。在情景的处理上,淮海词善于创造一种迷离高远的意境表达自己的情感,小山词则多选择一些感情上相通又相关联的景物或烘托气氛,或反衬对比,以使词更为深蕴和谐。在意象的具体操作方面,淮海词以意象的流动为线索,小山词以情感的发展为线索。另外,两家词在选调手法、语言设色方面也流露出明显的不同。在比较淮海词与小山词不同之后,朱文又对造成二人不同的社会和作家自身的原因作了详细考察。文章认为,小山填词是本质意义上的诗酒遣兴,而秦观则首先是个具有悲剧色彩的政治家,其词中所抒发的自我情感,事实上反映了一种广泛的社会情绪。

常州南风词社社长王鉴风先生《秦七〈淮海词〉与柳七〈乐章集〉风格之比较》通过对秦观和柳永相似作品的比较,考察出秦七确有学柳七风味之处,以此证明苏轼"不意别后却学柳七作词"的秦词批评并非妄言。从而推翻了词史上许多学者为秦观辩护的言论。但同时,王鉴风先生认为秦七终究本质上有别于柳七风味。他认为,柳词善铺叙,多用俗语;而秦词则多雅辞,尚含蓄。柳词应景过多,秦词则专主情致。从而说明秦词和柳词分别代表了北宋词发展的两个方向。

四、秦观诗文研究

在秦观研究中,多集中于其词的研究,其诗文成就长期被词名所淹没,不受研究者重视。事实上,在秦观全部作品中,词 80 余首,诗 416 首,文 250 余篇。秦观的诗文数量远远超越其词。这次学术研讨会上,秦观的诗文引起了学者的关注。

江苏省高邮市文化局薛序先生《辞华而气古,事备而意高——浅析秦少游的策论艺术》对秦观政论文的价值作了探讨,认为秦观策论体现了他的经世思想。其思想主要体现于两点:一是对边事的热切关注,秦观在《将帅》、《奇兵》、《边防》等策论中提出巩固边防关键在于任人。二是对变法过急的不满。在新旧党争的漩涡中,秦观上《任臣》、《朋党》、《人材》、《官制》等策论,表达用人"惟贤是进,惟不肖是退"(《朋党》)的人材观。

华东理工大学文化艺术学院傅蓉蓉副教授《"女郎诗"别解》对文学史中视秦观诗为"女郎诗"的传统观点提出质疑。认为在秦观现存的全部诗歌中,真正符合元好问所谓柔媚婉约风格的女郎诗并不多。秦诗中最多的主题是抒发报国的理想,排遣仕途失意的忧愤。通过对元好问诗学审美观、诗学价值观以及论诗时间等因素的分析,找出形成这种诗评与被评论者创作实际脱节的缘由在于:元好问生活于北方金国,审美心理崇尚刚健雄浑。基于此,他论诗标举汉魏风骨,对苏黄门下的诗人颇多微词。元好问事实上是对秦观早年那些类似"女郎"的诗表示不满,并不包括对秦观全部诗歌的评价。其次,元好问论诗强调"得诗教之正",要求作诗通过"古圣贤道德言语"表现合乎礼教与道德规范的思想,以温柔敦厚为旨归。以此衡量秦观的部分诗歌,自然受到责难。其三,在论及少游诗时,元氏心中仍着意于深情绵邈、婉转细腻的秦词。元好问在评论秦观诗时更多的是从自身诗学理念和诗歌价值取向的角度出发,因而其评价带有一定的片面性。尤为严重的是,这个评论对于后人接受秦观带来了相当的困惑和误导。

除以上四大主题之外,与会学者还对其他相关问题做了探讨。广西南宁第一民族师范学校黎天业先生《秦观与横州民族文化的对话——基于教育文化视野下的分析》以秦观被贬谪横州时所作的两首词《醉乡春》和《海棠春》为切入点,从教育文化学的视角,对秦观填词背景——民族文化心理结构作了深入分析:横州州官并未按编管规定来管束秦观,由此秦观获得了充分的自由接触民众,与当地人切磋,并向其子弟教授作文法度,并进而赢得横州民众的敬重。上海财经大学人文学院朱丽霞副教授《秦观词接受史及理论诠释》从接受史的视角,考察和分析了秦观词在其当代至近代近千年的接受历程:

北宋时期，于酒肆歌楼中传唱不衰，着眼于秦词抒情的感染力度；南宋，由于尚雅的词学情趣，秦词开始遭遇冷落而光辉顿减，秦词仍未进入主流行列；元明时期，伴随词学理论的进一步发展与深化，秦词的正宗地位逐步得到确立；清及近代，伴随着词坛旷日持久的正变之争，秦词的艺术价值和词史地位得到进一步提升和广泛认同。透过秦词在不同时代地位的升降，既动态地展示了秦词的历史意义、生命价值及恒久的艺术魅力，同时又揭示出秦词接受史中所反映的文化意识和审美情趣。高邮市党史办肖维琪先生《剖析秦观的成才之路》从扬州古老而丰富的文化底蕴、秦观的家庭出身及广泛交游三方面论证了秦观得以成才的原因。高邮市文化局薛序先生提交大著《秦观传》，历史描述和理论阐释相结合、严谨的考证和故事演义相结合，展现了秦观的生命历程。

此外，秦观后裔美籍华人、史学家秦家聪先生以史书笔法描绘了《秦氏千年史》（台北：远流出版事业股份有限公司 2001 年版）的演变。秦观后裔扬州大学教授秦子卿先生、北京机械科学研究所教授秦宝庭先生、北京中软总公司高级工程师秦立科先生就秦氏家谱的保存与流传、秦观后裔在全国及海外的分布与发展状况诸问题作了简要概述。秦观外孙辈后裔、中国商标专利事务所有限公司总经理沈亦可先生专门建立了秦观网站，体现了秦观后裔的家族精神和文化关怀。

纪念陆游诞辰880周年暨越中山水文化国际研讨会综述

渠晓云

纪念陆游诞辰880周年暨越中山水文化国际研讨会于2005年11月4日—6日在中国历史文化名城绍兴隆重召开。本次学术会议由中国社会科学院文学研究所、中国韵文学会、绍兴文理学院和绍兴文物局等单位联合主办。来自海内外80余位专家学者出席了会议,并提交论文67篇。

本次研讨会,研究陆游的论文占了很大的比例。与会专家从多层次多角度对陆游进行了研究。第一类是陆游作品研究。其中有分类分体研究。如中国社会科学院陶文鹏《雄秀兼备的放翁山水诗》分析了陆游的山水诗,认为他抒发爱国激情的山水诗气势奔放、骨力遒劲、境界壮阔、风格雄厚,而晚年的山水诗则以自然平淡为基本风格。中国人民大学诸葛忆兵《论陆游无题诗》考察了陆游所作的七首写男女情爱的"无题"诗,直接体现了陆游对"无题"诗的根本认识。浙江大学陶然《略论陆游誉儿诗》对《剑南诗稿》中数十首"示子诗"进行了分析。韩国草堂大学校任振镐《陆游晚期田园诗的艺术风格》、台湾成功大学张玮仪《陆游"天涯诗"与三昧之境》、高利华《陆游乡土诗的文化魅力》、孙启祥《陆游打虎诗辨析》等文也都各有所见。上海社会科学院孙琴安《论陆游的七言律诗》认为陆游七律句格多变、轻松自然处自成名句,在唐宋人的七律中占有重要地位。也有陆游作品与时代、环境关系的研究。如南京师范大学陈书录《商贾精神与陆游诗文创作的新变》认为陆游创作受到南宋商贾精神的影响,较之于唐代北宋时期的诗文创作增添了一些新的因素。浙江师范大学陈国灿、杨升《从陆游"镜湖诗"看南宋中期江南农村市场》认为陆游镜湖诗是对江南农村市场发展状况和农村家庭生产结构、生活方式变化的反映。又有陆游与其他诗人、诗派的比较研究。如中国社会科学院刘扬忠《陆游、辛弃疾词内容与风格异同论》从词学观、自我意识与主体的表现、自我形象呈现、艺术风格等方面分析了陆、辛二人的不同。中国社会科学院郑永晓《漫议陆游与江西诗派的关系》认为陆游所取得的成就,既与曾几等江西派诗人密不可分,又源于本人追求创新、追求自立的内在驱动力。绍兴文理学院费君清《陆游对南宋江湖诗人的影响》从热爱人民的情怀、狂放的个性、师法传授等几方面探讨了陆游对江湖诗人的影响。湘潭大学刘庆云《放翁词的艺术追求与江西诗风》、韩国世明大学文宽洙《陆游与范成大之爱国爱民思想比较——以田园诗为中心》、北京大学出版社徐丹丽《陆游效梅宛陵体初探》等文也颇有见解。还有对陆游作品文本的解读。如南京师范大学钟振振《读陆游诗札记》对陆游《夜读兵书》等十六首诗进行了细致诠释。福建社会科学院蔡厚示《陆词赏析二题》对《钗头凤》、《诉衷情》二词进行赏析。另有对陆游作品语言层面的研究。韩国梨花女子大学校李钟振《陆游词叠字运用和修辞特征》全面分析了陆游词中叠字的运用和特征。绍兴文理学院侯友兰《陆游山水诗的语言艺术》从颜色词的搭配、虚词、比喻、夸张等方面分析了陆游的山水诗。此外,黑龙江大学胡元翎《陆游词指瑕兼谈诗词之辨》、吉林大学王昊《谈谈陆游〈老学庵笔记〉的史料价值》也各有发见。

第二类是陆游本人本事研究。南京大学莫砺锋《陆游诗中的自画像》从陆游诗文中勾画出一个满腔热血的爱国志士、关心人民的士大夫、忠于爱情的丈夫、笃于友谊的朋友、慈祥可亲的父亲、淡泊潇洒的隐士形象。绍兴文理学院邹志方《陆游的爱国思想和人格力量》全面分析了陆游作品中的爱国思想和人格操守。福建师大欧明俊《陆游的读书与治学》对陆游的读书与治学进行全面的探讨,认为陆游对读书和治学的范围、态度、方法、功能、意义的考虑,对当代学术研究和学风建设有借鉴作用。也有论文对陆游诗中的蔡中郎情结、汉中情结、江西情结、抗金诗中的气候和地名、在杭的主要事迹等进行了考察。中国社会科学院陈祖美《陆游〈钗头凤〉别解补苴》一文,赞同《钗头凤》为陆游在成都时的游冶之作,而非周密《齐东野语》等附会为沈园题壁词,并进一步为这种别解补充了四条材料。上海博物馆陶喻之、张宝德《陆游婚外情释证——〈钗头凤〉词背景、本事发微》认为《钗头凤》是陆游在成都时书赠小妾杨氏而非赠原配唐氏之作。

第三类为对陆游接受史的研究。复旦大学王水照、熊海英《陆游诗歌取径探源——钱钟书论陆游之一》考察了钱钟书对陆游诗学渊源的辨析，认为陆游名宗江西实学晚唐，陆游诗歌创作具有遍参前代、沾溉本朝的特点。日本爱知大学三野丰浩《关于〈宋诗选注〉所选的陆游诗》介绍和分析了钱钟书《宋诗选注》选录的 32 首陆游作品。四川大学吕肖奂《钱钟书先生的陆游研究述略与思考》总结了钱钟书对陆游的成就地位、诗歌题材、性格等方面的研究。复旦大学蒋凡《对陆游的永远纪念——读朱东润先生〈陆游传〉随想》对朱东润《陆游传》中提出的诸多学术话题进行考察，认为《陆游传》不仅是史，还是文学，可以见出作者学术热情和思想启悟。中国社会科学院蒋寅《陆游诗歌在明清之际的流行》一文，从钱谦益与程嘉燧的交游入手，考察钱谦益学习、推崇陆游诗的经过，并通过诗坛的反应来看陆游诗在清初流行的概况。浙江大学陆坚《陆游在日本》考察了陆游作品在日本的流传，以及以河上肇为代表的日本学者对陆游坚持不懈的研究和以"读游会"为代表的具有一定普及性的作品研读活动。

本次研讨会另一相对集中讨论的是关于越中山水文化的研究。相关论文有：苏州大学王钟陵的《论谢灵运山水诗的艺术特点》、清华大学孙明君的《谢灵运的庄园山水诗》、中国社会科学院王筱芸的《山阴道上应接不暇——论晋宋文人雅集吟赏与越中山水审美的人文意蕴层累》、浙江大学胡可先的《唐代越州文学试论》、苏州大学罗时进的《日僧成寻〈参天台五台山记〉的史料价值》、美国帕摩纳学院白亚仁的《清初诗集中的曹娥庙与曹娥碑》、韩国祥明大学权锡焕《中国江南地域明清时期文化资源研究——以园林文化为中心》等。

第三届中国辽金文学学术研讨会综述

赵维江　何志军

2004年11月17日至21日，第三届中国辽金文学学术研讨会在广州举行。本届会议由中国辽金文学学会委托暨南大学文学院和肇庆学院中文系举办。来自中国大陆、台湾、香港和日本的50余位专家学者会聚于紫荆盛开的珠江之畔，对辽金文学进行了广泛的研讨和交流。提交会议的学术论文40余篇，论题主要集中在以下几个方面：

第一，辽金文学文献及作家考论。会议认为，文献的整理与研究，是处在开拓和发展阶段的辽金文学研究的基石，注重考据与实证，是本次会议学术探讨的一个突出特点。黑龙江大学薛瑞兆《〈中州集〉版本质疑》通过检校《永乐大典》残卷指出，在现存《中州集》之外，曾有一个元好问生前编定刊印的完整版本。香港能仁书院方满锦《元好问〈论诗三十首〉之成诗年代研究》列举近代以来对《论诗三十首》成诗年代的不同意见，认为组诗当作于作者二十八岁，晚年并未修改。南京师范大学赵永源《元好问〈鹧鸪天〉(临近堂前春水波)词系年辨正》认为"癸卯说"系年更近事实。宁波大学左洪涛的论文考证现存所有词牌中最长的《莺啼序》，其创调权应属于王重阳而非历来所说的吴文英或高似孙。大同大学杜成辉《刘祁研究》对金元之际刘祁的生平作了详细考辨，澄清了不少悬而未决的疑问。南通大学王树林《金蒙诗僧性英禅师考论》考述了金蒙诗僧性英的生平、交游及诗文遗篇。中国人民大学詹杭伦的论文考证出，历来被认为是王勃的《释迦佛赋》实为金代丁暐仁所作。江西财经大学龙建国的论文对董解元的生平、《董西厢》的成书时间、版本等进行了细致的考辨。暨南大学李向军、李兵的论文对《全金元词》收录的元代刘秉忠词进行了校正，并根据元人熊梦祥《析津志》补录了一首佚词。

第二，金元词研究。金元词研究是近年来成果丰硕的一个学术增长点，也是本届会议的热点之一。关于金元词整体性研究的几篇论文颇引人注目：中国社会科学院刘扬忠《论金代河朔词人群》详细辨析了“河朔”的历史地理概念及河朔词人群体的特点与成就，视野宏阔，立论新颖。宁夏大学张廷杰《论金、元道士词》认为，研究占据金元词“半壁江山”的道士词，有助于了解词体的发展演变、复原文学史全貌。昆明师专辛一江《谈金词风格之成因》从时代性和地域性两方面具体分析了金词风格形成的原因。台湾暨南大学范长华《元代咏梅词的主体表现》探讨了元代咏梅词在宋朝崩溃、文化命脉危机重重的情势下大量涌现的深层原因。暨南大学胡梅仙所提交的论文《论金代大定、明昌词的田园牧歌情调》，对金词在大定、明昌这一特定发展阶段所呈现的总体特色提出了自己的见解。

有关词人个案的研究，既涉及已获广泛研究的大家，也注意到研究很不充分甚至未曾论及过的重要词人：徐州师范大学赵兴勤《钟鼎山林几曾了——兼谈元好问隐逸词的审美个性》考察了元好问隐逸词的独特审美个性，同时也揭示了元氏幽隐而复杂的文人心态。赵永源《论元好问〈鹧鸪天〉词的创作》探讨了元氏三十七阕《鹧鸪天》所体现的沉郁顿挫、意蕴深厚的独特风格。宁夏大学许兴宝《王重阳词简论》对道士词人王重阳的词调创新、自传性、通俗性等特点给予了阐述。暨南大学张沫在《隐逸之歌——“二妙”词中的隐士心态剖白》从金元易代之际的历史文化背景上对作为隐逸词代表的“二妙”(段克己、段成已兄弟)词的内容进行了剖析。山东社会科学院乔力提交的论文论述了党怀英词的“娱人”传统及与齐鲁文化疏离的特征。暨南大学易淑琼在论文中，对元初刘中敏词的“治世语境”、“北宗”体派属性及其词学观念作了深入阐释。

金元词批评理论和学术史研究也进入了与会学者的视野：华东师范大学彭国忠在论文中细致地梳理和阐发了刘将孙推尊词体、崇尚性情、反对“直致”等词学思想。安徽师范大学杨柏岭的论文对近代词人况周颐的金元词研究作了系统的论析。济南大学崔海正、吉林大学王昊《二十世纪金词研究的回顾、反思与展望》描述了二十世纪金词研究首尾热、中间冷的“倒马鞍”型的基本态势，指出进化文学史观制约了对金词历史地位的衡估，而金元词合观也影响了对金元词不同内质的辨析，金词研究对把握词史的走向、发展规律极为重要，金代词史作为断代词史的出现应当是下一步的重要学术目标。香港黄棣珊纪念学校何贵初《近五十年香港、台湾和海外金元词研究概述》一文，从词集、词律、词评和词学等方面论述了近五十年香港、台湾和海外金元词研究的概况，并呼吁两岸三地学者通力合作，为金元词研究再创新天地。

第三，辽金文学与辽金文化关系研究。将辽金文学放在当时特定的文化背景中观照，注重揭示文学的文化特质是本次会议论文的一个明显趋向。辽金文学与当时宗教文化关系研究是会议论文中一个相对集中的主题。除了多篇金元道士词的研究及诗僧性英的考论以外，山西大学李正民《试论佛教对元好问的影响》从生命价值的珍惜与关爱、生命意义的体悟与发挥、诗禅关系的阐释与实践三方面，论述了元好问对佛教的独特体认。中国传媒大学张晶《李纯甫的佛学观念与诗学倾向》认为，金代后期诗坛领袖之一李纯甫在其佛学观念影响下，形成“唯意所适”、“尚奇”和注重“禅家机锋”的诗学倾向，与儒家正统文学思想大相径庭。复旦大学张兵提交的论文《从〈西游录〉看辽金元时代的一次佛、道斗争》阐述了耶律楚材《西游录》反对道教的思想题旨，并指出这次佛、道斗争是由于统治者宗教政策偏向引发的。忻州师范学院徐翠先的论文分析了道士丘处机《磻溪集》中的山水景物诗的内在审美特质。

辽金文学与地域文化和民族文化关系研究也受到了多位学者的关注。吉林社会科学院周惠泉提交的论文《辽金文学：汉文化与北方民族文化融合互补的结晶》指出，辽金文学是在汉文化与北方民族文化融合中产生的具有活力的新形态，在中国文学通俗化、大众化的历史转型过程中起到了重要的作用，是中国文学史上不可回避的带有全局性的重大问题。暨南大学赵维江《北方地域文化与辽金文学》从地域文化生态变迁角度指出，辽金元三朝文学作为北方地域文化的组成部分和载体，其基本风貌和审美品质实际上也是北方文化和文学传统滋养的结果。文章系统地探讨了三朝文学基于北方地域文化作用下，在社会审美意识、文学观念及其创作的内容、形式和风格等方面所发生的一系列新变化。台湾台中健康暨管理学院郑靖时《金源女真人诗作评析》考述了金源女真人学习汉文化、写作汉诗的情况并进行了评析，认为这足以凸现中国多民族融于一炉之文化特色。

第四，辽金文学与宋元及其他时代文学关系研究。辽金文学是中国古代文学史链中一个有机环节，与其他朝代文学特别是宋元文学有着不可分割的承继和影响关系，这方面的探讨构成了本次会议的一个重要议题。汕头大学张惠民《试论“苏学北行”——苏轼对金源文学的影响》从诗、词、文三种文类出发，全面考察了苏轼对金元文学的影响，对“苏学北行”这一文学史常识背后的“如何行”、“学什么”作了深入细致的揭示。安徽师范大学胡传志《〈滹南诗话〉与南宋诗论的联系与差异》指出,《滹南诗话》大量征引了《苕溪渔隐丛话》等南宋诗论文献作为商榷、反驳的对象,反映了王若虚好议论、善辩论的个性以及对南宋诗论高论深解的批评,显示出王若虚平实灵活的论诗特色。中国人民大学诸葛忆兵《论北宋使辽诗》一文涉及到宋、辽不平衡的外交关系,对北宋出使辽国的使臣心态及诗歌进行了细致深入的研究,认为这构成了北宋诗歌的一道独特风景线。中山大学罗斯宁《段克己、段成己诗对宋诗的继承和发展》从文本细读出发,详细论述了金末诗人段克己、段成己对宋诗的因革嬗变。上海古籍出版社杨万里《宋辽金俗文学交流若干事实的文学史意义》一文,从俗文学角度论述了宋辽、宋金文学的交流,认为辽代已开北曲先声,金院本对宋杂剧既有继承也有发展。

还有的论文论及到辽金文学对宋前文学营养的汲取和受到金文学影响的元代文学。曲阜师范大学李冬红的论文探讨了《花间集》在金元时期的接受与传播情况,日本庆应义塾大学高桥幸吉的论文梳理了金代文人对陶渊明的接受,辨析了金与南宋文人接受陶渊明的差异。西北民族大学高人雄的论文阐述了从变文、教坊大曲、杂曲基础上发展而来的诸宫调说唱艺术形式及《董西厢》的影响。安阳师范学院查洪德《理学精神与元人之文风追求》一文从文学思想史的角度出发,指出以理学为精神底蕴的文风作为一个时代文风的形成,理学精神从根本上、全局上影响文学,是在元代实现的。信阳师范学院王忠阁的论文剖析了元代延祐、天历间诗风趋于“雅正”的原因。河北大学王素美的论文探讨了刘因的“观务”思想及其咏物诗的境界。

第五,辽金诗及诗论研究。这方面的研究也是会议的一个重要收获。除前面已提及的有关论文之外,以辽金诗或诗论为研究对象的论文还有多篇。肇庆学院周建江《辽金楚歌述论》对辽金时代“楚歌体”诗的创作进行了系统的论述,注意到这一特有的抒情方式对于那个时代强烈的生命意识的张扬。南京大学张春晓《从重阳诗看金诗流变之一隅》认为,由金代重阳诗所呈现的多元面貌,可以略窥金代诗歌流衍变化的痕迹。四川大学吕肖奂《赵秉文题画诗文本分析》指出,赵秉文题画诗受苏轼、黄庭坚的影响,艺术水准远超同时期南宋江湖诗派同类诗歌。中山大学钟东《宇文虚中诗笺证》采用诗史互证的方法,分析了宇文虚中诗歌所表现出的贰臣心态与委曲悲慨的风格。集美大学田彩仙的论文分析了元好问诗论“气”、“韵”兼重的特色。

在闭幕式上，中国社会科学院邓绍基教授作了《中国辽金文学研究及其相关问题》的主题发言。他从文学史整体的角度看待辽金文学研究的意义，指出辽金文学研究决不止是一个局部问题，而是一件恢复文学史全貌、甚至改变旧有偏见的有意义的工作。他还指出，辽金文学研究领域的兴旺发达有三个标志：首先，文献资料的整理、积累具备基本的规模。其次，不断出现新的研究论著和论文，尤其是有影响的学术著作。再次，出现一批专攻或兼攻辽金文学的学者，尤其是在学界被公认有创见的学者。最后，邓绍基指出，在文学史重大问题上的补充、丰富和突破，对辽金文学研究者来说是一次极好的机会，同时也是挑战。

中国辽金文学学会会长、中国传媒大学张晶教授作了大会总结发言，借用降大任先生的概括，本次学术大会成果丰富，人际和谐，学风纯正，后继有人。他指出，辽金文学研究是古代文学研究领域中的蕞尔小国，近年来，无论是研究队伍的壮大、学术活动的自觉还是学术成果的凸显，都取得了令人瞩目的进展。辽金文学文献整理研究方面，《元好问全集》、《全金诗》、《全辽金诗》、《全辽金文》、《河汾诸老诗集》等一批基本文献的整理、校点出版，为辽金文学研究提供了坚实的基础。研究论著方面，《金代文学学发凡》、《金代文学思想史》、《金代文学史》、《金代文学研究》、《辽金诗史》、《辽金元诗歌史论》、《金元词论稿》、《金元词通论》、《金代前期词研究》等一批文学通史、分体史专著的出版，都标志着辽金文学研究的崛起和丰收。张晶教授总结了辽金文学研究态势：研究对象范围大大拓展，不断向更深、更广发展；地域文化、宗教文化、哲学思想与文学关系的综合性研究得到加强；影响、接受、传播研究在文学史上的重要意义逐渐凸显。最后，他指出，辽金文学研究仍有不少薄弱环节。如辽金文学家别集，除了元好问，其他作家别集还很少得到整理、校点和出版。辽金文学史的研究还缺少有经典意义的重大成果。此外，研究者本身素养如文献基础、理论视野等都有不小的提升空间，尤其希望年轻一代的学人不懈努力。

“何时一樽酒，重与细论文”，会议宣布，下一届研讨会将于 2005 年在安徽芜湖召开。学术讨论结束后，与会学者参加了肇庆的文化考察活动，饱览了鼎湖山、七星岩等岭南秀丽风光。

宋词研究综述

苏利海

2004—2005这两年的宋词研究整体上呈现出相当繁荣的景象,在词体演进、词体风格、词人作品、词学批评和文献整理等研究领域都取得了相当丰厚的成绩,尤其是在吸收了民俗学、接受美学、文化学、心理学、比较诗学、女权主义、叙事学等一些新理论、新方法后研究角度进一步朝多元化方向发展,研究空间无论在广度上还是深度上都有所推进,现就有关研究状况综述如下。

一 词体发生、演变、体裁、题材、风格研究

追寻词体演变的轨迹一直是词学研究中的重点,与诗的对比性研究常常又是显示词体发生特殊性的一个较好的研究视角,如王兆鹏在《从诗词的离合看唐宋词的演进》(《中国社会科学》2005年第1期)中从诗词的离合过程来考察唐宋词演进轨迹,文章认为中国古代各种文体演进史常常是彼此分离融合的历史,而词与诗始终是有合有离,经过他的梳理,唐宋词与诗的离合大致经历了四个阶段:一是初唐到中唐,词变于诗,诗词混合;二是晚唐五代,词体独立,词别于诗;三是北宋,词体转型,诗词初步融合;四是南宋,

词的诗化，诗词深度融合。诗词关系和词体的演变是词学研究中的重要命题，王兆鹏的文章便是对此命题的进一步深化。“词为艳科”是词学中的一个传统观念，对此杨海明从角色转换的视角审视这一文学现象，对其形成作了合理的诠释，他在《角色转换与“词为艳科”》（《文学遗产》2004 年第 2 期）一文中认为“词为艳科”的形成与词人由正统士大夫文人的原型变形为风流才子的特种角色转换存在着密切关联。该文分析了词人产生上述角色转换的原因：他们内心固有的角色矛盾和角色冲突（人性与士大夫身份之间矛盾，情欲与封建礼法间冲突）是其内在动因，而词之有异于诗文的创作环境和独特体性则构成其外部诱因和有利条件。叙事学是现代文学理论中具有重要影响的研究方法，但多用为对现当代文学尤其是小说文体进行解释，张海鸥在《论词的叙事性》（《中国社会科学》2004 年第 3 期）一文中大胆借鉴叙事学文本结构分析的理念和思路，来寻绎和阐释词的叙事性，角度新颖，他认为词同样具有叙事性，对词中的叙事性，他做出了详细的说明，认为早期的词调有许多又是词题，具有点题的叙事性，词题的主要功能是引导叙事；词序是词题的扩展，是对词题引导叙事的延展，又是对正文之本事、创作体例、方法等问题的说明或铺垫；词正文的叙事与其他叙事文体不同，其特点是片断的、细节的、跳跃的、留白的、诗意的、自叙的；并进而比较长短调叙事性区别：长调受赋体影响而有铺叙式，短词叙事通常采用诗歌本色的隐喻式，词的叙事风格比小说典雅、含蓄、文人化。此外如沈松勤《论宋词本体的多元特征》（《南开大学学报》2005 年第 6 期）中对宋词本体所具有的多元化特征进行了探讨，认为宋词的本体多元化主要体现在以下三方面：一是词体功能多样化，在社交、娱乐、抒情、言志诸功能既互相独立又彼此联系；二是词风流变的多向性，在纵向的规律性演变中又包含横向的个体风格的转变；三是创作主体多重性，多重主体与社会角色的每一个侧面都映衬出不同的精神内涵与价值取向。王福美在《略论南宋中兴词的“词史”特质》(《中国社会科学院研究生院学报》2005 年第 3 期)一文中从“词史”的角度来概括南宋中兴词所具有的特质。认为南宋中兴词人以词纪事,以词为陶写之具,使词真正具有了以词存史的“词史”特质,这一特质在一定程度上是通过感事而发的文本结构模式来实现的。在这一模式下,不仅使词作摇曳多姿,而且深化了词作审美内涵,中兴词人也多能从抒情的美学趣味出发,在词中直接叙事、议论,其中题序功能的增强是词作叙事功能增强的一个不可或缺的因素。在论词体特征的论文中,吴小英的《富贵气:唐宋词与诗区别的一个重要标志》(《河北学刊》2004 年第 4 期)讨论了词所具有的富贵气这一体性特征,认为城市音乐文艺的词体性质决定了词的富贵气貌,词的富贵气貌与词人多出身富贵有极大关系,在内容笔调、抒情笔调、语言面貌上两者都存有极大差异,唐宋词在“富贵气”上表现出其特殊的审美价值。而张家梅在《词体之“要眇宜修”论》(《广西社会科学》2004 年第 1 期)一文中对传统中认为的词体是“要眇宜修”含义进行了剖析,认为它主要包括词的艳丽本性,婉约体格,蕴藉气质。木斋的《论早期应制应歌词的词史意义》(《江海学刊》2005 年第 3 期)对词史中的应制、应歌词进行了分析,认为应制、应歌体现了词的接受者对于词体产生和发展的刺激推动作用,应制词首先从应制诗中蜕变出来,早期应制词是词体产生的中心环节,应制词从即席演唱至太白体方具词体意义,太白体应制词奠定了早期文人词女性化特征,而白乐天体、温飞卿体的出现,标志早期应制词历史使命的完成。邓子勉在《试论苏黄等词的同体异用现象》(《南京师大学报》2005 年第 3 期)对苏黄词中的同体异用现象进行了详细分析,认为词发展到北宋中期,苏轼及其弟子对词诸方面进行了新的诠释,其突出表现在词的同体异用,主要是对词之传统性的反动,有意识地破坏词体的固有特点,引导词体对诗体的认同。词的同体异用现象的产生,是与苏、黄等人对词体定位、有意识地引导和创作分不开的，是他们促使词体的雅化和开放，以及回避诗歌创作诸种因素合成作用的结果。陈忻《南北宋婉约词不同的表现形态及其成因》(《中国文史研究》2005 年第 2 期)从尚实与尚虚，言情的率真与意趣的骚雅两方面对南北宋婉约词不同的表现形态及其成因进行了深入研究，认为宋代婉约词基本发展趋势从由外放到内敛，由追求抒情上的淋漓尽致到变为崇尚思深味厚、曲折幽深境界。

对女性词的关注一向是词史研究中的重点，这一时期叶嘉莹的《从李清照到沈祖棻——谈女性词作之美感特质的演进》(《文学遗产》2004 年第 5 期)具有代表性，该文对女性词作的关注既有宏观性的梳理又有对个案的细密分析，她认为在中国词史上，女性词作是伴随男性词作的发展而演进的，它受到传统文化、个体才性、文体观念和女性社会地位等诸多因素的影响。文章列举了李清照、徐灿、沈祖棻等为代表的女性作家及其词作。以此探寻女性由最初用自己血泪抒写的生命悲歌，到后来感慨家国沧桑变故的“诗化之词”，再到可与男性词作齐观的“史家之词”、“学者之词”的演进历程。沈家庄《宋代三位女性词人文化心态新论——宋词表现的宋代女性观念之历史文化审视》(《广西师范大学学报》2005 年第 2 期)从历史文化角度对魏夫人、朱淑真、李清照的词作进行了分析，认为魏夫人词作虽大都语言清雅秀媚，但有时也用俚语俗辞，真率直朴，天然本色，带有鲜明的民歌风调，反映宋代庶民文化显著特点；朱淑真是一位有独立人格意识和反常思维习惯的很有艺术天赋的女性，在北宋历时百年的思想解放和人性觉悟的文学新潮后出生并成长起来的她，敢于用许多士大夫不敢用的词来表现个人私情，证明其新文化人身份和反礼教的叛逆女性形象；李清照是宋型文化的产儿，是中唐到北宋文化转型的新文化观念新价值思维所孕育的一位新型女性代表，她在词作中所表现出的对生命激情的体验中升华了自己对丈夫的爱，也升华了内心世界的审美的人生。黄丽峰《宋代女性闺怨词的词学贡献》(《江西社会科学》2004 年第 5 期)对女性闺怨词也有相当深入的研究,认为宋代婉约词题材与内容所具有的私人化特征决定了其中女性的闺怨词对"男子而作闺音"的代言词总体成就的超越,体现在反映广泛、丰富的女性生活形态、深刻的女性心灵世界及直率抒情方式、真切细节描写。

对词的题材内容的研究,如杨海明《试论唐宋词中"归家"意蕴对前代作品的传承与变异》(《中国文学研究》2004 年第 1 期)对宋词中大量出现的"归家"内涵进行了深刻分析,既审视了词中"归家"意蕴对前代文人作品中相关意蕴的传承,更着重揭示了其中的变异和出新,认为词中"归家"之情淡化了孝情和父爱等血缘亲情,而大大强化了思念妻妾或恋人的男女恋情,此种反常现象产生与词的独特体性和唐宋词人所怀的某种"时代心理"有密切关系,文章认为通过对词中"归家"意蕴的剖析,能以点窥面地感知词的整体意蕴对前代文人作品既有传承又有变异。黄杰《论宋人汤词与熟水词》(《浙江大学学报》2005 年第 6 期)对宋词中的汤词与熟水词进行了考证。认为汤与熟水皆为宋人保健饮料,宋人往往在宴饮结束后饮茶解酒犹嫌不足之际,又饮用由甘香药材煎煮而成的汤或熟水,以达到和中营卫的目的。易蓉《宋代节序词抒情主题初探》(《湘潭大学学报》2004 年第 4 期)对宋代节序词的主题进行了探讨,认为宋代节序词除了以其独特的民俗文化层面向人们展示了"祛灾、祈愿、祝福"和"赏心、乐事、良辰"这两大节日民俗生活主题,更以婉曲深致,丰富着节序词主题,其中体现出的词人情感有:士大夫的人生感慨寄寓;爱国情思抒发;人间美好情感倾诉。许兴宝《水为生命原质的文化层极分析——宋词展示水意象的底蕴探说》(《西南民族大学》2004 年第 8 期)通过对宋词中水的意象分析,揭示文化中水的表现形态为物质生命之形、爱情生命之形、智慧生命之形。

此外对词调的分析亦有白静、刘尊明《唐宋词调之冠——〈浣溪沙〉初探》(《湖北大学学报》2004 年第 2 期)的精到见解,文章以量化分析得出《浣溪沙》为宋词调之冠的论断,并分析其中的原因:从曲调曲体来看,它具有轻灵与婉转之美;从形体结构上看,具有整饬变化之美;从对偶句式看,具有画龙点睛之美。

二　宋词的文化学研究

从文化学角度来研究宋词是这两年来宋词研究中的亮点和热点,并且取得了丰硕成果,该文化内容主要包括有传播学、地域学、风俗学、社会学、接受学等。从传播学角度来解读宋词,如王兆鹏的《宋词的口头传播方式初探——以歌妓唱词为中心》(《文学遗产》2004 年第 6 期)文章分析了歌妓与娱乐场所对宋词发展所产生的影响。认为宋词主要的演唱者是职业化与专业化的歌妓,演唱环境与地点主要集中在公私宴集等娱乐环境和酒店茶楼、歌馆妓院等娱乐场所。宋人公私宴集都有歌妓唱词侑觞,酒楼茶馆妓院里既有职业的歌妓长期驻店演唱,也有临时赶场的;歌妓在宴集中唱谁的词,唱什么内容的词,一般由宴集主人选定,或唱主人自作的新词,或唱客人所作的新词,宋词的演唱形式有多种,其中小令、慢曲的"小唱"最为普遍流行,由此进而说明歌妓唱词,既促进了宋词的创作和发展,又制约着宋词题材取向和风格基调的形成。杨海明《试论唐宋词中名句的生成奥秘及其他》(《社会科学战线》2005 年第 2 期)对名句在后人的接受过程中生成的奥秘及其作用体现进行了探讨。他认为在唐宋词的传播和接受史中名句发挥不少作用,而词的旺盛生命力主要通过其名篇和名句表现与释放出来。通过剖析得出名句生成奥秘:或以辞胜、或以情胜,而更多名句是辞情相称地将深刻人生意蕴与精美语言包装交融一体。并由此进一步提出:努力从唐宋词中发掘有益的精神养料和寻求可资借鉴的创作经验应成为词学研究工作中的重心所在。周期政《从宋词看宋人对陶渊明的接受》(《南昌大学学报》2004 年第 1 期)通过从宋词中大量的陶渊明的意象分析,认为宋人主要从人格认同上接受陶渊明,他的真淳、自由、达观、傲世、安贫,深受宋人的喜爱,他的机智风趣、潇洒飘逸、超脱闲雅的魏晋风度让宋人叹服,而忽视了其愤世情怀。

从城市文化、地域角度来研究宋词发展的文章也取得相当的成就,如陆业龙、陈祖清在《宋代的城市繁荣与词体流行——兼谈宋代湖北词体创作不振原因》(《湖北社会科学》2004 年第 7 期)一文中讨论了宋代城市繁荣与词体流行的相关性。认为宋代都市繁荣对词体流行的影响主要有:词具有雅俗共赏的艺术价值;词的演唱具有广泛适应性,因而更有市场;词能最大限度满足宋代市民对“欲”的追求。并由此推导出宋代的湖北由于都市的不繁荣导致了词创作的不景气。许伯卿《论宋词题材演进的新型南方文化背景》(《文学遗产》2005 年第 6 期)认为宋词是在不断更新的南方文化影响下逐步发展起来,在宋词“题材类型多样化”、“情志一体化”文体功能的实现过程中,新型南方文化的贡献尤其突出,尤其是建炎南渡后形成的新型南方文化不但使南方词人积极尝试各种题材类型,也拓宽了北方词人的取材范围,创作出既富时代气息又有南方文化特色的作品。经过南北词人的共同努力,宋词题材类型逐渐扩大,终于达到了“无意不可入,无事不可言”,文体表现功能得以比较充分地实现。翦伯象《汴京的词学史地位》(《中州学刊》2005 年第 2 期)主要探讨了汴京在词学史上具有的地位与意义。认为汴京培育了一批“能词能吏”的词学主体,其人文经济是北宋词的生存根基,其书斋美学造就了北宋词崇雅避俗的发展格局,其地域文化孕育了北宋词特种生命基因,汴京意识是当时词人主要的情感向度,文章进而总结出汴京在词史上的地位:是北宋词传播与消费网络的核心和枢纽,对词艺的发展起了极大推动作用。

从唐宋文化转型来看词的发生与发展，有邓乔彬的《词的由中唐至宋初之变与文化转换》(《文史哲》2004 年第 4 期)，文中讨论了词的体性特征与文化转换的关系，揭示出在词的变迁背后，文化因素起着重要作用，该文认为从文化转换角度看，中唐词是进士文化中“中隐”思想和享乐意识的体现，西蜀、南唐是两种不同的宫廷文化的体现，而在宋初词主要有两个发展方向：一是以晏殊、欧阳修为代表，表现出士大夫文化“忧生”的一面；一是以柳永所代表的俚俗一派，与市井文化密切相关。同样以文化环境来解读宋词的有王小荣的《词在北宋传播的历史文化环境》(《河北大学学报》2005 年第 2 期)，文章认为词作为一种独特的文学样式，它在北宋时期接受与传播，离不开当时的历史文化环境，这种文化环境对宋词的影响主要体现在三个层面：北宋城市经济的发展与繁荣，为词的传播提供丰富的物质基础；士大夫文人歌舞享乐风尚又是促进词传播的社会因素；以表演声乐为主的宋代歌妓为词体传播的直接手段。除从宋代文化大环境来研究宋词外，更有一些文章深入到当时的社会风气、士人交往、唱和之风等具体方面来研究。如从社会祝寿风气的盛行来看宋词发展的，有李红霞《论南宋寿词的分型及特征——兼论祝寿文学的历史演进》(《深圳大学学报》2005 年第 3 期)认为南宋祝寿风气炽盛，直接带动了寿词创作的普遍流行，其类型可分为寿圣寿官词、寿亲寿友词和自寿词三大类。寿圣寿官词因其应制酬唱之目的而带有谀美色彩和模式化特征；寿亲寿友词因祝颂的功利需求虽不免有一些尘俗观念，但因其表现了人伦真情的温馨和生命意义的美好，因而具有一定的思想意义和审美价值；自寿词摆脱了他寿功利目的，审视并探索生命价值意义，深刻揭示了词人深婉细腻的心迹，带有浓烈个性化色彩，风格少有喜庆、欢愉而多以悲愤激越为基调。从宋代文人唱和之风的兴起来研究宋词的有何春环的《词亦“可以群”：论宋代南渡唱和词》(《西安师范大学学报》2005 年第 3 期)，文章对宋代南渡时期唱和词的兴起与当时的社会风气进行了对比研究。认为唱和词是在特定时代文化背景下兴盛起来，主要是词人广泛交际应酬的结果，这种唱和词充分发挥了表达友情、交流思想、切磋词艺、交游娱乐、宴饮酬唱等重要作用，南渡唱和词风盛行，发挥了"词可以群"的创作传统，增强了词人的群体意识，深化了"以诗为词"的创作观念，推动了词体文学的发展，促进了南宋词创作的高度繁荣。此外钱建状《宋南渡初期的政局变化与词坛风气》(《厦门大学学报》2004 年第 3 期）对宋代政局变化与词坛风气的转换进行了分析。认为宋南渡初期的三十年，政坛一波三折，词风亦随之跌宕起伏。绍兴和议前，在进元祐而退政宣的政治背景下，词坛通过对政宣风流的清算来完成崇雅黜浮的词学使命，借助于再续元祐学术来完成苏轼词风的重振。同时在北宋党争余波冲击下，南渡词人实现了合理重组，绍兴和议后，随着秦桧上台专政，在文化高压政策的影响下，南渡词坛风气又转向了谀颂萎靡。

从唐宋文人的心理角度解读宋词的代表性论文，有诸葛忆兵的《性爱心理与词体的兴起》(《文学评论》2004 年第 3 期），文章对唐宋人的性爱心理与词的兴起之间的关系进行了新颖的解读，认为燕乐是词体兴起的主要内部因素，而性爱心理则是词体兴起的外部因素。内外两种因素同时具备，才能迎来歌词创作的高潮。该文认为在唐宋词出现之前，中国古代文人的性心理备受压抑，性爱心理在诗歌中也因此不能得到很好表现，即使有表现，也是遮蔽的、含糊的、晦涩的、躲躲闪闪。只有到了唐宋时，文人们这种无法言说的性爱心理，终于在歌词中找到合适的尽情宣泄的自由天地。

从宋代文学文体之间的互联性来研究宋词同样有不凡的表现，如从宋代诗词分别雅化与俗化的相反现象进行解读宋词文体发生的特殊性，吕肖奂《论南宋后期词的雅化和诗的俗化》(《文学遗产》2005 年第 2 期）就细致地分析了南宋后期词的雅化和诗的俗化这一奇特的文学现象。认为文体的发展，与文化环境有着复杂的关系,但更重要的是取决于文体自身的演进规律,诗和词在两宋以前,分别属于雅文学和俗文学两个系统。在两宋雅、俗文化“互摄互融”的过程中,诗、词实际上分别作为雅、俗文学和文化的先锋。其不同的发展方向,引导了雅文化的俗化和俗文化的雅化潮流。“以俗为雅”是诗歌创作最先提出的贯通雅俗的方法,“以诗为词”是提高词品、尊重词体的一种手段,诗人、词人采取了不同方式引起这两种文体的改变。词的雅化和诗的俗化,是词体和诗体各自发展进程到南宋后期的不同状态呈现,其发展倾向虽不同,但都属于文体自身发展的问题。文章又进一步阐明:文体自身的发展规律是文学发展的内部条件、决定因素,而文化环境只是文学发展的外部因素。何春环《论宋元话本小说词体结合的创作模式》(《新疆大学学报》2004 年第 3 期)对宋元话本小说中曲子词在话本中的重要作用进行了分析,认为曲子词的题材、内容、语言、风格可用“俗”来概括,这与作为近俗文学的宋元话本小说具有一致的审美倾向,对宋元话本小说及后世小说创作有深远影响。成友宝《姜夔词中的传统节庆民俗研究》(《西南民族大学学报》2004 年第 1 期)对姜夔词在民俗学中的价值进行了探讨。认为姜夔词提供了南宋社会民间节庆习俗风尚,是南宋民间社会生活的缩影,解读姜夔词中所携带的文化因子,从而可以全方位了解南宋民间社会生活。此外又有从宋人的悲剧意识解读宋词的,如蓢伯象《论北宋词的悲剧载体功能——兼论北宋词的悲剧美学特质》(《贵州社会科学》2005 年第 1 期)探讨了北宋词的悲剧美学,认为词是词人的悲剧意识和悲剧精神载体,其悲剧意识有三种范型:词人的生命悲剧意识,词体的生存悲剧意识,词学主体的情感悲剧意识;其悲剧精神主要有两重内涵:即抗争精神、与现实社会相矛盾的价值观。

三 作家与群体研究

作家流派是宋代词学研究的重点领域，也是成果最为丰富的领域。这两年的研究重点主要集中在对词人个案研究上，其研究范围更趋广泛，从地域方面的考察到与群体的联系到交友影响以及和相关文人的对比性研究，研究格局更加细致和全面。

在晏殊的研究上，王丽洁《试论晏殊词的空幻情结》（《江西社会科学》2004 年第 3 期）一文从佛学视角来解读晏词，论述新颖。文章认为由于受到佛教影响，空幻情结使晏殊词的情感结构体验与表达具有深刻的哲理意味，以入世情怀，将世间之空幻实相化为俊拔、超越的审美艺术情境，这是晏殊词独特的艺术风格所在。晏殊词的情境表达方式又可分为：恨无常而执著于情苦、情深，比一般诗人更敏感于静观种种无常之变，善于表现变化流动中的时空对象。

在对张先的研究上，有孙维城《唐诗人孟浩然与宋词人张先比较及其文化意义》（《文学评论》2004 年第 3 期），文章从与唐代诗人孟浩然的比较研究中探讨张词所体现的文化意义。认为从文学时代来看，孟浩然身处于唐诗由初到盛唐的交接时期，同样张先亦身处宋词由初起到兴盛的交换时期；从人物风神看，孟浩然“骨貌淑清，风神散朗”，张先则“盐米不继”而“啸歌自得”，都继承了晋宋人物风流；从作品创作看，孟浩然写作的是唐代开始兴起的近体诗，张先写作的亦是小令慢词，篇幅都比较短小；他们都以名句出名，作品气局不大而韵味十足；他们作为某种文体走向成熟期的承启人物而在文学史上显示出重要作用，孟浩然上承陶谢，开启古代诗歌的平淡风格，张先开启了宋代慢词讲究韵味的审美风貌，他们的人格风神在文化史上有着特殊的意义，代表了中国古代文人的最普遍的人文形象与艺术审美形象。而木斋《论张先词古今一大转变及“始创瘦硬之体”》(《山西大学学报》2005 年第 1 期)则专门探讨了张先词在词史上的转折之功。认为张词的应社体性质,标志了词体从艳科应歌写作向士大夫生活写作的转向,在写作方法上,张先体也最早显示了词体的诗体属性,完成了由女性虚拟想像写作为士大夫生活的真实写作,实现了由描写式向叙说式的词体句式转移等,而张先的词瘦硬是在尊重词体别是一家内在规律之下相对而言的“瘦硬”。此外王德保、杨茜《北宋词人张先与湖州地域文化考论》(《江西社会科学》2004 年第 11 期)从地域文化角度来探讨张先在湖州文化发展上的作用。通过对张先在前后“六客会”中的作用,揭示了张先在吴越词坛中所起的盟主作用以及对苏轼词风产生的影响。

苏东坡词一向是研究者所关注的领域,郑园对苏东坡词的研究投入了较多的心力,也取得了可观的成果。其《说东坡词中的“清”》(《文学遗产》2005 年第 3 期)对东坡词中的“清”通过统计和用法分析,认为其中可分为四类:与自然景致相关的;与宴饮相关的;与情感意趣相关的;与人物意态、心境相关的。并认为第四类为东坡的独造,表现了东坡对“清”的趣尚及其内涵的深层开掘,并进而分析这种“清”的趣味生成除了文化传统的积淀外,还与东坡的个人精神气质和他长期浮沉不定的生活际遇中所坚守的洁身自好的处世态度、以及面临生死之际的淡然适然的态度相关。其《东坡词中的时间与梦》(《北京大学学报》2004 年第 6 期)则对东坡词中的时间与梦这两大主题进行了分析,认为它们主要表现为未老时候的伤老之叹及消解现实感的“如梦”意识,“如梦”意识在苏词中有两种涵义:古今如梦,由今天眼光看历史上发生过的事件,感到似有似无;劳生如梦,以跳出人间一种开阔眼光看自己和周围人等的行为,感到恍惚虚无,一切现实的意义都变得微不足道。古今如梦是劳生如梦在长度上的延伸,从其晚年时还不忘谨守忠爱之份而言,至少可以说苏轼从没有试图取消人生的真实意义。该文又探讨了与梦意识相关的酒的媒介作用，由酒而达到的“闲”之境。其《东坡词题序研究》(《文史哲》2005 年第 5 期)对苏东坡词题序的产生、意义有深度开拓，认为其产生既有个人遭遇和性格襟抱原因也有文体发展复杂变化的激荡。与前人词相比，其题序善于将表达幽深微邈低回婉转情致的词与变动不定的现实相结合，情事密合互补，既有自传性质又具有以现实为辅证、而使空灵词体更加意味深长、从而深化读者审美情趣、他于词序制作也标志词之一体朝向个人化写作的趋势。此外，赵海菱《东坡词的女性审美观照》(《社会科学辑刊》2004 年第 2 期)认为苏东坡词的女性视角为我们提供了走进苏东坡内心世界的又一条路径。苏词中的女性呈现出丰富多彩的面貌，或一腔忠诚缠绵之情，或一片天然率真之气，或一派超然通透之性，是词人儒道释合一的人格魅力体现。钟巧灵《论东坡词意象的建构与特色》(《湖南师范大学学报》2005 年第 6 期)通过对意象分析和数据统计，概括出东坡词意象在组合方式上有复合式、并列式、递进式；在色彩运用上有直接用颜色者，有不着色而色在其中者；在审美特征上，有浪漫型、哲理型、禅意型、时光跳跃型。

对周邦彦的研究，如路成文《论周邦彦的咏物词》(《文学遗产》2004 年第 2 期)对周邦彦的咏物词有了详细的论述，该文将其咏物词置于宋代咏物词发展演进的大背景之下进行深入细致的考察。认为其咏物词在三个方面大大突破了他的前辈：创作主体深度介入，创作主体与表现对象成为咏物词表现的共同“主体”；打破旧的咏物词创作运思程式，在章法结构上有较大突破。文章对周邦彦的咏物词创作历程亦有所关注，认为其词以心理流程为运思线索，而随着情势、环境变化，其心理、意绪也会发生变化，这种变化使得周邦彦的咏物词结构从整体上也体现出富于变化的特点。相应的柳永、苏轼的咏物词具有稳固性、均衡感、整饬感，而周邦彦的咏物词则具有错综复杂、腾挪跳跃的结构特征；在咏物上从静态观照到动态呈现，从拟人、移情到拟情，并开始从体物到禁体物的新尝试。

在对朱淑真的研究中，汤燕君《〈断肠集〉的女性自我意识析辨》(《浙江学刊》2004 年第 3 期)对朱淑真的女性自我意识进行了独到的分析，认为宋代女词人朱淑真用诗歌作品来表现对人生的个体化诉求，其作品《断肠集》所展现的女性意识已突破了当时的女教规范，代表了女性追求自我发展、追求个性解放的一个前进方向，具有重要的社会意义。刘晓林《独留幽怨向黄昏——朱淑真〈断肠集〉抒情主人公形象》(《中国文学研究》2004 年第 1 期)认为朱淑真是宋一代唯一能与李清照相齐的女词人，她的婚姻不幸，身世凄凉，使她悲伤抑郁，抱恨终生，只有将无限孤独幽怨付诸词中。其词名《断肠集》实是自己悲惨身世的写照。该文从四个不同侧面分析词中所蕴含的艺术形象：知音难觅的孤独寂寞；有才无命的怨恨愤懑；迎风待月的痴情娇羞；痛苦煎熬的骨铄形销。

在宋代词人中对辛弃疾的研究可谓是重中之重，论文数量颇多，成果也颇丰。有从比较角度来研究的，如徐培均《读稼轩词与漱玉词》(《北京大学学报》2005 年第 4 期)分析了辛弃疾词与李清照词异中之同，分别从“妮子态”与“易安体”两个层面剖析了辛弃疾以刚性词调写女性柔情和其幽约怨悱的词风都具有与李清照词的相通之处，可见辛弃疾对李清照的创作成果有汲取借鉴，并指出二者在精神意趣上由于受道家影响而具有的相通之处。以同样视角来研究的，尚有赵晓岚的两篇论文，其一是《从“气盛言宜”到“以气使词”——从“养气”说论辛弃疾对韩愈的文学认同》(《文艺研究》2005 年第 4 期)，文章从韩愈与辛弃疾皆对“气”的重视来探讨二者间的承继关系。认为韩愈由孟子“养气”引申出“气盛言宜”论，其本人诗文之盛气则源于其道德、学识之“养”。而南宋理学成熟，民族矛盾尖锐，以“气”振发人心极为迫切，辛弃疾遂再倡“养气”说，辛弃疾以盛气使词，词中自见其不凡之气。从韩“气盛言宜”到辛“以气使词”，可看到他们共有的沉雄奇险、骨力怒张，一改传统儒家的“中和”之音，这又与两人的遭遇、个性、才力、学识以及艺术上求新求变的思想有关。其《“南宋唯一稼轩可比昌黎：从“以文为诗”到“以文为词”》（《江海学刊》2005 年第 5 期）一文分析了二者在文体创新上的共同性：分别在诗词领域以破体别造新境，稼轩“以文为词”如昌黎“以文为诗”，这既根源于两人政治文化性格的相近也体现出“养气”、“积学”等文学观的相似。从交游关系中来研究的，如房日晰《辛弃疾何以崇赏杜斿》（《文学遗产》2005 年第 3 期）对杜斿与辛弃疾的关系有新的发现，该文分析了辛弃疾崇赏杜斿的原因，是因为杜作为朱熹的门人，在调解辛、朱之间的矛盾上起了良好的作用，且杜的诗酒风流，爱国热情，也让辛弃疾赏识，故与之结下了深厚的情谊。王昊《辛弃疾与朱熹交游关系考论》（《吉林大学社会科学学报》2004 年第 3 期）通过考证辛弃疾与朱熹的交游关系，揭示朱熹对辛中年后的心态、思想，特别是政治思想发展和人格特征成熟上的深刻影响。李静《鹅湖之会与稼轩词派》（《北方论丛》2004 年第 6 期）认为辛弃疾与陈亮二人的鹅湖之会是两人交往的一个重要事件，也是稼轩词派形成中一个标志性事件。二人以词相互酬唱应答，强化了稼轩词派的显性特征，扩充了该派的创作队伍，壮大了这一词派的创作力量，使稼轩词派成为一个显赫的流派。从题材角度来研究的，如许伯卿《辛词题材构成解读》（《南京师大学报》2005 年第 6 期），将对辛弃疾词创作题材类型分为三十类，认为伴随其宦海浮沉，辛词取材也表现出比较明显的阶段性特征。仕宦期主要题材为交游、祝颂、咏怀等；闲退期为交游、隐逸、咏物等；可见仕宦期多取社会性较强题材，而闲退期多取社会性较弱题材，这其中传统文化的浸润、渗透，当代政治的激荡，个人修养则是影响辛词题材构成的几个主要方面。闫笑非《稼轩祝寿词简论》（《北方论丛》2005 年第 3 期）认为稼轩“祝寿词”同样表达了作者的爱国激情，洋溢着作者对志同道合的亲朋僚友真挚的友爱和深情的祝愿勉励，不仅有丰富思想内容同时具有较高艺术价值。许宗元《论稼轩旅游词》(《上海师范大学学报》2005 年第 3 期)将辛的旅游词概括为三类:壮歌悲歌，山水清歌，风情牧歌，并分析其风格特色，美学意义。汲军与应子康的《试析稼轩谐戏词的美学特征》(《江西社会科学》2005 年第 4 期)通过对谐戏词的统计分类，分析了成因及其美学特征是摧刚为谐，刚谐相济。李兵、聂巧平《论辛弃疾寿词中的"三国情结"和"桃源情结"》(《求索》2004 年第 9 期)论述了辛弃疾寿词中的"三国情结"表现为以建功立业、恢复山河为主旨;而"桃源情结"表现为以全身远祸、归隐自适为主旨。此外尚有巩本栋《论辛弃疾南归前期词的创作》(《文学遗产》2004 年第 5 期)对一向为学者所忽视的辛弃疾南归前期词进行了分析，认为辛弃疾南归后以宋孝宗淳熙八年(1181)落职退居为界，词的创作明显可分为前后两个时期。前期词多写其南渡之初的复杂心态和身世之感，手法多用比兴，词风兼具深婉细约和清疏刚健之美，而后期词则直以词为陶写之具，无施不可，沉郁顿挫，雄奇悲怆。文中还对辛弃疾南归后词风形成进行了分析，认为除了其心态、艺术手法外，还有其思想性格上的因素和艺术创作上的渊源。从词本体角度审视稼轩词的，如木斋《稼轩词本质特征新论》(《中州学刊》2005 年第 4 期)，文章认为稼轩体既非豪放又非婉约，也非豪放加婉约，而是悲壮沉郁。委婉、沉郁比之豪放，更为接近词体本质。酿豪放为悲壮，抗高调而沉郁，他者化为自我，昔我对比今我，凝抽象为具体，化议论为意象，以典故凝铸意象，托他人表达自我，平和中的激烈，日常中的沉郁以及以散文铸词等是构成辛词悲壮沉郁特质的主要因素。徐定辉《论稼轩词气》(《湖北大学学报》2004 年第 6 期)则论述了"气"在稼轩词中所包蕴的审美特质，认为辛词中的气表现为英雄豪杰的志气、勇气、豪气，忠臣义士的骨气、正气、愤气，及闲人雅士的清逸气、旷逸气。因"气之所充"，辛词不仅有震动古今的气势，更有动人心魄的魅力。

在对姜夔的研究中，胡遂《论白石词之人格情结及其表现艺术》(《文学遗产》2004 年第 4 期)一反前人所关注的白石“清空”说，而强调其“骚雅”说。认为“清空”只是白石词境，“骚雅”才是白石词骨，而白石词中的“骚雅”所寄者乃是一种极为强烈的人格情结，正是出于对人格的自尊自立，使他产生了通过文学创作来彰显自己清高脱俗之人格气质的自彰自明的意识，其词作之所以呈现冷香幽韵、清刚峭拔等美学风貌，也与其特定的创作旨趣与表现艺术有关联。词不仅化作了白石精神生命的物质存在，也确定了他的生命情结、生命意志，正是通过对其词作的自矜自赏所获的审美愉悦，他才在极为清苦的生活中“独善”、“固穷”以终身。

对吴文英的研究有吴振华的《绮窗凄梦:词中之商隐——试论义山诗对梦窗词的穿透性影响》(《学术月刊》2004 年第 3 期)，该文通过李商隐的诗对梦窗词的影响来反观梦窗词风之来源和特色，认为李商隐对吴文英的词风影响主要表现在:以绮艳抒写深沉的人生感慨;致力于表现悲剧色彩的衰败、凋残之美;着力表现梦幻般的心灵迷惘;运用空幻回合、上下映带钩连的抒情结构;于藻饰典丽中潜藏浑灏流转意脉;创作上具有“潜气内转”的心理特征。周茜《情词的两大转变与梦窗情词的特殊成就》(《华东师范大学学报》2004 年第 5 期)一文则把吴文英词放在情词演进中去探讨其词所具有的独特成就，认为情词经历了从普泛抒情到自传性抒情，从艳俗到骚雅的两种转换，梦窗词以其丰富的数量，自传性抒情以及卓绝的艺术表现，使情词面貌彻底改观，完成了情词的重大转变，所以梦窗情词不仅对情词的发展有深远意义，也是观照南宋晚期词艺术的重要视角。

在对词学上重量级作家进行研究的同时，这两年对一些中小词人也有了更全面的梳理。如杨景龙《略论谢逸〈溪堂词〉意象营造的特色》(《文学遗产》2004 年第 1 期)，对谢逸《溪堂词》的意象营造的特色有细致的分析，将其意象营造分为：意象的雅化，即洁净含蓄、不直不露，给人以高雅美感；意象的虚化，谢逸在小令词的结句处着意虚化意象，使许多篇章显得含蓄不尽，神韵悠远；意象的融化，各种自然景物意象的融化，构成了一幅江南水乡的山水画面，以自然景物融化人物情事意象，构成情景交融，浑化无痕的意境。刘锋焘《刘过词评价中几个基本问题的探讨》（《词学》第十五辑）一文主要从以下几个方面着手对刘过词进行了重新认识：1.心态复杂的干谒词，认为刘过的干谒词表现出自己的北伐金国、收复中原的坚定信念，从而使他的干谒词不同于一般的阿谀谄媚之词，而呈现出一定的个性特色和时代特色。2.真情的流露，一部《龙洲词》是刘过的真性情的流露与纪录，词人的狂放、落拓、放荡不羁、高傲及其对权贵的乞求颂谀都在他的词中得到充分表述。3.词艺的行家里手，认为刘过的词或慷慨、或豪放、或悲凉、起伏跌宕，尽显顿挫之妙。路成文《论蒋捷词的漂泊情怀及其文化意蕴》（《湖北大学学报》2004 年第 2 期）一文分析了蒋捷的漂泊意识，即对于漂泊流离之生存状态的深刻体验，对于家和国家、民族的无可皈依，及因时代巨变所导致的人生价值的失落和人生道路的无可皈依，成为蒋捷词的主题。潘大春在《论蒋捷词的艺术风格》（《南京师大学报》2004 年第 3 期）中则对蒋词风格的研究有所突破，总结出蒋捷词在内容上大多描写个人身世飘零的凄凉命运，善于选择青竹、风荷等一系列意象，触目伤情，寄托遥深，表达出深重的故国沦亡之悲。在词风上，悲凉中蕴含郁勃之气，又能以流丽之笔抒写深沉愁绪；想像丰富，造境奇幻；语言浅俗明丽，已显示出鲜明的散曲化倾向，其词风对清词产生诸多影响。刘锋焘《论陈亮词》（《陕西师范大学学报》2004 年第 1 期）一文探讨了陈亮抒发“经济之怀”、“经纶之意”这类词的美学意义、词史价值、社会意义，分析了其经济之怀的内容和创作原因。梁桂芳《陆游词的心态——兼论陆词风格及其在词史上地位》（《新疆师范大学学报》2004 年第 4 期）则从心理学角度探讨了陆词风格，认为陆游的词学思想复杂，在词中陆游以对闲逸的描写反衬其愤懑不平的内心世界，将“疏狂”与“悲凉”的心态相融合，形成了哀怨沉郁的词风，从而成为宋词史上承前启后的重要一环。李朝军《柳永传人与大晟词人——试论晁端礼词》(《宁夏大学学报》2005 年第 4 期)则针对北宋后期词人晁端礼向来被当作大晟词人的论断进行了澄清，认为其主导词风来源于柳永，其词以恋情词为主要题材，直白大胆，表现情爱生活，既体现了柳永的创作精神，又呈现出明显雅化趋向，并且也受到了苏词的影响。毛炳汉《论南宋毛幵家世及词作》(《求索》2005 年第 3 期)一文从史志典籍及族谱中考察了其家世情况，并确定其词风清美雅逸的特征。霍有明、牛海蓉《刘辰翁暮年词作论》(《陕西师范大学学报》2004 年第 1 期)分析了刘辰翁暮年词作的特色：以多种艺术手法直接反映宋元更替的巨大历史变动；反映了元朝统治者从服饰、习俗、制度等多方面对汉族传统文化的变更，从中透露了遗民们在新朝的痛苦、悲慨、失落、无奈种种心态。李静《张孝祥为官江淮时交游与词的创作论略》(《学术交流》2005 年第 3 期)则论述了张孝祥在为官江淮时词风的变革，认为其词风一改其为官临安时的温软香艳转而变为慷慨激越的创作风格并逐渐成为其主导词风，奠定了其在词史中地位。李朝军《北宋词人毛滂爱情词探胜》(《求索》2004 年第 3 期)揭示了毛滂爱情词的特色：以夫妻感情为取材重点，缠绵蕴藉婉约风致与沉郁超逸之态。李朝军《论毛滂词风及其文化意蕴》(《内蒙古大学学报》2004 年第 2 期)则认为毛滂豁达潇洒、超凡脱俗的气度酷似苏轼词风，体现苏轼词的革新精神，但不同之处在于更多的词表现出超脱尘网、追求个性自由的品性，并探讨了毛滂失节事蔡京的原委。

这两年对宋词流派的研究则显得较为冷清，而代之以若干群体研究，如谢皓烨《论宋元之际江西遗民词人群的群体特征》(《求索》2004 年第 3 期)论述了以刘辰翁、文天祥、谢枋得、邓剡为主的宋元之际江西遗民词人群的群体特征：在词学审美上，从诗词同理角度强调词的表现功能，崇尚性情的即兴抒写而不事形式格律的雕琢，不忌语言的俚俗。许芳江《临安词人隐逸心态的精神栖息与故国情怀》(《求索》2004 年第 10 期)则分析了张炎、周密、王沂孙为代表的词人群体的隐逸心态。

四 词学理论研究

词学理论的研究主要集中于对词人词学思想、词体风格、词学概念的探讨上。诗词之辨是词学史上重要论题，对此探讨的如孙克强《唐宋人的诗词之辨》(《中州学刊》2005 年第 5 期)对唐宋人的诗词概念有详细的梳理，认为在唐五代、北宋时期词体娱乐性质使它难免"小道"、"卑体"的歧视，此时的诗词之辨建立在对词体否定基础之上，探讨诗词之辨是为了将词体区别于诗体而加以排斥，而在宋南渡前后，诗词体之辨主要涉及词体音律和风格问题，代表人物为李清照等，到了南宋末年，诗词之辨更深入，沈义父、张炎更强调词体音律要求，词体风格特色和雅俗特性，阐述更为深入。词中"实"与"虚"的手法运用是词学批评中一对重要概念。陈忻的《中国唐宋诗词与日本和歌意境的"实"与"虚"》(《文学评论》2004 年第 1 期)主要以中国唐宋诗词与日本和歌关系为切入点，探究其意境的内部结构，认为意境构成以真为骨，于外分为"实"与"虚"。中国唐宋诗词与日本和歌中意境的"实"表现为：描摹自然的纯写景之作；不假衬托渲染等手段，明白无隐地抒发作者对事件人物的情感态度和观点；运用铺叙手法，通过展现某一事件直接、间接传达作者情感，其客观性、纪实性都很强。"虚"指作者在情感抒发上不取明白无隐、一笔到底、一览无遗之笔法，而是借助其他表现手法曲折地抒情，表现在：情景交融，以景传情；欲吐又吞，点到即止，是一种说而不破，似隐又露出端倪的手法。"以文为词"是中国词学发展史上一个重要的文学现象，李静的《略论“以文为词”》(《北京大学学报》2005 年第 2 期)对这一问题的产生、发展和特征都有深入探讨，认为“以文为词”导源于宋代，后逐渐发展成熟。它在结构上表现为音律句法、话语特征以及叙事性特征等方面的突破，在内在核质上表现为“以文气为词”。“以文为词”是辛弃疾和辛派词人重要特征，也是南宋乾淳词坛共有的写作特征，表现在格律上的突破，在话语体系上显现出以议论入词，熔铸经史语入词，长于用典，叙事性首先表现在叙述方式上的历时性、内容的真实性以及所叙事件的单一性和完整性。胡敏则对“以诗入词”这一现象有新的认识，其《论宋代“以诗入词”现象及其发展成因》(《南昌大学学报》2004 年第 5 期)认为作为创作上对前人诗歌的一种最为直接的接受和借鉴，“以诗入词”的手法得到了宋代词人广泛而普遍运用，这既是古典诗歌影响宋词创作的结果，也是宋词走向雅化过程中必然经历、更是宋代词人在创作时共同具备的主客观因素造成的。作者把“以诗为词”表现方式总结为：新瓶装旧酒法、夺胎换骨法、集句型。把“以诗为词”的发展过程总结为：兴起阶段——晚唐五代北宋初年；发展期——北宋前期中期；完善——北宋中后期。郭锋《论宋代词学的“清空”》(《陕西师范大学学报》2004 年第 3 期)则对“清空”这一词学风貌进行了分析，认为它表现为创作上由运用才学到化用才学为“清空”，宋代词学有两种“清空”，一是苏轼突破法度行云流水式；二是姜夔蕴含一定法度的“清空”。二者前后相继，取长补短，共同承载着骚雅的审美理想。用典是词学史上一个常见命题，对此有独到分析的是曾平《传统与经典的力量——论宋词》(《西南民族大学学报》2005 年第 4 期)，文章从词的雅化过程这一大背景探讨了用典的原因，认为用典使事及化用前人陈意陈句与江西诗派的影响不无关系，用典的实质是对文化传统的尊崇，是将历史语境引入当下的文本，使其承载更为厚重的文化意蕴，对此宋代词论家基本都持欣赏有加的态度，李清照、张炎、沈义父都是如此。文章还对用典之弊有更深一层的研究，认为用典是在设置文学与下层民众之间的障碍，反映了士大夫对自身知识特权文化身份的迷恋，而这一特点，既使华夏文化能薪火相传，生生不息，又使这种文化长期缺乏质的变异。

李清照《词论》是词学批评史上的一篇重要文章，对此有新的探索的是陈祖美的《评李清照〈词论〉对秦观词的批评》（《词学》第十五辑），文章就李清照对秦观词的批评进行了分析，认为：李清照所批评的“秦即专主情致”应理解为“秦即专写冶游之作”的同义语，也即李清照认为秦观专写男欢女爱、恋妓宿娼。这是因为李清照对秦观身世的不理解和听了传闻中对秦观与歌妓有染的流言；秦观并不“少故实”，分析秦观的作品可看出其作品并不少“故实”。李清照此误评一是由于李清照并未看到秦观的全部作品，二是其偏见，“贫家美女”和富家千金，认为秦观的不存故实的“贫家美女”词反而更具强烈的审美效果，李清照的评价同样是偏颇的。文章最后认为由于秦观的词在传播中多有散落，因而李清照读的多是其“风怀绮丽”的作品，故得出一些不着边际的批评，同时认为李清照的《词论》有“逞才、随意、以偏概全”之过。徐安琪《晏几道词学思想新探》（《词学》第十五辑）对晏几道的词学思想概括为：1.“析酲解愠”的功用观，即借词“叙其所怀”，以释忧纾怨，以理论的形式明确地表述了词体功能的复杂性，赋予词一定的张力，从而表现出小山词体观强烈的个性色彩，或可称为杂糅的词体功用观。2.“感物之情”的创作观，其内涵是首先要求创作主体具有“天真”的词心，要有任其自然的真性情；其次是要“为情而造文”的创作态度，即感物而动，缘情而发，而非无病呻吟。3.“如幻如电”的恍惚美的追求，其情感世界是幽隐的，并以一种迷离恍惚的形式表现出来。这体现在首先是执著于回忆的表现形式；其次与回忆的表现形式相联系的是梦境的创作；再次与以上两点相联系的是凄凉迷惘的抒情基调。张炎《词源》是一部经典著作，对它在后世影响的研究有丘斯迈的《试论张炎〈词源〉对后世词论的影响》(《华中师范大学学报》2004年第2期),文章认为张炎在《词源》中推崇白石,力倡雅正,标举清空;形成于康熙前期的浙西词派及嘉庆年间由浙西词派衍变而来的常州词派,二者的词学理论和张炎主雅空的理论一脉相承,有千丝万缕联系,但理论间却不尽相同,由此可以说《词源》代表了词论的一个时代。谢永芳《陈振孙词学思想论略》(《湖北大学学报》2004年第2期)认为陈振孙思想正统,崇尚儒雅,既从政治教化的高度用"发乎情,止乎礼"的儒家思想来规范词的内容,又从审美角度出发,以"高丽"之格绳衡词的形式,从而对内容、形式采取不同的标准区别对待。

五　文献考证

在文献考证上,这两年所取得的成就非常突出,体现在学者们通过对资料的收集、整理,对词史中的一些定论进行重新论证,纠正了前人的一些错误论断,澄清了词史上的一些久而未决之难题,同时对一些词人的生卒年、交友、著述以及对《全宋词》的辑佚补编都有了新的进展。如薛瑞生的《周邦彦卷人王寀、刘昺"谋逆"事件考辨》(《陕西师范大学学报》2004年第1期)针对宋人庄绰、王明清曾谓周邦彦因受王寀、刘昺"谋逆"事件牵连而出知真定,而当代学者则对周邦彦因反对蔡京而外任的不同结论进行了考辨,文章经过考证认为所谓王寀、刘昺"谋逆"事件纯属冤案,是当时郑居中与蔡京政治角逐的产物,但周邦彦却受此事件牵连,几乎获罪,因得蔡京等人营救而豁免,遂出知真定。薛瑞生的《周邦彦并未"流落十年"考辨》(《文学遗产》2005年第3期)又针对现代学者所认为的周邦彦是新党代表人物,由于旧党的排挤倾轧,始出教授庐州,接着又知溧水,因此"流落十年"的传统认识进行了考辨。认为周邦彦教授庐州十年,乃是宋朝官制及时势使然,与新旧党争无关，且周邦彦刚就任，即因遭母丧而居家丁忧，外任尚不足六年。故所谓“流落十年”说不能成立，与新旧党争也无任何关系。彭国忠《从一通佚书看辛弃疾绍熙四年的行实和心态》(《文学遗产》2005年第1期)通过对收录于清代归安姚氏所编刻《凤墅残帖释文》卷五中弃疾书信一封，进行了细致分析，认为对绍熙四年辛弃疾的急促离开京城，和其中所体现出的归隐的心态，皆有助于进一步了解辛弃疾这一年的心态与行动。张承风《苏轼艳词三首辨正》(《文学遗产》2004年第6期)认为《皂罗特髻》(采菱拾翠)是苏轼复书时信笔写的杂言韵语而非倚声而制的歌词，《雨中花慢》(邃院重帘何处)与(嫩脸修蛾)中的两首均非苏轼的作品。马茂军、张海沙《蒋捷三考》(《文学遗产》2004年第4期)通过对资料的梳理，解决了关于蒋捷入元不仕的问题，对蒋捷的身世有了清晰的认识：其为蒋璨的后人，蒋璨为蒋之奇从子；蒋捷的爱国不仕与蒋门一直是宋廷良臣的世系相关；蒋门一直与岳门有深厚关系，具有“世受国恩，当死于是”的传统观念。文章对蒋捷入元后的经历亦有了新的发现，认为他入元后在常州曾为家塾，其晚年在浙江曾作相士，并对其在浙江的时间及生卒年进行了考证。王昊《李清照“继母说”补证》(《词学》第十五辑)一文用大量材料对李清照的生母和继母的身份进行了澄清。认为王拱辰的孙女非李清照的生母而是其继母，而李清照的生母为王珪的长女，且其早卒时间是李清照出生不久，或在李清照极幼时。而徐培均在《关于〈永乐大典〉所载易安词的真伪问题辨证》(《文学遗产》2005年第2期)中通过对资料的梳理，认为《永乐大典》所载的五首易安词是真实可信的。

除了对一些重点作家进行考证外，对一些中小词人和词作的考证同样有相当可观的成绩。如陈志平《山谷词系年考证商榷》(《暨南大学学报》2005年第5期)通过对作品的理解，结合作者行踪交游，对现已出版的《山谷词系年考证》进行了查阙补漏，修正前说六首作品。王星、王兆鹏《李之仪卒年考实》(《文学遗产》2005

年第6期)通过文献资料,对久未认定李之仪的卒年进行了考证,认为其卒年应为政和八年(1118)。李欣和王兆鹏《北宋词人王观生平事迹考》(《上海师范大学学报》2005年第5期)勾稽有关方志、文集等资料对北宋著名词人王观的家世、籍贯、字号、仕履详作考订,最后推断王观约生于明道元年(1032)前后,略长苏轼几岁,享年五十岁以上。王可喜《南宋词人王质、沈瀛、李洪生卒年小考》(《文学遗产》2005年第5期)针对南宋词人王质、沈瀛、李洪生卒年或不详、或存异说的情况,根据史实进行了考辨。认为王质生于绍兴五年(1135),卒于淳熙十六年(1189)。沈瀛与王质同庚,生于绍兴五年(1135)。李洪生于建炎三年(1129),卒年为淳熙十年(1183)。周裕锴《全宋词辑佚补编》(《词学》第十五辑)从宋人诗文集和禅宗典籍中整理辑佚出词人昙颖、惠洪、李弥逊、净珪、妙崧、慧远、义青、子淳、正觉九家,词四十一首。吴承学、李婵娟《宋词疑义二考》(《求是学刊》2005年第5期)则对两首宋词中的词义进行了细致考证。认为周美成的《兰陵王·柳》中"直"乃"长"之义,晏几道《临江仙》中"两重心字罗衣"指绣有重叠心字纹图案,罗衣寓心心相印之义。

总结2004—2005年词学研究可看出,学者们在承继传统方法的同时,积极吸收一些新兴文学理论成果,促使宋词的研究格局不断开阔,生发出一些崭新的研究领域,并取得了引人注目的成绩,使宋词研究在这两年里表现出微观的考证、辨析与宏观性的梳理、把握相结合的可喜局面,不足之处在于在吸收新方法、理论的同时,一些研究成果又显露出牵强和新瓶装陈酒之弊;而在词人研究上所显露的弊端表现在对重要作家的研究渐趋琐碎,对一些中小作家的成就又急于拔高,显示出这一领域的研究在饱和之后面临着如何进一步推进的难题。

宋诗研究综述

郑　园

作为构成宋代文学重要组成部分的宋诗，2004－2005 年间，仍是诸多学者关注研究的对象。本文拟从唐宋诗比较、宋诗特质、作家作品及宋诗理论等方面，对这两年的宋诗研究作一大致的梳理与总结。

一　宋诗综合研究

长期以来，唐宋诗之争始终是学界的一个热点话题，但当今的研究者大都已不再简单拘囿于孰优孰劣的狭隘思路，而是以更理性、更深入的态度去探析唐诗对宋诗的影响与宋诗对唐诗的接受。同时，对宋诗本身独有特质的探索，依然是宋诗研究中的重点。

(一)唐宋诗比较与唐宋诗传承研究

首先是唐宋诗比较方面的研究。杜若鸿《诗之"尊唐抑宋"辨——从〈沧浪诗话〉说起》(《浙江大学学报》2004 年第 1 期)一文指出了严羽《沧浪诗话》"尊唐抑宋"说理论上的不足，认为其最大的局限是始终未对"诗变"与"世变"的关系作深层剖析。宋代诗人同时兼具参政主体与学术主体的多重身份，成功地支配甚至左右着整个政局的发展；宋代儒释道三教合流，学派林立，哲学思辨风气渗入到文学中，诗人的思想层面明显比唐代诗人宏阔；而有宋一代"议论煌煌"的士风，则直接推动宋诗议论化的突显；宋代"诗人"、"文人"角色重叠，与唐代诗人的纯粹"诗人"身份有很大区别，这也造成了创作思维的多元化，加诸文学演变的规律等方面，遂共同造就了宋诗的独特风貌。严羽仅注重从消极方面指出苏黄诗风和江西诗派的某些弊端，未尝全面检视宋诗的艺术特质,更未及探究这种艺术特质之所以形成的各种原因。因此,严羽的批评理论尚有片面性,与事实不尽相符,不能反映宋诗的实际成绩和真实面貌。文章从多角度辨析宋诗之所以不同于唐诗特质的原因,视野比较开阔。叶帮义、余恕诚《20世纪的“唐宋诗之争”及其启示》(《安徽师范大学学报》2005年第2期)则全面梳理了20世纪的“唐宋诗之争”,指出在20世纪初,由于“同光体”诗人陈衍等的张目与胡适等新文化运动领导者的推崇,宋诗获得了相当高的地位;解放后,宋诗一度备受非议批判,总体评价偏低;进入80年代后期,宋诗研究出现了新气象,不少研究者从时代性与现代性角度肯定了宋诗的文化内涵与现代品格,融通的诗学观念推动了学界关注唐宋诗各自的特色与唐宋诗之间的关系。最后作者得出宋诗研究在逐步推向深入、但宋诗的命运却走向冷落的结论,并提醒研究者:不要将“唐宋诗之争”演变为“唐宋诗优劣论”,也不必为宋诗做无谓的翻案文章,而对其成就与影响做出过高的估价,这些都显示出作者理性严谨的态度。

在唐宋诗比较研究之外,关于唐诗对宋诗的影响及宋诗对唐诗的接受也是学界一直比较感兴趣的话题。莫砺锋《宋诗三论》(《广西师范大学学报》2005年第2期)从整体性观照的角度,从宋诗的思想文化背景、宋诗对唐诗的继承和革新、宋诗的发展历程三个方面对宋诗进行宏观的概括,指出宋诗在继承唐诗优良传统的基础上有了新的发展,在思想内容和艺术表现上呈现出求新求变的风气,表现出迥异于唐诗的审美观念和美学境界,出现了许多优秀的诗人,形成了许多流派。并且,作者根据宋诗的发展脉络及宋诗所取得的成就的阶段性,将宋诗的发展过程分为六个阶段,这对于今后的宋诗分段研究具有重要的参考价值。傅明善《沿袭·反拨·回归——论宋人对晚唐体的接受过程》(《新疆师范大学学报》2005年第2期)由考察宋末方回标举“晚唐体”的实际背景与情况入手,对整个宋代文学思想史上关于晚唐诗和晚唐体的不同看法作了较为系统的清理,论述其由沿袭到反拨再到回归的整体接受过程,指出:宋初之诗尚沿袭唐人,当时的晚唐诗人大都奉贾岛、姚合为宗,细致精巧却境界狭小;随着儒学复兴和诗文革新运动的兴起,晚唐诗风渐渐受到排斥,由沿袭而进入反拨阶段,这种对晚唐五代诗风的否定态度,造就了宋诗自身主体风格的形成;然而,随着江西诗派流弊的渐为人知,晚唐诗成为与宋诗相对照的对象,也因此开始了晚唐诗回归的时代性趋势,但此时所谓的“晚唐”观念较宋初已得到进一步的开拓。而从宋人对晚唐体的接受过程，也可看出宋诗自身发展变化的轨迹。胡建次《北宋诗坛对唐诗模本的选择与改造》(《唐都学刊》2004 年第 6 期)则从接受史的角度出发，指出北宋诗坛对唐诗模本的选择与改造主要通过三个步骤进行：首先是宋初白体、晚唐体、西昆体对唐诗传统选择性的接受与学习，当中也包含着改造的内蕴；二是北宋中期出现的诗文复古运动，通过对复兴儒学文化的倡扬及对宋代诗文发展的执著革新，促进了宋人诗歌创作对唐诗范式的转换；三是北宋中后期对杜甫诗歌范式的推崇和"诗圣"观念的形成，杜诗作为经典范式得以确立并开始被片面张扬。以上三个步骤或前后相续，或相互渗透，最终促成了宋诗的成型。

除了就文本本身探讨唐宋诗之间的影响与接受关系，杨晓霭《唐诗在宋代的歌唱及其对宋人声诗观的影响》(《华南师范大学学报》2005 年第 2 期)则选择了一个论者较少关注的侧面，通过对唐诗在宋代歌唱现象的考察，指出唐诗在宋代歌唱的情况主要有两种：一是歌唐诗原词，二是改编唐诗歌唱。认为宋人声诗的涵义主要包括：人乐之诗，祠祀乐歌，颂赞乐歌，近体律绝诗，先有诗然后被于声而播金石之曲辞。声诗因而成了与词乐相区别的一个概念，由此也区别了诗与词的社会功能。但关于唐诗在宋代的歌唱对宋人声诗观形成的影响，作者却论述得不够清晰具体，这是令人颇感遗憾之处的。

(二)宋诗特质研究

这两年，在探讨唐宋诗之争的同时，有关宋诗自身特质及其形成原因的研究依然在进行，但略嫌单薄。陈元锋《论北宋诗歌的"馆阁气象"》(《东岳论丛》2005 年第 3 期)一文提出"馆阁气象"这一概念，认为它是在崇儒尚文的盛宋文化气氛中，馆职词臣诗人群体的创作所体现出的一种诗歌品格。它以盛世格调和人文气象为基本内涵，并且随世风、士风的推移而呈现出不同的风格形态。文章指出，馆阁气象首先是一种"盛世之音"，应制诗与宫词则是最具"盛世"特征和宫廷形态的馆阁诗，而富贵语与富贵气是馆阁气象的主要表征。随着时代变迁，馆阁气象也在士风与学风的交互作用下，由宋初馆阁诗歌的富贵气息、太平景象及"雅正"诗声而转向元祐馆职对能够体现时代气象的"升平格力"的追求和对文人风流气味的吟赏。龙珍华《试析宋诗的书卷气》(《武汉大学学报》2005 年第 6 期)是从内容与表现技巧两方面探讨宋诗"书卷气"这一特质。就诗歌内容来说，宋代文人士大夫的诗歌，往往具有深厚的文化底蕴，多方面展示了当时文人的生活方式与生活情趣，体现出高度文人化的特点;就创作手法而言,宋诗中常大量用典,“以才学为诗”,这也成为宋诗书卷气最集中、最突出的表现。作者还探析了宋诗书卷气形成的原因,认为宋朝崇文抑武、倡导文教的国策,科举取士,教育规模的扩大及印刷出版事业的繁荣等,均激发了宋人的读书热情,为宋诗带来浓厚的书卷气。此外,“好议论”是宋诗的另一突出特点,曾祥波《论北宋前期诗文的议论风气》(《中国青年政治学院学报》2005 年第 4 期)通过对北宋前期政坛、文坛的考察,指出宋初太宗、真宗两朝文坛对中唐韩门诗文的推崇,在仁宗朝已经产生了深厚的文化积淀,加之此时朝廷党争的激发,使得庆历诗坛普遍呈现出发扬蹈厉、同时又不失理智的议论风气,宋诗由此形成了独有的政治文化气质。

对宋诗特质形成原因的研究,慈波《宋诗与类书之关系》(《涪陵师范学院学报》2005 年第 6 期)与曾祥波《从宋初政治的崇文倾向看宋诗气质的形成》(《北京大学学报》2004 年第 3 期)两篇文章颇有新意。“以才学为诗”是宋诗的独特气质之一,慈文从一个新的角度——“类书”入手,指出类书在宋代进入繁荣期,各种类书大量涌现,文人自行编纂的类书也层出不穷,文学大家如晏殊、黄庭坚、秦观等均有纂集之作。这种现象既是文人积累学养的表现,又可使他们在创作时应对裕如。宋人矜尚博学、喜好用典的习气导致了宋诗“以才学为诗”特征的形成,类书对此起到了重要的促进作用。曾文在详细考察宋初政治背景的前提下,指出中唐政治重视“内外制”词臣的崇文倾向在宋初得到了恢复,宋初的“内外制”词臣在文学创作中自觉地将“当代”与中唐联系起来,将白居易作为他们的一个“历史镜像”,遂兴起宋初诗坛的“宗白”之风,使宋诗呈现出一种闲适从容的“中年气质”。这种成熟的“中年气质”最终成为宋诗的基本格调之一,从一个侧面体现出宋诗在某些方面源于唐诗而又高出唐诗的成熟性。相关的研究文章还有陈忻的《北宋中叶诗歌政治化、议论化探源》(《重庆师范大学学报》2004 年第 3 期),文章认为形成北宋中叶诗歌政治化、议论化的原因有多方面,其中,科举考试的改革,台谏制度的完善,崇尚气节人格的风尚,疑古惑经的思潮及注重人事的精神起到了直接的作用。马茂军《宋代文人的群体意识与诗歌创作》(《辽宁教育行政学院学报》2005 年第 3、4 期)认为,宋代文人有着比较强烈的群体意识,这令他们热衷于以群体的形式存在并体现价值,也使得宋代诗歌派系分明。

相形而言,这两年有关宋诗特质及其形成原因的研究比较冷落,有新意、有突破性的文章不多,今后学界应当引起一定重视,以期在此领域取得长足进步。

还需一提的是,在宋诗综合研究中,除了唐宋诗比较及对宋诗本身独有特质的探索外,陈元锋的专著《北宋馆阁翰苑与诗坛研究》(中华书局 2005 年 10 月)令人耳目一新。该书系统地研究北宋时期三馆秘阁与翰林学士院制度的设立与发展,探讨其政治与文化职能;并从文化与文学的结合点上,考察在馆阁翰苑的文化背景下,北宋知识精英阶层所特有的从政方式、生活状态及其群体性的创作倾向。并考述淳化、景德、庆历、嘉祐、熙宁、元丰、元祐间几大馆职词臣诗人唱和群体的文学活动,展示北宋诗风的承传流变进程,分析馆阁诗风的文化意蕴及风格形态。为制度史与诗歌史的结合研究提供了一种较为成功的范式。

二 作家作品研究

这两年的作家作品研究取得了一定进展,特别是作家研究的范围日渐拓宽,在苏黄等大家之外,更多的诗人被纳入学界关注的视野,但对宋诗的题材与体裁的探讨仍然显得较为单薄。

(一)宋诗题材内容与体裁研究

唐诗对宋诗来说一直是座难以超越的高峰,为了区别于唐诗以形成自身的特质,宋代诗人在多方面进行了探索与实践,其中题材上的开拓与丰富是其努力的方向之一。

周裕锴《宋代〈演雅〉诗研究》(《文学遗产》2005 年第 3 期)讨论了长期以来被忽视的黄庭坚《演雅》诗及其仿效作品的价值和意义,认为《演雅》的创作很可能受黄庭坚同僚陆佃《埤雅》的启发,而其知识背景与创作动机则与元祐文学传统试图解构颠覆熙丰经术传统相关。《演雅》综合运用了拟人、用事、隐括、反讽、赋体、打诨等多种艺术手法,因而成为一个具有多重性质的文本。因为《演雅》旨意的开放性和不确定性,后来号称"效演雅"的诗歌便有了拟人戏谑型、博物类书型、格物观理型、寓言讽喻型、咏物题画型、主题综合型等对《演雅》的多元化仿效和演绎。文章将"演雅"这首颇具创造性而又被长期忽视的奇诗重新引入宋诗研究的视界之中,可谓是填补这一领域空白之作。周裕锴另有《宋代六言绝句的绘画美和建筑美》(《吉首大学学报》2004 年第 2 期)一文,论述了宋代诗人如何有意识地强化六言绝句的绘画美、建筑美,是这两年间宋诗体裁研究方面很具新意的论文。

刘蔚《宋代绘画与宋代田园诗》(《文学遗产》2005 年第 6 期)深入考察了宋代绘画对宋代田园诗的影响,认为宋代诗人对绘画兴趣浓厚,并普遍具有“诗画一律”的自觉意识。日渐增多的田园画促进了题画类田园诗的产生。表现农村日常生活的风俗画沛然兴起,带动了田园风俗诗的创作,绘画中常见的讴歌太平的主题也向田园诗中渗透。宋代诗人还将宋画的艺术特质、表现手法及风情格调合理地运用到诗歌创作中,使宋代田园诗具有了“以画为诗”的特点,“吟难吟之诗,以画补足”是宋代田园诗的独特创作手法;诗人有时会借鉴画家处理时空关系的手段,注重捕捉瞬间景象,并开创了前所未有的四时田园诗类型;宋代田园诗中异常丰富新颖的动植物形象与细腻精工的艺术风格,与花鸟画的取材和用笔有异曲同工之妙。刘蔚还有一篇《从言情志到观民风——论田园诗创作旨趣在宋代的新变》(《苏州大学学报》2005 年第 3 期),文章以创作旨趣的变化为切入点,指出宋代田园诗突破了以往同类题材作品只言情志的传统,以“观民风”为主要创作旨趣,对宋代农村的社会生活、风土人情进行了全景式的写照。这种变化自有其深刻原因,从文化自身发展角度看,它是中唐以后日益壮大的现实主义创作思潮推动的结果;从创作主客体关系而言,宋代士农阶级差距的缩小加深了诗人与农民的感情,为旨趣的新变提供了社会心理基础。这两篇文章皆是以宋代田园诗为考察对象,从不同角度论述其不同于前代田园诗的特点,对宋诗题材研究者来说,其思路与见解均有值得借鉴之处。

此外,何新所《宋代联句诗考论》(《中国韵文学刊》2004 年第 3 期)针对“联句诗”这一宋诗研究的空白,在对《全宋诗》进行全面统计的基础上,对其所收录的近一百四十首联句诗进行研究。文章从内容、形式、艺术等方面分析了宋代联句诗不同于唐代联句诗的特色,并对《全宋诗》在收录联句诗方面所存在的一些问题如失收、误收、自违体例及校勘疏漏等做了订正。

从总体而言,学界对宋诗体裁研究方面似乎用力不深,比较缺乏具有创建性的文章,这与宋诗本身的多样性、丰富性不成比例。

(二)作家作品研究

苏轼研究。无论在诗、词、文哪个领域,苏轼均是当之无愧的大家,也是学界关注的重点。就诗歌而言，这两年的研究者仍在努力从新的视角对苏诗进行多方位探讨，比较典型的如梁银林《佛教“水观”与苏轼诗》(《西南民族大学学报》2005 年第 3 期)，文章以佛教对中国诗歌的影响为切入点，以苏轼与《楞严经》中月光童子修习水观之事关系密切的几首诗为例，指出苏轼是佛教诗化运动中最为优秀的代表之一，其诗或采摄释典语汇，或简练佛经事状，或点化佛学义理，在佛教文学化的艺术实践方面做了有益的探索，他融摄佛教水观内容而创作的诗歌亦堪称典范。唐春生《苏轼与元祐初期诗坛——以苏轼知馆职试与贡举试为中心》(《重庆师范大学学报》2005 年第 6 期)考察了苏轼与元祐初诗坛的关系，认为元祐初在学士院任上的苏轼借主持馆职、贡举两次考试的机会，拔擢文学人才，并发起了两次诗歌酬唱的盛会，形成了以他为中心的文士群体，充分显示出苏轼在文坛上的盟主地位。钟振振《苏轼诗注辨正》(《陕西师范大学学报》2004 年第 1 期)针对质量较高、影响较大的陈迩冬先生选注的《苏轼诗选》进行了考订，对其中的一些误读加以辨正，以期有助于学人更好地理解苏诗。谷曙光《韩诗之变与苏诗的变中之变——论苏轼对韩愈诗歌的承传创变与宋代新诗格的确立》(《四川大学学报》2005 年第 5 期)从艺术创新的角度考察了苏轼对韩愈诗歌的承传创变，认为韩诗之变与苏诗的“变中之变”，其关捩点均是“以文为诗”，苏轼承袭韩诗的背后尚有深层的诗学意义。宋诗能于唐诗之后别开生面，苏轼是主要的推动者之一。宋代新诗格的确立成于苏轼之手，宋诗的基本特征在苏诗里有最充分的体现。因此，文中得出结论：“以文为诗”在苏轼手中得到了新拓展，这是苏轼对宋诗作出的最突出贡献。上述几篇文章从不同角度展开对苏诗的研究与探讨，有助于我们对苏轼有更为全面的认识。

黄庭坚研究。黄庭坚向与苏轼并称，被视作推动宋诗新诗格确立的大家之一，论者常将黄诗与苏诗进行比较研究。张承凤《论黄庭坚诗的艺术特征：兼与苏轼诗比较》(《西南师范大学学报》2005 年第 4 期)对黄庭坚的创作思路、对诗歌基本因素的处理及其追求的艺术境界进行了探讨，并与苏轼略作比较，指出黄庭坚在创作上基本是沿题赋诗，以题材为线索展开构思，强调内容的切题，故其思路有辙可寻，便于学习。在处理诗歌的基本要素——景、情、事时，黄庭坚习惯于以我观物，表达观物的主观感受，个人的情感被淡化后深隐于优雅的意象与情趣之间，叙事在作品中居于重要地位，穿插情与景，体现出严谨的章法。他往往借虚拟的方式创造艺术中的景观、事物，并抒发诗人隐微雅致的情感，以生新的意象、奇崛的句法、瘦硬劲健的笔力，营造了沉郁精雅的艺术氛围，向往自由闲适的精神境界，实现对“诗之美”的追求，最终自成一家，与苏诗并称，最能体现宋诗特色。张承凤还有一篇《黄庭坚诗分期评议》(《社会科学研究》2005 年第 4 期)，通过综观黄庭坚的诗作，考察其诗歌创作的发展道路，将其创作分为创作探索时期、风格形成时期、范式建立时期、艺术变化时期四个阶段。并指出，这种阶段性是诗人艺术本质和风格形成、变化过程在创作中的体现，而其发展变化又必然受到社会历史条件及时代文学思潮的影响。另外，叶帮义《20 世纪的黄庭坚诗歌研究》(《中国韵文学刊》2004 年第 1 期)联系江西诗派研究，对 20 世纪的黄庭坚诗歌研究作了分期述评，指出 80 年代后在山谷诗论与诗歌艺术研究方面取得了不小的成就，但山谷诗的本体研究、山谷诗研究的基础还有待加强，文章对今后的黄庭坚诗歌研究当有所启发与助益。

晁氏兄弟研究。宋代澶州晁氏家族中能文者多，是名副其实的文学世家。晁补之、晁说之、晁冲之均属第六代子弟。三人在文学创作方面均有不俗成就，而以晁补之名气最大。多年来对于晁氏三兄弟诗歌方面的研究一直比较薄弱。晁补之受到的关注略多，但论者大都致力于其词作的研究，对其诗的专章探讨很少。陶文鹏的两篇关于这方面的文章，颇有新意，值得注意。一篇是《论晁补之的七言绝句》(《长江学术》2005 年第 1 期)，指出晁补之的七绝数量最多，艺术质量也最高，主要抒写山水行旅和田园闲居生活。诗人表现山水田园之美，兼擅营造雄奇飞动与清幽秀丽之境，既有画中态又有画外意，在诗的语言锤炼上有独到造诣。晁氏的七绝显示了其壮逸才气与凌丽奇卓的诗风，兼得其师苏东坡诗清雄恣肆与其父晁端友诗温厚静深之长，与其七古一起代表了其诗的最高成就。另一篇是《论晁冲之诗歌》(《河南教育学院学报》2004 年第 1 期)，文章深入探讨了晁冲之诗歌在内容、风格及诗体诸方面的特点，指出其诗兼具唐音与宋调，表现出少年精神与豪侠气概，充满青春朝气与活力。其诗有高远理想与大胆幻想，富于浪漫情调，写景咏物兼擅“凭虚构象”与“按实肖像”。晁冲之多方面学习借鉴前人创作，五七言古近体诗皆佳。

这两年，张剑也发表了不少关于晁氏家族文学的论文，他的《试论晁补之的五古——兼论苏门文人的诗体选择》(《中国文化研究》2005 年第 3 期)一文，从题材、艺术手法两方面详细论析了晁补之的五言古诗，认为其五古善于

“赋笔骚心，夹叙夹议”和“熔裁古书，驱遣典实”，不仅塑造出苦涩古奥又顿挫奇瑰的诗风，还彰显出补之独特的个性与思想。并且，研究晁补之的五古，也有利于苏门文人诗歌及其诗体选择的理解。而《晁冲之年谱》(《河南教育学院学报》2004 年第 5 期)与《论晁冲之的诗歌》(《河南教育学院学报》2004 年第 6 期)两文，前文勾稽了晁冲之的生平经历，后文指出晁冲之诗歌题材丰富，想像曲折飞腾，风格则以豪迈为主，有意运用顿挫的艺术手法，是江西诗派中的一个特殊存在。《论晁说之的诗歌及诗学观》(《文学遗产》2004 年第 6 期)一文，认为晁说之的诗歌典型体现出宋诗“以文字为诗”、“以议论为诗”、联想曲折理性等特点，同时又避免了江西诗派末流满足于玩弄文字技巧的弊端，将诗歌创作与社会现实、忧世伤时的情怀联系起来。其独特的陶诗观，也为后人认识宋代诗学的多元性提供了另一种视角。此外，张剑另有《晁说之年谱》(《淮阴师范学院学报》2004 年第 5 期)，文章考察梳理了晁说之的生平，并将其诗歌系年，为研究晁说之提供了帮助。

陆游研究。2005 年适逢陆游诞辰 880 周年，在“纪念陆游诞辰 880 周年暨越中山水文化国际研讨会”上，不少专家提交了关于陆游诗歌研究的论文，其中陶文鹏《雄秀兼备的放翁山水诗》(《文史知识》2005 年第 11 期)通过对陆游山水诗的分析，指出其抒发爱国激情的山水诗具有气势奔放、骨力遒劲、境界壮阔、风格雄厚的特点，而晚年的山水诗则转向自然平淡的艺术风格。钟振振《陆游诗注商榷》(《江西社会科学》2004 年第 4 期)与《陆游诗注辨正》(《浙江大学学报》2004 年第 5 期)，则针对陆游诗当代选注本中质量较高、影响较大的两种——游国恩、李易选注的人民文学出版社出版的《陆游诗选》，朱东润选注、上海古籍出版社出版的《陆游选集》，对其中的一些误读或误注择其重要者加以商榷，体现出作者严谨的治学态度和深厚的学养。较重要的相关文章还有周先慎《陆游的爱国诗歌》(《文史知识》2005 年第 11 期)，余霞《试论陆游的巴渝诗》(《重庆社会科学》2005 年第 12 期)等。

宋代其他作家研究。这两年王安石依然受到论者重视，李唐《论王安石议政咏物诗》(《北方论丛》2005 年第 2 期)指出王安石将咏物直接而广泛地带入议政领域，既拓展了咏物诗的艺术功能，又丰富了议政诗的艺术手段。其主要手法，一是“说开去”，二是“暗喻”。咏物议政诗体现了王安石诗歌成就的重要方面。另外，刘宁《论王安石绝句对中晚唐绝句的继承与变化》(《广西师范大学学报》2005 年第 2 期)、张羽《王安石古诗二十八首浅论》(《淮阴师范学院学报》2004年第5期)分别就王安石的绝句与古诗两种不同体裁展开讨论,各有见地。

苏辙与范成大也较受人关注。朱刚《论苏辙晚年诗》(《文学遗产》2005年第3期)就题材、表现方式及艺术渊源三方面来论析苏辙晚年诗歌的特点,认为其晚年诗为"主理"的宋诗开辟了一种别具深意的境界。诸葛忆兵《论苏辙的奉使诗》(《江海学刊》2005年第3期)则通过对苏辙《奉使契丹二十八首》的解读,对苏辙整个出使过程中的见闻心态与情感变化进行了详细论述,同时也突显出其所作奉使诗在北宋民族史上的意义。范成大为南宋四大家之一,其田园诗无论在题材的拓展还是艺术风格的新变方面都取得了相当的成就,《四时田园杂兴》组诗是其经典代表作之一。曾玉章《本色的田园诗人——诗中解读范成大》(《湖北师范学院学报》2004年第2期)以《四时田园杂兴》为例,但并非关注作品本身的内容及艺术风格,而是通过对诗作的解读来关照诗人晚年的生活与心境,以诗中物象建立起四时田园来重现诗人当时生命的真实写照。作者切入的角度堪称新颖。同样视角颇新的还有张金花《从范成大诗歌看南宋商贸活动与商人生活》(《江海学刊》2004年第5期),文中对范成大作品中被论者忽略的涉及商贸与商人生活的诗歌作了史学解读,力图以诗证史,通过对范诗有关城市市场、农村市场以及各类商人描写与反映的分析,以证实宋代市场形制的时空巨变,城市市场的繁荣,乡村集市及经营风格的多样化,农村商品化程度的提高,以及不同阶层商人的生活境况差异较大等特征。文章最后指出,范成大作为一个现实主义诗人,其涉商诗歌真实地反映了宋代商业和商人的实际状况,符合宋代商业经济的发展情况,是宋代商贸活动真实历史的再现。文章对拓宽宋代历史和文学研究的思路颇有助益。

杨万里身为"南宋四大家"之一,对南宋诗坛影响颇深。但这两年学界主要致力于其诗学思想理论的研究,而对其诗歌本身的探讨欠缺研究的深度与力度。崔霞、赵敏《论杨万里对晚唐诗的接受》(《天中学刊》2004年第1期)从接受史的角度,论述了晚唐诗对杨万里诗歌风格的影响,指出杨氏以晚唐诗作为疗救江西诗风的药方,有美化晚唐诗的倾向,而这种理想化反过来又直接影响了其诗歌创作。

此外,一些以前不被注意而具研究价值的诗人这两年也开始为学者所关注。陶文鹏《论石延年诗歌》(《河南教育学院学报》2005年第4期)很具代表性。文章指出，石延年的诗具有意气标举、雄奇豪纵的鲜明艺术风格。他同欧阳修、梅尧臣、苏舜钦一起努力出新求变，为开创宋诗风调做出了卓越贡献。他的诗歌创作成就不及欧、苏、梅，但在多种题材和体裁上均有足以传世的佳篇警句，对于欧、苏、梅、王（安石）、黄（庭坚）乃至宋词的创作皆有影响，无愧于北宋诗文革新前驱者和“诗豪”的美誉。文章为此后研究宋诗开掘了一个新的视角，提醒研究者应在关注宋诗大家之外，致力于其他有特色诗人的探讨。另外，尹占华《论张耒的诗》（《西北师范大学学报》2004 年第 4 期）和张高评《辛弃疾咏物诗与唐宋诗之流变》（《华中科技大学学报》2004 年第 5 期）也是两篇较有特点的文章。前文主要论述张耒的诗在内容及艺术上的特征，并将其放在典型宋调的形成期进行考察，认为他与苏轼、黄庭坚、陈师道在诗歌创作上有不同的风格特色，成为元祐诗坛上的异调。后文认为，辛弃疾咏物诗大约三十题四十余首，有托物兴寄、寓言写志者，可与“稼轩体”相印证。其唱和诗与连章诗追求因难见巧，咏物诗又妙脱蹊径、不犯正位，体现了宋诗的超胜意识和宋人的创造性思维。

三　宋代诗派研究

关于宋代诗派的研究，这两年除了一直被学界关注的江西诗派与西昆派，对江湖诗派的研究也有相当进展，这使宋代诗派研究出现了新的气象。

作为对宋代诗坛影响最大的流派，江西诗派历来是探讨的热点。前人对江西诗派的讨论已颇多见解，这两年的研究者则试图从新的视角对江西诗派做更进一步的探析。郑永晓《南宋诗坛四大家与江西诗派之关系》（《南都学坛》2005 年第 1 期）便一反学界的一般看法，认为南宋中兴四大诗人尤袤、杨万里、范成大、陆游并非是在摆脱江西诗派的不良影响后才取得各自成就的。作者在分别考察了他们与江西诗派的深厚渊源后指出，四位诗人都是在继承江西诗派的基础上才有所成就。江西诗派占据了北宋后期以至南宋诗歌的主流地位。文章提醒我们，不能按照先打倒才有建立这一思维定势思考问题，应该动态而非凝固性地看待江西诗派及其诗学思想。伍晓蔓《北宋末山谷后学的双重整合与〈江西宗派图〉》（《文学遗产》2005 年第 4 期）就江西诗派的形成与《江西宗派图》绘制的基础这两个重大问题展开论述，指出江西诗派发展的主导线索是以地缘为基础的南昌—临川—建昌诗人群体和以诗学思想为基础的符离—临川诗人群体的双重整合。大观年间，以徐俯为首的豫章诗社和吕本中发起的"东"字韵诗唱和，带来北宋末期山谷后学"同作并和"的繁荣局面，成为《江西宗派图》绘制的基础。王祥的《地域视野中的江西诗派》(《沈阳师范大学学报》2004 年第 3 期)从地域文学角度着眼，指出文人结社和佛教(主要是禅宗)分派是"江西诗派"缘起的两个重要因素，诗派以"江西"命名，此"江西"二字揭示了宋代江南西路文化对诗歌流派的深刻影响。"江西诗派"的产生促使了诗禅合流，而江西诗人群体以"诗社"为集中活动形式，对诗学进行研讨，又促进了诗之体用的转变。

值得注意的是，近两年关于江西诗派研究，还出版了两部新著。伍晓蔓的《江西宗派研究》(巴蜀书社 2005 年 6 月)系统考察了吕本中及其《宗派图》中的二十五位诗人的生平与创作，并注意将所论诗人置于"元祐党禁"这个历史文化大背景下，详辨各家之"味"。论著最后认为："江西宗派"诗人从通经明用退归淡泊自守，主题、题材向深、狭发展，失去阔大之境，偏僻、偏瘦、偏生、偏硬，而后学又渐失山谷诗学的创新精神，流弊四起。乾道、淳熙年间，陆游、杨万里等济以晚唐异味，晚唐诗派渐兴，逐渐取代了江西诗派的主流地位。作者坚持从文本出发，不架空设论，较好揭示了"江西派"由盛到衰的深层原因，勾画出南宋诗歌的发展路径。韦海英的《江西诗派诸家考论》(北京大学出版社 2005 年 7 月)在梳理了大量文学史料的基础上，选择潘大临、谢逸等十一家，对其生平交游、诗歌创作进行编年式考察，同时对徐俯、王直方等人的诗歌理论观点也作了探讨，提出了不少新的见解，对于学术界全面了解江西诗派颇有助益。

对西昆派的研究，这两年主要有储泰松《〈西昆酬唱集〉的格律特征——兼与晚唐诗人比较》(《中国韵文学刊》2005 年第 2 期)，文章通过比较讨论西昆体的格律特点，来探讨它与晚唐诗在形式上的渊源关系，并将李商隐、唐彦谦、温庭筠、韦庄四人与西昆体进行比较，认为宋初西昆体虽然在格律上与晚唐诗有着千丝万缕的联系，但并未刻意模仿某一晚唐诗人的格律特点，而是遵从自沈宋以来形成的格律形式，并更趋严谨。滕春红《义山家法与西昆风味》(《西南交通大学学报》2005 年第 4 期)探讨了宋初西昆诗人对晚唐李商隐的学习和模仿，指出他们诗歌的整体风貌与李商隐颇有相似之处，其创作方法如用典使事、遣词造句、设色用墨等也受到李商隐的影响，但同时又有自己艺术方面的独特贡献。其中虽不乏成功之处,但其缺陷也让后人对其充满了误解与否定,其中的功过得失值得研究者细加辨别思考。

相对于江西诗派与西昆派的研究,这两年对江湖诗派的关注也明显比以前升温。其中费君清《南宋江湖诗人的谋生方式》(《文学遗产》2005 年第 6 期)从大量历史资料入手,讨论了南宋江湖诗人如何维持生计这个尚未深入研究的问题。文中指出,过去人们认为江湖诗人主要以干谒为生,其实并不全面。除了干谒权贵,文章还揭示了江湖诗人几种不同的谋生方法与经济来源,如投亲靠友、卖诗文字画及教书授徒等。读者从中既可认识江湖诗人的生存状态,又可探寻他们的思想与创作轨迹,从而进一步推进对江湖诗派的研究工作。李琳《江湖诗派盛于南宋之原因探究》(《乐山师范学院学报》2004 年第 4 期)则结合南宋的时代背景与社会状况,从科举制度、冗官现象、士风腐败及南宋城市空前繁荣四个方面探讨了江湖诗派活跃于南宋的深层原因,并可从中认识到当时的社会风尚、知识分子的处境以及社会阶层的趋向等。此外,叶帮义《20 世纪 80 年代以来的江湖诗派研究》(《阴山学刊》2004 年第 1 期)回顾了 80 年代以来学术界在江湖诗派的形成时间、成员界定及《江湖诗集》的考订、思想与艺术分析、文学史与文化史的考察、重点作家以及"四灵"诗人的研究等诸方面的成就,对今后的江湖诗派研究有着借鉴与启发的意义。

四　宋诗理论研究

宋代诗歌繁兴,诗人们对诗学理论的探讨也随之而盛,诗话的大量出现即是有力的证明。因此,对宋诗理论的研究,一直以来都是学术界比较重视的。

(一)诗话研究

这两年的诗话研究不再拘于个体考察,而时常作宏观性的探讨。代表性的文章有徐丹丽《论早期诗话与诗派的关系——以宋代诗话和江西诗派为例》(《江西师范大学学报》2005 年第 1 期)与叶当前《论三大宋代诗话总集的诗学思想——〈诗话总龟〉〈苕溪渔隐丛话〉〈诗人玉屑〉的诗学思想比较研究》(《曲靖师范学院学报》2005 年第 5 期)。徐文以宋代诗话与江西诗派为例,对早期诗话与诗歌实践的关系作了考察，认为早期诗话不是诗歌流派的纲领，也没有在理论上对诗歌流派的成长起提挈作用。宋代诗话很大程度上是党同伐异，而不是基于理论探讨。诗学论争客观地促成诗话由漫谈诗的一切转为系统地谈诗学，但这个过程并非一蹴而就。叶文则通过宋代三大诗话总集《诗话总龟》、《苕溪渔隐丛话》、《诗人玉屑》的比较，指出三大选家对辑录对象的遴选，对具体材料的取舍，既体现了各自的诗学思想，又反映了各自时代的诗学特色、学术风气乃至时代风尚。细绎其辑纂标准，从中可以窥见宋代诗话体制的演变、宋代诗学的时代风气和选家的诗学旨趣。此外，胡建次《宋代诗话中的用事论》(《上海师范大学学报》2004 年第 5 期)以宋代诗话作者对具体诗人诗作用事的评论为切入点，指出宋代诗话中的用事论主要在两个方面展开：一是对诗歌用事的原则及其要求进行探讨，着重考察用事与整个诗作、使字用语、诗意表现、创作主体的关系；二是对诗歌用事的方式及其内涵、审美效果等进行考察，着重从意用事和语用事两大块切入探讨。宋代诗话的用事论比较充分地体现出宋人对具体诗法理论的重视。上述文章为诗话研究提供了不同的角度，同时也表明这两年的诗话研究有了一定程度上的推进与拓展。

就个体诗话而言，《沧浪诗话》始终是研究的焦点之一。李瑞卿《〈沧浪诗话〉新论》(《中国韵文学刊》2005 年第 2 期)对严羽的“妙悟说”与“兴趣说”作了新的思考与阐述，认为严羽妙悟说主张悟第一，强调选择门径，辅之功夫；试图以具体方法抵达诗歌化境，使词理意兴融通为一；兴趣说则继承了传统感兴论重视情性、切近外物的审美原则，同时以妙悟为手段，给传统感兴论注入禅学内容。在此基础上，严羽又将建安风骨、盛唐风骨作为一种精神灌注在审美中，确立了以汉魏盛唐为宗的审美价值论。刘绍瑾、邓莉《人工入化与自然天成——江西派诗学与严羽诗学比较研究之四》(《江苏大学学报》2005 年第 5 期)通过对江西派诗学和严羽诗学的比较，指出严羽对浑厚气象的推崇，几乎贯穿整部《沧浪诗话》，他曾多次指斥江西诗派多饾饤之作，而缺乏浑厚气象。江西诗派很强调法度，从语词的锤炼到句法的安排，都要精研细究，致使不少作品有雕琢之嫌。但在主观意识上，在理论追求中，江西诗派和严羽有着相同的归趣，即气象浑厚。只是在臻至这一目标的道路选择上，二者表现出不同的取向：江西诗派倡导由人工而入化，严羽则崇尚任自然而天成。除了《沧浪诗话》，这两年对于《六一诗话》的研究明显比以往要多。祝良文

《论〈六一诗话〉的诗学思想》(《齐齐哈尔大学学报》2004 年第 3 期)对《六一诗话》的编撰体例、批评视角、批评方法、创作论及诗美理想作了较为全面的论述,认为它对笔记体诗话的发展起了很好的铺垫和垂范作用。云国霞、王发国《〈六一诗话〉遗留问题详述》(《西南民族大学学报》2005 年第 11 期)针对《六一诗话》中的诗歌理论如"穷而后工"论、"意新语工"论、风格多样论、题材广泛论进行了较为详细的分析论述,同时就《六一诗话》对《续诗话》、《中山诗话》的影响作全面深入的考察,理清了三者间的关系,认为《续诗话》、《中山诗话》不仅内容与《六一诗话》相似者颇多,而且其中的理论也很接近,只是《中山诗话》的理论色彩更淡,"以资闲谈"的成分更多。

理学对宋代诗学有着重要影响,在南宋诗话中也有明显的体现。石明庆《从南宋诗话探讨理学与宋诗学的理论建构》(《盐城师范学院学报》2005 年第 1 期)便以南宋诗话为中心,分别从诗学的本体论、功能论、创作方法论、欣赏论、批评论、风格论和诗人修养论等方面作了探讨,分析理学影响宋人诗学理论建构的各个方面,虽然有些讨论还欠深入,但对于诗话研究仍然提供了可以参考的方向。

(二)其他诗论研究

探讨理学对宋代诗学的影响,依旧是这两年宋诗理论研究重视的一个方面。郭艳华《"格物致知"对"诚斋体"诗学品格的影响探析》(《西北第二民族学院学报》2005 年第 3 期)指出,南宋诗人杨万里身兼理学家和诗人的双重身份,他在潜心学术的同时,不仅接受了理学"格物致知"的认识方法,而且将"格物致知"与诗歌创作在思维和审美领域里沟通起来,"诚斋体"以自然物象为主要审美对象的题材意象以及重机趣、主活法的诗学品格,与理学"格物致知"的认识论有着密切联系。这表明文化学术思想经过诗人这个中介,可以化为诗人的人生态度和人格精神,并经过心灵与情感的融会,成为审美化的诗性流露,杨万里则充分体现了这一中介作用。除了理学对宋代诗学的影响,这两年的研究者也尝试从其他新的角度做一些有益的探索。杨挺《略论宋代命遇观念与诗学》(《西南民族大学学报》2005 年第 10 期)通过考察宋代命遇观念对诗学的渗透与影响,发现宋代士人既主张顺应命遇与超越命遇,又主张坚守道义,在诗学上的反映则为既主张"文章尤忌数悲哀"、"冲澹以自守,遗佚而不怨",以得心态平和;又主张"眷眷王室"、"饭不忘君",要求关注家国。在风格方面既要求平易柔和,又要气魄雄壮,这正是宋代士人的人格与诗格的共同要求。

黄庭坚作为江西诗派的实际开创者，其诗歌创作理论对后世影响深远。沈叶《从“有法之法”看山谷诗学——浅谈江西诗派黄庭坚的诗学主张》(《南华大学学报》2005年第5期)便论述了其“有法之法”的理论内涵，并着重探讨其中的“点铁成金”、“夺胎换骨”及读书用事的主张，认为黄庭坚论诗提倡“有法之法”，强调读书用事，似乎给人以雕琢的印象，事实并非如此。他的审美追求是在平淡基础上的“点铁成金”，是在“夺胎换骨”后的浑然天成，是一种“平淡而山高水深”的境界。黄庭坚的“有法”最终目的是达到“无法”，有其独特的理论价值与重要意义。邱美琼、胡建次《宋代诗学批评视野中的黄庭坚论》(《九江师专学报》2004年第2期)则指出，宋代诗学批评对黄庭坚予以了特别的关注，从人格情性和诗作自成一家上对其进行了一致的标树，但在对其诗作的格调、用语、结构、笔法等方面的审美特征却褒贬各异，不一而足。这反映出宋人诗学批评的多元取向，为后世诗学批评黄庭坚建构出了广阔的空间。

此外，这两年有关宋代诗学理论研究的文章较有新意的还有几篇。石明庆《论魏了翁的诗学思想》(《湖州师范学院学报》2005年第6期)一文论述了南宋后期与真德秀并称的理学大家魏了翁的诗学思想，通过对魏了翁以“学”为本的诗人修养理论和对康节体的提倡及诗学审美倾向的探讨辨析，指出魏了翁一方面受到理学家影响，一方面也吸收了宋儒其他各家的思想成果，思想更为闳通，因此其诗学观点也相对通达，并显示出一定的理论深度。成明明《〈冷斋夜话〉与江西诗派》(《云南社会科学》2005年第1期)则论述了北宋诗僧惠洪《冷斋夜话》的诗学理论及其与江西诗派的关系，认为《冷斋夜话》以句法探讨为中心，完整地记录了江西诗派“夺胎换骨”的重要理论，对句法、用事琢句法、影略句、句中眼等一系列句法作了深入探析，并提出造语求新出奇、诗忌深刻等理论。文章最后指出，从某种意义上讲，《冷斋夜话》为江西诗派作了一次理论上的总结，不仅为江西诗派传播了理论，而且传播了诸诗人的声名，同时这一诗话又提出若干不同于江西诗派的诗学观点，体现了惠洪独特的审美情趣与观照。

专著方面，有张文利的《理禅融会与宋诗研究》(中国社会科学出版社2004年8月版)，考察了宋代理学与禅学的交融及其与宋诗学理论及宋诗创作实践的关联。作者标举“理禅融会”这一概念，指出由此形成的宋代文化的新特质，主要体现为治心养气的心性涵养论、格物致知的认识论、体悟内省的思维方式和平淡恬静的审美观。它们对宋代诗学理论及诗歌创作都产生了广泛而深刻的影响。

总体而言，2004—2005年的宋诗研究取得了一定进展，特别是在作家作品及诗派研究方面，成绩比较突出。但对宋诗特质及诗学理论的探讨却显得相对薄弱，还需在研究思路及视角等方面做更多的变化与开拓，并积极占有丰富的文献材料，将宋代大批被冷落的有特色的诗人及有价值的诗歌作品纳入探析的视野，这些都是研究者今后应该努力的方向。

宋文、宋代小说研究综述

马东瑶

一、宋文研究综述

2004—2005年的宋文研究，在继续保持传统研究热点的基础之上，又发扬了前两年的特色和优势，与学术、文化相关的宏观研究进一步深入发展，辞赋也相当受人关注。以下将从宏观研究、分体研究、作家作品研究、研究专著、文论研究和文献考证等五个方面加以概述。

（一）宏观研究

在宋文的宏观研究中，科举与散文、理学与散文是这两年最受关注的课题。探讨科举与文学的关系，当受程千帆《唐代进士行卷与文学》（上海古籍出版社1980年版）和傅璇琮《唐代科举与文学》（陕西人民出版社1986年版）的启发与影响，但宋代科举制度自有其特色，对于文学的影响也自不同于唐代。从科举考试这一文化视角来探讨相关文学现象，是颇有意义的切入角度。近年来致力于此的祝尚书又有多篇论文问世，如《“举子事业”与“君子事业”》(《厦门大学学报》2004 年第 4 期),试图从科举的内部运作,即科举考试自身出发进行考察和分析,以此揭示科举与文学的复杂关系。作者认为,宋代科举自“景德条制”后,形成了以考试为中心,举子以应试为目标的显著特色;有司将“文章取士”变为“较艺”,而举子则“待问条目,搜抉略尽”,科举时文已与传统文学(诗歌、古文)背道而驰,故宋人将其分为“举子事业”与“君子事业”。因此作者认为,宋代文学的发展与繁荣,不能到科举考试中去寻找原因。同样认为科举对文学起“促退”作用的还有祝尚书《论宋代科举时文的程式化》(《厦门大学学报》2005 年第 5 期)。该文指出,作为宋代主要科举时文诗赋、策论、经义,都有一个程式化的过程。科举时文的程式化,从某种意义上说,揭示了诗文自身的结构特征和写作规律,有一定的合理性和必然性,也不无积极意义;但将程式凝定为固定模式,又用以取士,不止扼杀了文体自身的活跃因素,更扼杀了学子的思想和青春。黄强、章晓历《推举“唐宋八大家”的重要动力》(《扬州大学学报》2004 年第 1 期)则注意到“唐宋八大家”的被推举与科举时文的关系。文章认为,《古文关键》等选本是这一群体酝酿形成的主要标志。这些选本所收以韩柳欧苏等人的议论文为主。选者主张时文写作在内容上应以韩柳欧苏诸家古文为根基,从中吸取营养;并通过对韩柳欧苏诸家古文的评点,力图从中抽象出一整套论体文做法的规范。因此,这些选本是科举社会中“以唐宋古文为时文”风气的产物,而“以唐宋古文为时文”的追求是推举“唐宋八大家”的重要动力。宋娟《古文运动、科举与“唐宋八大家”》(《北方论丛》2005 年第 2 期)同样对科举考试并不持完全否定的态度,文章认为,古文家与科举考试有着相违与相依的双重关系,欧阳修利用科举推动了古文运动的发展,而“唐宋八大家”的出现更反映了这种双重关系:从吕祖谦的《古文关键》,到茅坤的《唐宋八大家文钞》,其选编目的都是要将古文的创作经验用于时文写作,这是后期科举文还存有某种活力的一个原因;但是唐宋八大家与科举融合,从文学史角度看,是降低了文学水平的。与唐代文学研究相似,尽管人们在科举对文学是起着积极还是消极的作用这一点上有不同意见,但对于行卷与文学的关系往往持肯定的态度。如王乃宁《北宋初年的行卷风尚和古文复兴》(《学术月刊》2004 年第 12 期)认为,北宋初期的文坛沿袭着晚唐五代以来的华靡风气,这种文风也影响到以文词取士的科举考试的评判要求,致使大量追求平易风格、提倡儒家之道的优秀作家被排除在仕途之外;而流行于当时的行卷风气,反其道而行之,使一些力图改革文风的士子和显人联系起来，既为士子拓展了成功的道路，又为显人扩大了社会影响。这种风气对振兴宋初衰败的文坛，提携文学新人，复兴并弘扬唐代韩愈、柳宗元倡导的古文精神，起到了间接的推动作用。以上诸文都对影响文学的科举有所褒贬，吴承学《“八脚词”与宋代文章学》则从文体学的角度，客观地探讨了明清时期最重要的考试文体——八股文与宋代文章学的关系。该文认为，作为八股文异称的“八脚词”，“脚”这个术语起源于宋代文章学，它是宋人分析文章的特殊术语，指一种具有并列意义的层次和结构形态。“八脚词”这个名称透露出八股文与宋代儒学、宋代考试文体具有某种关联的消息。同样从文体学角度进行研究的还有罗时进、刘鹏《唐宋时文考论》(《文艺理论研究》2004 年第 4 期)。文章认为，长期以来“时文”被笼统地认为是唐以来科举考试的应用文体，与古文相对而称，事实上这是对律赋等骈偶类文体的“误读”，唐代并无文体类别意义上的“时文”，作为明确的文体概念的“时文”产生于北宋初年，它所包含的趋时性和干时性，正表现出其内在的审美功能和社会功用。这一文体几经改造，相沿递嬗，在并包骈散的大前提下兼容了尽可能多的写作手法和艺术要素，成为一种相当精致和高度技术化的样式，显示出明显的走向明清八股文的向度。

理学对于宋代文学的影响是全方位的，许总的《社会心理与传统的文化整合——论宋代理学与文学的联结基础》(《齐鲁学刊》2005 年第 4 期)，即从文化的视角探讨了理学与包括诗词文在内的文学之间的关系。作者认为，理学与文学各有自身的发展轨迹，但在理学发生的宋代，统治者以“崇文抑武”为国策，笼络知识分子，广开科举，大倡尊孔读经，使儒学复兴成为宋代文化繁荣的核心体现。作为宋学核心的理学，其基本精神自然渗透于包括文学在内的意识形态各个领域，而时代性的人文文化氛围和理性思辨精神对宋代文人心理的浸润，进而铸就宋代文学的根本的文化性格。同时，传统儒家思想的表达，无不借助于文学的形式，儒家是先秦诸子中与文学关系最为密切的，因此作为新儒学形态的宋代理学，在表达方式上也难以割断与传统儒学的关系。许总的另一篇文章《论理学与唐宋古文主流体系建构》(《文学评论》2005 年第 4 期)则更明确地探讨了理学与散文的关系，是对其专著《宋明理学与中国文学》(百花洲文艺出版社 1999 年版)中相关论点的提炼和深化。文章指出，文学史上的唐宋古文运动与思想史上的理学发展各自形成“文统”与“道统”，但由于共同的重振儒学的思想源头，两者实具密切的联系。一方面，唐宋古文运动前期作家的思想被宋代理学家扬弃吸取,成为宋明理学许多重要理论的出发点。另一方面,唐宋古文作家同时作为思想家,特别是宋六家在宋代思想史上占有重要地位,建立了属于自己的学派,又时时受到作为宋学核心体现的理学基本精神的深刻影响。尤其值得注意的是,由明代唐宋派文人明确提出的在文学史上影响深远的"唐宋八大家"之名目,实际上在南宋理学家手中已粗具雏形。唐宋古文主流体系,正是通过理学家的初建才逐渐流行确立起来。

作为文学发展的共同文化背景,又有研究者关注到了科举、理学与散文的关系。如祝尚书《宋代科举与理学——兼论理学对科场时文的影响》(《社会科学研究》2005 年第 3 期)。文章认为,理学在南宋初开始介入科举考试,但后来备受秦桧的压制,到孝宗时才得到较大发展,而在"庆元党禁"中又遭到沉重打击。宁宗后期,特别是在大倡理学的宋理宗时代,理学经过了一个半世纪的曲折发展,终于成为官方学术,并成为科举考试的主要内容,全面影响到时文写作和文学创作,并下启元、明两代。王宇《南宋科场与永嘉学派的崛起——以陈傅良与〈春秋〉时文为个案》(《浙江社会科学》2004 年第 2 期)同样涉及到科举、学术和时文的关系。作者以陈傅良为个案,指出:从南宋前期到中后期,《春秋》一经在科场的地位发生了变化,导致这一变化发生的关键是陈傅良及其《春秋》时文的盛行,而这又促进了以陈傅良为代表的永嘉学派的崛起。作为南宋重要的学术流派,同时也是重要的文学流派,"永嘉学派"的形成就是"永嘉文派"的形成。同样关注永嘉学派,刘春霞的《"永嘉文派"论略》(《山西师范大学学报》2005 年第 6 期)则是以文学为本位,关注学术与文学的关系。该文指出,永嘉学者有重"文"的传统,这为"永嘉文派"的形成提供了可能。永嘉"好文近乎儒"的地域文化传统与南渡文风的流播孕育了"永嘉文派"。永嘉文人明确一致的文艺追求与文论主张使"永嘉文派"得以最终形成。

另外,张兴武《宋初文坛的冲突与对话——南文北进与北道南移》(《文学遗产》2004 年第 3 期)虽不专论散文,但其中涉及到在统一之初的政治社会背景之中,文道关系的问题以及对散文发展的影响。作者认为,经历了唐末五代长期的失落与低迷之后,传统儒道最终实现了与南方文化的有机结合,其深厚博大的入世精神又得以回归;而北宋文学繁荣的曙光,也伴随着儒道的回归悄然升起。

（二）分体研究

在宋文分体研究中，辞赋延续了前两年的势头，继续成为热点。刘培是用力最勤的研究者之一，对北宋初期、中期、后期的辞赋进行了系统研究。《论宋初辞赋的特征》（《江海学刊》2004 年第 2 期）指出，宋初辞赋的发展，深受当时特定的社会环境、文化思潮和文坛风尚诸因素的影响，呈现出一些引人注目的新特征：其一，沉潜内转的时代精神影响着辞赋的审美取向。宋初赋追求情感的宁静平和，不喜铺张扬厉、虚构夸张。其二，重学风气影响着辞赋的发展。科举试赋明经术而重胸襟，宋初辞赋因此经历了一个由浅丽流畅向典雅博奥的发展过程。其三，儒学复兴影响着辞赋的价值趋向。宋初颂美讽喻赋的创作相当兴盛，赋中议论的成分大量增加，儒学对说理赋的发展也具有促进作用。其四，力求创新的变革精神促进了辞赋的新变。宋初辞赋在风格、体制、语言表现诸方面均有重大突破，为辞赋创作的繁荣和文赋的确立起到了导夫先路的作用。《北宋中期的理学思潮与辞赋创作》（《文艺研究》2004 年第 6 期）从理学与文学的关系来探讨辞赋的写作。指出：一种学术思想对文学的影响大致可分为观念的渗透和思维方式的浸渍两个层面。前者是表层的，后者是深层次的，它往往需要一个潜移默化的过程。在北宋中期，理学思潮对辞赋创作所发生的影响还主要停留在观念的渗透层面，细分之，则有抒发承圣情怀、宣扬理学教义、反映内省体验的区别。《论北宋后期辞赋的特征》（《文学遗产》2005 年第 5 期）认为，北宋后期，文人的济世热情消退，遗世之情转笃，辞赋成为文人们深入探索人生问题的重要载体。当时的辞赋在平淡之中蕴涵着深沉的忧患意识。但有的辞赋创作呈现出歌功颂德、润色鸿业的趋向，山川赋、都邑赋呈复兴之势。由于读书穷理和通经明古、经世致用观念的影响，北宋后期赋还凝聚了集大成而求变的创作意识。刘培还有探讨文赋的若干篇文章。《文赋的形成》（《齐鲁学刊》2004 年第 1 期）认为，文赋形成于北宋诗文革新运动中，议论化是文赋的重要特征，这与儒学的复兴、科举由重诗赋到重策论的转变、律赋的议论化风气密切相关；情理相得、理趣盎然是文赋的又一特征，于平静中追求深刻哲理的文人情怀，散文抒情化功能的加强是形成这一特征的重要原因，文赋的语言风格与中唐以来辞赋和骈体文的散文化趋向、宋代的破体为文之风有密切关系。《说理与感悟——论北宋文赋的两种走向》（《南京师范大学文学院学报》2005 年第 2 期）则详细分析了北宋文赋的两大不同取向。一路受宋初兴起的议论文的影响，突破故有的美学特质,只求说理达意,疏略文采。邵雍创作的《洛阳怀古赋》标志着议论治乱、探究心性的文赋的成熟。另一路以抒发个人的情态意绪为主,以散文语势来抒情写志、抒发深邃的人生感悟,其确立的标志是欧阳修的《秋声赋》。同样探讨文赋的还有曾枣庄《论宋代文赋》(《四川大学学报》2004 年第 1 期),其关注重点和具体结论都自有特色。文章认为,文赋是兴起于唐而成熟于宋的新兴赋体,它具有不同于其他赋体的特点,专尚于理而略于辞,有散文之风。文赋作品主要出现在北宋古文运动兴起之后,但两宋存世文赋不足百篇,元明清三代作文赋者更少,因为多数赋家并不认可这种赋体。本文作者利用编纂《全宋文》的有利条件,对两宋文赋的创作状况进行了全面而具体的考察,故得出的结论颇具说服力。

(三)作家作品研究

这两年的作家作品研究,出现了一些新的气象。在散文大家仍然受到关注的同时,一些过去不太被重视的作家也进入了研究者的视野,令人有耳目一新之感。欧阳修、王安石、"三苏"是传统的研究对象,但也不再局限于对少数名篇佳作的关注。如洪本健《论欧阳修碑志文的创作》(《井冈山师范学院学报》2004 年第 4 期)探讨欧集中数量颇多的碑志文。文章指出,欧阳修碑志文重视立言"不朽而存"的价值,坚持"事信言文"的创作准则,讲究求真务实、记大略小。欧碑之中,友朋、名臣类碑志最有分量,亲属、女性类亦有佳篇,宗室类多流于类型化、概念化的记叙,价值不高。庆历情结和洛阳情结,对欧阳修碑志文创作产生了十分重要的影响。欧阳修从韩愈碑志,更从《史记》中汲取丰富营养,友朋、亲属类碑志情挚意浓,独具风神,最富艺术魅力。杜丽泮《韩愈欧阳修碑志文风格比较》(《中国矿业大学学报》2004 年第 4 期)则对韩、欧二家的碑志文进行了比较。欧阳修的辞赋亦受到关注。刘培《论欧阳修对赋境赋艺的开拓》(《南京师大学报》2005 年第 3 期)认为,欧阳修的辞赋创作从内容到形式均进行了有益的探索。他的辞赋积极反映现实,针砭时弊;同时又重视辞赋的抒情功能和娱乐功能,重新确立了辞赋作为文学作品的审美价值。在散体文风向各种文体浸透的背景下,他以简练传神、以散御骈的行文风格树立了适应时代的美文标准,确立了文赋的地位,突破了不同赋体的文体风格。吕肖奂《欧阳修对奇险风格的矛盾态度——兼论其对太学体形成的影响》(《西南民族大学学报》2005 年第 11 期)则探讨作为文坛领袖的欧阳修在诗文革新中的一段曲折历程,颇有新见。文章认为,欧阳修在文风上明确反对奇险怪诞，而在诗风上却十分推崇“奇险”乃至“险怪”。这种矛盾的诗、文观念和创作追求，以及他对太学体始作俑者石介既批评又盛赞的矛盾态度，实际上对仁宗庆历直到嘉祐初年形成的太学体有推波助澜的作用。刘德清《范仲淹神道碑公案考述》(《西南交通大学学报》2005 年第 1 期)围绕欧阳修的一篇作品考察相关政治、文化及文学问题。文章指出，《资政殿学士户部侍郎文正范公神道碑铭》是《欧阳文忠公集》中的一桩公案，案情牵涉范仲淹、吕夷简、欧阳修、富弼、范纯仁等历史名人，甚至引发后世朱熹与周必大之间的一场热烈讨论。在欧阳修撰写《范公神道碑》的过程中，反映了范仲淹与吕夷简的晚年交际，显示出北宋前期士大夫品格和士风特点，更体现了一代文宗欧阳修写作态度的严肃认真、精益求精。

李小兰、李伟《论中国传统政治思维对王安石散文的渗透》(《江西师范大学学报》2004 年第 6 期)将王安石的散文创作与其政治家背景联系起来。文章认为，中国传统的政治思维表现出两大特点：一是道德与政治的整合性，二是人治主义的内涵。王安石的散文强调个人品德修养的政治性目的和社会伦理规范是政治运作的基础，体现了政治思想的道德与政治整合性特点；主张施仁政、强调皇权政治和为政在人，其政治思维的人治主义内核得到鲜明体现。刘成国《论王安石散文的创作历程》(《江西社会科学》2005 年第 6 期)则注意到儒学家背景对王安石散文的影响。作者认为，王安石的散文创作可分为发轫期、成熟期和新变期三个阶段；从英宗治平年间开始，其创作在继续保持原有风格的基础上，“以经术为文”这一特点开始凸现出来。

对苏轼散文的研究，除了分析其名篇佳作的艺术特色，研究者还从艺术精神、文学传统进行探讨，或对不同文体类别加以考察。马茂军《自由的思想与自由的抒写——论苏轼散文的艺术精神》(《江淮论坛》2005 年第 6 期)认为，苏轼对自由精神的追求，具有文人觉醒的意味，是苏轼人格的升华；自由抒写胸臆，体现了散文的自觉精神，使苏文代表了宋代散文的最高水平。王渭清《〈庄子〉对苏轼文学创作的影响》(《社科纵横》2005 年第 4 期)指出，苏轼一生创作与《庄子》有极深的渊源，具体表现在：其一，在文本形式方面，苏轼把《庄子》中的寓言、典故、语句纳入自己的文学创作，并学习《庄子》的句法、暗引庄子的格言，使作品显得活泛而妙趣横生；其二，在行文、构思方面，苏轼深受《庄子》创作风格的影响，形成了幻化多变、奇诡恣肆、化虚为实、虚实相生的创作风格；其三，在艺术境界方面，苏轼追求《庄子》式的拙朴、雄浑的诗境。曾枣庄《论苏赋》(《上海师范大学学报》2005 年第 5 期)对苏轼赋进行了辨伪和编年考订,又从文体和题材分类的角度进行了探讨。

苏门文人的散文也颇受关注。如金振华《苏门四学士散文特征论》(《苏州大学学报》2004 年第 4 期)分论四学士的散文创作:黄庭坚多以诗、词、书、画为作文对象,语言精悍洁净,情感真挚委婉,其诗文理论失之泥古;秦观的散文能较好地面向社会现实,有感而发,长于议论,寓言、典故是其常用的作文工具;晁补之文凌丽奇卓、温润典缛,在四学士中成就最高;张耒十分看重文章的社会功能,内容上纵论古今、品评得失,形式上质朴无华,有缺乏锤炼之弊。王以宪《黄庭坚辞赋平议》(《江西师范大学学报》2005 年第 6 期)则单论黄庭坚的辞赋。文章认为,其创作特色在于:情感上,既深于亲情、笃于友谊,又明于哲理、富有机趣。风格上,怨而不怒、婉而多讽,境界高而旨趣远,文辞美而格调雅。他以高古之文,改变了六朝赋体的艳丽之格,成为宋代文赋典雅派的代表人物。其在赋史上的地位,并不逊色于欧阳修和苏轼。张剑《苏门的变相——论晁补之的散文》(《文史哲》2005 年第 5 期)认为晁补之散文在议论文、记叙文和人物传记上都有独到之处,其总的特征表现为"旁征博引,理胜于文"、"大量穿插人物言论或对话"、"结构萦纡曲折"三个方面。在苏门文人中,晁补之的散文具有一定的特殊性。

这两年对陆游散文的探讨主要集中在《入蜀记》上。莫砺锋《读陆游〈入蜀记〉札记》(《文学遗产》2005 年第 3 期)指出,陆游散文创作的成就历来为其诗名所掩,事实上,《入蜀记》是一部文学价值极高的游记,它不仅包含许多精致的写景小品,而且对沿途的风土人情作了生动的叙述。作品还记录了作者的人生经历,融入了浓厚的身世之感,有些片断富有诗意。本文还对游记与陆游同时所作诗歌进行比较,从而对其诗文之关系作了分析。伍联群《试论陆游的〈入蜀记〉》(《四川师范大学学报》2004 年第 3 期)则结合陆游的诗人身份和诗人气质来看其散文创作,认为《入蜀记》抒发了作者对祖国山水的热爱之情,并借古讽今,抨击时政,充分体现了作者强烈的爱国激情和主战精神,从而树立了南宋一代昂扬刚健的美学典范。

其他一些不太受关注的散文作者也进入了研究者的视野。刘培《论王禹偁辞赋对风雅传统的发扬光大》(《山东大学学报》2005 年第 4 期)指出,王禹偁是宋初少有的以赋揭露现实、抒发愤懑之情的作家。他主张辞赋的讽喻功能和平易流畅的语言风格,并且重视艺术上的创新。王祥《试论柳开的古文、古道与宋初士风》(《北方论丛》2004 年第 1 期)从“道”与“士风”的文化视角去关注柳开其人其文,指出柳开是北宋最早倡导“古文”与“古道”之人,其“文道观”的真正内涵是“以经为文”和“以道观文”,这在五代末和宋初具有特殊意义。同时,柳开也是最早关注士人名节操守之人,他以毕生精力去净化士人人格,提升士人精神境界,对塑造宋代士人形象,砥砺士风,促进唐型文化向宋型文化的转变,起到了无可替代的作用。钱志熙《王十朋和他的〈会稽三赋〉》(《文史知识》2004 年第 9 期)关注王十朋描写会稽的三篇赋文《会稽风俗赋》、《民事堂赋》和《蓬莱阁赋》,认为三赋取法魏晋而能融用唐宋文赋的艺术,好古而不诡,通今而不俗,体现了王氏的文学造诣。文师华、胡建升《论杨万里文赋的三维构建》(《江西社会科学》2004 年第 4 期)认为,杨万里的文赋继承韩、柳、欧、苏的古文运动传统,摒弃骈俪文风,重视儒家教化,倡导个体性灵和运用活法顿悟的艺术思维,是南宋理学、禅学、老庄之学和文学的交融汇合的又一典型体现,启迪了接踵而来富有灵与趣的小品美文。近年来致力于晁氏家族研究的张剑在其论文和论著中对晁氏文人的散文多有论述。如在其专著《晁说之研究》(学苑出版社 2005 年版)中专章讨论晁说之的散文,认为其特色有三:一是善用遮诠;二是师法曾巩,以经术为根底,倡言忠义,不为空言文饰,追求雅正实用;三是带有学者型散文浓厚的知识性和人文性,开浙东学派散文之先河。作者也指出说之文存在着枝蔓过多、驳杂芜累之弊,结构不严谨,文字也不够精练,不及曾巩之文的峻洁、谨严。《晁公遡诗文简论》(《河南教育学院学报》2005 年第 4 期)则分析了公遡为文特色在于古文劲气直达,骈文词声皆美,特别是启文具有较高的艺术性。

(四)研究专著

在研究专著方面,由傅璇琮、蒋寅总主编的《中国古代文学通论》(辽宁人民出版社 2005 年版)是这两年值得关注的总结性成果,其中刘扬忠主编的“宋代卷”有不少章节论及散文。如上编第三章《宋代散文概述》,先简论宋代散文的总体特征,接下来从北宋前期散文、北宋中期散文、南渡前后散文、南宋中期散文、宋季散文五个阶段分述不同时期具有代表性的作家作品和流派风格。第四章《宋代辞赋及四六文概述》关注宋文的两种重要体式。前半部论述宋代辞赋的主要体制、题材内容和艺术特色,后半部考察了宋四六的文体特征、两宋四六的嬗变和发展。在探讨这两种体式时,都注重将研究对象置于文学史的演进和宋代特定的文化与文学背景之中进行考察,体现出宏通的视野。另外，在中编“宋代文学与社会文化”也都有专门章节谈到散文与思想学术、散文与文学传统的关系等问题。

施懿超《宋四六研究》(上海古籍出版社 2005 年版)对宋代四六文作了较为全面、细致的考察。该书分上下两编。上编为《宋四六史论稿》，在对宋代几位著名的四六作家如欧阳修、苏轼、王安石、汪藻、李刘等进行个案分析的基础上，从文学史的角度探讨四六文的发展演变，包括对四六与古文之间的互动关系进行分析。下编为《宋四六文献研究》，对现存的宋人四六总集、别集、类书以及四六话等，一一作了叙录。

周楚汉《唐宋八大家文化文章学》(巴蜀书社 2004 年版)试图运用文化的理论和方法来研究唐宋八大家文章学。作者认为，他们的文章学是主体、文本、社会环境互相关联的体系，是我国古代文章学成熟的标志。该书内容多以单篇形式在期刊发表过，兹不赘述。

另外值得关注的是王水照主编的“日本宋学研究六人集”(上海古籍出版社 2005 年版)，收录了六位日本宋学研究者近二十年来的研究成果，其中不少涉及散文研究，在选题和研究视角、切入角度等方面都颇多可借鉴之处。高津孝《科举与诗艺——宋代文学与士人社会》、东英寿《复古与创新——欧阳修散文与古文复兴》、副岛一郎《气与士风——唐宋古文的进程与背景》都针对行卷、太学体、古文复兴等问题进行了深入探讨。高津孝《宋初行卷考》日文版发表于 1992 年，似比国内学者更早地关注到宋代行卷的问题。该文以古文家柳开为线索，对宋初行卷进行考察，梳理了伴随科举制度的完善，行卷逐步解体消失的过程。随后东英寿也撰写了关于行卷的系列文章。《从行卷看北宋初期的古文复兴——以王禹偁为线索》探讨了宋初古文复兴与行卷之间的关系。文章考察了作为欧阳修古文运动先驱的王禹偁是如何把对文体改革的坚决理念同当时残存的行卷制度巧妙结合起来，通过培养年轻的古文家的实践活动，来展开古文复兴活动的；并揭示了古文复兴的实践与政治之间错综复杂的关系，从而得出不能把古文运动看作纯粹的文学运动的结论。《北宋初期的古文家与行卷——从科举的考前活动看古文复兴的开展》除了进一步论及王禹偁如何利用行卷来复兴古文，还考察了柳开如何通过行卷而得以进入仕途，从而说明了行卷与古文复兴之间的密切关系。《欧阳修的行卷——着眼于科举的考前活动中与胥偃的关系》则探讨了欧阳修通过行卷获得胥偃的赞赏和延誉，从而顺利通过科举考试的过程。

对太学体的考察包括东英寿《“太学体”考——从北宋古文复兴的角度》、高津孝《北宋文学之发展与太学体》。前者继葛晓音《欧阳修排抑“太学体”新探》(《北京大学学报》1983 年第 5 期)之后,继续就“太学体”的相关问题展开讨论。葛文考察的着力点是欧阳修排斥“太学体”的理由,而以详细考察当时的太学状况为中心,东英寿文则以“太学体”文体自身作为考察对象,力图理清这一文体的面貌。高津孝对东氏认定太学体为险怪奇涩的古文的结论表示赞同,但又作出了他的修正,即太学体是以古文为核心的文体、而又具有超越单一体裁范畴的倾向,即流行于太学的文、赋、诗等全部科举应试科目都可称为太学体。

副岛一郎《宋初的古文和士风——以张咏为中心》、《宋初的易学者与古文家——从陈抟到冯元》则以宋初古文为研究对象,结合士风、思想学术等文化问题进行了阐发。前者以在宋代古文复兴研究中不大受重视的张咏为中心,认为宋代古文经历了诸多曲折后,逐渐走向“雄健”、平明畅达的风格,其原因之一就是以张咏为典型的尚“气”的新型人格类型的诞生。后者通过考察从陈抟到冯元的易学传承,指出易学与古文之间的密切关系,即宋代易学的发展中有着古文思想的涵养这一面。论文考辨翔实,体现出作者颇为深厚的史学和文献功底。《宋人眼里的柳宗元》、《宋人与柳宗元的思想》等篇则探讨了柳宗元的思想和古文是如何被宋人解读以及对宋代古文所产生的影响。

除了上述诸篇,“六人集”中还有不少精到之论。如高津孝《论唐宋八大家的成立》考察散文史上这一著名称号的形成过程,与国内相关研究成果相互呼应,各具特色。《宋元评点考》探讨了从南宋至元“评点”这一新兴的诗文批评方式的相关问题。东英寿则在欧阳修的散文特色与古文复兴上用力甚勤。《欧阳修史书的文体特色——〈五代史记〉与〈旧五代史〉文章表现上的比较》考察欧阳修史书所体现的文学性,认为其中体现了他作为古文家的文学主张,是其古文创作实践中的重要作品。《从〈吉州学记〉看欧阳修的文章修改》着眼于文章的创作过程而不仅仅是已经成形的作品,视角独特。《从虚词使用看欧阳修古文的特色》从语言文字的角度切入,通过考察欧阳修散文不同体式中虚词的使用特点,分析了其流畅、简洁文风的形成原因。《欧阳修的科举改革与古文复兴》以欧阳修为中心,对科举的考试科目变更与文体变革的关联、太学的扩充与古文复兴等展开考察。《欧阳修文章中“文”的含义与他的骈文观》不再将欧阳修的骈文观局限于他是否肯定骈文的单调范围内,而是通过考察其文章中“文”的含义，认为欧阳修对于包含着“质”与“文”两个方面的骈文有着客观辩证的态度。

(五)文论研究和文献考证

文论研究包括文学思想观念研究、文学批评方法研究等。如方笑一《北宋学术一元化暗流与实用文学观——以古文家为中心》(《文艺理论研究》2004 年第 3 期)。文章结合文学观念与学术思想特色，将视点集中于北宋一些重要的古文家，通过揭示实用文学观和学术一元化思想暗流的演进过程，探讨了北宋后期出现思想专制局面的深层原因。祝尚书《南宋古文评点缘起发覆——兼论古文评点的文章学意义》(《四川大学学报》2005 年第 4 期)从科举的角度入手，探讨了作为一种重要的文学研究和批评方法的古文评点在南宋的兴起原因、评点模式、评点方法来源及其文章学意义。

欧、苏等人的文艺思想是文论研究的热点。范中胜《〈周易〉与欧阳修的文道观》(《河南师范大学学报》2004 年第 3 期)分析了欧阳修文道观的特点，认为其“文道观”受到《周易》思想的启发和影响。李凯《苏洵“杂学”特色及其文艺思想》(《四川师范大学学报》2004 年第 2 期)认为苏洵思想上的“杂学”色彩是其文艺思想特色形成的关键。“杂学”思想形成的原因一方面来自于巴蜀文化的影响，另一方面与唐宋以来三教合一相关。苏洵“杂学”体现为儒家思想的非正统和不纯粹以及广泛吸收道家、兵家、纵横家的思想，由此形成苏洵文艺思想儒道融合的特色。韩湖初《论苏轼对〈文心雕龙〉文学理论的继承和发展》(《华南师范大学学报》2005 年第 4 期)认为我国古代早在韩愈之前已经形成了两种不同的文道观：一是重道轻文的儒家文道观，它所说的道只局限于儒家之道；另一是刘勰《文心雕龙》的文道观，它对道的理解不囿于儒家之见，指的是自然之道，并重视文的能动作用及其审美特点。到了宋代，苏轼继承和发展了《文心雕龙》的文道观，并结合自己的艺术实践，对文艺的规律和审美特点作了深入系统的阐述和探索。李景新《苏轼贬琼期间的文论成就》(《海南大学学报》2004 年第 1 期)指出苏轼贬琼期间在文学理论批评方面的成就表现在四方面：尚意论的写作学阐释；淡远诗美理想的完善；峥嵘绚烂风格的再张扬；多元审美情趣的表现及其他。因此，贬琼时期是苏轼文学批评生涯的重要阶段。

另外，张耒、叶适等人的文学思想也受到关注。韩文奇《张耒文学主张探微》(《西北大学学报》2005 年第 6 期)认为，张耒之“理”的内涵比较宽泛，在不同地方含义有别。基于“理”、“诚”的基本观点，张耒主张诗文要表达真实的思想感情，不造作，不虚假，不为文造情，推崇自然畅达的文风。胡雪冈《叶适的文学思想》（《温州师范学院学报》2004年第4期）指出，叶适的文学思想是与其哲学思想相互表里的，论文主张“意特新、语特工、韵趣特高远”的“三特说”，概括了“德艺兼成”的审美原则，并贯彻了“尊古而不陋今”的批判继承精神。

文献考证方面，如江枰《吕祖谦编选〈古文关键〉质疑》（《贵州文史丛刊》2004年第4期），对《古文关键》的编撰者为吕祖谦表示了异议。作者以清徐树屏冠山堂刻本里所收无名氏的跋语为证，并通过对该书所选录的作家作品和其评论之间所存在的明显矛盾的分析，说明它很可能是先有人选录完毕，吕祖谦对之加以批论评点，再由南宋蔡文子作注而完成的。束景南、余全介《陈亮佚文新辑》（《文献》2005年第3期）从宋元明人著作中辑得陈亮佚文《韩信论》、《送友人游武林序》及策文五篇，为研究陈亮散文补充了新的文本。

二、宋代小说研究综述

2004—2005年的宋代小说研究，继续在白话与文言两大类别上都取得了一些进展。本节将从宏观研究和作家作品两个方面加以概述。

（一）宏观研究

“话本”一词的含义，始终是学界争论不休的问题。许并生《“话本”词义的演变及其与白话小说关系考论》（《明清小说研究》2004年第2期）又提出了新的见解。文章认为，“话本”一词出自宋代，原指替傀儡和皮影发声的文本，而不是指“小说”，不是“说话人底本”。词源上唐代的“话”指故事，与宋代的“话本”无渊源关系。元明人所称的“话本”指相对于文言故事的“白话文本”。所以用“话本”、“话本小说”指宋代白话小说及用“拟话本”指明代白话短篇小说不成立。宋代白话小说的发生发展受说唱推动，并非经由底本阶段发展而来，应为文人借民间形式而创作的作品，郎瑛《七修类稿》所称小说起自宋仁宗时是值得肯定的意见。胡莲玉《关于“话本小说”概念的一些思考》（《明清小说研究》2005年第1期）则认为，“话本小说”这一概念在目前的使用颇为杂乱，既可作短篇白话小说的专称，又可用以指称一切由“说话”艺术衍生出的作品，造成这种状况的根源在于"话本"是"说话人的底本"、"拟话本"是"模拟'话本'的创作"这一概念限定很有纠正的必要。但这些术语已沿用将近一个世纪，有了自己的生命力和不可替代的功能，也就没有取消的必要，关键是对其进行科学的界定。作者对如何界定"话本"、"拟话本"、"话本小说"的概念和内涵提出了自己的看法。

宋人"说话"的家数也是争论颇多的问题。李亦辉《宋人"说话"四家数管窥》(《黑龙江教育学院学报》2004 年第 1 期)认为要解决这个问题，首先必须理清宋元时代"说话"与"小说"两个概念的内涵。在此基础上，分析《都城纪胜》"瓦舍众伎"条文本，可以得出"小说"、"合生"、"起令随令"、"商谜"新的四家说。不过这样的观点能否得到学界认同，还须时间验证。尚继武、王敏《宋"说话四家"研究论争焦点透析》(《南华大学学报》2005 年第 4 期)就持不赞同的态度。针对"说话四家"具体所指的种种分歧，该文进行了总结和辨析，认为争论的焦点主要集中在三个方面：一是说经、说参请、说诨经是否可以归于一家；二是合生、商谜、说诨话是否可以归于"说话四家"之一；三是"说铁骑儿"是属于小说条目还是单独成说话一家。

胡小伟《北宋"说三分"起源新考》(《文学遗产》2004 年第 4 期)结合实物考证，探究"说三分"的起源，颇有新意。文章指出，山西沁县博物馆保留有一方北宋元丰三年(1080)的关庙碑刻，记录着威胜军一旅参与抵抗交趾时受到关羽率阴兵护佑的情景，并追溯到狄青平定侬志高时情形。作者考探了狄青、郭逵、立碑主帅王文郁及与苏轼谈论"说三分"事之王彭，俱为先后戍守西夏前线的宋军主将，而王彭转述"说三分"事，正好跨越西夏前线将士征发侬志高及交趾两事之间。宋军中的关羽崇拜实为沿袭唐代毗沙门信仰之遗绪，直到金代犹存。文章最后指出，今存桂林龙隐岩的至和二年(1055)摩崖碑刻有"擎天得胜关将军"字样，也证实着这一点。所以宋代关羽崇拜及"说三分"，最早应当出于宋军西夏前线，戍守将士及其子女是最早的听众群；宋徽宗时代汴梁"说三分"的风气，如同二郎神信仰一样，也是由边关传播过去的。

除了考辨，文本形态、叙事艺术和形象塑造也是宋代小说研究的热点问题。于天池《论宋代小说伎艺的文本形态》(《北京师范大学学报》2005 年第 3 期)以《醉翁谈录》为例，认为该书是宋代说话伎艺人的专业用书，其收录的传奇体文言曾是宋代小说伎艺的语体形态。不仅说话伎艺的语体形态从宋到元明有一个进化累积的过程，小说伎艺的演出程式也有一个进化累积的过程:在叙事体式上,与唐传奇相比,宋代小说删繁就简,掺入大量诗词,模拟细节进一步加强;在演出程式上,宋代小说伎艺虽然形成了某些“举断摸按,师表规模”,但还没有形成日后所谓“入话”、“正话”、“散场”等程式。作者最后指出宋代话本小说研究的尴尬局面在于,对于它们的描述一般是在作品篇目上宋元相连,含糊不清,在体制形态上甚至宋元明三朝不分,混为一谈,所以应当在传统目录学和考据学的方法之外,引入一些新的方法和路径以改变宋元话本小说研究中的混沌局面。同样关注小说话本的创作时代问题的还有傅承洲《宋元小说话本志疑》(《云南民族大学学报》2004 年第 5 期),认为宋元小说话本其实是明以后的本子,是文人加工过的,与宋元时期兴盛一时的说话艺术的口头性、民间性相去甚远,因此不可完全以现在见到的明刊本来分析宋元时期的说话艺术和宋元话本。

楼含松《讲史平话的体制与款式》(《浙江大学学报》2004 年第 5 期)认为讲史平话的体裁特点主要由内容层面(体制)的开场诗与散场诗、入话与头回,形式层面(款式)的插图、节目、卷次等构成。经过与小说话本的比较,结合古代通俗文学发展史、书籍印刷出版史,可得出这样的结论:讲史平话是介于口头文学向书面文学发展过程之间的产物,其体制特点受到说唱文学的影响,同时受到书面化款式要求的制约。孙步忠《宋元“讲史”运用诗词韵文对白话小说发展的贡献》(《赣南师范学院学报》2004 年第 1 期)和何春环《论宋元话本小说词文结合的创作模式》(《新疆大学学报》2004 年第 3 期)都关注小说中的韵文。何文认为,宋元话本小说融入大量词作,不仅是继承前代诗文融合传统的结果,而且是特定文化背景的产物。这些曲子词在话本中起着多种重要作用,其题材内容及语言风格大抵可用一个“俗”字概括,这与作为通俗文学的宋元话本小说具有一致的审美倾向。词文结合的创作模式经宋元话本小说定型后,对后世小说创作产生了深远影响。李亚峰《话本小说中入话的发展及其原因》(《辽宁教育行政学院学报》2004 年第 11 期)则专门关注“入话”,即篇首的诗词及解释议论性文字,认为从宋至明,入话的发展经历了一个从无到有、从与主题无关到与主题有关、从无解释议论文字到有解释议论文字的道路,这从一个侧面折射出话本小说从民间说话艺人无意识的自发创作到文人自觉模仿,从民间文学走向案头文学的发展历程。钟振振《小议宋话本〈西山一窟鬼〉之“入话”》(《文学遗产》2004 年第 2 期)从个案入手,通过分析《西山一窟鬼》的“入话”,得出并非如说话人所说是集句之作、而是说话人所编造的结论;并认为这样的结论有两方面的价值:其一是文学方面的价值,话本小说这种活泼、睿智的特殊形式使我们对宋话本的文学艺术技巧增添了一点新的认识;其二是文献学方面的价值,仅见于《西山一窟鬼》而被《全宋词》收录的五首宋词其实是经过说话人改动的,《全宋词》对此宜加按语,予以说明。

吴礼权《话本小说"篇首"的结构形式及其历史演进》(《云南师范大学学报》2005 年第 4 期)同样关注起首部分的诗词,而研究方法截然不同。该文从修辞史的角度切入,以定量分析与统计计算的方法对话本小说"篇首"的结构形式进行了较为系统的归纳概括,并以具体的数据统计为依据,提示了话本小说"篇首"结构的历史演进规律,勾勒了其具体的历史演进轨迹。另一篇《话本小说"题目"的形式及其历史演进》(《平顶山学院学报》2005 年第 6 期)同样从修辞史角度切入,专就话本小说"题目"的形式进行定量统计与计算分析,以揭示话本小说在"题目"这一修辞"标的"方面的具体情况及其历史演进的基本轨迹。

在小说叙事艺术研究中,李剑国、韩瑞亚的《亡灵忆往:唐宋传奇的一种历史观照方式》(《南开学报》2004 年第 3、4 期)是一篇角度新颖的文章。作者指出,亡灵忆往是唐宋传奇作家采取的一种独特的观照历史的叙事模式。真实历史人物和虚构人物以鬼神的面貌出现,充当着历史当事人和讲述人的角色。通过生人和亡灵的对话,用零距离叙事切入历史,对历史作出评价和批判,探寻治乱之道,并展开历史抒情,表达伤时怀古的兴亡盛衰之感、身世家国之感。作家的历史日光主要投向乱世,投向妇女,尤其是后妃宫人等,表达了对她们和王朝命运紧密相连的个人悲剧命运的深切关怀。纪德君《宋元小说家话本的叙事艺术探绎》(《文史哲》2004 年第 2 期)则探讨了话本小说的叙事特点:其一,确立特定的叙事时空,以强化故事的真实性;其二,撷取闾巷异闻,喜谈"蹊跷怪事",使故事富有传奇性;其三,选择"结构核",生发故事,粘连情节,使故事充满戏剧性;其四,运用科诨玩笑和俚语俗谚等,增加故事的趣味性。作者指出,这些叙事艺术经验对中国古代通俗小说产生了深远影响,对于今天的小说创作也不无借鉴意义。

小说形象的塑造也一向为研究者所关注。许军《论宋代文言小说中女性形象演变的文学史意义》(《云南社会科学》2004 年第 1 期)分析了从北宋到南宋文言小说中女性形象的演变,认为她们在身份、性格、行为模式等方面都发生了显著变化，这是因为两宋小说作者在创作中采取了不同的视角，在女性形象中寄托了不同的人生理想，从而赋予女性不同的心理和行动。这种差异并非孤立，它不但使两宋妇女形象有不同的美学意义，而且与宋代小说的总体演变相一致，是整个小说史变迁的重要表现之一。刘莲英《宋元女性话本小说中女性形象分析》(《燕山大学学报》2004 年第 3 期)首先界定了宋元女性话本小说的范畴，即以女性为主人公的小说；接下来分析了宋元女性话本小说的内容特色，并通过和唐传奇中女性形象的比较，说明宋元女性话本小说中女性的生活和形象特点。罗玲谊《宋元话本中女妖的形象特征及形成原因》(《郑州航空工业管理学院学报》2004 年第 2 期)将目光投向女妖这一特殊的女性形象，分析了宋元话本中女妖形象的四种特征，并探讨了形成这些特征的原因。尹楚兵《宋话本爱情婚恋题材小说中男性形象探析》(《江南大学学报》2004 年第 4 期)讨论了较少被关注的话本小说中的男性形象，指出宋话本爱情婚恋题材小说男性形象相比以前同类题材中男性形象在构成成分上出现了重大变化，并具体分析了其形象的三大类型，以及话本作者对这三类形象表现出的不同情感倾向。

以上多从纯文学的角度探讨文本特点，另一些研究者则注重从科举考试、思想观念、地域性等文化视角来解读小说创作。如祝尚书《科名前定：宋代科举制度下的社会心态——兼论对宋代志怪小说创作的影响》(《文史哲》2004 年第 2 期)一文提出，科举束缚天下英俊，使之归于一途，使举国沉溺于时文，使士子除科名外，对其他则“集体冷漠”，而科举制度的严密和完善，使任何一个人都无法直接决定士子的命运，于是“科名前定论”产生了，科名主于“神”，甚至连考题都主于“神”；在此前提下，士子心态发生了重大变化，他们乞神、求巫、乞“先师”；而这种科名前定的思想深深影响着宋人志怪小说的创作。因此，宋代科举不仅大大刺激了小说的创作，而且促进了志怪小说的转型：小说家由唐以前热衷于搜奇猎异，描写山精水怪，转而追踪社会热点问题。李健秋《女祸观念影响下的市民叙事——论宋元话本中的烟粉灵怪故事》(《学术交流》2005 年第 7 期)探讨了市民的思想观念对于小说创作的影响。文章指出，以妖鬼魅人为主要内容的烟粉灵怪故事，在宋元话本中占有相当的比例。如果将它们放在一起进行考察，会发现这些故事中的女性形象都在不同程度上被妖魔化，成为女色观念与女祸观念的载体。烟粉灵怪故事从不同的侧面讲述了同一个母题——女色对男人生活的破坏。贯穿这些故事始终的，是陈旧的女祸观和情色观，是对年轻男子的告诫：远离女色的陷阱。因此可以说，话本中的烟粉灵怪故事，实际上是流传于市井的一种寓言，是一种笼罩在女祸观念下的功利性的市井叙事。余丹《论宋代文言小说中的果报题材》(《安徽教育学院学报》2004 年第 4 期)认为，宋代文言小说中果报题材作品数量众多，类型丰富，其中大多数作品是借中国传统因果报应观念或佛教轮回果报学说的形式，来表现儒家道德伦理的实质内容，以达到劝惩教化的目的。宋代文言小说作者这种强烈的劝惩意识，与时代对文学教化功能的重视有直接关系。

从地域意识和城市文化切入是较为新颖的研究视角。如孙旭《论宋元话本小说家的地域意识》(《宝鸡文理学院学报》2004 年第 1 期)探讨了创作者的地域意识的特点，并指出这些特点是由“说话”的表演方式、市民的需要及话本小说家自身的思想水平与艺术修养所决定的。孙逊、葛永海发表了从城市的视角切入进行古代通俗小说研究的系列论文，这些研究都是通史性质的，因而在对宋代相关小说的解读中体现出了更为宏通的视野。如《中国古代小说中的“东京故事”》(《文学评论》2004 年第 4 期)指出，从宋元到明清，对东京(开封)的叙述，构成了一个通俗小说的系列，是为“东京故事”。本文主要针对这一故事系列的发展脉络做出梳理，并对其文化意义加以阐发。在这种发展脉络中，作者认为，由于叙述角度的差异，宋元话本小说中的东京故事与后来的故事有着格调上的差异。宋元话本对东京是一种远距离的追忆和回顾姿态，尽管所描写的是以猎奇为主要取向的故事，但是在叙述中的“东京印象”，着力表现出的是对已经失落的光荣的追慕和向往。这种追忆和感伤与明清小说中“东京故事”所体现的写实和批判在文化格调上判若云泥。而就文化属性而言，从宋元话本到明清小说，“东京故事”中的市井意识作为一种精神气象，始终贯穿其中，体现出“东京故事”的共性。《中国古代小说中的“双城”意象及其文化蕴涵》(《中国社会科学》2004 年第 6 期)同样关注小说中的城市文化。文章指出，城市影响古代小说，古代小说反映城市，从唐前至晚清，叠合了作者主观感受和客观景象的城市映像，就不断以各种形态呈现于小说中，而在小说的城市描写中，前后不同时期的两个首都或同一时期一个首都、一个陪都所构成的“双城”文化现象尤其值得关注：宋前的长安和洛阳、两宋的汴州和杭州、明清的北京和南京，是我国古代小说中描写最多的三对“双城”。就宋元话本而言，主要反映了两宋双城各具特色的城市映像：

一是北宋遗民追忆中的东京梦华，二是效学汴京气象的临安风貌。相比唐人小说，同样是写京城景象，话本已不再着意于帝都恢弘华贵的气度，穿行于街头巷尾的市井细民成为话本的主角，并真实描绘出从地处中原的东京到偏于东南的临安的文化中心的迁移和城市图景的变异。

在研究专著方面，赵章超《宋代文言小说研究》(重庆出版社 2004 年版)对宋代的传奇和志怪进行了全面系统的探讨。该书阐述了宋代文言小说形成独特面貌的社会文化原因，将其发展变化分为北宋初的过渡期、中叶的复兴期、两宋之交的志怪传奇共荣期、南宋中后叶的志怪繁盛期等五个阶段，并将其作品分为灵怪、兆应、仙释、丽情和贤能侠义五类，从同类结构同类题材的纵向对比中，探究各类小说所呈现出的个性特征，分析了宋代文言小说的美学特征和语言艺术等特色，考察了时代的推衍和社会文化的发展变化及儒释道、地域等因素对小说的影响，并探讨了宋代文言小说的民俗特色。

(二)作家作品

在作家作品研究中，对宋代小说观念和创作影响甚深的文言小说集《太平广记》始终受到较多的关注。如凌郁之《〈太平广记〉的编刻传播及小说观念》(《苏州科技学院学报》2005 年第 3 期)指出，一般认为《太平广记》编成后并没有及时刊印，但实际上它已通过其他渠道传播出来了。晁迥、苏轼、洪适等文人以及"幼习《太平广记》"的说话艺人都看过此书，但他们所看之版本可能不同。《太平广记》的编纂对于宋代小说有重大意义，其中包含着丰富的小说观念内涵，《太平广记》里单设"杂传记"一目以置唐传奇，也已显示了小说观念的一大进步。牛景丽《〈太平广记〉的成书缘起》(《古籍整理研究学刊》2004 年第 5 期)同样关注《太平广记》的编纂，不过侧重点有所不同。文章认为，在中国小说史上，宋初编纂的《太平广记》有着不可替代的地位和价值。小说一直被视为末学，何以在宋初《太平广记》竟能以第一部官修大型类书化小说总集的面目出现？本文即是从政治、文化、小说自身发展三个方面来讨论《太平广记》成书的原因和契机：它的出现，既是宋太宗为维护统一安定的局面而笼络人才的政治手段，也是"文德致治"的文化策略，是中国历朝注重典籍的文化传统的延续，也是小说自身发展的必然结果。张国风的专著《〈太平广记〉版本考述》(中华书局 2004 年版)搜罗《太平广记》现存版本达十余种。作者在对诸版本一一考辨的基础上，结合文献资料和海内外现有的研究成果，就《太平广记》的版本和引书，作了较为深入的研究，充分认识到台湾所藏的清人孙潜校宋本、国家图书馆所藏的清人陈鳣的校宋本和明人沈与文的野竹斋抄本等版本的重要价值，将《太平广记》的版本研究向前推进了一步。

对于另一部由《太平广记》编纂者之一徐铉所独力撰写的文言小说集《稽神录》，由于它的创作时间延续了从南唐至宋的数年之久，马珏玶《社会性别叙事视野下的〈稽神录〉》（《思想战线》2004年第5期）认为，由唐至宋，社会性别观念经历了一个由较为自由开放进而渐趋严格化、周密化的社会化过程，《稽神录》正体现了这一转折在志怪小说中的叙事影响。等级观念的制度基石、因果观念的叙事逻辑、志怪叙事的传统影响等因素的共同作用，最终导致了《稽神录》社会性别叙事面貌的形成。

洪迈的《夷坚志》是宋代重要的文言小说集。周榆华、罗宗阳《〈夷坚志〉的编撰及洪迈对志怪小说的看法——从〈夷坚志〉的多篇序言谈起》（《南昌大学学报》2004年第1期）对作者遗留下来的多篇序言进行分析、研究，试图从中了解洪迈的撰书动因、材料来源，领会他的小说理论。项裕荣《〈夷坚志〉与小说〈西游记〉——也论孙悟空的原型》（《复旦学报》2005年第2期）为作品影响研究。作者认为，小说史的撰述对《夷坚志》的地位及重要性过于低估，它的小说题材除了为"三言两拍"等话本所取外，还直接影响到了明代白话长篇小说的创作，尤以《西游记》中孙悟空的人物形象最为显著。《猴将军》中的妖猴是孙悟空的原型之一。《夷坚志》中众多小说都可能在具体情节上影响到《西游记》的成书过程。

《青琐高议》是北宋另一部重要的文言小说集。冯勤《北宋文化政策的双重性与〈青琐高议〉的"多言古事"》（《中华文化论坛》2005年第2期）注意到北宋中后期这一特定政治文化背景对于小说创作的影响。文章指出，宋代文化之繁荣有赖于以文治天下的国家政策，然而其严酷的一面常被人忽略。《青琐高议》的"多言古事"即从一个侧面反映出北宋文化政策的双重性。冯勤《〈青琐高议〉的民俗信仰倾向探析》（《宗教学研究》2004年第4期）则关注小说中的文化现象。文章认为，人宋以来，市民文化空前的勃兴、繁荣促进了民间儒、佛、道信仰的深层融合，并形成为根深蒂固的民俗信仰而广泛流布。在这种社会思潮影响下，《青琐高议》也表现出浓重的民俗信仰倾向。

张蕊青《〈碾玉观音〉对中国古代小说的开拓与创新》（《山西大学学报》2004年第6期）关注的是被称为宋元话本压卷之作的《碾玉观音》。文章认为，作品通过爱情婚姻生活和家庭日常生活，直接反映下层平民与封建统治者之间激烈的矛盾冲突，在中国文学史上第一次成功塑造了具有反抗和叛逆精神的女奴形象；对于爱情的描写，新颖独特而富有市民气息，并注意将故事情节的演进和人物性格的发展密切结合起来。《碾玉观音》代表着我国古典小说发展的方向，它的出现预示着追求自由的精神将成为古代优秀白话小说的思想主流，预示着以情节为中心的情节小说将向以人物为中心的人物小说的发展过渡。

综观 2004－2005 年的宋文、宋代小说研究，宏观上的整体观照，微观上的文本细读，文化视角的灵活运用，都使研究得到了深化；在致力于宋代散文、小说的研究者中，既有功力深厚的著名学者，也有迅速崛起的青年学者，无疑也是令人高兴的现象。但是问题仍然存在，比较突出的就是研究对象过于集中的状况没有得到改观，由此导致大量平庸、重复、缺少学术价值的论文不断产生。就宋文而言，《全宋文》多达 360 册，涉及作家 9000 多位，就小说而言，仅袁行霈、侯忠义《中国文言小说书目》著录的宋代文言小说就多达 360 余种，但宋代散文、小说的研究都高度集中于有限的几位作家、几部作品，研究对象相同，研究方法相近，在这样的前提之下，想要出新，谈何容易。陈大康《关于古典文学研究中一些现象的思考》（《文学遗产》2004 年第 1 期）和王长华《对中国古代文学研究中若干问题的反思》（《文学遗产》2005 年第 3 期）都对古典文学研究中存在的诸多问题进行了深人探讨，值得我们深思。另外，研究视野的开阔和研究视角的更新还有赖于我们对境外相关成果的了解和借鉴，因为正如古语所说，他山之石，可以攻玉。

金代文学研究综述

王海南　王一诺　邵鸿雁

2004—2005年的金代文学研究稳中推进，取得了相当可观的研究成果，两年计发表各类论文近一百二十篇，出版专著八部，年谱合编和作家辞典各一部。

一、学科建设和学术史研究

自20世纪80年代以来，20年间金代文学的研究取得了长足进展，但与中国古代文学其他学科相比仍处于“弱势”，如何加强金代文学学科的建设和研究仍是一个不可回避的问题。2004年在暨南大学召开的“第三届中国辽金文学学术研讨会”上，《学术研究》约请专家学者就此问题笔谈。邓绍基先生在《对弱势学科与方法论的思考》一文中指出，“从某种意义上说，我们在辽金元文学研究的薄弱环节上不断推进，不断深入，是在创造历史。把辽金元文学研究深入推进，这绝不是一个细小问题，而是具有全局性的意义，事关文学史研究的全局。”张晶在《辽金文学研究的回顾与前瞻》中认为，“辽金文学研究在整个中国古代文学研究中不是热门的领域，但并不能因此而无视辽金文学研究在古代文学研究整体中的地位和贡献。辽金文学研究的崛起对于文学史的当代发展，不仅注入了新的生机和活力，而且在很大程度上改变了文学史撰著的格局或结构。”如新近出版的《中国古代文学通论》(辽宁人民出版社2005年5月版)即以《辽金元文学通论》(张晶分卷主编)独立成册。《大连大学学报》2004年第3期亦发表周惠泉等人的一组笔谈——《辽金文学：汉文化与北方民族文化融合互补的结晶》，认为辽金文学是汉文化与北方少数民族文化相融合的产物，它的形成体现出各民族文化的多元一体、优势互补的特点。赵维江《北方地域文化生态中的辽金元文学创作格局》（《吉林大学社会科学学报》2005年第5期）、《北方地域文化与辽金元文学》（《文史哲》2005年第1期）亦从文化内在联系角度论述辽金文学的创作格局和特质。

李正民、裴兴荣《20世纪辽金文学研究存在的问题与不足》（《晋阳学刊》2004年第3期）侧重考察百年研究史中反映出的问题与不足，认为在诸如金代文学的分期、特质地位和成就等方面尚未达成学术共识；在少数民族作家研究、诸宫调、戏曲、小说等文体方面的研究和文献辑佚方面仍需深入。

二、专题研究

宋金文学关系研究。金代文学与宋代文学关系密切。金代文学对宋代文学有接受影响的一面，又因其为汉民族文化与北方少数民族文化相融合的产物而具特殊性；而从“文化建构文学史”观来看，它们当同属“近世文学”。对宋金文学关系的研究，不仅有利于剖析金代文学产生的内外部原因、发展过程和特征，更有利于超越朝代文学分期视域的拘囿，对12—13世纪中国文学史做出全面、准确的把握，“重绘中国文学地图”。刘扬忠《论金代文学中所表现的“中国”意识和华夏正统观念》（《吉林大学社会科学学报》2005年第5期）一文全面论析了金朝内部伴随着整体性汉化的趋势，为证明其统治中原地区合法性所催生的“中国”意识和华夏正统观念以及这种思想意识在金代文学中系统而鲜明的表现；指出这种思想意识在元好问编纂的《中州集》得以升华，并最终为南宋遗民所认同。该文高屋建瓴，实证还原与理论阐释并举、逻辑与历史相统一，拓宽和深化了近年方兴未艾的“宋金文学关系研究”。狄宝心《宋金季末诗的时代心理比观与文化阐释》（《民族文学研究》2004年第1期）从民族感情、君国情怀、人生价值取向三个方面对宋金季末诗的时代心理进行对比，并从文化的角度予以阐释。另文《金与南宋诗坛弃宋宗唐的同中之异及成因》（《文学遗产》2004年第6期）从文学批评及文学创作两方面对金与南宋诗坛抑宋宗唐的同中之异进行细致的对比分析，二文皆属“宋金文学关系”“中观”佳作。胡传志《论诚斋体在金代的际遇》（《安徽师范大学学报》2004年第1期）一文属“个案研究”，以金代三位著名作家赵秉文、李纯甫、元好问对诚斋体的态度为主，点面结合论述了“诚斋体”在金代的接受历程。高桥幸吉《金末元初文人论黄庭坚》(《民族文学研究》2004 年第 3 期)是同类之作。

元好问研究。2004—2005 年论及元氏诗、词、文和文学批评各方面的研究论文二十余篇。高桥幸吉《元好问与元结》(《安徽师范大学学报》2004 年第 2 期)一文从政治、隐逸、文学三个方面分析元好问对元结的评价。李最欣《论元好问对陈师道“闭门觅句”作诗方式的误解》(《宁夏大学学报》2005 年第 3 期)辨析了元好问对“闭门觅句”的误解，并剖析造成误解的三点原因，认为陈师道的“闭门觅句”是其诗歌艺术上精益求精的独特创作方式，应该给予充分的肯定。胡梅仙《论元遗山词对大定、明昌词的继承和创新》认为，金中期词(即大定、明昌词)旷逸、恬淡、清新、朴质的多重风格是遗山词最直接的丰厚土壤，元遗山词根基于此而把词心和词境都推向了一个纵深的境界。但文中据以部分立论的“金文化中传统主流思潮儒家文化失重”的判定有偏差。赵永源《论元好问〈鹧鸪天〉词的创作》(《南阳师范学院学报》2005 年第 7 期)择取元好问三十七首《鹧鸪天》中具有代表性的作品进行细致品析，另文《元好问〈鹧鸪天〉(临锦堂前春水波)词系年辨正》(《江苏大学学报》2005 年第 1 期)通过考查隆德故宫、邻锦堂、兰皋亭等地名，排比分析元氏的行迹和创作，认为“癸卯说”最接近于该词的实际作年。

三、分体文学研究

金词研究。2004—2005 年金词研究论及范围广泛。张鸣《宋金“十大曲(乐)”笺说》(《文学遗产》2004 年第 1 期)对元代杨朝英《乐府新编阳春白雪》所收录的宋金时代的十首歌词一一作了笺说。“十大曲”的说法反映了元代歌坛对于宋金词流行作品的认识和取舍，提示研究宋金词应对南北词坛作整体观。杨栋《冀南出土磁窑器物上的金元词曲》(《文艺研究》2004 年第 1 期)对近十年来在河北南部出土的磁窑器物上的金元词曲的用调加以考证辨读。这些词曲牌调弥补了《全元散曲》之遗，为研究北散曲在民间阶段的原始生态和词曲共生与嬗变的复杂关系及其传播路径提供了实物标本，意义重大。刘扬忠《金代河朔词人群体述论》(《学术研究》2005 年第 4 期)是继其《金代山西词人群》一文后又一从群体角度研究金词的力作，认为“金词的发展具有地域性与群体性两大特征。金词之所以呈现出鲜明的北方文学的特征，主要是由山西、河朔两大词人群体创作活动的结果，其中河朔词人群的创作活动更为久远，是金源词坛唯一贯穿朝代始终的地域性词人群体”。李艺《谈金代词人的群体划分》(《语文学刊》2004 年第 6 期)意在与王昊上世纪 90 年代《论金词的创作形态和群体特征》(《文学遗产》1998 年第 4 期)一文中的群体划分观点商榷，将金代词人的群体划分为吴蔡词人群体、“国朝”词人群体、遗民词人群体和全真道词人四个群体。杨柏岭《况周颐的金元词研究》(《民族文学研究》2005 年第 2 期)阐述了况周颐金元词研究的观点、成就和启示。

金诗研究。两年来关于金代诗歌的研究论文相对较少。刘达科《金元之际诗人房皞探微》(《江苏大学学报》2004 年第 1 期)论析金遗民诗人房皞的生平、思想、交游和诗学宗尚，从侧面揭示出金末元初诗坛“以唐人为指归”的总体倾向。李成《论女真帝王海陵完颜亮的诗词艺术》(《黑龙江民族丛刊》2004 年第 1 期)合论海陵王完颜亮的诗、词。李正民《试论金代“国朝文派”的发展演变》(《民族文学研究》2004 年第 2 期)论述了“国朝文派”的基本特征及其形成、繁荣、高潮三个发展演变阶段。刘达科在整理《河汾诸老诗集》的基础上出版专著《河汾诸老解读》(作家出版社 2005 年 3 月版)，此前周惠泉《金元诗人群体研究的重大进展——〈河汾诸老诗人群体研究〉序言》(《江苏大学学报》2005 年第 1 期)有专门评介。

话本小说研究。王昊《金代的“说话”艺术与话本小说的发展》(《北方论丛》2004 年第 3 期)是两年间唯一一篇从总体上论述金代“说话”艺术与话本小说的论文。该文强调“说话”与“诸宫调”的共生、渗透关系，进而认为金代“说话”艺术有民间积累和由北宋直接移植两个渊源，并根据胡士莹提出的甄别、推勘话本断代的八条具体方法对现存《柳耆卿诗酒玩江楼记》等小说话本的创作年代给予合理推断。

戏曲和诸宫调研究。薛瑞兆的专著《宋金戏剧史稿》(三联书店 2005 年 3 月版)，是在作者早年博士论文基础上增订而成。从 20 世纪 50 年代胡忌的《宋金杂剧考》、90 年代景李虎的《宋金杂剧概论》到薛著《宋金戏剧史稿》的产生，标志着宋金戏剧史已完成初步建构。胡明伟《金代戏剧形态研究——兼考〈辍耕录〉“院本名目”》(《南都学坛》2004 年第 2 期)认为金代戏剧有三种形态，即除金院本外还有刮鼓戏和乐舞戏。该文考论结合，其观点值得治金戏曲者注意。

近年来诸宫调研究日趋活跃、深入。龙建国连续发表《论诸宫调音乐单位的组合形式》(《江西财经大学学报》2004 年第 2 期)、《论诸宫调对北曲的影响》(《井冈山师范学院学报》2004 年第 1 期)和《诸宫调的发展历程探讨》(《江西师范大学学报》2004 年第 4 期)三篇系列论文,分别论述了诸宫调音乐单位的组织形式、对南北曲的重要影响及诸宫调由词体诸宫调向曲体诸宫调的演进过程。王定勇《金代诸宫调文化生态探寻》(《民族文学研究》2005 年第 4 期)认为"北方的诸宫调传统、城市娱乐文化的繁荣、'说话'伎艺的流行、词体的嬗变,营造了诸宫调勃兴的文学生态环境,促使诸宫调成为金源的'一代之文学'",该文认为诸宫调是金代的"一代之文学",这是"代变、代胜"文学史观下的一个"大判断"。谢桃坊《宋金诸宫调与戏文使用之词调考略》(《东南大学学报》2005 年第 4 期)一文指出,诸宫调与戏文的曲调一部分吸收了在性质上已经产生了明显变化的词调;另一部分来源于唱赚、唐代教坊曲和唐宋大曲。武润婷《也谈〈刘知远诸宫调〉的作期》(《中国典籍与文化》2004 年第 2 期)是与上年龙建国有关论文的商榷文章,该文从《刘知远诸宫调》用调特点、所反映的文化背景等内、外证方面破立结合,论证其作期应在金正隆元年(1156)至大定二十二年(1182)间。

此外,诗学批评研究方面,胡建次《辽金元在唐诗学史上的贡献》(《齐齐哈尔大学学报》2005 年第 1 期)从辽金元在唐诗学演进中的转折过渡作用和金元唐诗学的特色与贡献两方面探讨了辽金元在唐诗学史上的独特贡献。

四、金代文学家年谱编纂和文献整理

文学家年谱编纂方面,王庆生的《金代文学家年谱》(凤凰出版社 2005 年 3 月版)是一大收获。金代文学家的传记材料除《中州集》小传外,民国间所成旧谱有毛汶《宇文虚中年谱》(《国学论衡》第 2、3 期)、毛汶《补金史蔡松年传》(《国学论衡》第 6 期),孙德谦《吴彦高年谱》、《金稷山段氏二妙年谱》(《求恕斋丛书》)等有限几种,另台湾学人林明德著有《金源文学家小传》(台湾商务印书馆 1978 年 1 月版)亦较简略。《金代文学家年谱》作者沉潜多年,于《中州集》之外多方索引勾稽,为金代二百多位作家纂谱,合编成二十卷之巨帙。虽不免间有疏误,相信该年谱的出版定会对推动金代文学的研究发挥应有的作用。薛瑞兆《〈中州集〉小传校札》(《学习与探索》2005 年第 3 期)对《中州集》中所涉诗人小传中存在的诸多舛误,如字号、籍贯、生卒年、科第、著述、游历、仕途生涯等方面,进行订讹补缺,若与前谱对读可得事半之功。

文学文献整理方面,2005 年齐鲁书社推出《王喆集》、《马钰集》、《丘处机集》等,但整理质量不甚理想。深入的研究必然要求更扎实全面的文献基础,同时这也提醒我们,在整理金代一代作家的作品全集、主要的别集以及历代汇评方面,还有不少辨析考订工作要做。

柳永研究综述

李海燕

作为第一个大力创作慢词的词人,柳永在中国词学史上占有重要地位,千百年来都是词学批评和研究关注的重点。2004—2005 年,有关柳永的研究文章有四十多篇。许多学者在前人研究的基础上进一步深入挖掘,将研究工作做得更加细致,提出了自己的见解。现将这两年的柳永研究做概要梳理,综述如下。

一、传播接受研究

传播接受研究,是这两年柳永研究的新"看点"。宋代是柳词传播与接受的发轫与分化期,金元时进入消隐状态,至明代又复苏,词史地位提升。余敏先、米学华《试论柳永词在宋代的传播与接受》(《淮南师范学院学报》2004 年第 2 期)一文,从歌妓、市民和文人三个层面考察柳词在宋代的传播与接受情况:歌妓的演唱和需求使柳词得以传播,柳词通俗的特性适合市民口味,得到市民的欣赏和喜爱，柳词也以其不可阻挡的魅力流行于上层社会，成为文人们批评或学习的对象。邓建《论柳永词在明代的传播与接受》(《江南大学学报》2005年第5期)，采取统计法分析现存明代词选、词谱中所收录的柳词篇目与数量，认为“柳永词在明代通过词选的传播已经走出金、元二代长达200余年相对沉寂的低迷状态，迅速复苏”。又通过文献分析，既总结了柳词在明代的传播内容，也深入地挖掘其传播根源，论述其影响：“此期柳永词的接受表现为显、隐双线并行的广泛接受。明人论词主张接续词统，畅言真情，并区分正变、崇尚婉约，词体主情特性得到深入开掘和认同，柳永词之绮语真情、轻飏婉丽得到众多士人的推崇，名列‘词之正宗’，词史地位大幅上扬；柳永词所体现的平民化、通俗化艺术趣味与审美追求亦得到深度认同，逐步内化为一种群体性的创作动力与精神内核，对明代市井民歌、戏剧、小说等平民文学产生了强大而持久的推动作用与辐射效应。”

二、恋情词研究

这两年来有关柳永艳情词的研究仍然是一个“热点”，着重在两个问题的研讨上：一是柳永与歌妓之间是否存在爱情，二是柳永艳情词的整体研究。以钟其鹏《略论柳永艳情词中的爱情观》(《乐山师范学院学报》2005年第2期)为代表，很多文章都肯定了柳永和歌妓之间的情感。钟文认为柳词中蕴含了四种爱情观：平凡快乐、情欲合理、男女平等、情投意合，在前人研究的基础上更趋于细致全面。而程志、冯瑞珍《柳永和歌妓之间有真正的爱情吗》(《大同职业技术学院学报》2004年第2期)则一反常论，通过多角度透视，论证两者之间不可能存在那种两情相悦、生死不渝的恋情：从歌妓方面来看，歌妓以色艺事人，其职业特点决定了其感情不可能专一；以柳词和他人笔记为依据，柳永用情不专，其真正兴趣在仕途进取上；从柳永和歌妓的关系看，柳永狎妓带有报复科举和社会的目的，是发泄心中的不满，歌妓利用柳永是为了抬高身价；从柳永对待性的态度来看，柳永对歌妓的爱，更多的是爱其美色，玩弄多于尊重，因为词中多次写到他与歌妓之间的肉体关系；从当时的狎妓风气和词为艳科的词体发展史来看，柳永和歌妓之间也不可能有真正的爱情；从柳永的家世来看，柳永出生官宦之家，受儒家传统的束缚，他不可能娶歌妓为妻。这种“反论”,也值得我们关注和深思。

陈登平《歌妓在柳永词创作中的作用》(《厦门教育学院学报》2005 年第 1 期)、韩军《柳永情词的独特魅力》(《邯郸师专学报》2004 年第 1 期)、黄若茜《浅议柳永艳情词的特征》(《长春师范学院学报》2004 年第 3 期)、崔玉霞《柳永艳词中的女性代言与阴性书写》(《运城学院学报》2005 年第 6 期)等文,也涉及到艳情词的方方面面。其中,黄文认为柳永的艳情词具有世俗化、市井化、诗意化的特征,它改变了词的审美内涵和审美趣味,即变“雅”为“俗”,艺术地再现了男女之间的性爱关系,表露了人们追求爱情的美好情感。崔文运用法国女性主义理论家埃伦娜·西苏关于阴性书写的概念和理论研究柳词的创作方式,认为柳永在艳词中以女子的姿态和口吻写作,营造的是一个父权社会背后哀婉幽怨的女性话语世界。

三、人格精神、文化心理的深层解读

柳永具有典型的两面性,传统儒家文化和刚发芽的市民意识在他内心尖锐地冲突着,其矛盾性构成其人格精神世界、文化心理内涵的丰富性。霍建波《从柳词看柳永的浪子行迹和科第情结》(《河北职业技术学院学报》2005 年第 2 期),认为柳永人格结构的独特性集中表现为对世俗享乐的向往和热衷及对功名某种程度的漠视和厌倦,但自从科举制度产生后,便与士林阶层结下了不解之缘,柳永也不能走出科举的怪圈,追求功名仍是他人格结构的主体。聂茂《自戕与自救:柳永精神世界的深度模式》(《中国文学研究》2005 年第 4 期),认为柳永精神世界的深度模式是通过自戕与自救体现出来的:他是一个君国的忠爱者和控诉者,是一个自我的崇拜者和否定者,是一个孤独的逃避者和承受者,是一个情感的负心者和痴情者。“构成柳永精神世界的深度模式是矛盾的,充满悲剧色彩的,更是多层次和多方位的,无论是张扬与隐逸、立名与厌世或是务实与超脱等都只能是他深度模式的某一个层面,而每一个层面的矛盾又叠加着另外的矛盾”。

杨建跃《从柳永词看中国传统文学的世俗化倾向》(《华南农业大学学报》2004 年第 3 期),探寻了两种文化在柳永内心冲突的原因、表现、实质、影响,认为柳永是封建社会第一个以市民意识对抗封建伦理道德的传统文人;柳永的词，是在封建社会长期遭到压抑的人性的释放，是对传统伦理道德的反叛，也是对传统文化审美价值的反叛。但“他并非是有目的、有觉悟地反抗封建意识和规范的压制与束缚。走仕途经济，他缺乏热情；完全融入市民社会，他没有这样的打算；抗争呐喊，他又没有勇气。他从小受封建教育，其思想渗透了传统意识，也就难以超越封建意识对他的制约。在强大的封建势力面前，柳永感到了自己的渺小和无能为力。为了平息内心的焦虑和痛苦，为了克服自己的渺小感和孤独感，柳永只有自愿放弃自己的叛逆、放弃自己的个性，交出反抗的自由，改邪归正，回归封建正统，赢取封建阵营对他的原谅和承认”。曲向红《柳永词的市井趣味及文化冲突》（《文艺研究》2005 年第 10 期），也对体现在柳永身上的两种文化冲突进行了探讨和阐释。

四、师承与影响的探析

许多学者用比较法研究柳词对前代文学创作的师承和对后代文学的影响，特别是柳永对民间词、宋玉、杜甫的学习和柳永对苏轼、周邦彦及俗文学的影响。木斋《论柳永体对民间词的回归》（《东方论坛》2005 年第 4 期），认为“花间体”等只是借用民间词的外在形式，骨子里头却在继承传统的诗歌作法，而“柳永体”是对民间词的回归，慢词长调、铺叙手法和口语人词都源于民间词，是柳词在外形方面与民间词的呼应，更重要的是柳词内在情调方面的市井心理。

柳永的羁旅行役词一直受到好评，柳永与宋玉的关系自然引人注目。王丽煌《论柳永的“宋玉情结”》（《闽南职业大学学报》2005 年第 4 期）、谢穑《试论柳永羁旅词的悲秋情结》（《船山学刊》2004 年第 3 期）、吴清伙《宋玉〈九辩〉的情感母题与柳永羁旅词的雅化》（《长春师范学院学报》2004 年第 1 期）三文，通过解析柳永词作中有关宋玉的意象和典故，通过《九辩》与柳永羁旅行役、《高唐赋》与柳永艳情词的对比解读，论证柳永具有“宋玉情结”，并对柳永羁旅行役词的情感内涵、实质和渊源关系作了一番探究。与许多论文从题材的开拓、内容的雅化方面关注和研究柳永羁旅词不同，杨新平《虚实相生话羁旅——柳永羁旅行役词的结构分析》（《社科纵横》2004 年第 6 期）一文，将柳词的结构特征概括为三类：一是由实入虚的一次转换结构；二是由实而虚、由虚返实的环形结构；三是虚实二元多重显现与组合形成的多维结构。胡琳《斜阳暮霭黯淡景，羁旅行役惆怅情——论柳永的黄昏词》(《漳州职业大学学报》2004 年第 1 期)，以黄昏意象为视点，研究了柳永羁旅词中的黄昏词的内容和艺术特色。

柳永与苏轼分别是宋词中婉约与豪放的代表人物，成为比较的重点由来已久。韩珊珊《论柳永词对苏轼的启示和影响》(《赣南师范学院学报》2004 年第 4 期)，从五个方面论述了柳词对苏轼的启发和影响：赋式的铺叙范式、鲜明的主体意识、通俗性的题材、明白如话的语言和雄浑博大的气象。杨海明《试论宋代词人享乐心理的雅俗分趋——以柳永、苏轼为例》(《湖南文理学院学报》2004 年第 6 期)，认为柳永是趋俗一派中的代表，苏轼是高雅一族中的典型，通过对宋代词人雅俗分趋的两类享乐心理的剖析，挖掘出了其中所蕴含的新的文化因素。

尹占华《柳永周邦彦姜夔三家词的比较》(《甘肃广播电视大学学报》2004 年第 1 期)、易勤华《外向型与内省化——柳永、周邦彦词情比较研究》(《井冈山师范学院学报》2005 年第 1 期)、《从正言直叙到托物寄兴——柳永、周邦彦词之表情方式比较》(《宜春学院学报》2005 年第 5 期)等文，分别从不同的角度研究了柳、周词作之间的关系与异同。尹文从词调、表现手法和语言三个方面分析了三者的不同。词调上，柳永词新调多而音乐通俗；周邦彦词新调次之但音乐高雅；姜夔词新调最少而音乐古朴却并不美听。艺术表现手法上，柳词平铺直叙，直白而袒露；周词变直叙为曲说，追求含蓄；姜词则化实为虚，力求隐蔽。语言上，柳词俚俗，格调软媚；周词求雅而不能尽归于雅，格调仍然偏软；姜词则归于骚雅，改以健笔写柔情。易勤华的第一篇文章结合作家身世、社会背景和具体作品进行动态考察，比较柳词和周词的审美取向和情感意蕴的异同，进而描述了北宋词坛上词情由外向型向内省化、审美趣味由俗至雅的演变趋势。作者认为外向型和内省化是柳、周词情的不同气质，柳词热情坦率，周词含蓄沉郁。在恋情词方面，“屯田词在小说中如《金瓶梅》，清真词如《红楼梦》。宦情词上，柳词多感于外部世界对自己的刺激，是特定时空的迷茫心理的真实流露，周词多以言此意彼的寄托来宣泄心中之苦闷，是超越时空的漂泊情思的理性把握。

五、艺术成就与贡献

张涤云《论柳永现象》(《南阳师范学院学报》2004 年第 4 期)一文,将柳永及其创作概括为"柳永现象"。作者分析了"柳永现象"产生的历史意义,认为它的出现标志着词的发展进入了慢词长调繁盛的时代;柳词对民间词曲的发展、诸宫调的产生、剧曲的形成都起到了推波助澜的作用,产生了巨大影响,标志着中国文学进入了俗与雅分庭抗礼的时代;也标志着中国社会进入了一个商品经济繁荣、市民阶层壮大、职业文人开始出现的新时代。聂亦绮《柳永词中问句的分类和功能》(《广东农工商职业技术学院学报》2005 年第 1 期)、张进《论柳永词的"赋法"》(《陕西广播电视大学学报》2004 年第 3 期)等文,对《乐章集》的艺术手法、技巧进行了研究。聂文采取统计法,分类探讨了柳词问句的功能,认为柳词主要有设问和反问两类,问句在词体结构中有起、承、转、合的作用,不同类型的问句,在起承转合上又有不同的特点和作用:设问句主要起引导性作用,表现的内容复杂而含蓄;反问则主要用于作者的情感表态或取舍,意义简洁而情感突出。张文认为柳词"以赋为词",吸收了"赋体"与"赋法"的多种表现手法,包括汉大赋铺采之法、宋玉辞赋及六朝小品文赋写景抒情之法、汉魏乐府"直书其事"的表现手法、辞赋骈偶和用典等。

高志忠《柳永词在创作主体的介入与感事纪实方面的新变》(《语文学刊》2005 年第 11 期)、蔡建萍《论柳永对宋词格局的开拓》(《开封大学学报》2005 年第 4 期)、吴清伙《论柳永羁旅词的抒情主体、抒情方式以及词境的开拓——以温庭筠的闺情令词作参照》(《长春工业大学学报》2005 年第 4 期)等文章,也相继论述了柳词的艺术成就与贡献。高文从《乐章集》和《花间集》的比较中论述了柳词在创作主体的介入与感事纪实方面的新变,认为他以写实主义实录手法表现人生,描写人性,讴歌人情,写出人的情感世界、生活经历以及由此组成的社会气象,收获的则是唯美心性的世俗人生意趣。蔡文从慢词创作方式、题材开拓、"实说"体式叙事视角和抒情模式、俗语运用四个方面论述了柳永的贡献。吴文以温庭筠十四首《菩萨蛮》闺情令词作为参照,研究了柳永羁旅行役词在抒情主体、抒情方式、词境开拓方面的不同,以揭示柳永羁旅词在这几方面对词的雅化表现及其在宋词雅化史上的意义。

欧阳修研究综述

王丽琴

2004—2005两年间,学界对欧阳修的研究依然如火如荼,不仅有对过去的研究加以补充和完善的,也有在新的研究领域加以开拓的。据统计,这两年欧阳修研究的相关论文达七十六篇,著作六种,涉及到欧阳修研究的各个方面。

一、生平、思想与交游研究

有关欧阳修生平、思想、交游的研究,虽然前人已经做得相当完备了,但这两年间仍有几篇论文值得一提。李卫东的《论寡母抚孤视角下的欧阳修》(《江西科技师范学院学报》2005年第2期),从一个全新的视角论述了欧阳修思想和人格个性的形成原因,以及这些人格个性对其极力推崇王道政治产生的不可忽视的作用。文章从三个方面论述了"寡母抚孤"的中国古代单亲家庭教育对欧阳修人格个性形成的影响:一、欧母"画荻"教子,不仅对欧阳修进行了知识启蒙,更是在向欧阳修传递刻苦治学的精神品质,同时也造就了欧阳修终生勤奋、好学深思的品质。二、"寡母抚孤"本身就蕴含着传统社会所推崇的道德标准:即忠于丈夫,恪守妇道,珍惜名节。欧阳修从小生活于这一道德模块中,耳濡目染,养就了他重视操守、风节凛然的君子人格。三、欧母慈容仁爱、淡泊自守的精神,熏陶和培养了欧阳修宽厚谦和的性格。在这三方面影响的基础上,欧阳修王道理论在某种程度上也是这一家教模式所衍生的产物。陈元锋的《欧阳修与北宋馆职学士诗人群述论》(《山东师范大学学报》2004年第4期)一文,先论述了欧阳修、范仲淹与钱惟演、晏殊等人之间的游从结交情况,并分析他们之间的交游与文学承传和流变关系。然后论述了欧阳修与庆历馆阁文人、嘉祐馆阁词臣的关系。庆历年间，欧阳修在文学方面开始了新的开拓，但尚未确立文坛盟主地位，其对苏舜钦、梅尧臣和石延年的推尊，促进了馆阁文学的发展。嘉祐后，欧阳修以“文章道德天下宗师”的身份影响了一代文学后进包括王安石、苏轼等人的创作，使嘉祐馆阁文学气氛十分浓厚。郭春林《从滁州诗歌创作看欧阳修中年时期的贬官意识》(《广西社会科学》2005 年第 7 期)一文，通过对欧阳修在滁州诗歌创作的分析，探讨了他中年时期的贬官意识。作者将欧阳修这种复杂的贬官意识分为三个方面，即入滁之前以及知滁初期的客愁心态，在滁任上勤政爱民、寄情山水、读书写作的醉翁意识，别滁时的喜悦心态。作者认为滁州诗歌创作在欧阳修诗歌创作中具有重要地位，其所表现出的乐观精神与旷达情调对苏轼具有明显影响。

二、诗、词和散文创作研究

作为宋代著名的诗人、词人、散文大家，欧阳修的文学创作及其文艺思想仍然是研究者关注的热点。

首先看欧诗研究方面的情况。尚永亮、刘磊的《欧、梅对韩、孟的群体接受及其深层原因》(《四川大学学报》2005 年第 4 期)，是欧诗研究方面一篇引人注目的文章。此文从群体接受的角度考察了欧、梅对韩、孟诗派接受的特殊意义，认为欧阳修对韩愈诗歌的接受不仅仅是一种“个体接受”行为，更是一种“群体接受”行为。在欧阳修周围，存在着包括梅尧臣、苏舜钦、尹洙、石延年等人在内的一个文人群体，这种文学接受活动是以文人群体为接受对象和接受者，是一种特殊的“群体接受”现象。文章首先分析了欧阳修与梅尧臣对韩愈和孟郊的个体接受，以赠答唱和的形式来实现其韩孟并举的主张，而这些唱和诗作又将欧梅等人连贯成一个接受者的群体。于是，群体性的接受者加上韩孟并举的接受对象，便构成了群体接受中最重要的两极。接着，又论述了群体接受的主要方式，有推名、唱和、联句、拟作等几种，展现了群体接受的典型特点和丰富形态。其次，从审美心理与美学风貌、创作态度与创作理论、表现手法与形式技巧三个方面分析了欧梅对韩孟群体接受的主要内容与特点。再次，分析了群体接受的文化背景与深层原因，认为欧梅对韩孟的群体接受的主要原因体现于两大群体在社会文化背景、文学观念、人生经历等方面的类同上。社会文化背景方面则体现为群体意识、古文创作和儒家道统思想的类同。文学观念上，则是两个群体都有着革新诗风的强烈愿望。人生经历方面，欧梅在长久生命体验和共同的创作追求中逐渐完成从朦胧到自觉地以韩孟自喻。最后，再次强调了欧梅对韩孟的个体接受之于群体接受的重要作用、群体接受过程中值得注意的问题及其弊端，并肯定了群体接受是文学接受史研究的一个新的视角。

谷曙光的《论欧阳修对韩愈诗歌的接受与宋诗的奠基》(《北京师范大学学报》2005 年第 3 期)一文，考察了欧阳修对韩愈诗歌的接受历程，揭示出欧承韩有学韩、似韩与变韩三个时期，其关键在于对“以文为诗”的标举与传承创变。从题材内容来看，“以文为诗”扩大了韩诗、欧诗的表现范围，拓展了诗歌的记叙功能。表现手法上，“以文为诗”以议论入诗和借鉴散文章法结构、叙述方式来写作诗歌。欧阳修的尊韩、学韩确立了韩愈诗歌在北宋的诗学典范地位，他在模仿研习韩诗基础上的“变韩”为自家诗的独创新意奠定了基础，学韩而不觉其为韩的创新精神是他接受韩诗、领导诗歌革新的真精神所在。比较韩、欧诗歌的不同，可见欧诗“变韩”之处主要表现在诗歌题材的日常生活化与文人化、议论说理的凝练精警、谋篇布局的疏荡章法与铺叙笔法等方面。此外，欧阳修还以平易细密扬弃了韩诗的过分奇险拗峭。欧诗承韩这一接受现象对创立有宋一代新诗风具有深远的诗学意义。欧阳修承上启下，是杜、韩与苏、黄之间重要艺术中介，其接受韩诗之意义就在于对宋诗风格的形成起奠基性的作用。

吴大顺《论欧梅唱和诗的创作动机》(《学术论坛》2004 年第 1 期)一文，从行为科学的角度入手，分析了欧梅唱和诗的创作动机。认为“以韵相挑，示才过人”的竞争心理和相互学习、相互信任的崇拜心理，决定了欧阳修与梅尧臣唱和诗在题材内容、形式技巧上创新求奇的创作动机。欧梅唱和双方的互动效应和运行机制成为宋诗新质生成的重要内驱力，导引着宋诗向重议论、讲才学、散文化的方向发展。另外，刘磊的《论西昆派后期诗风对欧梅诗歌革新的意义》(《厦门教育学院学报》2004 年第 4 期)、张明华的《试论梅欧诸人的近体诗对西昆体的继承和改造》(《阜阳师范学院学报》2004 年第 2 期)两篇文章，分别探讨了欧诗与西昆体的关系。前者以晏殊、钱惟演等人为主要切入点，探讨了他们在欧阳修、梅尧臣诗歌成长道路上所起的作用与其渊源关系，论述了西昆派后期诗风对欧、梅等人诗歌革新的独特意义；后者则论述了欧、梅诸人的近体诗对西昆体的继承与改造：认为欧、梅诸人的近体诗一方面在题材、技巧等方面深受西昆体的影响，另一方面，梅、欧等人又对其进行改造和发展，由此形成清新淡雅的独特风格。

其次看欧词研究方面的情况。诸葛忆兵的《个性的张扬与题材的开拓——论欧阳修词》(《江苏行政学院学报》2004 年第 3 期)，是这两年欧词研究中较为突出的一篇。文章认为欧阳修个性张扬，在词的创作中表现出鲜明的创新精神。在描写男女情爱时，自然舒畅、大胆开放，率意表现自己的性情怀抱，为苏轼词“诗化”革新导夫先路。在艺术上也我行我素，既喜欢含蓄蕴藉、雍容典雅的文人化歌词，同时也对清新朴实、活泼生动的民间词情有独钟。罗家坤的《简论欧阳修的“诗词分工论”及词作特色》(《天水师范学院学报》2005 年第 4 期)，探讨了欧阳修所提出的“诗词分工论”，认为其“诗词分工论”影响了其词的创作特色：讴歌人性人情，注重审美价值，具有通俗自然、清新流畅的语言风格，奠定了有宋一代词风，在词史上占有重要地位。

再看欧文研究方面的情况。陈晓兰的《从柳宗元、欧阳修、苏轼看唐宋山水散文的发展》(《温州师范学院学报》2004 年第 3 期)，分析了柳宗元、欧阳修、苏轼三人的山水散文，经历了表现主体的转移、审美观照的变化和抒情方式的发展三种变化，认为这三个不同的变化代表着唐宋山水散文发展和演变的痕迹。高莹的《欧阳修亭台记的游记特色——兼与柳宗元比较》(《石家庄师范高等专科学校学报》2004 年第 2 期)，认为欧阳修的亭台记具有鲜明的山水游记特色，是题记型游记。与柳宗元相比，在题材内容和艺术表现上都有继承和创新，所创造的美学境界已与唐代大不相同，典型地反映了宋人的生活态度和审美情趣。

欧阳修在北宋中期的赋坛也相当活跃，他以自己的创作实践，确立了文赋的地位，从内容到形式均对辞赋进行了极为有益的探索。刘培的《论欧阳修对赋境赋艺的开拓》(《南京师大学报》2005 年第 3 期)，是这两年欧阳修辞赋研究不可多得的论文之一。文章认为在对赋境的开拓上，欧阳修所主张的“文以载道”是将通经明古与经世致用精神相结合，使其辞赋作品更有现实性。同时，欧阳修的辞赋作品力避了经世致用的思想给文学带来的负面影响，高扬文学的抒情性传统，充分展示丰富复杂的情感世界。再次，欧阳修的赋还能突破经世致用思潮的樊篱，突出赋的娱乐功能。欧阳修重视辞赋的抒情功能和娱乐功能，重新确立了辞赋作为文学作品的审美价值，在散体文风向各种文体浸透的背景下，他以简练传神、以散御骈的行文风格树立了适应时代的美文标准，确立了文赋的地位，突破了不同赋体的文体风格。

欧阳修的《醉翁亭记》一直是学界研究的热点之一。这两年，研究《醉翁亭记》的文章也有好几篇。熊海英的《〈醉翁亭记〉与北宋中期的文坛》(《江汉大学学报》2004 年第 5 期)，认为《醉翁亭记》的意义在于影响了从庆历到嘉祐年间的北宋中期的文学，包括诗和词等多种文体，并将音乐、书法与文学联系在一起；引发了当时的名公巨卿、文坛翘楚如宋祁、王安石、苏轼等人的文学见解；从《醉翁亭记》的传播与接受又可以窥见欧阳修主盟的北宋中期文坛文人唱和和交游的基本类型。

三、文学思想研究

欧阳修的文学思想也是历来学者们研究的一个重要内容。以前的学者主要把目光集中在其《六一诗话》上，这两年有所开拓和变化。范中胜的《〈周易〉与欧阳修的文道观》(《河南师范大学学报》2004 年第 3 期)，从欧阳修的文道观来考察其文学思想与《周易》的关系。文章先论述了唐宋以来文道关系的演变轨迹，即由韩愈的“道统”、“文统”到韩、柳的“文以明道”，再到柳开、王禹偁、石介的“文道合一”，最后到程颐的“作文害道”，可谓错综复杂。接着考察了欧阳修的“道胜文至”、“道胜充文”的文道观：其一，把“为道”、“明道”、“履道”作为文士必行的修养功夫，把实践内容作为文学写作素养的基础。其二，重道而不轻文。其三，扩充了韩愈的“道”，将“道”分为“圣人之道”与“诞者之道”，同时又赋予“道”崇尚实际、重视实用的新内涵。其四，主张“文与道俱”，将文品与人格紧密联系在一起。文章最后认为欧阳修的文道观其实是受《周易》思想的启发而产生的。

对《六一诗话》的进一步研究，有祝良文的《论〈六一诗话〉的诗学思想》(《齐齐哈尔大学学报》2004 年第 3 期)、张明华的《欧阳修〈六一诗话〉写作原因探讨》(《阜阳师范学院学报》2004 年第 6 期)两篇文章。祝文首先从成书体制及影响上综述了《六一诗话》是以诗话形式论诗的鼻祖，认为《六一诗话》体现了欧阳修史家批评的独特视角，即以史正诗、以诗证史、缘诗求史和存疑四个方面。其次，在批评方法上，作者认为《六一诗话》体现了一种基于史学家求实精神的理性分析和基于文学家直觉思维的审美感悟相结合的批评方法。再次，作者还进一步探讨了在创作论上欧阳修强调诗歌构想精巧，在表达手段上讲究字、典、韵和对偶的运用等。最后，文章总结了《六一诗话》的诗美理想：欧阳修一方面留恋盛唐的雄迈奔放的壮美，另一方面又推赞深远闲淡的优美境界，因此就表现了两者并重的诗美理想。张文认为欧阳修退居颍州，在颍州组织和参与了一些文学活动，自号"六一居士"，这些都是促使《六一诗话》产生的原因。其次，西昆体诗人创作的众多杂史，给《六一诗话》的产生提供了文体条件，而西昆诗人和西昆诗歌本身也成为《六一诗话》的重要内容。最后，从欧阳修本人的创作经历看，他先后著有《杂书》和《归田录》两部杂史，《六一诗话》正是在此基础上创作而成。

四、经学、史学思想研究

除文学创作外，欧阳修还是著名的经学家和史学家。在经学研究方面，他为后人留下了《诗本义》等经学研究著作；在史学上，他主持编撰了《新唐书》和《新五代史》。这两年，关于欧阳修经学、史学思想的研究有不少成果可以称道。

谭德兴的《论欧阳修〈诗本义〉的文学思想》(《贵州教育学院学报》2004年第1期)，认为欧阳修的《诗本义》是宋代《诗》学变革的先声。以文学性的思想和方法研究《诗》学乃《诗本义》的重要创新内容，充分体现了经学与文学的互动。文章认为欧阳修《诗本义》的文学思想主要体现在以下几个方面：一、以文求义，强调直接从诗篇文辞本身的结构中获取诗人作诗之本义。二、以情论诗，表现在对诗歌发生过程的心理剖析，对文辞背后情感内涵的深人发掘和对章句间逐步加深之情感旋律的深刻认识。三、比兴新论，欧阳修比兴观在继承前人比兴研究合理内核的同时，又有了自己新的发展，主要表现在"取物比兴，但取一义"、"取物比事，应当伦类"、"自上下文推明比兴"三个方面。四、叙事研究，欧阳修对《诗》的叙事特点已有认识，并作了初步的探讨。李梅训的《欧阳修〈诗本义〉对〈诗序〉的批评及影响》(《安徽师范大学学报》2004年第4期)和《简论欧阳修〈诗本义〉对〈毛传〉、〈郑笺〉的批评》(《安徽教育学院学报》2004年第4期)两篇文章,认为欧阳修是最早对前代《诗》学研究进行批评的人,开创了《诗经》学研究的新局面,并开启了宋代《诗经》研究的疑古思潮。

欧阳修是宋代的大儒,其儒学思想也是历来学者研究的热点。杨新勋、李宗民的《欧阳修的儒学思想探析》(《殷都学刊》2004年第3期),从三个方面对欧阳修的儒学思想进行了探析:一是反对谶纬虚妄、天人感应的理性主义思想;二是反对佛道和不良世风的以"礼义"为本的儒学伦理道德思想;三是反对空谈性命的经世致用思想。作者认为这三个方面相互交叉、密切配合默契,共同构成了欧阳修的儒学思想整体,指导了他的治学和政治生活。最后认为,欧阳修的儒学思想对于走出相对落后的汉代经学理论,恢复儒学的主导地位和建构新儒学的品格具有十分重要的意义。

欧阳修在史学方面也有建树。宋馥香、王海燕的《论欧阳修〈新五代史〉的编纂特点》(《吉林师范大学学报》2004年第1期)一文,通过对《新五代史》编纂特点的考察,揭示历史与史家、时代的关系,体现于通排纪传和善恶必书中"不没其实"的义利原则,反映了欧阳修以功业、道德标准评价历史和人物,并把功业标准作为道德标准承载体的理论;人物传全部采用类传的形式,揭示出北宋中期史学在经学影响下以儒家思想为品评大臣标准的倾向;而欧阳修对旧史志的高度简化,则反映了他以拾遗纠谬的态度和朴素的唯物方式对待历史上天人关系的思想,开启了二十四史中以"著其灾异而削其事应"原则书写纪、志的先河。

金鑫、曹家齐的《说欧阳修的正统论思想》(《史学史研究》2005年第2期)一文,侧重于从思想史角度追寻欧阳修正统论产生之根源。文章先考察了欧阳修之前的正统论思想的发展轨迹,接着论述了欧阳修以"居正"和"一统"作为判定"正统"标准的思想。认为其正统论思想是在批判"五德终始"说的基础上产生的,以《春秋公羊传》为理论依据,带有宋学的特征。同时,其"绝统"概念的提出,则是受到了韩愈道统"绝统"说的启发。

王安石研究综述

莫亮波

王安石是北宋著名的政治家、思想家、文学家，他在政治生活、学术思想、文学创作等领域都有卓越的成就。由于他的锐意改革和特立独行，备受时人和后人争议，所以，近千年来王安石一直是被理解和被误解的对象。综观2004—2005年王安石的研究情况，研究力度有较大提高，专题研究论文有五十多篇，涉及王安石研究的各个方面。

一、学术思想及变法研究

魏福明的《王安石对老子哲学的继承和发展》(《玉溪师范学院学报》2004年第4期)认为，王安石在建立自已哲学体系的过程中，对老子哲学多有吸收和借鉴，同时也有创新和发展：首先，在天道观上，继承了老子天道自然无为的思想，并把老子道生万物的宇宙生成论思维模式发展成为宇宙本体论的思维模式；其次，在天人关系问题上，一方面继承了老子主张人应效法天道的自然无为的思想，但同时也对老子人道无为的观点进行了分析和批判；再次，在辩证思维领域，王安石继承了老子天道运行不已的观念，形成了“天道尚变”的进步历史观；同时，用“耦”、“对”概念来概括事物的对立统一关系，进一步深化和丰富了对矛盾规律的认识。另外，还有两篇从人性角度探讨王安石思想体系的文章：刘文波《论王安石的人性观》(《湖南师范大学社会科学学报》2005年第6期)和日本学者井泽耕一撰、李寅生译《略论王安石的性情命观》(《东华理工学院学报》2004年第3期)。前者认为，王安石的人性思想是其社会改革的哲学基础，他提出“性情一”、“善恶由习”、“尽性则至于命”、“继天道而成性”的观点，是作为中国封建社会中期的改革家所独有的人性观。王安石的人性思想既具有对前人人性思想的改进，也带有当时封建社会的消极色彩；后者则认为，王安石以一位政治家、思想家的视点，对性情命论做了一番深入的考察，他的观点较为独特，对中国古代的一些传统哲学思想提出了个人的深刻见解。这种观点在后世的哲学思想发展中，影响极大，成为了中国哲学史上的一个有意义的命题。

关于王安石学术体系的综合研究，徐规、杨天保共同撰写的《走出“荆公新学”——对王安石学术演变形态的再勾勒》(《浙江大学学报》2005 年第 1 期)、《走进学术生成的社会背景——王安石学术渊源考中的一种转向》(《江西社会科学》2005 年第 4 期)两篇论文，值得关注。前一篇文章先阐述了“荆公新学”义变的过程及其结果，然后就“荆公新学”的历史形态进行了勾勒，指出“王学”有原生形态、官学化形态和晚年演化形态三个部分，其中，以金陵(今南京)为中心的江南地区是“王学”的最初产地，“金陵之学”就是“官学化”之前“王学”的原生形态，极富地域性和原创性；而学界沿用已久的“荆公新学”，本质上是“金陵之学”被北宋政府“官学化”的产物，也是宋人攻击学术“官学化”进程的专称，它不能作为研究“王学”的总对象；刷新研究对象，走出“荆公新学”，兼顾“王学”多种演变形态的差别与联系，有助于当前的学术思想史研究。作者在论文最后总结说，历史研究终究是哲学研究得以深入进行的前提，弄清“新学”和“王学”的概念内涵及其关系，走出“荆公新学”，避开先入为主的态度，不再用某些“先文本化”的观念定格古人学术内涵，少一些出于“同情心”的“理解”，少一些在不同历史语境和当下情境中的抽象构建，而应该做一些发生学上的考察和动态的审视。第二篇文章则主要从考察王安石学术渊源的角度，对“王学”生成的社会背景进行异角度的阐述，指出从“人物交游考”和思想“互证”式的研究方法来求得“个体师承说”和“群体传授说”两种考察学术渊源的结论，是有其局限性的。

其次是关于王安石学术思想和变法关系的研究。孙先英《〈孟子〉升经与王安石变法——兼论尊孟疑孟的争论及实质》(《求索》2004 年第 5 期)指出，熙宁四年，《孟子》由子部升上经部，并成为科举必考科目，从而引起思想学术领域的尊孟和疑孟的争论；王安石的尊孟与他的变法和司马光等人的疑孟与他们反变法在精神上是契合的；尊孟与疑孟之争，并不单纯是学术之争，而是带有浓厚的政治色彩和深刻的思想分歧，从某种意义上说，学术争论也只不过是政治斗争的一种形式。郑晓江《论王安石的学术思想和变法实践》(《求索》2005 年第 3 期)一文,集中探讨了"荆公新学"的实学性质,并从其核心部分《三经新义》及王安石特别注重的"道德之意"、"性命之理"延伸至他的变法实践。该文认为王安石的学术活动与思想的创造几乎全部都贯诸实践当中,这是他与中国历史上许多思想家的不同之处,也是与中国历史上许多改革家相异的地方,应该说这正是王安石作为一个伟大的历史人物的特别之处。另外也有文章探寻了王安石变法失败的原因。周建华《反理学——王安石变法失败的主要原因》(《甘肃社会科学》2004 年第 3 期),认为由于理学继承并发扬了传统的为官方所承认、为老百姓所接受的儒学,理学思想实际上是当时哲学的主导思想,是人们的精神主宰。而王安石所提倡的"新学",以及他所施行的"变法",是与理学的宗旨和精神背道而驰的,是对理学的反叛;在这种哲学环境、精神环境下,王安石的新学和变法,从他提出的那一天开始,就注定是要失败的。

二、交游考辨及个性研究

王安石身兼政治家、思想家、文学家多重角色,无论是二十多年的地方官生涯,还是后来身居宰辅,他的才华、声望和个性魅力让不少人对其趋之若鹜,并使他成为当时士大夫阶层的中心人物,所以王安石的交游情况、个性魅力包括相关史实的考辨,也成为研究的重点。如屠青《韩琦与王安石交游新辨》(《殷都学刊》2005 年第 3 期)、耿纪平《论王安石与曾谢二氏的世家之交》(《周口师范学院学报》2005 年第 6 期)、汤江浩《沈季长夫妇生平及与王安石之交往关系考论》(《东南大学学报》2005 年第 5 期)、张新红《王安石与忘年交王令》(《边疆经济与文化》2005 年第 10 期)及《王安石与欧阳修交游考略》(《太原城市职业技术学院学报》2005 年第 6 期)、李小兰和高琦《同乡谊,诗友情——王安石与流坑名士董修的相知相交》(《南昌高考学报》2005 年第 3 期)。这几篇文章大都注重从王安石的交游情况来反映其高贵的人生品格,如被誉为"宋朝第一相"的韩琦与王安石本来是政敌,但屠文指出,虽然韩琦与王安石两人由于最初交往时的误解,以及性格、政治主张等方面的差异,他们之间一直没能建立起十分亲密、融洽的私人关系;两人后来又有政见之争,但并未成为水火不容的仇敌。王安石在诗文中曾表达出对韩琦的敬重与感激之情。在王安石变法期间,韩琦也没有对王安石进行人身攻击,没有否定王安石的为人。对于彼此的人格,他们还是互相敬服的。韩琦与王安石的交游体现出二人宽容大度的胸怀,展现了两位当世名臣的风范,可以驳斥前人对于二人关系的歪曲。再如北宋中后期著名的青年诗人王令,出身卑微,贫困潦倒,张文指出,王安石与王令的交往终其一生,虽然在仕进上见解不同,却不影响二人真挚深厚的友谊,真实再现了王安石一生中始终如一、无嫌无隙的人生品格;李、高文则体现了王安石与乡学后进的相知之情以及提拔之力。耿文和汤文则主要从"新学"学派的角度探讨王安石的交游情况。曾致尧、谢绛二家在宋代都可谓世家名流,耿文指出了曾、谢二家对王安石政治活动和学术思想的影响,认为探讨王安石与曾、谢二家的交游,可以进一步了解王安石及其新学学派的思想特点和历史意义;汤文则从王安石妹婿、妹妹入手,指出沈季长夫妇与王安石交往颇密切,其父子同为王安石"新学"学派的重要成员,安石诗文集中尚存有不少与其夫妇唱酬之作。该文钩稽有关文献资料,探讨了沈季长生平、思想、著述及其夫妇与王安石交往活动中的若干问题,并发现王安石与沈季长夫妇交往并非仅仅停留在一般亲缘交往的层面,他们在政治、学术、思想、文化等方面都产生交互影响,由此也可更深切地了解王安石"新学"发展、嬗变的文化背景。

考辨释疑方面的论文有六篇。陈振文《"长乐王回"辨考》(《莆田学院学报》2005年第4期),辨正了《游褒禅山记》中"长乐王回深父"的籍贯为侯官(今闽侯县),而非长乐(今长乐市);邱美琼《王安石〈离升州作〉诗称名辨正》(《东华理工学院学报》2004年第4期),指出历代诗话中对王安石此诗的称名混乱,认为这是一首"集句诗",应该称为"百家衣体";马德鸿、胡光《龙舒本〈王文公文集〉考》(《新世纪图书馆》2005年第1期),对龙舒本《王文公文集》的体例、与其他版本系统关系以及其刊刻时间等方面进行了分析。

另有两篇关于王安石个性及人格魅力的研究文章也值得注意。吴智勇、吴青岚《其介如石——论王安石刚硬的个性》(《江西科技师范学院学报》2005年第2期)指出,王安石刚硬的个性表现为他的执著、倔强、耿介、落落寡合、不事享乐、不慕虚荣、不谋私利。该文还指出个性刚硬的王安石也有丰富的情感,这使他的道德操守在同时代人中具有良好的口碑,然而也在一定程度上影响了他的改革事业,甚至在他去世后成为反对新法的人攻击、谩骂他的口实。王春玺《政治改革家王安石的人格魅力》(《东华理工学院学报》2005年第2期),则从政治改革家的角度考察王安石的人格并上升到现实的意义。该文认为王安石本人的改革家素质是中国十一世纪那场声势浩大的改革运动得以推动的重要主观条件。改革家的素质尤其是思想政治道德素质直接关系到改革的成败和国家的兴衰,王安石作为政治改革家的人格魅力主要表现在:心忧天下、志在改革、勤于国事、清廉知耻、不溺财利酒色、不好官职、不为子女谋官等方面。他那崇尚名节正气的思想道德节操,对现代的改革者来说是一笔宝贵的精神财富。

三、诗歌散文及诗学研究

在诗歌方面,聂风云《论王安石晚年的心境、诗境与诗风》(《渭南师范学院学报》2004年第4期)、李春桃《论王安石晚期思想与诗歌》(《绥化学院学报》2005年第1期),注重从王安石晚年思想和诗歌的关系做整体考察。前文认为,王安石变法受挫后,隐居江宁十年之久,心存激愤,在这期间他写了大量律诗和绝句,景中融情、咏物寄情、直抒其情,以排解胸中不平之气,表现了诗人孤愤、痛苦和不甘失败的情绪,形成了与为官时期政治诗完全不同的寓激愤于恬淡的诗歌风格;后文则注重从王安石晚年思想特征入手,认为虽然王安石早期即与佛学有接触,晚期也与僧徒有交往,但他晚期思想仍以儒学为主。王安石晚期的诗歌,艺术成就高,思想健康,风格多样,最终成就了"荆公体"。张晓兰《试论"半山诗"的诗境特点——以"半山诗"中常用字词和意象为例》(《东华理工学院学报》2005年第3期),着重于文本研究,对王诗中常用的字和意象进行编排罗列并分类,指出"半山诗"诗风清、诗味永、诗旨深的特点。作者最后指出,"王诗借众多意象来寄托胸怀,抒发感情的造境方式,有可能受到屈原香草美人的影响","荆公对屈骚传统的继承,绝不仅仅表现在《离骚》句法上,还包括对屈骚执著深情的创作精神和香草美人比兴寄托手法的继承上"。张学君《论荆公体的诗学特点及其诗学渊源》(《阜阳师范学院学报》2005年第2期),探讨了"荆公体"这个名词的内涵,认为它是指王安石以绝句为主的后期诗歌创作,接着考察了"荆公体"的诗学特点、形成原因以及对后世的影响;指出王安石晚年生活方式和心态的变化是导致这种诗体形成的最重要的原因。

散文研究方面，一般认为王安石的散文继承了韩愈散文峻切蹈厉的一面，而形成了自己峭厉挺拔、峻洁严整的艺术风格，但刘成国《论王安石散文的创作历程》（《江西社会科学》2005年第6期）指出，峭厉挺拔、峻洁严整的艺术风格并不足以代表王安石散文的全体风貌，尤其是在英宗治平以后，王安石所作的一些序记等文绝非这一种风格所能概括。作者结合王安石散文创作的实际情况，将其散文创作分为发轫期、成熟期和新变期三个阶段，并认为从英宗治平年间开始，王安石散文创作在保持原有风貌的基础上，以“经术为文”的特点开始凸显出来。李小兰、李伟《论中国传统政治思维对王安石散文的渗透》（《江西师范大学学报》2004年第6期），考察了中国传统政治思维对王安石散文创作的影响。该文指出，中国传统的政治思维表现出两大特点，一是道德与政治的整合性，二是人治主义的内涵。王安石的散文强调个人品德修养和社会伦理规范是政治运作的基础，体现了政治思维的道德与政治整合的特点；主张施仁政、强调皇权政治和为政在人，其政治思维的人治主义内核得以鲜明地体现。孙辉《忘形而得神神明而章成——王安石〈游褒禅山记〉构思艺术探讨》（《河南广播电视大学学报》2005年第4期），认为王安石的《游褒禅山记》一反游记常规，忘形而得神，千古传诵，其成功的一个很重要的原因，是这篇游记具有很高的构思艺术，主要表现在以“求思”为中心展开内容、以“求思”为文眼安排结构和以“求思”为归宿进行论证等方面。

四、比较、接受研究及其他

王书华《二程对荆公新学的批判》（《孔子研究》2004年第5期）和《苏轼苏辙对荆公新学的批判》（《河北大学学报》2005年第3期），对二程、二苏与王安石“新学”之间的关系进行了研究。前文认为北宋中叶，伴随着熙宁新政而起的是元祐旧学对荆公新学的批判，而对新学首先发难的是程颢、程颐兄弟。程氏兄弟对荆公新学总体上是否定，但并不排除在某些方面对荆公新学有所肯定。其否定集中表现在认为荆公新学不知“道”，不合“义”，学术不醇，心术不正，企图通过否定新学来否定王安石变法，并力图以自己创立的洛学来代替新学在北宋中后期意识形态领域的主导地位。后文认为，尽管蜀学是作为新学的对立面而存在的，但苏轼兄弟对新学的态度还是比较客观的，既承认其长处，又看到其不足。苏轼兄弟出于从指导思想上否定王安石变法、廓清蜀学的发展道路、与新学争夺儒家道统的正统地位的动机，对新学展开了学术批判，其批判集中在新学搞学术专制及其流入佛老上。

关于欧阳修和王安石的比较研究，乐文华《欧阳修和王安石的经学特色》(《江西教育学院学报》2004 年第 5 期)指出，从欧阳修的疑古惑经到王安石的义理之学，基本上反映出宋学在产生和发展时期的一般特征和轨迹。与此同时，他俩的经学又具有自己的特色，这便是实践精神和开放精神。作为北宋中期江西经学的突出代表，欧阳修和王安石的经学不仅是宋学阵营内部与理学相抗衡的一大派别，而且具有一定的现实意义。

王安石作为历史上一位聚讼纷纭的人物，对他的历史地位的评价及接受研究一直是学界研究的重点，这两年也发表了几篇颇有分量的论文。童强《"王安石研究"的清学地位》(《江淮学刊》2005 年第 3 期)，认为南宋以来，否定王安石的评价一直是学界的主流。入清以后，江西学者李绂率先对王安石进行实证性的研究，澄清有关的事实，他的研究影响了后来的学者。全祖望着手研究王安石的经学，顾栋高、蔡上翔则完成了两部内容翔实的年谱，这些成果为晚清梁启超清除人们对王安石的偏见奠定了学术基础。李绂与浙东学派关系密切，和乾嘉考据学者一样，李绂等人与浙东学派的研究都体现了求实精神，所不同的是，乾嘉学者的史学考证侧重地理名物训诂等方面，而李绂等人则偏重史实的考证，他们都为清代朴学的发展做出了贡献。郑礼炬的《清初四库馆臣对王安石变法的评价》(《江西社会科学》2004 年第 7 期)，对《四库全书总目》经部《易》类提要作了认真的梳理，尤其是对其中王安石有关《易》学类著作进行了深入地研究，多有创获。李华瑞的《九百年来社会变迁与王安石历史地位的沉浮(上、下)》(《河北学刊》2004 年第 2 期、第 4 期)，分南宋至晚清、20 世纪前半叶、20 世纪后半叶三个阶段，简要勾勒了九百年社会变迁所导致的王安石历史地位沉浮的大致轮廓。透过这个轮廓可以清楚地看出，决定南宋迄今对王安石及其变法评议的价值取向主要有三种：一是南宋以后占统治地位达七百年之久的程朱理学的评价价值标准；二是 20 世纪影响中国历史进程最大的马克思主义唯物史观；三是在不同阶段、不同时期内与时俱进的社会气候变化，亦即现实政治发展路标的指向。该文认为透过对王安石及其变法是非评议九百多年的变迁过程，足以作为研究中国历史上有争议的人物、事件是非得失的参考和借鉴。

最后于具体作品的接受研究上，易淑琼《阅读视野嬗变中的王安石〈明妃曲〉》(《宁夏大学学报》2005年第3期)一文，值得注意。该文将王安石《明妃曲》的阐释里程厘定为历史批评(诗旨)和美学判断(诗艺)两条线索，认为解读的重点在于备受争议的“人生失意无南北”和“汉恩自浅胡自深，人生乐在相知心”等诗句，指出梳理、辨析《明妃曲》迄今为止的接受史、文本解读上的歧见或多义性阐释，实际上清晰地勾勒出不同时代、不同读者阅读视野的嬗变史，因为理解本身就是读者的主观性反响和文本的客观性存在二者的交互作用。

苏轼研究综述

镇锦兰

苏轼一直是宋代文学研究的重点和热点。2004 — 2005两年间有关苏轼研究的论文三百四十多篇，专著二十多部。现将这两年苏轼研究的情况综述如下。

一、苏轼生平、思想及交游研究

这两年出版的与苏轼生平相关的主要著作有：孔凡礼《三苏年谱》(巴蜀书社2004年版)、王冠《唐宋八大家年谱》(北京图书馆出版社2005年版)、邓卫中《苏门三杰》(巴蜀书社2004年版)、董森、杨哲《苏轼》(五洲传播出版社2005年版)等。其中《三苏年谱》是孔凡礼先生积28年之力，在《苏轼年谱》、《苏辙年谱》、《苏洵年谱》三部年谱的基础上重新撰写的，对三苏的生平、交游著述以及他们之间的关系进行了全面的考证，增加了许多新考证的内容。就苏轼部分而言，增加了新出现的苏轼重要的作品及其考订，补充了作者和当代学人研究的最新成果。作者对未入原谱的苏轼若干诗、文、词，凡可系年者，都系年入谱。又补入了苏轼若干交游资料，并对原谱的疏失做了订正。书末立《余编》一卷，“一在略述苏辙政和二年(1112)辞世后苏轼、苏辙各子的事迹，一在略述历代于苏洵、苏轼、苏辙之褒崇”。可以说，《三苏年谱》是迄今为止三苏行实研究中资料最丰富、考证最深入的学术著作。

学界一般认为苏轼是杂家，兼受儒、释、道思想的影响，而以儒家思想占据主导地位。王水照、朱刚的《苏轼评传》(南京大学出版社 2004 年版)，从思想者的角度追踪这位文化巨人丰富的精神景观，并注重考察其思想产生的社会背景及其对于宋代乃至整部中国文化史的意义。徐雪梅《散作人间万窍风——浅谈禅宗对苏轼的影响》(《前沿》2005 年第 6 期)，注意到禅宗对苏轼的人生态度和创作风格所起的潜移默化的作用：一方面使他改变了行为方式和处世态度，让他在屡经人生的坎坷后，仍保持着乐观旷达的人生态度；另一方面使他的作品呈现出向往自然、富于哲理、想像奇丽、随缘自适等特点。

苏轼一生志在有为，但仕途起落不定。他身处顺境，力求济世；面对厄运，旷达自适。这种人格风范一直为研究者所关注。刘乃昌《泛谈苏轼的淑世精神与旷放襟怀》(《中国韵文学刊》2004 年第 3 期)，结合苏轼一生的履历，论析其奋进不息的淑世精神与旷放襟怀，弘扬了苏轼人格风范中引人注目的亮点。马银华《论苏轼的诗性人格》(《山西大学学报》2004 年第 4 期)和《达则兼济天下，穷则独善其身——论苏轼的自由人格》(《聊城大学学报》2004 年第 4 期)，分别论述了苏轼的“诗性人格”和“自由人格”，前者表现为重亲情、爱情、友情，一切从性情出发，属于地地道道性情中人的行事方式；后者则表现为可仕可隐、无适而不可的“自由人格”。吕特《苏轼与我国民族文化性格的成熟——试论苏轼的文化意义》(《船山学刊》2005 年第 4 期)，认为苏轼的出现标志着我国民族文化性格的成熟：他旷达、乐观的人生态度体现了中华民族的大度与兼容精神；他屡受打击却始终不肯放弃的处世原则是中华民族韧性精神的集中表现；他幽默机智、洞明世事的睿智与聪慧是我国民族智慧性格的突出代表。张亚新《文人的理想品格：从陶渊明到苏轼》(济南出版社 2004 年版)一书，也对相关问题进行了阐述。

关于苏轼文化品格的形成，陈志平、王秀琴的《试析中国传统农业文化对苏轼文化品格的影响——从〈前赤壁赋〉看》(《西北农林科技大学学报》2004

年第6期),通过对《前赤壁赋》的分析,探究了中国农业文化对苏轼文化品格的影响,指出苏轼所具有的实用理性精神、"天人合一"的宇宙观念、情景交融的审美追求、"恒常"与"变易"的辩证思维等,都是受中国传统农业文化影响的结果。

苏轼在当时的文坛上享有巨大的声誉,他不但与许多作家交往密切,还与多位诗僧有着不解的诗文情缘,形成了一个所谓的苏门文人群体。因此,苏轼的交游情况也受到研究者的广泛关注。这方面的新著有内山精也著《传媒与真相:苏轼及其周围士大夫的文学》(上海古籍出版社2005年版),相关论文有杨胜宽的《陈师道与苏轼交谊考论》(《乐山师范学院学报》2004年第3期)、《赵令畤与苏轼交往述评》(《宜宾学院学报》2005年第1期)、刘乃昌《苏轼与齐鲁名士晁补之李格非的交游》(《乐山师范学院学报》2005年第6期)、李朝军《晁氏文人与苏轼交游考》(《聊城大学学报》2005年第2期)等,分别对苏轼与陈师道、赵令畤、晁补之和李格非、晁氏文人的交游进行了考述。杨文指出虽然陈师道在创作上表现出与苏诗不同的艺术风格,但他们的交谊植根于他们对为人和交友的共同价值取向和在文学事业上的共同追求;赵令畤的创作,特别是词的创作,受到苏轼词风的影响。刘文讨论了苏轼与晁补之、李格非的交游情况,作者搜寻材料不遗余力,对苏轼研究颇有帮助。李文对晁氏一门与苏轼及其亲族交游的渊源始末作了一番全面的考察,认为晁氏子弟先后至少有七人以其出众的文才得到文坛领袖苏轼的赏识和奖掖,晁氏文人在苏轼的交游和文学活动中占有重要的地位。苏轼和杭州的众多诗僧有着广泛而密切的交往,范春芽《苏轼与杭州诗僧诗文酬唱及其相互影响》(《南昌大学学报》2004年第2期),考察了苏轼与参寥、辩才、维琳等诗僧的交游,认为这种大规模的与诗僧相互往来、诗文唱和和苏轼所处的现实政治环境、其思想上的佛老意识以及杭州的客观环境都有着密切的关系。杭州诗僧对苏轼的人生观、世界观、诗文创作和诗文理论都产生了很大的影响;同时,苏轼也对杭州诗僧的诗文创作和人格操守产生影响。杨胜宽《苏轼与道潜交谊述论》(《乐山师范学院学报》2005年第3期),通过考察二人的交往过程和友情的深厚程度发现,他们的这种交往与友情,既基于共同的文学爱好和对"诗""法"相通相长的共识,又以彼此对道德人生的认识为根本保证;联系二人的纽带,不仅是文学,还有人生磨难的考验,超越僧俗界线的彼此投契。

二、苏轼的诗歌研究

在有关苏诗的研究中，一些学者将目光投向了某些前人关注较少的诗歌题材。如胡敏《论苏轼咏石诗的文化美学内涵》(《探索与争鸣》2005 年第 3 期)、陈芳《吃出来的境界——苏轼食品诗管窥》(《安徽警官职业学院学报》2005 年第 2 期)、胡兆谦《闲品苏轼植树诗》(《大自然》2005 年第 2 期)、张连举《苏轼咏海诗管窥》(《邵阳学院学报》2005 年第 4 期)，分别对苏轼的咏石诗、食品诗、植树诗、咏海诗进行研究，发掘苏轼诗歌的艺术价值。胡文认为苏轼的咏石诗展示了诗人对奇石的品质美、形象美和意境美的发掘、描绘和创造，揭示出奇石蕴涵的深刻的文化美学内涵。

苏轼的一百多首"和陶诗"自问世以来，就引起研究者的关注和评论，近两年代表性的文章有李欢喜、亚琴《苏轼"和陶诗"艺术风格论略》(《阴山学刊》2005 年第 1 期)和杨玲《苏轼"和陶诗"的创新价值》(《阜阳师范学院学报》2005 年第 5 期)。前文认为苏轼"和陶诗"的创作，是作者在特殊境遇下，借鉴古人成功的艺术形式来抒发自我对现实的强烈感受，并在学习陶诗的艺术风格中，融入了自我独特的风格。"和陶诗"体现了苏轼晚年的艺术追求倾向，呈现出一种跳动的闲淡、一种朴茂之美。后文则将苏轼的"和陶诗"置于文学史的长河中，从三个方面来论证其开创性的价值：其一，追和古人始于苏轼《和陶诗》；其二，自苏轼创作"和陶诗"后，自宋至清，和陶诗的创作可谓绵延不绝，这已经成了一种耐人寻味的文化现象；其三，"和陶诗"的创作可以说是苏轼以艺术的手法解读陶渊明，苏轼以其当时文坛泰斗的身份，所谓"位高声自远"，有意无意地奠定了陶渊明在中古文学史上的至尊地位。

有些学者通过将苏轼和其他作家比较来展示其作品风格，拓展研究领域。陈祖美《读〈苏轼诗集〉漫笔》(《潍坊学院学报》2005 年第 1 期)，将苏轼与韩愈、刘禹锡、白居易、秦观、辛弃疾的作品放在一起比较后，得出以下结论：一、从韩愈、苏轼的时代先后、承传、嗣响，以及自然界、生活中"海"与"潮"之渊源而言，"韩海苏潮"的说法更近腠理；二、将苏诗与刘禹锡、白居易的相关诗作加以比较，可以看出其青蓝之连及各自长短所在；三、从李清照现存的诗词文赋中，发现李作与苏诗之间创作契机、谋篇立意、典事由来、写法的灵活多样等方面具有不同形式和程度的关联；四、秦观之所以人到中年，方由自取初字“太虚”改为“少游”，与其说是受《后汉书·马援传》启发，毋宁说是对苏轼政见愈益趋同之所致；五、《稼轩词》不仅常以苏诗为典，且多有创意出新。而苏、辛对同类典故之运用，辛每每更为出色。而另一些学者则不约而同地把目光投向了李白和苏轼的比较：何念龙《真放与旷达——李白苏轼人生态度和诗风比较》（《乐山师范学院学报》2005 年第 8 期），从思想形态和精神风貌之异、创作特征之异、接受传播之异、形成差异之原因四个方面对李白和苏轼的差异进行考察，认为其中最突出的是个性气质、人生态度等的不同以及由此而产生的诗风之异。同时认为从“士文化”的角度而言，李白、苏轼各自具有不同的文化内涵，是不同的士文化符号，分别代表着不同的类型。李白和苏轼，都是中国文化史上独特的“这一个”，是中国文化史上唯一的真放的李白和旷达的苏轼。杨林夕《李白和苏轼女性诗的差异及其文化意蕴》（《宁夏大学学报》2004 年第 4 期）、《同类诗与别样情——李白和苏轼女性诗的情感表现之比较》（《贵州社会科学》2004 年第 4 期）二文，则从诗歌创作的数量、选材、形象和表现内容等几个方面的比较，对李白、苏轼的女性诗之差异进行了辨析，认为二者分别对应着“民间口头话语”和“文人文本话语”，分属“下层文化”（民俗文化）和“上层文化”（正统文化）。李白多关注民间下层，表现的多是民间的感情和世俗的审美情趣；而苏轼多表现贵族上层，代表的是政治之情和官方的价值取向。

三、苏轼的词作及词论研究

这两年对于苏词的研究，出现了一些新气象和新成果。刘尊明《唐宋词“第一调”中“第一人”——论苏轼《浣溪沙》的创作成就》（《湖北大学学报》2005 年第 2 期），运用定量分析的方法，统计出《浣溪沙》是唐宋词坛上使用频率最高的“第一调”，苏轼则是《浣溪沙》创作数量最多的“第一人”。从内容题材的拓展和艺术表现的创新两个方面，考察和分析了苏轼在《浣溪沙》词调的创作中所表现出的特色与成就：苏轼不仅突破了传统的“艳科”格局，拓展了题材内容的表现范围，提升了词体文学抒情言志的艺术品格，而且在形式体制的运用、人物形象的刻画、语言艺术的表现等方面都有所创新。作者还从词史发展的高度探讨了苏轼《浣溪沙》词的创作对宋词的发展所做出的重要贡献：苏轼在《浣溪沙》的创作中用力最深，作品最多，贡献最大，代表了唐宋词人比较一致的审美选择和创作倾向；苏轼以开拓求发展，以创新为旨归，既大大地突破和拓展了《浣溪沙》的艺术表现空间，也有力地加强和提升了《浣溪沙》的抒情品格和审美特性；苏轼的《浣溪沙》词既有名篇佳作广为流传，对后世的影响也非常深远。郑晓韵《浅探苏轼〈减字木兰花〉中"三意审美阶段"对当代审美的意义》(《天府新论》2005 年第 6 期)，从审美角度解读苏轼《减字木兰花》词中所出现的三个处于不同审美阶段的"意"：第一个"意"形成审美期待状态；第二个"意"是"立象以尽意"，确立审美价值和引领审美评价尺度；第三个"意"表达艺术目的以及对文化艺术的反思和内省。对于苏轼的《念奴娇·赤壁怀古》，历来词论者多从苏轼的儒家观念来解读，而许金华《历史和人生的自然生态观——重新解读苏轼〈念奴娇·赤壁怀古〉词》(《浙江树人大学学报》2005 年第 4 期)，用自然生态观点来看该词，认为这首词表达了苏轼崇尚天地江月、顺应自然的观念。李钟振(韩国)《论苏轼黄州时期的词》(《中国韵文学刊》2005 年第 2 期)，根据苏轼的心理状态和词境词风所呈现不同态势，将苏轼黄州时期的词分为前后两期：苏轼于元丰三年至五年(1080 — 1082)间写的黄州前期词，多表现惊悸与孤独，词风沉挚深永；元丰五年至七年(1082 — 1084)间写的黄州后期词，多抒写矛盾与抗争，词风雄壮超脱，奔放流转，有的已明显体现出"以诗为词"的倾向。

赵汇万(韩国)《苏轼渔父词研究》(《新疆师范大学学报》2004 年第 1 期)，从苏东坡渔父词的发展过程及其形态出发，考察了它与船子和尚德诚《拔棹歌》的继承关系，并发掘出了东坡渔父词之思想内涵和对词艺术性的贡献：苏轼笔下的渔父形象正是理想化的自我写照，不仅寄托了苏轼自己没离开现世而"上求菩提，下化众生"的积极人世态度，而且阐述了在官场内默默无言的醉醒中热衷于自己事业的卓越思想，提高了渔父词的地位；在艺术上，苏轼渔父词借用了禅家渔父的形象而不用佛语，使禅与词紧密结合，从而大大开拓了词境。

关于苏轼的"以诗为词"历来学者多有论述，孙虹《苏轼词的诗化对词统的颠覆与重构》(《中国韵文学刊》2005 年第 1 期)，认为苏轼词的诗化是宋词发展过程中与诗歌合流的典型，其在诗律化、深析透辟、炫才耀学三方面对诗化异质都有所吸收，苏词的诗化在颠覆词中"唐音"旧词统和建构词中"宋调"

新词统——推进词体从“唐音”向“宋调”的深化、并汇入宋代文学主潮方面具有重要意义。宋先梅《苏轼“以诗为词”的文体价值与文本意义》(《天府新论》2005 年第 3 期),认为苏轼以“以诗为词”为突破,将北宋时代的文化精神与词体这一方兴未艾的艺术形式完美地契合,反映着时代精神并规定着宋代写作文化的走向,奠定了苏轼作为词人在词史上的里程碑地位。张泽伟《苏轼“词如诗”的原因探析——由宋人的“以诗为词”论谈起》(《太原师范学院学报》2005 年第 3 期),解释了苏轼“词如诗”的原因:确与接受者的阅读经验、期待视野有关,而更深层的则是由苏轼自身的词学观、创作态度、艺术手法以及文学修养等多方面因素综合所致。王文龙《论苏轼的以学问为词》(《乐山师范学院学报》2005 年第 4 期),指出用典、隐括、和韵、集句、回文等都是苏轼以学问为词的表现形态,其利弊得失各不相同。以学问为词在理论上有其合理性,在词史上具有某种开拓意义,在创作实践中不乏成功之作,且有个别经典作品,但与词体“吟咏情性”的大旨有所背离。难得苏轼对此能有所节制,所以并未推向极端,也未发展成为苏词的主要创作倾向。

苏轼关于词的创作理论言之甚少,但许多学者还是根据苏轼散见于有关题跋、序引、书简及宋人所撰的一些诗话、词话与笔记中的论词文字,对苏轼的词学观点进行归纳与总结。张惠民《论苏轼的词学观》(《汕头大学学报》2004 年第 2 期),认为苏轼已有自觉的词学观念:他从词学本体论的角度视诗词为同源同质,强调词的抒情功能;同时,他又强调诗词的相对分工,注意词的协律可歌的特性。他的词学风格论,使婉丽雄放并存,他的词学观念既具自足性又有开放与革新的意识。

四、苏轼的文艺思想研究

苏轼有着丰富的文艺思想,张惠民、张进《士气文心:苏轼文化人格与文艺思想》(人民文学出版社 2004 年版)一书,围绕苏轼的“士气”和“文心”展开论证,对其人格魅力、精神境界的丰富内涵做了透彻的论析,对苏轼的文化人格与文艺思想及其关系,进行了深入细致的探讨。作者把苏轼分散的甚至片断的思想资料,依其内在理路审慎地进行梳理、鉴别,揭示出其实际存在的“潜体系”。分别从本体论、创作论、作家论三维视角切入,提出苏轼在我国文艺思想史上的最大贡献，在于他论证了文艺创造的最高境界就是主体性情的充分自由的表达，亦即“艺道同一”（本体论）；文艺创造的最佳境界就是合目的性和合规律性相统一的自由境界（作家论）；还论证了“艺道两进”的作家修养问题（作家论）。这一切又都建基于他人生境界的哲学本体论思想之上，或者说，是在文艺创作领域中的自然延伸与展开。

朱靖华的《苏轼的灵感论》（《乐山师范学院学报》2005 年第 1、2 期），用现代思维理论分析了苏轼对灵感的认识：灵感是创造力的精华，是解决久悬未决问题的突破口，是最佳创作状态的体现；灵感具有突发性、瞬息性、偶然性三个特性。并从苏轼的创作实践介绍了获取灵感的几种主要方式：灵感的“不期而遇”；在“不能自制”中涌发；在宁静、虚空中获得；在睡梦中显现。最后阐明了苏轼灵感理论对文艺理论的贡献：苏轼灵感论的本质是“自然”；“风水相遭”是灵感产生的关键；“疑神”与“空静”对孕育灵感的意义；及时捕捉灵感；“心手相应”关乎“艺”。作者认为苏轼的灵感论不仅超越了历代作家论灵感的成果范畴，还与现代灵感思维科学相连相辅，具有巨大的借鉴、启迪意义。

在苏轼文艺思想的渊源问题上，王渭清、杨海明《论苏轼文艺思想的庄学渊源》（《青海师专学报》2004 年第 2 期），认为庄子的影响是一个非常重要的因素，它表现在四个方面：一、受庄子“心斋”、“坐忘”说的影响，苏轼注重艺术创作过程中审美心胸的培养；二、在庄子“法天”、“贵真”思想的启发下，苏轼创建了“文理自然”的创作风格论；三、受庄子技道并进思想的影响，苏轼非常重视艺术创作技巧规律的训练和探讨；四、受庄学言意观的启示，苏轼在形神问题上，不仅追求“传神达意”，还追求形象之外的无穷意蕴。韩湖初《论苏轼对〈文心雕龙〉文学理论的继承和发展》（《华南师范大学学报》2005 年第 4 期），则认为苏轼继承和发展了《文心雕龙》的文道观，在我国美学史上第一次运用自然之道的方法论对文学艺术的审美特点和规律作了全面深入的阐述：一、对“辞达”提出新说，阐述了文学创作的审美特点及其能动作用；二、为我国古代自先秦至刘勰的“虚静说”注入了新的内容；三、强调创作的再创造和作品的审美价值。

至于苏轼文艺美学的精髓，王启鹏《水的特征：苏轼氏文艺美学的精髓》（《惠州学院学报》2004 年第 1 期），认为苏氏父子从水的特性中悟出了文艺美学的一系列特征，从而形成了“水”的文艺美学思想，其中包括：“万斛泉源，不择地而出”的创作动力说；“随物赋形，尽水之变”的创作方法说；“行云流水，文理自然”的创作风格说。许外芳《博观约取，厚积薄发——苏轼的文学积学论》(《长沙理工大学学报》2005 年第 2 期)、王红丽《苏轼唐诗观》(《求索》2005 年第 11 期)二文，分别阐述了苏轼的积学论和唐诗观。许文认为苏轼的文学积学论主要有三方面：一、博观约取，厚积薄发；二、提倡积学基础上的创新；三、勤读史书。其原因有三：一是受苏洵和欧阳修的影响；二是批评王安石变法所导致的“废学而徒思”的不良习气；三是积学可以提高语言表达能力。王文认为苏轼唐诗观的突出之处主要是他对唐诗的发展有宏观整体的把握：宗李杜且李杜并重；重韩愈、崇韦柳、理解司空图。对一批重要诗人的独特评价，或已成经典，或引起了后人的广泛争论。

2004 — 2005 年，对苏轼的研究成果的数量虽然很多，但论题、观点重复的论文也比较多。如何在现有基础上，把苏轼的研究引向深入，进一步发掘苏轼的价值和意义，实现苏轼的当下意义和现代转换，还有待于研究者们的共同探索。

黄庭坚研究综述

夏志颖

黄庭坚也是宋代文学研究的主要对象之一，以下试分类概述 2004 — 2005 年度黄庭坚的研究状况。

一、黄庭坚生平、交游与思想的研究

黄庭坚的生平事迹早有考订，但近两年学界仍然有一些更为细致的成果。孙福轩的《黄庭坚祖系新考》一文(《九江学院学报》2005 年第 3 期)，利用《余姚彭桥黄氏宗谱》、《瓶窑支说》等文献，指出黄庭坚的祖籍并非修水，而是浙江余姚，山谷是余姚黄氏宗族中“瓶窑支”之后。黄本修、黄梓桢的《黄庭坚与党光嗣的友谊》一文（《九江学院学报》2005 年第 3 期），仔细考察了黄庭坚与党光嗣的交游始末，指出黄庭坚在被构陷贬谪宜州后，得到了太守党光嗣的呵护与支持，并非如以往所说的那样受到党氏的迫害，文章既为党氏平反，也使得一段鲜为人知的高尚友情得以重现天日。卢俊勇、陶青《试论黄庭坚仕途生涯“失败”的原因》（《玉溪师范学院学报》2005 年第 5 期），认为在导致黄庭坚仕途生涯失意的诸多原因中，“个人性格方面的原因应占主要地位，当时的社会环境如党派纷争以及思想控制的加强是其仕途失意的外在原因，而与赵挺之交恶则为其直接原因”，并从淡泊名利、身陷党争、诗文惹祸、戏谑生灾四个方面具体加以论述。《文学评论》2005 年第 5 期刊发了陈忻《试论陆九渊之推赏黄庭坚》一文，作者认为对陆九渊和黄庭坚的研究不应当仅仅局限于哲学或文学的领域，黄庭坚及其江西诗派不仅仅受到诗人们的关注，而且还受到南宋心学大家陆九渊的高度评价，陆九渊的评论从心学的角度介入，其立论的着眼点不同于一般文论。文章将陆九渊推赏黄庭坚的原因归纳为三点：一、黄庭坚养心寡过、注重根本的思想符合陆九渊仁人君子的标准；二、黄庭坚对诗歌抒情尺度的要求与陆九渊一致；三、黄庭坚集前人之长又能自成一家的写作风格为陆九渊所推赏。此外，在引导诗人成为智者这一点上，陆九渊与黄庭坚也有着共同的见解。对于陆、黄二人思想观点的交合之处，作者还提醒研究者当从大师的多面性角度予以特别注意。

黄庭坚的思想渊源，在儒家思想之外无疑以禅宗思想最为明显。昝红霞的《黄庭坚“心”意象中的儒与禅》（《江苏社会科学》2004 年第 2 期），以黄庭坚所论之“心”为对象，认为黄对这一哲学范畴的认识体现了儒家和禅宗对他思想的综合影响，带有浓重的儒家色彩，从中很容易看出孟子的影响。与之相对应，其诗歌中有关“心”的意象组合反映了黄庭坚作为儒家士大夫和禅宗居士的双重文化人格特征，更加深入地表现了他的思想境界。文平的《论黄庭坚的人格魅力》（《湖南科技学院学报》2005 年第 6 期），从不同侧面探讨了黄庭坚独特的思想人格，并就黄庭坚的理想人格和思想人格的契合度进行了论证。文章认为山谷坚持理想的道德规范，不为外物所动，造成了他淡泊名利、倾慕隐逸的外部思想人格，而“临大节不可夺”是他的人格内核，也是他的理想人格，“黄庭坚作为宋代士人的典型代表，通过自身的修养，消泯了其思想人格和理想人格的区别”。

二、黄庭坚诗歌研究

诗学理论研究。黄庭坚的文学创作以诗歌成就最高，对当时和后世都产生了巨大的影响，由于江西诗派的鼓吹，黄庭坚的诗学理论成为历代学人关注的焦点。沈叶的《从“有法之法”看山谷诗学——浅谈江西诗派黄庭坚的诗学主张》（《南华大学学报》2005 年第 5 期），论述黄庭坚“有法之法”的理论内涵，着重探讨其中的“点铁成金”、“夺胎换骨”及“读书用事”的主张。文章认为在唐诗之后，诗歌创作中的“有法之法”是历史的必然选择，黄庭坚的“有法”是一种具有独特创新意识的法则，其最终目的是达到“无法”，通过读书、用事达到一种浑然天成的境界，有着独特的理论价值和重要意义。陈忻《黄庭坚诗学观中的理学因素》（《重庆社会科学》2005 年第 2 期），认为黄庭坚的诗歌理论不仅仅反映出他对诗歌艺术本身的见解，而且还表现出与宋代理学思想的趋同性。文章从“黄庭坚养心寡过、注重根本的思想符合理学家所要求的仁人君子的标准”，和“黄庭坚对诗歌抒情方式的要求与理学家‘发乎情，止乎礼’的思想一致”两个方面，对黄庭坚诗学观中的理学因素进行了深入的探讨，指出黄庭坚将理学思想真正地渗透到精美的诗歌中去，从而达到思想与艺术的完美结合。

比较、接受研究。黄庭坚的诗歌法度严谨，强调学习借鉴前人的优秀作品与写作手法。张承凤、谢锋《从杜甫到黄庭坚诗歌的新变》（《重庆教育学院学报》2005 年第 4 期）、罗家坤《黄庭坚、陶渊明诗歌承传关系浅谈》（《雁北师范学院学报》2005 年第 4 期）、谷曙光《论黄庭坚对韩愈诗歌的接受》（《安徽师范大学学报》2005 年第 2 期）三篇文章，分别探讨了黄诗对杜甫、陶渊明和韩愈诗歌的继承与创新。张文以反映现实内容、艺术技巧和用典为重点展开论述，认为黄庭坚“学习杜甫有一个创新复归于平淡质朴真率的艺术境界的过程，而对杜诗的创新求变奠定了他在诗史上的地位”，并分析了黄诗用典的几个特点。罗文认为黄庭坚在其诗歌创作中一直都曾有意地对陶诗加以学习，有关学者只认识到黄诗对杜诗的承传是显然不够的。该文从“黄山谷对陶诗的爱好与仰慕”、“山谷相关诗论”、“陶诗、黄诗的比较”三个方面论证了自己的观点。谷文则强调“黄庭坚对韩诗的接受表现为一种颇具理论思辨色彩的反思、总结性接受。学习韩诗的诗法诗艺、用以涵养自家面目才是他接受韩诗的真正目的”,作者认为“韩诗是黄庭坚进一步学杜的艺术中介”,“以文为诗”是韩、黄二家诗歌艺术上息息相关的中心线索,从接受学角度探讨黄庭坚对韩诗的承传创变可为唐宋诗流变的研究提供一个新的视角,一些新的见解。文章从黄庭坚所作的题跋、书札、序文和宋人诗话中钩稽出山谷对韩文韩诗的评论,详细考察了黄诗在诗艺、诗法方面对韩愈的学习,肯定了由学韩进而窥杜是一条符合诗学规律的艺术道路。郑永晓的《试论苏、黄齐名及其诗歌优劣之争》(《重庆教育学院学报》2005 年第 5 期),对宋以来有关苏、黄齐名与苏、黄优劣论的一系列相关言论作了重新审视,认为苏黄并称是“元祐后期比较普遍的行为,而并非江西诗社中黄庭坚的后学弟子出于宗派考虑、自高身份的门户之见”,分析了苏、黄优劣论中苏黄并重、贬斥苏黄、崇苏抑黄、扬黄贬苏四种类型,认为这一争论多源于对诗歌发展道路的认同差异。作者的另一篇论文《关于黄山谷学杜的历史争议及重新认识》(《广州大学学报》2005 年第 8 期),针对黄庭坚学杜是否得其精髓这一历来争议颇多而至今仍无定论的问题发表了自己的看法。文章在回顾历代学者有关论点的基础上指出,面对唐诗这样一个难以逾越的高峰,宋人必须对诗歌创作的题材、写作方式等进行变革,这才符合中国诗歌发展递嬗的规律。从这一角度出发,应该对黄山谷学杜的功绩予以确认。“在一定意义上而言,黄庭坚是诗歌史上学杜得其精髓的重要诗人之一”。

黄诗在宋代就受到了特别关注,诗论家们对其在诗歌史上的地位、诗作审美特征及其独特的诗法运用几方面予以了广泛的评论。邱美琼、胡建次《宋代诗学批评视野中的黄庭坚论》(《九江师专学报》2004 年第 2 期),从“对黄庭坚人格襟怀及诗作自成一家的标树”、“对黄庭坚诗作审美特征的辨析”和“对黄庭坚独特诗法的论析”三个方面,对宋代诗学批评中的黄庭坚论展开了论述。日人高桥幸吉的论文《金末元初文人论黄庭坚》(《民族文学研究》2004 年第 3 期),简单比较了南北政权下的文学潮流的差异,叙述了黄诗在金朝诗歌史初期、中期、晚期三个阶段的流传情况,并重点探讨了李纯甫、王若虚、元好问及元初文人对黄庭坚的评价,从句法、诗法及用典方面的差异揭示了黄诗在南北的接受差异。作者认为黄庭坚是金朝士大夫除苏轼外的另一个模仿对象,了解这一史实对理解 12、13 世纪中国文学的全局,具有一定的学术价值。邱美琼、胡建次《黄庭坚诗歌在宋代的传播》(《江西教育学院学报》2005 年第 2 期),把黄诗在宋代的传播分为两大系统:一是单篇作品的传播,包括书法、石刻、题写、酬赠等形式的传播;二是集本的传播,包括自编集、他编集、诗注本、合集等形式的传播。文章指出黄诗在宋代的传播呈多元态势,"前一系统使黄诗即时传播,后一系统则使黄诗再度传扬,这两个传播系列在普及黄诗受众、传扬黄庭坚声名上,都起到了不可或缺的作用。众多因素的组合,使黄诗广泛流播于世,促进了黄庭坚在宋诗史上地位的确定"。清人标举、学习宋诗风气的日益浓厚,黄庭坚诗歌的传播也随之进入其全盛期,邱美琼的《黄庭坚诗歌在清代的传播》(《涪陵师范学院学报》2005 年第 6 期),即分析了黄诗在清代传播的具体情况,可称是前文的姊妹篇。文章认为黄诗在清代不同文化空间的传播形式主要有借阅抄购、诗歌选评、宋诗选本和旧本翻刻四类,"借阅、抄购在黄庭坚诗歌传播中别具特色,强化和促进了黄集秘籍的流传,诗歌选评促进了黄诗传播的普及性和经典化,宋诗选本作为一种普遍的文学现象,以两类选本的传播,将黄庭坚诗歌推向社会的各个层面,旧本翻刻是比较通行而又便于实施的传播行为,在黄庭坚诗歌传播中发挥了其长久的信息存储功能"。

题材内容与艺术研究。黄诗的题材内容与艺术研究在近期出现了细致化、深入化的特点。周金标的《试论黄庭坚的七绝变体》(《江苏广播电视大学学报》2005 年第 2 期),认为黄庭坚的七绝在内容上使用游戏笔法来表现游戏性题材,结构上突破传统的起承转合,这种变体实践突破了唐绝的艺术法则与风格传统,创造了一种鲜明体现山谷自身特色的诗学风格,是其诗歌创新的一个重要方面,同时也成功体现了宋诗追求"理"、"趣"艺术精神的新风格。陈玉蓉、闵学良《朴质轻快,灵动飞扬——黄庭坚咏茶诗词意蕴风格探析》(《农业考古》2005 年第 4 期),以黄诗一百多首咏茶诗词中为后世选注较多的几首为视点,从"朴质轻快、平易恬退的意蕴呈现"、"不沾不脱、灵动飞扬的情境构思"、"不言其妙、其妙自现的表现手法"三个方面,探析黄庭坚咏茶诗词的意蕴风格。梅俊道《论黄庭坚诗歌中的自我形象》(《九江学院学报》2005 年第 2 期),把黄诗中展示的诗人自我形象概括为:砥柱姿态、仁者情怀、鸥鹭风神、云水胸襟、诙谐幽默等多种层面。

李商隐和黄庭坚都是备受青睐的用典名家,或好以典宣情,死典活用;或喜以典达意,翻案原典。陈利娟的《李商隐和黄庭坚用典论》(《新乡师范高等专科学校学报》2005 年第 3 期)，比较了李、黄诗歌用典的异同，认为用典方式的不同，造成李商隐的诗歌“文浮于意，华而不实”，黄庭坚的诗歌意思着实，雅而博奥。好用典故使其诗名炽盛，又使他们累遭抨击。张承凤《论黄庭坚诗的艺术特征——兼与苏轼诗比较》(《西南师范大学学报》2005 年第 4 期)，对黄庭坚创作思路、对诗歌基本因素的处理及其追求的艺术境界进行探讨，并比较了其与苏诗艺术性质的差异。该文认为黄庭坚的创作趋于淡化社会背景，采用线型结构缘题赋诗，强调内容的切题。他在处理诗歌基本要素时，使景物皆著主观色彩，个人情感隐于意象与情趣之间，以叙事为主而穿插情景。其诗往往借虚拟的方式创造艺术中的景观、事物，并抒发诗人隐微雅致的情感，向往自由闲适的精神境界，以生新的形象启示某种价值观念，实现对“诗之美”的追求。“以剧喻诗”在宋代文坛蔚为风气，特别是黄庭坚及江西诗派的新变尝试。吴晟《黄庭坚“以剧喻诗”辨析》(《文学遗产》2005 年第 3 期)，对此作了专门探讨。文章认为黄诗主要借鉴了宋杂剧的“全以故事世务滑稽”即“插科打诨”而设计谐趣，和“本为鉴戒，或隐为谏诤”而寓庄于谐。重点辨析了黄庭坚“以剧喻诗”中“初时布置”的含义及其与“临了打诨”的互动关系。“初时布置”即预设诙谐情调，为“临了打诨”获得喜剧效果服务；“临了打诨”使莫名其妙的“初时布置”之用意——诙谐情调豁然明了。它与诗歌章法、句法和字法无关，也与杂剧演出收拾勾栏、安排段数、开场、正戏、登场、出场无涉。

黄庭坚诗在宋代就产生了很大影响，终宋之时，黄诗的注本共有三家，即：任渊《山谷内集诗注》、史容《山谷外集诗注》和史季温《山谷别集诗注》，这三个注本各有特色，但迄今尚无专论此三种注本者，张承凤的《论任渊及其〈山谷诗集注〉》(《文学遗产》2005 年第 4 期)，即以其中学术水平最高的任注为对象，较为全面地阐发了任注本的价值与意义。文章的第一部分排比史料，勾勒了注者任渊的大致生平；第二部分指出任注的特点是博雅而贴切，在评论前人的纠谬后，将任注本的问题归为三类：任注误者，任注应补者，任注已明、可以不补注者，并作了相关例释；第三部分从编年、背景资料、解题、诗意四个方面归纳出任注本的学术价值，文章认为注本反映出注者清晰而深刻的政治见解，体例方面也有所创新，影响了其后的一些注本。

三、黄庭坚词研究

相对于山谷诗来说，山谷词的研究成果显得较少。熊江鹏《略论黄庭坚词》(《湖南广播电视大学学报》2004 年第 4 期)，从黄庭坚现存的一百八十余首词作出发，分析了山谷词的思想情感和写作艺术。黄词的思想情感随着作者年龄的增长呈现出由描写艳情、到记写友情、再到叙述逸情的变化；黄词的写作艺术则表现出婉细、深幽、通俗的三大特色，与他的诗歌创作截然不同。

晁补之谓山谷词为“著腔子唱好诗”，指出了山谷词与东坡词一样有“以诗为词”的特征，但对于其内涵，学界似不甚关注。娄甦芳《山谷词为“著腔子唱好诗”释》(《江西教育学院学报》2005 年第 4 期)，认为山谷词中存在着两种明显不同的内容：一是继承“词为艳科”的传统，抒写爱恋相思之情、伤离怨别之绪以及伤春悲秋之感，大多作于贬谪以前。二是表现人生际遇，抒发身世感慨，咏写生活中的悲欢离合，大多作于贬谪以后，所谓山谷词具有“以诗为词”的特征主要是针对这类词作而言的。文章以山谷词特别是蜀中词与山谷诗的对比，总结出山谷词“以诗为词”的具体内涵：有以词代诗言志的倾向；具有与诗一样的生新奇崛风格；在表现手法上，山谷诗词也有相似之处，如善于化用前人诗句和典故入词，有奇崛的比喻，精警的字眼，骤转的章法等。

以上简述了 2004－2005 年度有关黄庭坚研究的一些论文，其中虽然不乏创意有新见的高水平之作，但也有不少文章仍然存在着构思雷同、立论相近的遗憾，甚至有同一篇论文见诸三四家刊物的情形(如龙延《黄庭坚的画论与禅意》，分别载于《嘉应学院学报》2004 年第 1 期、《唐山师范学院学报》2004 年第 3 期、《楚雄师范学院学报》2004 年第 4 期)，这种有违学术规范的行为，不能不引起作者及编辑者的重视。黄庭坚的文学创作各体兼有，学界对于其成就最高的诗歌给予更多的关注本无可厚非，但我们仍希望研究者的视野能更加广阔。

秦观研究综述

郭尚珍

2004—2005年两年间,有关秦观研究的热点仍集中在他的词作上,对其诗文研究也有所开拓。现将有关研究情况综述如下。

一、秦观词研究

关于秦观词的评价,一个重要的依据就是清冯煦在《宋六十一家词选例言》中所提出的“词心”说:“他人之词,词才也;少游,词心也。”邓乔彬《秦观“词心”析论》(《文学遗产》2004年第4期),就是对秦观“词心”的深入阐释。邓文认为冯煦所说的“词心”:一在于真切的深情,秦观词不仅“专主情志”,且“寄慨身世”,具备真情;二在于难以移易的独特性。秦观作为“古之伤心人”,不同于同样因党争而被贬的苏轼和黄庭坚:首先,就政治境遇造就的身世之感而言,由于秦观与苏黄思想素养的不同,进而影响了性格、感情,并扩大了差距,使其迁谪之词充满了哀情苦思。其次,就个人经历的“艳情”而言,由于秦观久困场屋,非但不能同苏轼的早达相比,而且是“苏门四学士”中最晚中进士的,因此,他寄迹青楼,又颇为用情,故而在词中留下了不少伤心语。这二者使秦观具有难以易移的独特性。何李《从〈人间词话〉看秦观词》(《四川职业技术学院学报》2005年第5期),也是从后人对秦观词的评价上来探讨和分析秦观词的特征的。何文认为王国维在《人间词话》中主要是从凄婉之境、深婉之致、品格与内容三方面来分析秦观词的。王国维评价秦观词境“最为凄婉”,具备了真景物和真感情,这种“凄婉”之境与他的贬谪经历和内心感情有关。高峰、戴月舟《论秦观的伤心词境》(《南阳师范学院学报》2005年第

2期)，认为秦观的“伤心”词作不同于晏几道借男女之情抒发个人、家世的悲绪，更多地融入社会性的内容，抒发了词人身陷党争之祸、横遭贬谪打击的深沉复杂的感伤。秦观词中的伤心愁绪，主要来源于社会的压迫、政治的打击，作者遭受党争的倾轧，迁谪、流放的命运，远离亲人的痛苦，独居孤馆的幽闭，这种种磨难严酷地摧残着词人的身心，在他的作品中流露出愈加深浓复杂的感伤之情，词风也由早先的温婉含蓄而变成悲楚凄厉。秦观在感伤词作的艺术表现方面具有独特的审美境界，擅长描摹清幽冷寂的自然风景意象，抒发迁客骚人的深悲剧痛，营造出萧瑟凄厉的“有我之境”。

在词的艺术风格上，李冬红《祖述〈花间〉的〈淮海词〉》(《赣南师范学院学报》2005年第1期)一文，认为秦观在北宋词坛开始趋于分化的条件下，弃北宋初期小令的理性观照，复五代艳词的感性抒发，重现和发展了五代词绮怨的风貌，虽有发展创新，终未脱却《花间》窠臼，比较好的把握了秦观词的风格特征。秦观小令祖述《花间》，他的作品在语言运用上保留有对《花间》作品的明显借鉴，在题材内容和语言色彩等方面，与《花间》皆有相仿之处。但秦观词在《花间》传统的风格模式下，注入了新的感情内容，在婉约的词境和艳词的躯壳中，倾注了有关政治遭遇和身世浮沉的人生感触，形成秦观词柔婉、清丽、淡雅的风格。秦观还把《花间》令词的风调韵味，带入到慢词长调中来。但其与《花间集》有一个共同弱点，即柔弱而缺乏气骨。

张兆勇《也谈“将文人趣味打并入艳情”——以文人词为视角看少游词的价值》(《淮北煤炭学院学报》2005年第3期)一文，分析了秦观词的价值和意义，和柳永相比，他能直达情感、生命的极处，因此成为元祐文士代表之一；和苏轼相比，他又能将文人趣味落实到人情的日常，实现元祐文士高雅情致与平常日用在词中的完美结合，从这个意义上说秦观词是文人词的代表。秦观词以“情致”而成为词之正宗，不仅在于所抒多深发于人生之悲，在抒写自我身世之感时提升词的品格，更重要的是秦观词的“幽趣”，正是此幽趣，使词从原本侧艳变得幽艳，使近于枯意的生平、身边之事变得雅淡。此外，少游之用心还有更重要一点在于他在词中往往勾勒出一个优雅、缥缈的心灵境界，这个境界往往是他人生价值的支撑点。文章指出，将其词称为文人词，即在于他的词能充分自觉地呼应着同样辉煌于那个时代的文人画、道学、江西诗派等而成为元祐文化的标志，所以少游的价值在于以真正实现艳情与文人趣味的和谐而创造了婉约的美。

关于秦观词的比较研究也一直是秦观词研究中的热点,这两年对秦观与其他词人的比较研究论文就有六篇之多。其中程安庸《“隔”与“不隔”的审美分析——兼论少游美成词直觉审美的差异》(《中南大学学报》2005 年第 4 期)一文值得注意。程文试图从直觉审美感受的角度作出分析,并借以探讨审美心理过程最初层次上的特征,来揭示少游美成词因其不同的风格而表现在直觉审美上的差异。作者认为美成词的形式诸要素与欣赏主体的直观感受欠缺协调性,两者之间有着一定的距离,这就给欣赏者的直观审美造成了障碍。少游词则恰恰相反,具有能够快速引起读者审美快感的艺术魅力,致使欣赏主体与其欣赏对象不会有距离感,故而能够很快产生情绪对流。就此而言,少游词优于美成词。

二、诗文研究

随着研究的深入,对秦观诗文的研究也有所加深。有些论者呼吁提高秦观诗文的地位,不再把诗文研究作为淮海词研究的附庸,而是作为对其文学创作整体面貌的一部分来进行研究。

朱小峰《试论秦观诗研究的文学价值》(《无锡商业职业技术学院学报》2005 年第 3 期),就认为秦观诗的创作成就被其词的光华所掩盖,文章试图从把握秦观文学创作整体面貌、领会宋代文学“诗词分工”的创作习惯和体现文学发展中历史继承关系的重要性等角度,来分析研究秦观诗的文学价值。首先,目前秦观诗研究存在一些不足之处,形成词重诗轻的研究格局。这种格局容易造成一些误解:在长期的文学发展史上秦观是以词擅名的,人们在论及秦观时,往往首先是关于其词的联想;人们在评析秦观诗时,很容易受到对其词熟知的惯性思维影响,期望秦诗是秦词风格的延续和验证,对秦观诗客观公正的评定构成了极大的伤害。其次,秦观诗研究的文学价值在于:可以还原秦观文学创作的真实全貌。秦观把主要精力放在诗文上面,诗文总量远远超过词的数量。对秦观词的研究只能帮助我们揭示他部分的内心情感世界和某些性格特征,只有通过对其诗的深入研究,结合对其词文的研读理解,才能全面地把握秦观文学创作的总体风格和细部特征。对秦观诗文的研究,可以帮助我们更清晰地认识宋代“诗词分工”的文学创作习惯,即诗、词分别承担着相应的说理言志和寄托柔媚之情的载体任务，呈现出不同的面貌。秦观诗的研究，还可以帮助我们深切体会到文学发展中历史继承关系的重要性。秦观在诗歌创作中很注意向前人学习，力求兼容各家、博采众长。

李扬《秦观情感郁结的元祐诗歌》(《黑龙江教育学院学报》2005 年第 3 期)，以秦观在元祐元年至元祐八年的生活经历和诗歌创作为出发点，来探讨其情感经历、诗歌内容和风格。元祐年间，秦观先后度过了蔡州教授和汴京为官两个时期。蔡州教授时生活孤单寂寞，汴京为官又在升迁与黜免中大起大落，他的心灵饱受折磨，归隐之思十分强烈。与熙宁、元丰时期多是山水纪游的诗歌相比较而言，这一时期的诗歌内容更多是写他日常生活的点点滴滴、与友人酬唱赠答，此外还增加了对政治的关心等。作品风格也更倾向于雄放沉郁。在八年之中秦观的仕途起起落落，其情感历程由科举不第的失意惆怅和理想落空的抑郁到仕途的转机，从抑郁走向开朗、闲适到再度卷入党争，如死灰一样的“凄厉”心态。这一时期的诗歌主要是对孤寂忧郁的生活写照，以及其交游唱和情况和一些题画咏物诗。诗歌总体风格则有别于前期的清新妩丽与后期的浑成质朴，更多地表现为雄放沉郁。

尹占华《论秦观的诗》(《甘肃理论学刊》2005 年第 1 期)，也认为秦观以诗文自重，虽然名列“苏门四学士”，但秦观是个极有主见和个性的人，在文学创作上走自己的路，绝不盲目地追随和模仿他人，因而使他的诗具有鲜明而独特的风格，在元祐诗坛上独树一帜。秦观不同于多数宋诗的是在诗中写了大量有关恋情的情诗。其诗的风格，也不同于当时诗人的主体风格，而是具有自己的特色，有富丽的一面，也有淡雅的一面。诗精工轻巧，在炼字上除了以情感人，还有愁思的注入，词语凄凉、忧伤。

张丽华《秦观赋论与诗词创作》(《中国矿业大学学报》2004 年第 3 期)，则是探讨秦观早期的赋论创作对其诗词创作的影响。张文认为秦观早年深习赋的创作，虽然所存赋篇不多，但曲尽工巧，总结出了一套作赋的理论，他的赋论深刻地影响了其诗词的创作。秦观赋论大致涉及炼字、炼句、用典、声律这四个方面。受作赋习惯的影响，秦观创作讲究炼字，许多诗词因一字传神而脍炙人口，善于借动词将无形化为有形。作赋贵在斗难、斗巧、斗新，秦观诗词也讲究炼句。其律诗大都句式精整工巧，极富音乐感和情韵美，与其注重锻词炼句是分不开的。秦观词之结句不仅以含蓄隽永见长，在其感情沉痛时也有石破天惊之爆发。在秦观看来，用典一定要有所选择，少而精，应注意在文中的分布，必要时对典故应适当裁减，以求工整凝练，浑化无迹。协律甚至重于义理，秦观不但协律严格，还能自创新调。

三、其他研究

这两年，研究者也注意到秦观的其他方面，于诗词文之外对其性格特征和思想观念也有探讨，有两篇论文涉及到此方面内容：程安庸《秦观性格试析》(《湛江海洋大学学报》2005 年第 2 期）和吴礼丹《秦观的人才为学观》(《巢湖学院学报》2005 年第 3 期)。

程安庸的《秦观性格试析》认为直率、任性、敏感和脆弱是秦观性格的基本特征。一方面，他对生活遭际极其敏感，而又缺乏自制能力和反抗能力，因而常常为执著追求的美好事物的丧失而感伤，与这种感伤的情感特征相联系的是他对外部世界缺乏积极的反抗力，这体现出他性格的软弱性；但与外在的软弱同时并存的是他内在的刚强，这内在的刚强与某些人的刚毅气质不同，它表现为坚持初衷的韧性，他坚信自己思想和行为的合理性，理直气壮地追求真情。另一方面，他又直率、任性，他喜好任由性情、意趣的自然流露。既敏感、脆弱，又有坚定的自信；既屈从、忍让，又有内在的韧劲；既任性、执著追求，又能为了道义而牺牲自我。这就是秦观性格的复杂性，这种复杂性同他复杂的生活现象及作品内容情感的多样性都有着内在联系。秦观这种性格特征是决定他一生只能倾向于独善其身而不足以兼济天下的重要因素，所以他虽有济世之才却不能堪当大任，虽崇拜苏轼、陶渊明却学不来二人的精神境界。文章也指出造成秦观性格的成因：首先，年轻时生活环境的影响起着重要作用，他敏感脆弱的性格特征在生活于扬州的青年时期就已基本定型了。其次，中年以后不断升级的政治迫害促使他愈加淡泊功名，厌倦官场，更多地在风尘中寻求人生的乐趣，性格则愈趋于感伤脆弱。

吴礼丹的《秦观的人才为学观》认为秦观人才为学观表现在两个方面：一、经世致用。秦观主张经世致用，无论在养才、取才，还是在任才上，都突出以经济之才，达功利之用，提出人才养于学校，人才选于贡举，人才任于社会。二、涵养心性。秦观接受了理学，在为学观上有一些新的阐释，他从人性论出发，以道德教育为手段，要求人才积德修业。秦观特别注重诚心、正意、修身、齐家、治国、平天下的儒家规范。秦观虽以儒学为正宗，思想中也掺入了佛道思想，在三教合一上，秦观接受佛学影响很显著，他从佛学中学习到精妙的心性修养之法，但同时，他又由气而进入神，暴露出其虚无唯心的不足。同时，他接受新旧两党的思想，一方面倡导积极用世，强调经世致用，另一方面主张努力修德，要求涵养心性。两方面的结合，将个人与社会相联系，体现高尚、完善的人才为学观。在北宋兴学、学术发达的背景下，秦观博取众家众派之长，又能融会贯通，其人才为学观很值得重视，对于我们认识北宋中期教育、学术很有启发意义。

周邦彦研究综述

温晓晖

近两年有关周邦彦的研究略有发展，论文有二十多篇，涉及周邦彦生平、清真词题材内容、艺术风格及词作赏析等方面。兹分类述之。

一、生平考证与作品系年

在周邦彦的生平考证方面，薛瑞生的《周邦彦并未“流落十年”考辨》(《文学遗产》2005 年第 3 期)一文，考证出周邦彦教授庐州与知溧水，乃宋代官制及时势所使然，刚至庐州教授任即因遭母丧而居家丁忧，外任不足六年，从而说明所谓“流落十年”根本不能成立，更与新旧党争无任何关系，澄清了过去所认为的周邦彦由于旧党的排挤倾轧始出教授庐州、接着又知溧水“流落十年”的模糊认识。薛瑞生的另外一篇论文《周邦彦卷人王寀、刘昺“谋逆”事件考辨》(《西北大学学报》2004 年 7 月第 34 期)，考证出所谓王寀、刘昺“谋逆”事件纯属冤案，是当时郑居中与蔡京政治角逐的产物，周邦彦的确受此事件牵连，几乎获罪，因得到蔡京及其集团其他成员的营救而豁免，遂出知真定。

孙虹的《周邦彦年青时期荆州、长安词考补正》(《江南大学学报》第3卷第3期)一文，通过对周邦彦年青时期荆州、钱塘、长安(包括咸阳、临潼)部分词作的梳理，补正了《清真集校注》和《周邦彦两入长安考》的遗阙。论文指出周邦彦游学荆州、长安的实际情况是：熙宁四年(1071)到达荆州，熙宁五年(1072)在荆州经春，于当年暮春短期回家乡钱塘，不久又回到荆州；熙宁六年(1073)春离开荆州到长安游学；熙宁七年(1074)仲秋归至荆州；熙宁八年(1075)夏天离开荆州东归钱塘，共历时四年零五个月。关于荆州词，对初入荆州的时间以及其间曾短期回钱塘等事作了补正。关于长安词，对周邦彦游学长安一带的时间以及咸阳词的考证有新突破，从而解决了此前荆州词和长安词考中的一些积疑。孙虹的《琴瑟无端五十弦，一弦一柱思华年——周邦彦寄内系列词编年考证》(《江南大学学报》2004年第2期)，在《清真集校注》的研究基础上，考证出周邦彦曾娶三任妻子，共有宽泛意义上的寄内词三十四首。发妻逝世在熙宁八年(1075)之后，周邦彦赠发妻的寄内之作十七首。周邦彦约在元丰二年(1079)娶续弦王夫人，此间在扬州、汴京、溧水、钱塘等地有忆内、咏内和寄内词十三首；续弦王夫人约在元符元年(1098)之前病逝。周邦彦元符元年(1098)之后琴瑟再续，此时词人在汴京为官，家眷也在汴京；政和元年(1112)词人知河中府，有四首寄内词。

二、内容题材与艺术成就

在内容题材研究方面，陈丽君、马生威的《“凡论人，当观其趋向之大体”——关于词人周邦彦的评论》(《苏州教育学院学报》2005年第2期)一文，从风月相思、羁旅离愁与忧国忧民等几个方面评论了周邦彦作品的思想内容。在对周邦彦的艳词分析之后，得出周词把男女相爱之情写得单纯真挚，大胆热烈，在客观上是对“男女授受不亲”“父母之命包办婚姻”等传统封建礼教的对抗。同时对周词的别友之作、思乡伤老之作，还有忧国忧民之作，也进行了详细的描述，从而得出这样的结论：周词固然有为数不少的风月相思及羁旅离愁之作，然而还是有相当数量的忧国忧民之作；针对近一二十年来把周邦彦看作“宫廷词人”，认为他只能写些“毫无反映时代面貌”的“艳词”

之类的看法，提出了不同见解。

周邦彦的艺术风格特征方面，李海容《论周邦彦词的主体介入性和感事纪实性》(《广播电视大学学报》2005年第1期)，以主体介入和感事纪实方面为切入点，指出周词通过多角度写景、体物、叙事、抒情，展现出一个羁苦、孤独的词人形象，并以纵向的时间维度立体再现其主体形象的发展过程，使词具有鲜明的个性气质。文章指出周邦彦的长调还运用了铺叙、赋笔和散文化等手法，使叙事更加婉转细腻，曲折回环。首先在主体介入方面，周邦彦主要通过写景、叙事、抒情来折射词人的自我形象，透过周词狭深的意绪和沉入式的情感世界，会看到一个静穆而忧伤的主人公，感受其内心的孤寂和落寞之情。其次，从感事纪实方面为切入，感事是受外界事物的触动，即因事而感，纪实是记述实况，二者是相互关联的。周邦彦将这些情事写得极富情节性，通过对话、动作及细节描写，塑造了许多男女主人公的形象，增强了词的故事性，使抒情和叙事有机地结合起来。周邦彦词作的主体介入性和感事纪实性是相互渗透的，正是由于主体的深层介入，才加强了事的可感性；也正是因为叙事手法的完善，才更加突出了词人的自我形象。

对于周邦彦的咏物词，前人在表现技法方面发掘较多。路成文的《论周邦彦的咏物词》(《文学遗产》2004年第2期)一文，将周邦彦的咏物词置于宋代咏物词发展演进的大背景之下进行深入细致的考察，认为清真的咏物词在三个方面大大突破了他的前辈。第一，创作主体深度介入，创作主体与表现对象成为咏物词表现的共同主体。周邦彦就是将“悲欢离合，羁旅行役之感”融入咏物词中。因此在周邦彦的词中，咏物词不单纯是为了咏物，而是更多地借咏物以传达主体自我深切的刻骨铭心的悲欢离合之情，羁旅行役之感。第二，打破旧的咏物词创作运思程式，在章法结构上有较大突破。周邦彦的咏物词带有很强的主观感情色彩，心理情感成为咏物词所表现的重要内容，创作意图上的兼及物我，必然鲜明地体现于作品运思和结构之中。因此作者的所思所念所感(即作者的心理流程)成为创作运思的主要线索。由于主要以心理流程为运思线索，而随着环境、情势的变化，作者心理、意绪也会发生变化，这种变化也鲜明地体现在他的咏物词之中，这使周邦彦咏物词的结构从整体上也体现出富于变化的特点。第三，周邦彦在咏物词表现手法上对前人亦有较大突破，主要表现在三个方面：即对对象物的表现由静态观照发展为动态呈现；在表现吟咏对象时将传统的拟人手法与审美移情作用相结合而形成拟情的表现手法，丰富了咏物词的艺术表现手段；将咏物诗中禁体物的表现手法借鉴到咏物词中，从而开创了词中的“禁体物体”。

在清真词的意象研究方面，也有几篇立意较新的文章。赵玮的《清真词中月意象的审美特征》(《牡丹江教育学院学报》2004年第2期)一文，总结出清真词的月意象具有丰厚的哲理和悠远的文化蕴涵，指出清真词的月用以抒写离情，用以倾诉爱情，用以表达相思。赵玮等《另辟蹊径，刻意创新——浅析周邦彦词中“梅”意象体系的建构》(《写作》2005年第23期)一文，着重对周邦彦《花犯》词中“梅”意象体系建构进行探讨。综观《花犯》全词，作者认为意象组合主要是以情感变换、时空转换的形式进行辐射的。一是情感变换式的辐射，《花犯》是以“梅”为主导意象，按作者“赏梅”—“忆梅”—“别梅”—“梦梅”的情感变换辐射出多幅画面的。二是时空转换式的辐射，《花犯》首先按照“今年”(眼前)—“去年”—“今年”—“未来”三个自然时间序列，观赏中心意象“梅”的不同情致作纵向串联，从而使变化着的情感在不同的时间段里呈现的意象中得到有形的固定。

三、比较研究

将周邦彦词置于大的文化背景中，通过和其他作家的比较来展现周词的风貌，在这两年的周邦彦研究中也有较突出的表现。柳永、周邦彦和姜夔的词是宋代婉约词中最有影响的三大家，而三家词的不同则正好体现了宋代婉约词的发展轨迹。

张巍、刘虹利《姜夔对周邦彦咏物词的继承和突破》(《沈阳农业大学学报》2004年第1期)一文，指出周邦彦以词咏物取得极高艺术成就，姜夔独辟蹊径，自成一家，将咏物词的创作推向又一高峰。文章从三个方面分析了姜夔对周邦彦咏物词的继承和突破。首先，在意境创造、结构安排方面，清真作词结构上回环曲折，波澜起伏，咏物词错落繁复而又有相当严密的章法结构，在景与情、物与我的关系上也一改前人先景后情、先物后人的结构形态，采用情景错综、物我交融的结构安排。白石咏物词在继承清真词的基础上，又有了明显的突破。此外，在炼字、炼句方面，清真词对所咏之物描写细致入微，语言秾丽自然，刻画惟妙惟肖，且工于描写刻画的风格显然也影响了白石，而白石学习周词,又贵在继承中另有重要的开拓。最后在对典故的运用及音律方面,两人都堪称典范。

在和柳永相比较方面,易勤华的《外向型与内省化——柳永、周邦彦词情比较研究》(《井冈山师范学院学报》2005 年第 1 期)一文,认为现在学术界虽注意到北宋词坛上柳永、周邦彦之间的承传和改造关系,但视野往往拘于艺术形式方面,对于他们之间由于审美取向的不同而导致的作品情感意蕴的差异论述不多,文章就从审美取向的不同方面切入,结合作家身世、社会背景和具体作品进行动态考察,描述了北宋词坛上词情由外向型向内省化、审美趣味由俗至雅的演变趋势。“恋情与宦情”是柳、周词的共同主题,但是,恋情、宦情这两大共同主题在二位词人笔下具有不同的气质。柳词呈“外向型”,周词趋于“内省化”。外向型,主要诉诸情绪上的流动,为情感寻求赖以存在和流动的实体,甚至设法使情感成为词的本体,因此柳词显得热情奔放,真率袒露。所谓“内省化”,侧重于复活人们的感情经验,它寻求富有韵味的表达,而且总是设法将其深化或升华,因而周词具有含蓄沉郁的特征。

此外,黄桂凤《“沉郁顿挫”的风格与人格——略论老杜与“词中老杜”》(《钦州师范高等专科学校学报》2005 年第 1 期)一文,将周邦彦和杜甫相比较,指出“沉郁顿挫”用来评杜甫诗的风格和周邦彦词的风格是恰当的。但“沉郁顿挫”在两位诗人、词人的作品中却有不同表现:一是由于人格、审美理想的不同,造成杜诗在沉郁中包含更多的是对于国家与人民的优患,而清真词的沉郁则更多的是对个人坎坷遭遇的感伤;二是杜诗的沉郁顿挫给人以警醒、深厚,清真词中的沉郁顿挫给人以失落、缠绵。因此,两人诗词中的沉郁顿挫之风格与人格有密切的关系。

从近两年来看,周邦彦的研究在逐步向纵深发展,但研究领域不够宽泛,周邦彦的诗赋研究一直不够重视。另一方面,周词的研究要选取新颖的切入点,对周邦彦的作品进行深入细致的研究,避免大而泛的重复研究。

李清照研究综述

蔡　明

2004—2005 年，学术界对宋代最杰出的女性作家李清照的研究，依然呈现出较火热的态势。据笔者初步统计，这两年里发表的有关李清照的研究论文仍达一百六十多篇，研究内容涉及到李清照其人、其词、其诗等各个方面，在前人研究的基础上又略有新的拓展。

一、比较研究

对李清照进行比较研究是这两年来学者们采用较多的方法。有与中国本土词人秦观、辛弃疾、李煜、徐灿作品比较的，有与外国作家白朗宁夫人、埃米莉·迪金森的作品比较的，也有以分期的方式将其前后期作品加以比较的，从中彰显李清照词的独特风格，同时又发掘她与其他同类作品的共通之处，以更好地理解李清照词的演变、内涵、价值与地位。张潆文《秦观李清照词之比较》(《长春师范学院学报》2005 年第 6 期)一文，对秦、李两位婉约派的著名词人作了比较，指出两人创作方式上的差别在于间接抒情与直接抒情、虚写与实写、意象结构的疏与密、典故运用的重气韵与重思想，这种创作方式上的差异体现了词这一体式演进的不同方向，秦观词延续传统婉约词并将之推向高峰，而李清照词则显示了词由“花间范式”向“东坡范式”演进的趋势。叶嘉莹《从李清照到沈祖棻——谈女性词作之美感特质的演进》(《文学遗产》2004 年第 5 期)一文，通过对李清照、徐灿、秋瑾、沈祖棻、双卿这几位生活在不同时代的女性作者词作的观照，理出了一条女性词发展的线索，女性词作在随着以男性为主的词史演进时，从最初真挚的吐露心曲、鸣出悲歌，到后来的融入家国之感，再到写出“学者之词”、“史家之词”，这一演进过程体现了传统文化、个体才性、文体观念和女性社会地位等诸多因素对历代女性词家创作的影响。

马龙云《从女性视角折射出的中西传统文化差异——从李清照与埃米莉·迪金森的诗歌对比谈起》(《徐州师范大学学报》2004年第3期)一文，谈的则是中西两位女性诗人的差异，认为她们的诗歌折射出的东西方传统文化的差异，主要体现在对爱情的表达方式及对家庭、婚姻的倚重程度等方面。

二、《词论》研究

这两年，学者们继续对李清照《词论》予以关注。张群《评李清照的词须协律观》(《江西社会科学》2005年第8期)，从李清照的词创作入手，通过对词人作品的分析，找出其词作与其主要词学观点“词须协律”的内在联系，由此来评价“词须协律”这一词学观点的得与失。作者认为李清照在创作中注重词的音乐性，她所创的“易安体”音韵协美，字声相和，实践着她的这一词学观，然而又由于受到音律的限制，她的作品在内容表现上不够开阔，多集中于闺情愁怨，离别相思，对社会现实和人类的其他情感涉笔较少。于是，从创作实践与词学观念的关系这一角度，作者对李清照的“词须协律”观展开评价，认为这一词学观念维护了词这种文学体裁的独特性，首次将它与诗划分开来，指出词乃“别是一家”，而另一方面，严格要求词的协于音律，则会对词体的演变产生束缚，阻碍词的发展。

张海明《李清照〈词论〉的再评价》(《中国文化研究》2005年第2期)，则提出了不同的观点，他认为李清照词“别是一家”的词学观，通过强调词的声律化使词的文人化进程加速，而因之得以在体制上与诗并驾齐驱，从相反的方面来说，强调词的格律化也并非是束缚了词的发展，而是从另一方面加速了词的案头化和书斋化，这两点不妨看作是同一事物的两个方面。何旭《从“自是一家”与“别是一家”略窥东坡、易安词学观之异同》(《四川师范大学学报》2004年第3期)，对苏、李两位宋代著名词人的词学观念进行了比较，指出两家的相异及相同之处：苏轼的“自是一家”说出于他对词的文学性的重视，苏轼主张在题材、内容、风格上对词加以开拓，所以提倡“以诗为词”；李清照的"别是一家"出于她对词的艺术特性的重视,从词应合于音律的角度,强调诗与词是有区别的。这是二者的相异之处,相通之处则在于两家虽各有偏重,但对词的另一方面也是有讲求的,苏轼也有对音律的追求,但程度上不如李清照,而李清照重视词的深厚文化底蕴,和苏轼观点相似。

三、女性文学研究

女性有其独特的视角和情感表达方式,社会文化对女性的影响和男性也是有区别的,这些因素造成了女性文学的独特性——艺术表达上与思想内容上的独特品格。作为一位杰出的女性词人,李清照的作品是值得从女性文学的角度加以审视的,这两年,又有许多学者继续在这个方面做着更深入细致的探讨工作。

康丽云的《论李清照词的女性特征》(《江西社会科学》2005 年第 6 期),从创作心理、创作视角、创作笔触三个方面分析了李词所显露出的女性文学特征。田恩铭《花:李清照自我定位的意象分析》(《湖北师范学院学报》2005 年第 2 期),从李清照词中多次出现的"花"的意象入手,发掘这一意象背后透露的女性性别意识。梅花、木樨、丁香这一系列的花意象,代表了她一生中从少女、思妇到遗妇的情感体验。沈家庄《宋代三位女性词人文化心态新论——宋词表现的宋代女性观念之历史文化审视(二)》(《广西师范大学学报》2005 年第 2 期),指出李清照的创作彰示出她所代表的文化形态,即中唐到北宋文化转型的新文化、新价值观。

四、其他研究

此外,这两年的李清照研究还涉及到其他各个层面。

首先是有关李清照生平及作品的进一步考证与辨析。诸葛忆兵的《李清照〈一剪梅〉作年考辨》(《文艺研究》2005 年第 6 期)一文,依据相关文献资料,对《一剪梅》(红藕香残玉簟秋)词的写作时间提出了新见解。认为该词应作于李清照中年时期与丈夫赵明诚离别的五年间,而不是前人认为的夫妇新婚离别之时,从而为理解该词提供了新的背景依据。邓红梅《李清照里籍考证中的新问题——兼与徐北文先生商榷》(《东南大学学报》2005 年第 5 期),在历来李清照里籍“章丘说”和“济南说”的争论中,进一步证明李清照只能是章丘人。徐培均《关于〈永乐大典〉所载易安词的真伪问题辨正》(《文学遗产》2005 年第 2 期),通过考证认为,《永乐大典》中所载的五首易安词是李清照的作品无疑。

其次是对李清照创作成就和艺术特色的进一步考察与探讨。在李清照的词作中,相当的一部分涉及到愁情的表达,其中不乏优秀之作。愁情是李词的特色,无怪乎有不少学者对李清照词中的愁情做了阐述。刘云霞《李清照词中愁情之分析》(《南阳师范学院学报》2005 年第 8 期),谈到李词中的愁情可归为闲愁、离愁、悲愁三类,与作者不同时期的生活境遇是相关联的,同时指出愁情的根源在于民族、社会的危机与宋代文人的心态。李瑞卿《唯美的愁思——读李清照词〈一剪梅〉》(《名作欣赏》2004 年第 12 期),谈到李词之“愁”的唯美与纯净,这种“愁”结合了作者对自身的发现与欣赏,因而韵味无穷,意蕴悠长。李琳《论李清照词之用典》(《经济与社会发展》2004 年第 1 期),对李词的典故运用从用典方式和用典特色两方面作了阐述。其词的用典方式可分为直用、反用、化用;从用典特色上看,一是词中的名物器具多有出处,二是作者多以人事咏花木。值得一提的是,其词用典虽多,却依旧灵动自然,不懂典故的人依旧可以读懂,而若了解其中故实,则可体会到更深的情味,可见其典故的运用达到了浑然天成的境界。程晶晶《“新妇相思”词的经典化进程——李清照〈一剪梅〉接受史》(《名作欣赏》2005 年第 11 期),对李清照《一剪梅(红藕香残玉簟秋)》一词绵延至今的接受史作了阐述。这首脍炙人口佳作的接受史有三个方面:一是旨意的阐释史,对该词旨意的阐释有离别之情和相思之情两条线索,将之合一则可体味该词的丰富内涵;二是风格的鉴赏史,从抒情结构上该词低回婉转,一唱三叹,语言选择则清新上口,语意深挚;三是经典的影响史,作为一代佳构,该词对后代影响颇大,后人借鉴该词风格、题材、语言或手法,翻陈出新,创制了不少好的作品,该词通过自身的流播及后人的借鉴翻新,对一代又一代的读者产生影响。

其三是对李清照研究学术史的回顾与评述。张强《近二十年李清照研究述评》(《文学遗产》2004 年第 5 期)一文,对七十年代末以来的李清照研究分三个方面加以总结与评述:一是生平事迹研究,主要集中在生年、里籍和是否改嫁三个方面;二是思想意识和易安体研究;三是词论及其他方面的研究。

另外张文对学界热点和新的研究进展都有所涉及。

高利华《从文艺鉴赏到文学批评的跨越——王国维不涉评易安词探微》(《学术月刊》2005年第6期)一文,则对王国维之所以不涉评易安词的种种原因作了分析,认为"这在很大程度上与王国维刻意建构的批评格局有关"。而王国维对易安词的态度,据作者推测,"是否也包含着当年苏轼论杜甫海棠诗时所言的,有'恰似西蜀杜工部,海棠虽好不题诗'的一份赏爱和推崇"。

综观这两年来的研究状况,对李清照词的研究依然是学界关注的重点,大部分文章立足于对李清照词的研究上,也取得了不少成果。然而相比之下,对李清照诗的研究显得单薄,论文数量较少,这和李清照存诗不多,后世研究资料有限是有直接关系的。通观全局,李清照研究已经呈现出全方位多角度的趋势,今后如何将各类研究推向深入,是学者们应该努力的。

陆游研究综述

李　珺

2004—2005年,借两次陆游研讨会的契机,陆游研究在以前成果的基础上又有所拓展和深化,反映了近两年陆游研究的最新成果。现将具体研究情况综述如下。

一、陆游学术研讨会简介

近两年,学术界召开了两次关于陆游的研讨会,一次是2004年10月15至17日"中国成都首届陆游文化学术研讨会"在崇州召开,另一次是2005年11月4日至6日"纪念陆游诞辰880周年暨越中山水文化国际研讨会"在绍兴召开。这两次研讨会为陆游研究提供了广阔的学术平台,后一次会议更是规模空前，与会专家学者提交了多篇高质量论文，还成立了陆游研究会，由南京大学中文系莫砺锋教授和绍兴文理学院党委书记费君清教授分别担任会长、常务副会长。

二、陆游生平事迹、思想渊源的考索

近两年对陆游生平事迹和思想渊源的研究，主要集中在张宏洪的《论屈原对陆游的影响——屈原精神与浙东文化传统研究之二》(《江汉论坛》2005年第3期)、《论陆游对屈原爱国主义思想的承传》(《宁波大学学报》2005年第5期)和徐丹丽《"归来偶似老渊明"——论陆游对陶渊明的接受过程》(《湖北社会科学》2005年第2期)、《论"放翁前身少陵老"的真正内涵》(《杜甫研究学刊》2005年第1期)这四篇论文上。

张宏洪的两篇论文认为屈原对陆游思想上的影响，主要在于忧国忧民的爱国主义思想及爱国者的为人品格。两人的思想基础完全一致，诸如"美政"理想以及为实现理想做出的终生不懈追求，其思想、精神一脉传承，表现出爱国主义者的高尚人格。屈原在诗作中以真挚高尚的情感抒写出"真我"、"真生活"的精神和淋漓尽致地揭露、抨击时弊的精神，对陆游也有直接影响，使之进而提出"诗家三昧"的概念和"诗外功夫"、"经世致用"的主张，并身体力行，对当时、后世的诗文创作发展有着重要的积极影响，从而将我国爱国主义传统推向一个新的高峰。

徐丹丽二文，前文指出陆游在用典、意趣等方面化用陶诗，表现出宋人学陶的普遍方式，但却常被人们忽视。陆游学习陶诗的契合点与他的人生经历有很大的关系，他对陶渊明的接受经过了从否定到肯定的过程，并以其人生体验理解了陶渊明的归隐情趣。陆游晚年退居山阴之后才大力学陶，是其晚年诗风与前期不同的一个原因。后文认为陆诗得力于杜诗的最大之处，在于学习其律诗的写作技巧，而陆诗在主题、内容、感情等方面呈现出与杜诗的雷同现象，并不是主观学杜得来的，而是由陆游本人的学力、经历和忠义爱国的感情决定的。

三、陆游文学创作的研究

对陆游文学创作活动的研究仍是近两年来陆游研究的重点，占论文总数的一半以上，其中尤以其诗歌研究为重心。

陆游诗歌的研究。对陆游诗歌的研究呈现出向纵深挖掘的趋势。叶帮义的《20世纪陆游和杨万里诗歌研究综述》(《南京师范大学文学院学报》2004年第3期)一文，将20世纪对陆、杨的诗歌研究分为建国前、建国后30年、新时期三个阶段，认为陆诗的思想性和杨诗的艺术性在不同阶段均得到了较充分的论述，但这些论述到后来不可避免地出现了陈陈相因，指出在今后的研究中如何开拓出新，值得认真对待。

在陆游诗歌文本校注的问题上，钟振振一直比较关注，发表了《陆游诗注商榷》(《江西社会科学》2004年第4期)、《陆游诗注辨正》(《浙江大学学报》2004年第5期)和《陆游诗词三辨》(《中华文史论丛》总第七十六辑)三篇论文，从文史互证的角度对陆游诗词进行校勘，指出其中存在的一些误读或误注，并择其较重要者加以注释、解说；莫砺锋也在《读〈剑南诗稿校注〉献疑》(《中华文史论丛》总第七十六辑)一文中，补充或纠正了钱仲联先生的《剑南诗稿校注》中的二十八条，极有学术价值。

陆游存诗九千四百多首，面对这样丰富的对象，研究者常常选取其中某类作品进行体认，记梦诗就是其中的热点之一。陆游诗歌中"梦"意象出现的频率在宋代诗坛上首屈一指。梦作为一种精神活动，在很大程度上反映了人的生存状态和心理需求。"梦"意象无疑为研究者探寻诗人熔铸在意象中的情感流程、内心隐衷提供了一个独特的视角。近两年不少研究者仍对其给予了关注，其中值得注意的有以下两篇论文：

耿蕊的《论陆游爱国诗词中的"梦"意象——兼论宋代文人心态》(《贵州工业大学学报》2004年第6期)一文，认为梦意象与南宋的时代背景、传统文化以及统治阶级推行的宗教观有着密切的联系。它不仅形象地表达了陆游的心态——既有抗金救国的豪情壮志，也有壮志难酬的哀怨悲愤，同时在一定程度上含蓄地映射了宋代的文人心态——在积极进取与消极潜退中游离，在现实与梦幻之间徘徊。唐启翠的《陆游诗歌"梦"意象研究》(《海南师范学院学报》2005年第2期)一文，注意到研究者大多缺乏全面统计的观照，只重视其记梦诗而忽略其他与梦相关的诗，偏重爱国情志的研究而忽视了对其他梦意象的关注。唐文以数据统计的方法显示在陆游作品中，题目标明记梦的有一百二十七首，加上其他内容中出现梦意象的共九百九十首，计一千一百一十七首。其梦意象包含着功名梦、关河梦、梦蜀、梦想、幽梦、残梦等三百四十四个具象。在此基础上，作者分析了诗人在人生旅途的不同时期梦意象的分布情况及其展现出的诗人对其生存境况和精神追求的态度。

近两年研究者的视野有所开拓，分析陆游的文学作品与地域文化的关系，以弥补陆游研究之漏缺，即是一个突出的例证。以下几篇论文比较有代表性：

陈小芒、李建明的《陆游宦赣诗文论略》(《南昌大学学报》2004 年第 6 期)一文，从江西地域的角度入手，挖掘陆游文学的图经色彩和谪宦心态，指出陆游一生屡入江西，二宦江西，留下了数量可观的诗文作品。其宦赣活动虽为时短暂，然而诗文却独呈异彩。陆游诗作留给后人一幅幅精彩绝伦的山川形胜图画，它真实地记载了赣地名胜和风情，具有鲜明的地域特征。陆游的宦赣诗文是其真实心灵历程的写照，反映了诗人忧国忧民的思想和政治失落的幽愤，是谪宦主题和退隐取向的矛盾统一。

何玉兰的《陆游嘉州诗歌总论》(《巴蜀史志》2005 年第 2 期)和《陆游在蜀"咏梅诗"刍议》(《内江师范学院学报》2005 年第 3 期)二文，以及李亮伟的《论陆游在荣州的处境与悲情》(《西南民族大学学报》2005 年第 6 期)一文，也在这一领域予以较多思考。

在学者们纷纷关注这一问题的影响下，吴其付将其硕士论文定为《陆游宦游生涯的景观变迁》(四川师范大学 2005 年)。该文运用时间地理学的生命路径理论和历史地理学的景观变迁理论，通过对陆游宦游生涯的纵向追溯和横向对比，解读陆游丰富的诗词歌赋和山水游记《入蜀记》，追寻其心路历程和时空背景，探讨陆游游历生涯中对旅游景观关注点的变迁，进而揭示这种变迁与陆游这一游历主体自身的文化背景、所处政治环境和心理状态之间的关联。

当然，除了文化与地域的关系之外，还有些研究者以其他视角为切入点进行深入探讨。如张忠智、庄桂英的《人在山阴，心系边塞——谈陆游的边塞诗》(《中国韵文学刊》2004 年第 1 期)一文，关注陆游的边塞诗，认为其边塞诗作追求"宏大"之境，雄浑磅礴，气势飞动，有盛唐边塞诗的遗响，具有意象丰富、多用七律体裁等特点，并进一步指出这种风格特征的形成与其思想、经历等密切相关。张金花的《陆游和他的涉商诗》(《河北大学学报》2004 年第 6 期)一文，从诗歌与经济的关系出发，以"诗史互证"的方法对陆游的涉商诗进行解读。施正荣注意到陆游后期诗歌中屡屡出现"饭牛"意象，从语用层面考察，既有用字面义以表现诗人或其乡人山居生活的，亦有用“宁戚饭牛”之典以寄寓作者情怀的，并指出此类诗歌是诗人特殊经历与特殊心态的折射，亦蕴含着特定的文化意蕴(《放翁“饭牛”意象诗管窥》,《江苏教育学院学报》2005年第2期)；刘丽玲对杜甫、陆游咏诸葛亮诗进行比较，指出各自的特点(《杜甫、陆游咏诸葛亮诗之比较》,《成都电子机械高等专科学校学报》2005年第3期)；陶文鹏在《雄秀兼备的放翁山水诗》(《文史知识》2005年第11期)一文中，从时代风云与江山之助、悲壮情怀与雄阔气象、笔墨工细与圆匀熨贴三个方面阐述了陆游山水诗的特点；陶喻之在《陆游刺虎公案》(《文史知识》2005年第11期)一文中，对陆游山南(陕南汉中)雪夜刺虎这桩颇具传奇色彩的军中壮举作了考察。

另外，胡传志在《论陆游笔下的北方及相关问题》(《中国韵文学刊》2004年第2期)一文中，用“文史互证”的方法，指出陆游诗歌中屡屡言及北方的敌情和民心多出自传闻和想像，通过考证宋金双方文献，可见陆诗偏离历史真实的具体情景，认为其原因除受客观条件限制之外，主要是主观上偏听偏信，导致其诗多夸张失实之处，进而削弱了其诗的艺术感染力。刘金柱、宋静则从文化学的视角发现题壁作为一种特殊的文体形式一直没有引起学术界应有的重视。透过不同版本的历史记载，以及后人附赘在陆游身上的另一则题壁故事，既可以领略唐宋时代敢于公开袒露情怀的开放，又可以通过对这种极至情感的共鸣，感受题壁文学在宋代的地位和社会影响(《陆游沈园题壁探研——宋代题壁文化的一个侧面》(《河北大学学报》2004年第5期)。

还有研究者从艺术渊源出发考察江西诗派本身的发展嬗变、陆游帅承的具体情况以及其诗学思想和创作实际等方面，以此来正确看待陆游与江西诗派的关系(郑永晓《陆游与江西诗派之关系》,《文史知识》2005年第11期)。

对陆游词、文的研究。陆游词、文创作的成就历来为其诗名所掩，其一生创作词作一百四十四首，相对诗作而言数量不是很多。对陆游词、文的研究也相对薄弱，但较之以前状况又有所改善。

学者对陆游诗作中的梦意象多有关注，但对其词作中的梦意象却少有问津。申素贤的《放翁词梦意象探析》(《宿州学院学报》2004年第12期)一文，结合放翁的爱情悲剧和政治悲剧，对其词中的梦意象进行探析，发现这类作品大部分是政治悲剧在作者心里抑久而发的艺术宣泄。放翁报国无门的叹息、失望与悲慨是此类词中的情感主线。梁桂芳的《陆游词的心态——兼论陆词风格及其在词史上的地位》(《新疆师范大学学报》2004 年第 4 期)一文，从创作心态剖析入手，认为陆游在词的创作中具有独特心态，词学思想复杂。他重视词体，较准确地把握了词的艺术特征；但他又以写诗的心态来进行词的创作。在词中，陆游以对闲逸的描写反衬愤懑不平的内心世界，将“疏狂”与“悲凉”的心态相融合，以“更进一步”的手法，形成了哀怨沉郁的词风，从而成为宋词史上承前启后的重要一环。

随着近年来对陆游研究的深入，学术界不仅对其诗词有所创获，对其散文，尤其是《入蜀记》也逐渐重视起来。

蒋方的《入蜀记校注》(湖北人民出版社 2004 年版)一书，以中华书局版《陆游集·渭南文集·入蜀记》为底本，参照其他五种版本校注而成。前言简介了陆游和《入蜀记》以及是书的基本情况；正文六卷，每条分为校记、注释、录诗三部分，不仅对字词进行辨析，而且对文中涉及的年号、人物、官职、地理风物等文化常识一一详加注释，还将入蜀途中所作诗作录于其后；附录包括《宋史·陆游传》和《入蜀记》版本题记及评论，对全面了解《入蜀记》很有帮助。

近两年还有几篇论文对《入蜀记》从不同的侧面给予了关注。黄立新的《〈入蜀记〉人文旅游文献学价值漫议》(《图书馆工作与研究》2005 年第 1 期)一文，从文献学角度考察了《入蜀记》有关人文旅游文献学的特点，阐明其价值，从而彰显出陆游在中国古代旅游文献学方面的贡献。莫砺锋在《读陆游〈入蜀记〉札记》(《文学遗产》2005 年第 3 期)中，指出此书是一部文学价值极高的游记，它不仅包含许多精致的写景小品，而且对沿途的风土人情作了多角度的生动叙述；不仅如此，全书还记录了作者的人生经历，融入了浓厚的身世之感，有些片断富有诗意和生活气息。该文还对此书与陆游同时所写诗歌进行比较，进而分析其诗文之关系。苏迅在《文字因缘非偶然——从陆游的〈入蜀记〉到范成大的〈吴船录〉》(《江南文史》2005 年第 5 期)一文中，将这两部日记加以比较，发现了两人的千古文字因缘，具体表现在因缘聚会属邂逅、李杜诗篇各称引、同在逆旅度佳节、入蜀出川同游地等几个方面。

四、其他多方面的研究

陆游与唐琬的爱情故事，虽然感人，却多有争议。张丛在《“陆游出妻唐琬”说质疑》(《学习与探索》2004 年第 2 期)中,对“陆游出妻唐琬”提出了质疑,认为在未发现新资料的情况下不能确定放翁所出妻为唐琬;高利华的《陆游的沈园本事诗说》(《文史知识》2005 年第 11 期)一文,指出沈园本事诗并不限于《沈园》二绝,应指陆游以初恋初婚的爱情悲剧为本事而创作的一部分抒情诗。

陆游“六十年间万首诗”(《小饮梅花下作》),其一生成就,还有很多其他方面都被其诗歌的光芒或多或少地遮掩了。欧明俊的《藏书家陆游》(《文史知识》2005 年第 11 期)一文,比较全面地介绍和评价了陆游作为藏书家的一面,尤其是其藏书、抄写、校书、鉴书和刻书的情况;刘石的《陆游的书法》(《文史知识》2005 年第 11 期)和沈一萍的《浅谈陆游书法的艺术风格》(《中国文物报》2005 年 11 月 30 日第 7 版)二文,则从陆游有关书法诗作和现存的书法手迹、碑帖入手,认为他擅长正、行、草三体书法,尤精草书,具有“字如其人”的风格特点。

陆游在中国文坛上享有盛誉,在亚洲文坛也占有一席之地。张玮仪、邱诗雯的《陆游在台研究述评》(《文史知识》2005 年第 11 期)一文,就台湾地区的学位论文、期刊论文、学者专著、国科会研究报告等文献及网络建构的数据,探究台湾地区研究陆游的现况,包括其生平传记、诗、词、笔记,以及与南宋四大家之交游与影响。

在日本,陆游的影响力也引人注目。郝润华的《陆游诗歌与日本江户文学——以市河宽斋为中心考察》(《南京政治学院学报》2004 年第 4 期)和郝润华、许琰的《市河宽斋与日本的陆游诗歌研究》(《文史知识》2005 年第 11 期)两篇文章,发现作为日本江户文坛领袖的市河宽斋,不仅花费心血对陆诗进行注解诠释,并在创作中尽力效仿陆诗风格,为陆诗的传扬做出了贡献,亦可见陆诗与日本文学之关系;陆坚的《陆游研究在日本》(《文史知识》2005 年第 11 期)一文,发现日本现藏陆游文集不下十种之多,是日本所藏善本宋人别集中为数最多的作家之一。陆游在日本的存在形式,除了其文集被收藏和流传、其作品被刊印和手抄外,还有很多学者对他及其诗文的研究。不仅如此,还有带有一定普及性的对其作品研读活动——“读游会”——的存在形式。

2004—2005 年的陆游研究在前人的基础上有新的进展,有些问题论证得更加全面充分,提出了不少值得深入挖掘的课题和论点,研究的视角有所拓宽,方法也有所创新。但我们应该看到存在的不足,如研究的热点还是陆游的诗歌，对其词文、比较研究以及传播史、接受史的研究相对薄弱。如何进一步在“广度”和“深度”两方面下工夫，使陆游的研究更加广泛、深入和完善，有待于我们继续思考和努力。

辛弃疾研究综述

杜　艳

2004—2005年的辛弃疾研究依然是一个热点，共发表了一百多篇论文，主要涉及辛弃疾的行踪交游、思想人格、创作成就和艺术贡献等多个层面，在此前研究的基础上又有新的拓展。

一、辛弃疾的行踪交游考辨

辛弃疾身处风雨飘摇的南宋王朝，一生宦海沉浮，人生经历丰富，交友亦十分广泛。但由于史料的缺乏，记载的出入，使得其中许多事迹至今仍不甚清晰，因此，对其平生行踪及交游情况的考证成为辛弃疾研究的一大难点。

彭国忠《从一通佚书看辛弃疾绍熙四年的行实和心态》(《文学遗产》2005年第1期)一文，从清归安姚氏所编刻《凤墅残帖释文》卷五“南渡文艺帖”之“辛稼轩”名下的一通佚书入手，考证了辛弃疾在绍熙年间的一些行实和心态。文章考证了这通佚书成书的时间为绍熙四年八月秋收后到冬至之间，致书对象为《凤墅法帖》的编者曾宏之父，并从佚书的字里行间解读辛弃疾于绍熙五年初春人京都，而至八月就匆匆至闽地的原因，认为是因京城中的达官要人不断向辛索要钱财，稍有怠慢便平白给他制造事端所致，而并非是因辛在摄帅时曾上疏言经界事、触动了大地主豪户的利益、因此被当时的宰相留正借故令其内调这一原因。作者还分析了辛弃疾在福建任上的心态，从这通佚书中“弃疾至日前欲先遣孥累西归，单骑留此，即上祠请”等言语，论证其欲请祠归隐的心态。

陈亮是辛弃疾的好友，因此他与辛交往的情况备受学者关注。程国栋和程继红《陈亮辛弃疾信州之会的交通居住与地理问题考察》（《江西社会科学》2005年第4期）一文，就南宋淳熙十五年冬，陈亮、辛弃疾信州之会的交通居住与地理问题进行了考察。文章根据陈亮、辛弃疾本人的有关记载，并通过实地考察，对以前的误注做出了纠正，认为辛、陈二人相会的地点应是在辛弃疾瓢泉的宅第，而不是在带湖。其次，考订出辛弃疾追陈亮的路线。同时，结合辛、陈二人信州之会的实际交通居住、地理情况与作品的关系，沿着信州古道追寻二位思想家兼词人、壮士的心路历程，对这段历史进行了更深入的解读。另外，王昊在《辛弃疾与陈亮狱事》（《中国典籍与文化》2005年第2期）一文中，考察了陈亮狱事中辛弃疾的作用。文章认为辛弃疾在闽帅任上作《祭陈同甫文》中所言“中更险困，如履冰崖，人皆欲杀，我独怜才”，是以辛对陈亮第二次系狱的营救为事实背景的。文章考察了在陈亮狱事中事关重要的几个人物如郑汝谐、赵汝愚、罗点等人，发现他们与陈亮宿无交往，但却都与辛弃疾有深厚的友谊。结合陈亮脱狱后与各方谢启的言词，以及陈亮狱事对辛弃疾造成的影响，皆可以证实陈氏之脱狱实赖辛弃疾之力援。

在与辛弃疾交往的友人中，朱熹对辛弃疾思想人格有深刻的影响，学者们也注意到这一问题，并对此进行了深入探讨。谢水华、程继红的《朱熹与辛弃疾交游述考》（《江西社会科学》2004年第8期）一文，在前人研究的基础上，对朱、辛二人的交游事迹、思想碰撞、情感体验进行了系统的述考，有利于朱、辛研究的进一步深入。王昊《辛弃疾与朱熹交游关系考论》（《吉林大学社会科学学报》2004年第3期），则从思想人格的影响方面，对辛弃疾与朱熹的交游关系进行了考论。该文详细考证了辛弃疾与朱熹交游始末，认为辛退居期间的心态特征总体上没有跳出出处、仕隐的矛盾心理的大范围。而在此期间出于自我人格心理平衡的内在需要，辛弃疾对理学认识自觉性的加强，使得他与理学发生了深层的关联，其与朱熹交往是其中一个重要原因，朱熹给予其精神启悟。具体说来，辛弃疾退居期间朱熹对其思想人格影响有如下几个方面：(1)辛弃疾淡化摆脱了早年由外在身份认同带来的紧张、焦虑乃至潜隐的自卑，而日见显出其相对独立的人格。(2)个人的功名意识相对淡化。(3)在思想特别是政治思想方面的“华夷观”和“为政观”上，辛弃疾也受到朱熹不同程度的影响。辛弃疾严守“华夷之辨”并从历史上南北离合之势的角度加以认证。为政观上辛弃疾在其为政晚期，于福建任职期间为政宽严相济，较其早期向以果敢严厉著称的作风，有不少改变。作者还提醒我们，尽管朱熹对辛弃疾的思想人格都发生过影响，但从文化人格类型上看，他们毕竟分属不同的类型，辛的本色是志士，朱乃淳儒，因此也应看到二人在有些观念上的分歧。

房日晰《辛弃疾何以崇赏杜斿》（《文学遗产》2005 年第 3 期）一文，详细考证了辛弃疾与杜斿交游的始末。杜斿是朱熹的门人，辛、陈、朱鹅湖之会朱熹未赴约，派杜于二友解释。辛弃疾一开始是爱屋及乌，后发现与杜在政治情感等方面有众多共同语言，遂结下很深的友谊。另外，杜斿在协调辛、朱二人的关系上发挥了很大作用，而金华杜氏为名门望族，辛弃疾与其兄杜旃早就相识，这都成为辛赏识杜斿的基础。

二、辛弃疾的思想和人格探讨

辛弃疾是一位思想独立、人格鲜明的词人。他饱含爱国主义热情，为统一祖国的河山，积极投身抗金运动。而南宋朝廷却一再压制防范他，使其请缨无路，报国无门。这样独特的人生经历，成就了其独特的人格和思想。研究者对这一问题一向怀有浓厚的兴趣。

田劲松《雕弓挂壁无用，照影落清杯——论儒道两种文化心理冲突在辛弃疾词中的表现》（《北方论丛》2005 年第 1 期）一文，认为辛弃疾的词中隐含了一种很深刻的内在心理冲突，即儒道两种文化心理的矛盾冲突，具体表现为：闲适中抒幽恨，旷达中寓愤激。辛弃疾用儒道互补来融化他“消磨不得”、“影入山骨”的人生憾恨，加深和扩大了作品内容的蕴涵，充分展示出词人心灵世界的丰富性、复杂性、曲折性，深度开掘出词体长于表现复杂心态的潜在功能。徐定辉《辛弃疾英雄人格的历史审美阐释》（《辽宁师范大学学报》2004 年第 2 期）一文，从三个方面——辛弃疾卓绝的才智见识和对国家民族的忧患意识，超人的英雄智慧和杰出的英雄胆略，坚定的正义感、深厚的愤世情、强烈的救民心，论证了他英雄人格的魅力。认为其英雄壮举、富有盛名的词作以及为数不多的诗文都是他英雄人格的重要载体。巩本栋的《论辛弃疾南归前期词的创作》(《文学遗产》2004 年第 5 期),注意到了辛弃疾南归后词作的发展变化,将辛氏南归后的创作分为前后两期,此文着重论述其南归前期的作品。辛弃疾南归前期,因其刚强果毅的思想品格和处事作风与南宋颓靡不振的政风、士风不断产生矛盾冲突,而且,其自北归南的身份终与众士有隔阂,因此其恢复之志难以为多数人所理解,乃至屡遭谗言蜚语、猜疑诋毁和摈斥排挤。这使得辛弃疾南归前期的词作多写其南渡之初的复杂心态和身世之感,同时也影响到他多用比兴的创作手法、兼具深婉细约和清疏刚健之美的词风。这种艺术手法和词风的形成,除了心态处境之外,还有其思想性格上的因素和艺术创作上的渊源。辛弃疾自幼受儒家与兵家思想的教育,这对其文学创作有很大影响。儒家思想让其词作中有平戎之志,而兵家思想中的"气"与"势"则对其词风产生了极大影响,使其文学创作呈现严谨的态度和细密的表现手法。辛词词风的形成,又有其性格方面的因素。他刚严果毅、豪迈闳阔而又沉稳细密、富有情趣的性格融于词中,才产生了情感丰富清疏刚健的辛词。至于辛词的艺术渊源,与蔡松年同时而稍早的一位金国词坛巨擘吴激对辛词的影响也不容忽视。徐启斌《辛弃疾的人生哲学思想简析》(《上饶师范学院学报》2004 年第 4 期)一文,则从辛弃疾跌宕起落的人生道路,领悟其丰富深刻的人生哲学思想。辛弃疾将自己的人生抱负与时代课题结合起来,确立起以恢复失地实现祖国统一为己任的人生目的,明确否定以功名利禄为终极目标的人生价值观,以朴素唯物论和辩证法的观点来看待生死、贵贱、贫富等人生问题,并形成以积极用世、旷达自适、宁折不弯、真情待人为主要特点的人生态度,达到了封建士大夫在人生哲学思想方面所能达到的最高水平。文章从辛弃疾的人生经历入手,细述了辛弃疾一生的遭遇对其人生哲学思想的影响。综观辛弃疾一生的活动和词章,用世、进取、旷达是他人生态度的主流。

三、比较与接受研究

比较和接受已成为古典文学研究的一个重要途径,而辛弃疾作为词坛的大家,其人其词的比较与受容问题的研究更是备受注目。

叶帮义的《辛弃疾与宋代齐鲁词人》(《中国韵文学刊》2005 年第 3 期),

谈到辛弃疾与晁补之、李清照等宋代齐鲁地区的代表词人，比较了辛与晁、辛与李之间的相通之处，指出他们都受到过齐鲁文化的深刻影响。具体表现在：齐鲁文化中的雅正观念使齐鲁词人的作品色泽较为淡雅，提升了词的格调；齐鲁文化中的功利思想使齐鲁词人增强了词的抒情功能，使词的骨力倍增。辛词以齐鲁词人为中介，与苏词关系密切。此外辛词与“花间”词风也有一定的渊源。多方借鉴，自成面目，这是其成就伟大的原因。

赵晓岚《从“气盛言宜”到“以气使词”——从“养气”说论辛弃疾对韩愈的文学认同》(《文艺研究》2005 年第 4 期)一文，追述了重“气”之风的由来，以及韩辛二人对“气”的发展。韩愈由孟子“养气”说引申出“气盛言宜”论，其诗文之盛气源于其道德、学识之“养”，让文坛刮起一阵尚“气”之风。随着南宋理学成熟，民族矛盾尖锐，以“气”振发人心极为迫切，辛弃疾遂再倡“养气”说。接着再列举历代对韩、辛的评价，指出二人在“运气”方面颇为相近，由韩“气盛言宜”到辛“以气使词”，看到他们共有的沉雄奇险、骨力怒张，一改传统儒家的“中和”之音，这又与两人的遭遇、个性、才力、学识以及艺术上求新求变的思想有关。韩诗狠重奇险为唐诗之一变，辛词自险至奇更在词坛别立一宗。徐屿《萧条异代不同时——论辛弃疾对杜甫的受容》(《西南交通大学学报》2005 年第 2 期)一文指出，杜甫和辛弃疾因爱国主义这一契合点而产生诸多共鸣，因而在艺术气质上、看待文学创作与传统的关系上、文学创作的客体上，辛弃疾都深受杜甫的影响，具体表现为在作品中对杜诗的形象及意境的化用。同时，辛弃疾在继承和发扬杜甫的诗歌追求的基础上又形成了自己的风格。

四、辛词题材的分类研究

就辛词的内容题材而言，下面几篇文章值得注意。

汲军《解读庆元二年的辛弃疾——兼论稼轩俳谐词》(《上饶师范学院学报》2005 年第 5 期)一文，通过对历史资料与稼轩词的分析发现，庆元二年对稼轩俳谐词的发展来说是非常重要的一年。这一年辛弃疾生活发生了巨大变故，政治上遭受了风波，几乎被革去了所有官职。生活上遭遇了大灾难，好友相继去世，带湖别墅被毁，迫不得已遣去歌者，这些打击使辛弃疾的词风由悲壮、悲凉转为谐戏、幽默，稼轩俳谐词不仅数量大增，而且视野开阔，达到了一个高峰。其俳谐词涉及面非常广泛，包括对待建功立业、交游、林泉山水、生活琐事等方面。辛弃疾这些以乐写哀的俳谐词有时比其壮词更能表达他欲哭无泪的无奈与悲凉。

杜松柏《浅论辛弃疾咏花词的写作艺术》(《广西社会科学》2005 年第 9 期)，专门对辛词中的咏花词进行研究。辛弃疾今存四十多首咏花词，数量上甚为可观。作者认为辛氏的咏花词将身世之遇、君国之思、时事之感融人词中，极大提高了咏花词的社会价值和思想意义；在艺术风格上，于婉约中包含着清刚之气，用浓烈情感熔铸出全新意象，刚柔相济，个性独特；在艺术表现上，将诗文创作常用的塑造形象、描绘用典、比兴寄托等创作手法引入词中，促成了咏花词艺术上的新变化，提高了咏花词的艺术价值，为词的发展作出了杰出贡献。

谷晓虹《解析辛弃疾饮酒词的峰谷现象》(《琼州大学学报》2004 年第 3 期)一文，从文学心理学角度探析辛弃疾在不同饮酒环境的不同诗情和不同词风，分析辛弃疾人生不同阶段饮酒词不同的内涵，得出得意时诗酒是向往的人生，失意时诗酒是无奈的人生悲剧的结论，从而体味辛弃疾身兼英雄和诗人双重身份的奇特情感轨迹。

李兵、聂巧平《论辛弃疾寿词中的“三国情结”和“桃源情结”》(《求索》2004 年第 9 期)一文，认为以建功立业、恢复山河为主旨的“三国情结”和以全身远祸、归隐自适为主旨的“桃源情结”是辛弃疾一生中相互矛盾的情结。辛弃疾是一个地地道道的英雄豪杰，具有杰出的军事指挥才能，追求功名向来是英雄的本能，而同时他又是南宋偏安王朝的一名忠义子民，渴望从金人的手中收回沦陷的国土。所以他不可避免地有建功立业的“三国情结”。同时辛弃疾又是一名追求独立人格、自由精神的士大夫，而且南宋朝廷对以辛弃疾为代表的主战派始终不肯加以重用，频繁调任，宦迹无定使他身心劳顿，对官场产生厌倦情绪，出于全身远祸考虑的他又怀有隐退的“桃源情结”。这两种情结的交错，即便是在其寿词中，也多有体现。文中还分析了流露出这两种不同情结的祝寿背景和祝寿对象。他带有“三国情结”的寿词一般出现在寿赵宋宗室成员和主战派成员时，而其“桃源情结”一般与他因仕宦途中挫折不断和抗金前景愈加黯淡而产生的颓废情绪有关。这两种情结交织在他的词作中，是一个英雄词人内心矛盾的真实体现。

五、诗文创作及其他研究

这一时期辛弃疾的诗文创作及其他方面也引起了学者们的兴趣，对它们的研究也取得了一定的成果。

诗文创作研究。辛弃疾的诗虽不及辛词创作的成就高，但也有其艺术魅力，从另一个方面展示了辛弃疾的内心世界。王春庭《论稼轩诗》(《漳州师范学院学报》2004第1期)一文，分类探讨了稼轩诗，分析其思想内容、艺术特点和风格及其表达的深层内涵。认为辛诗更多反映了辛弃疾个人际遇与时世的冲突中欲罢不能的矛盾心理。

张高评《辛弃疾咏物诗与唐宋诗之流变》(《华中科技大学学报》2004年第5期)一文，考察了稼轩咏物之作约三十题四十二首，借钱钟书"诗分唐宋"之说，分稼轩诗为"唐音"与"宋调"两大类，得出以下结论：(1)稼轩咏物诗传神妙肖，又不粘滞于本物；或不徒咏物，用赋体而兼比兴，大约十五首，是托物兴寄，寓言写志。此发扬六艺之比兴传统，较近唐诗唐音之宗风。(2)稼轩咏物诗，多师友学侣唱和之作，达十七首；诗作亦多连章组诗，其有九组。为因难见巧、角逐争雄，而注重别出心裁，精益求精，有宋诗之超胜意识在。(3)宋代诗话论咏物，标榜"用事，不言名"，"言用，勿言体"，实乃绕路说禅，不犯正位。稼轩咏物诗十二首，或妙脱蹊径，以指见月；或寓物言理，借象得意，其中自有宋人之创造性思维存焉。(4)就《沧浪诗话》所谓"奇特解会"而言，稼轩咏物诗罕见"以文字为诗"、"以才学为诗"；然受"邵康节体"影响，而有"以文为诗"；受"以赋为词"濡染，而衍生"以赋为诗"，此其大较也。

辛弃疾同时也是一位颇有成就的散文作家。王琦珍《一篇书是帝王师——辛弃疾散文试论》(《厦门教育学院学报》2004年第4期)一文，从思想内容的角度分析了辛弃疾《美芹十论》、《九议》等议论体散文，认为这些文章语言笔酣墨饱，笔下英风义气，澟澟飞动，洗练而刚劲，与其词风非常接近。且逻辑严密，论证有力，充分表达了辛弃疾的爱国思想和杰出的政治才能。

其他方面的研究。如文师华在《吾有志，在丘壑——论辛弃疾的园林审美意识和人生态度》(《南昌大学学报》2004年第2期)一文中谈到，辛弃疾起义南归之后，与山水园林结下了不解之缘，他游览过许多湖山胜景，建造了自己的宅第园林，并创作了大量的与山水园林有关的词篇。该文详细考证了辛弃疾的游踪和造园活动，并列举了辛弃疾描写带湖、瓢泉园林景物的词作，探讨了辛弃疾描写园林景物词中所表现的人生态度。作者认为，辛氏在闲居带湖、瓢泉时期创作的描绘园林景物的词中，虽然时时流露出仕途失意的悲愤，但同时也表现出随遇而安、超然放旷的人生态度和崇尚自然、虚淡的审美意识。

徐安琪《论辛弃疾的"以文为词"》(《华中科技大学学报》2004 年第 5 期)一文，检阅了辛词"以文为词"说的来源和形成历史，以及在流变过程中所包含的意义。探讨了这个命题的成因，主观原因是有"稼轩之心胸"。其要素有二：一是禀赋性情，一是才学修养。另一个重要方面是"以气为词"，"气"是辛弃疾"以文为词"的精神内核。从艺术表现的角度看，辛词"以文为词"主要有几点要义：一是鲜明的叙事性，二是纵横恣肆的散文化语言，三是和谐的音乐美。这几点在辛词中是交错呈现的。并明确了辛词"以文为词"作为创作和批评标准的限度，得出辛弃疾"以文为词"这一命题成立，但其含义是"把古文手段寓之于词"，而不是"词文合流"。

朴现圭《韩国古文献中出现的宋辛弃疾词的记录》(《上饶师范学院学报》2004 年第 1 期)一文，通过对韩国古文献中出现的与辛弃疾有关的记录进行分析，得出辛弃疾的史传文献较早传入朝鲜文坛，而其词作传入时间则是在壬辰倭乱之后。文中列举了韩国古文献中出现的辛弃疾词有关部分，从中可以看出各时代朝鲜文人对辛词的评价不太一致，毁誉参半。这篇文章为我们了解有关辛弃疾在韩国古文献中的情况提供了帮助。

总体看来，2004 — 2005 年辛弃疾研究取得了一定的进展，但由于辛弃疾一直是宋代文学研究的热点作家，所以论题及观点的重复颇多。如何进一步开拓创新、避免重复，是辛弃疾研究者们面临的一个重要课题。同时，我们也相信，随着新材料的发现和新的研究视角的转换，辛弃疾的研究定会再创新高。

姜夔、吴文英研究概述

陈君丹

2004—2005年关于姜夔和吴文英的研究论文，分别有三十九篇和十四篇，涉及面比较广泛，下面试分别综述。

一、姜夔研究

姜夔作品与音乐关系的研究。这是这两年关于姜夔的研究论文中最具特色的一类。姜夔继承了北宋周邦彦的衣钵，重音律，重字句，语多深婉韵味。历来论家对姜夔和音乐的关系颇多研究，这两年依然有探讨者。赵志华、薄克礼的《从〈白石道人歌曲〉看词的审音用字》（《广西社会科学》2004年第8期）一文，以刘崇德先生《燕乐新说》所翻译的《白石道人歌曲》为依据，探讨了宋人词作审音用字的模糊认识。而陈东、曾美月的《姜白石歌曲十七首研究综述》（《中国音乐》2005年第3期），则主要介绍了中国近现代学者对《白石道人歌曲》中十七首旁注音谱的创作歌曲的研究成果。文中将其研究成果分为两大类来综述，第一类是对乐谱本身进行研究的成果，第二类是在译谱的基础上进行研究的成果。其中第一类又分为乐谱名称、谱字考释、音阶和绝对音高标准、宫调系统、起调毕曲、节奏、四声阴阳与平仄问题等几个方面来进行综述；第二类又分为曲式结构、音阶和调式、曲调发展手法、对歌曲的深入阐释几个方面来进行综述。《越九歌》是姜夔仿屈原“九歌”创作的祭祀歌曲，以律吕字谱记写，作为流传至今的少数音乐作品之一，《越九歌》对了解古代雅乐的创作思想及艺术特点有重要价值。张红梅的《姜夔〈越九歌〉的音乐学分析》（《中国音乐学》2005年第3期），从创作背景、题材内容、谱式、音阶与宫调、结构及旋律等几个方面，对十首《越九歌》进行全面的音乐学分析，以达到对这一作品更为深入的认识和理解。

何少轩《雾里看花——姜夔的〈扬州慢〉对流行歌词写作的三个启示》（《艺术百家》2004年第1期），则另辟蹊径，以姜夔的《扬州慢》为参照，分别从三个方面与现代的歌词进行对比，从而得出了三点启示：写词要“协律”，词的语言要有跨度，写词要有诗家的笔法。

姜夔诗词研究，值得注意的有成友宝的《姜夔词中的传统节庆民俗研究》（《西南民族大学学报》2004年第1期），该文指出，姜夔不多的八十四首词中，写节庆民俗的词就有十首。这些词描写的南宋节日习俗有：春节、元宵节、端午节、人日节、七夕节、除夕等六个。中国节庆文化源远流长，姜夔的节庆词为我们提供了南宋社会民间节庆的习俗风尚，是南宋民间社会生活的缩影，对研究南宋社会生活、经济状况有重要参考价值。周荷初的《姜夔与杨万里七言绝句比较》（《中州学刊》2004年第4期），注意到姜夔与杨万里经历过相同的诗歌创作历程，都是从江西诗派入而又摆脱江西诗派，从而形成自己诗歌的独特风貌。七言绝句在二人的诗作中占有一半的比重。他认为七言绝句是姜、杨二人诗歌的代表性作品，在一定程度上代表着两人诗歌的特色。二人的七言绝句体现出不同的艺术品格，具体表现在回归晚唐与自立门户、陶写寂寞与自娱性情、言意不尽与奇峭多变、清虚雅洁与俚俗疏野等四个方面。杨晓慧的《论姜夔诗词的创新性》（《重庆工商大学学报》2004年第4期）和《诗词共源，异曲同工——论姜夔诗词思想内容的一致性》（《焦作工学院学报》2004年第2期）二文，分别从诗词的创新性和一致性将姜夔的诗和词联系起来，探讨了其诗和词的内在联系和相似之处，颇有见解。

二、吴文英研究

在近两年的吴文英研究中，有几位学者的系列性研究成果比较值得关注。如田玉琪的《“吴文英苏、杭二妾一人说”质疑》（《江海学刊》2004年第3期），主要针对钱锡生《关于吴文英生平中的两个问题》（《文学遗产》1993年第2期）一文，提出自己对钱锡生“吴文英苏、杭二妾一人说”的四点质疑；《浅议吴文英词中仕与隐的思想》（《丽水师范专科学校学报》2004年第3期），认为吴文英一生虽非仕非隐，但“仕”在吴文英思想中依然占据主导地位，其词中表达的痛苦往往与作者不能实现人生“怀抱”的愿望相关。景红录的《论梦窗词的意象美和意境美》(《宁波大学学报》2004 年第 4 期)认为，吴文英对“梦”的痴恋，创造了极具梦幻色彩的意象美；对自我悲情的执著及主观化的方式，又赋予了意象以象征性，造成示意的模糊多向性；而情思和意象的模糊性，则形成了其词以朦胧、细约为主的意境美特征。《玉溪诗与梦窗词的心灵化意象结构》(《南通师范学院学报》2004 年第 2 期)，则将吴文英的词作与晚唐大诗人李商隐进行比较分析，认为李商隐诗和吴文英词的联系，在其艺术结构上表现突出：他们不仅注重章法的细密和提转，而且分别通过“梦幻之窗”和“混沌的心灵场”来摄取意象，以深厚的情思贯穿于密集并置的意象组合之中，使其结构成为具有梦幻特征的心灵化意象结构。这种结构遵循的是诗人的情感逻辑，创作思维极具跳跃性和主观化倾向。这使得表现在作品中的时空、物我、主客、虚实等现实关系都发生了一定的改变。如时空转换上的突转突接、埋没意绪，物与我、情与景的交融，主客关系的朦胧难辨，以及虚写和实写的互化和融通等，都显示出这种意象结构在艺术表现上所带来的一定突破和超越。邢蓓的《梦窗词的语言特色》(《现代语文》2004 年第 8 期)一文，从四个方面分析了梦窗词的语言特色；而《潜气内转，情藏于内——论吴文英词的艺术手法》(《宁波广播电视大学学报》2005 年第 2 期)，主要分析了吴文英词的意识流的创作手法。

在对梦窗词进行文本分析方面，比较突出的还有周茜的《情词的两大转变与梦窗情词的特殊成就》(《华东师范大学学报》2004 年第 5 期)，她认为情词经历了从普泛抒情到自传性抒情、从艳俗到骚雅的两种转变。而梦窗情词以其丰富的数量、自传性抒情以及卓绝的艺术表现，使情词的面貌彻底改观，完成了情词的重大转变。

关于梦窗词在后世传播接受的研究方面，巨传友的《常州词派的内部嬗变与选本——从张惠言、周济对梦窗词的不同态度谈起》(《中国韵文学刊》2005 年第 2 期)一文，针对清代常州词派的两大代表人物张惠言和周济在各自所编词选中对梦窗词的态度存在着较大的分歧这一问题进行了深入探讨。他认为选者词学观念的差异，选者身份地位和编选目的的不同，造成了二人选词标准的不同。通过对这一问题的分析，可以窥见常州词派词统在形成过程中的内部嬗变，从而看出梦窗词对后世词派影响之深远。

十五年来的李清照《词论》研究

王一诺

20世纪80年代中期学界在讨论李清照的《词论》时,出现了“托名伪作”的观点。马兴荣先生认为:“从世传为李清照的《词论》的出处来源、流传情况以及《词论》本身存在不应有的疏失和《词论》的主张并不指导李清照的词作三个方面看,可以说《词论》的作者不是李清照,它是一篇托名伪作。如果是李清照作品的话,那就一定是经过别人的严重窜改,或者在流传中产生了严重脱误。”①进入20世纪90年代后的《词论》研究,真伪之争尚未形成共识;除对《词论》写作年代、《词论》与易安词创作是否一致及《词论》未提周邦彦的原因等老问题继续给予关注外,呈现出多角度、多侧面深入发展的态势。近十五年来有关论文、著作共计有七十余篇(部),兹就此期值得关注的几个方面述评如下。

一、关于《词论》词史意义的总体评价

近十五年来在对《词论》词史意义的总体评价上,承继着新时期以来肯定性的倾向而渐趋一致。这种肯定《词论》词史意义的观点被积极吸纳到此间出版的新编高教版《中国文学史》和多种论著

中，如第一部《中国词学批评史》（方智范、邓乔彬、周圣伟、高建中著，中国社会科学出版社 1994 年版）、第一部《中国词学史》（谢桃坊著，巴蜀书社 1993 年版）和《宋金元文学批评史》（顾易生、蒋凡、刘明今著，上海古籍出版社 1997 年版）均设专章节评述《词论》，特别是《宋金元文学批评史》的观点修正，可以说是研究日益深入的一个显证。

顾易生《关于李清照〈词论〉的几点思考》（《文学遗产》2001 年第 3 期）对旧著（《中国文学批评史》中册，上海古籍出版社 1981 年版）中曾批评李清照《词论》"片面强调音律，反对'以诗为词'"的观点予以修正，"现反思旧说，深感所说殊少中理，故先后观点颇有不同"。文中认为，李清照《词论》是"词学批评发展史上的一座丰碑"，李清照对词的音律提出严格要求，也展示了词律有其自由宽松的一面，并为以声律服务于抒情写景作出示范；从苏轼突破词律某些束缚到李清照的强调音乐特征，是合于历史进程的辩证发展。宋词文学性与音乐性结合的经验值得借鉴。至此，关于李清照《词论》总体评价的大局应已基本确立。张廷杰《李清照〈词论〉写作动因及其对南宋词坛之影响》（《宁夏大学学报》1997 年第 3 期）认为，李清照《词论》对南宋词坛有着巨大而深远的影响力，其理论表现为音律平仄要求愈来愈严，"文雅"美境执著追求。施议对《中国词学史上的三座里程碑》（《学术研究》2004 年第 8 期）一文从"批评模式"角度认为，李清照的"别是一家"说、王国维的境界说及吴世昌的词体结构论构成了中国词学史上的三座里程碑。作为三种批评模式，它们分别体现了三种不同的论词标准及方法：似与不似以本色论词；有与无有以境界论词；生与无生以结构论词。三种批评模式各有长短利弊，并无高下优劣之分，它们共同构成了对全部词学史的一种宏观把握。张海明《李清照〈词论〉的再评价》（《中国文化研究》2005 年夏之卷）一文，从音乐与诗的结合以及词体自身的发展演变中来审视李清照的《词论》，也有相关的表述。

上述结论的得出，系建立于两宋时期词是合乐而歌的“声学”即音乐文学的基本事实；上述对《词论》词史意义的阐释和评价，从一定意义上说也是对20世纪胡适以纯文学观念看待词体文学、强调诗化意义的词史观的某种补苴和纠弊。

二、《词论》的词学思想基础

20世纪90年代以来，关于李清照《词论》的词学思想基础出现了两种截然相反的阐释取向，分别以张惠民《李清照〈词论〉的达诂与确评》（《文学遗产》1993年第1期）和沈家庄《李清照“别是一家”说刍议》（《李清照研究论文集》，齐鲁书社1991年版）两文为代表。张文认为，李清照词学观的本质论以儒学思想为基础，“易安论词的风格、技法之前还有对词的内容、本质有一个前提性的大判断，即词要表现的是雅正、健康、益于社会民生、合于儒家规范的思想情感内容，而不满温韦、《花间》、后主、柳永词的‘郑卫之音’、‘流靡之变’、哀思之思与淫艳尘俗之作”；认为李清照对柳词“词语尘下”，即“题材绮艳，格调低下，审美情趣向市民趋同迎合”的批评源自儒家乐教论。沈文则与此相反，认为“李清照论词，全弃儒学道统和陈腐的文学观念不顾”，“就文学本体性意义的认识而言，可以说李清照在这里宣告了‘词’与儒学道统和文统的分道扬镳”。并把李清照视为柳永、黄庭坚俗词的知音和推崇者。王昊《论李清照〈词论〉的女性主义话语立场》（《吉林大学社会科学学报》2001年第2期）一文，从李清照、王灼、柳永三者间形成的一个“批评怪圈”谈起，并把上述对《词论》词学思想基础的两种截然相反的阐释取向分别概括为“主旋律论”和“市民同调论”；作者认为“女性意识是李清照《词论》话语立场的基点，以此为切入点对上述两种阐释取向进行了剖析和辩驳，认为两种阐释取向都试图将李、王、柳三者间的批评话语关系改造、转换为李与其中一方性质相同的二者之间的话语关系，而同时也都无意间忽略了王灼对李清照及李清照对柳永词的批评。该文提出“《词论》是词体建构发展至该阶段的对词体内部音乐性和文学性这一矛盾的一种共时性把握，其词体本质论的思想基础也正是女性意识”，以期还原李清照《词论》被遮蔽的出场言说的角度和声音。

三、《词论》非议苏轼词的实质

《词论》对北宋词坛诸公、尤其是对苏轼等人批评尖锐。一直以来论者多以此为据，认为李清照《词论》宗尚婉约之风，是以传统题材和风格排斥词的革新。此期虽仍能看到类似的观点，但多数研究者认为李清照《词论》是从词的本体论角度立论，旨在推尊词体；“别是一家”说其内含虽也包括了词体的文学性方面的要求，但首先是从词体音乐性方面以分诗词之别，李清照对苏轼的批评主要是就协音律与否而言，但并未划定词的题材选取与风格趋向。代表论文如陈祖美《对李清照〈词论〉的重新解读》(《中华词学》第一辑，1994 年版)认为，《词论》强化了词的自身特色，目的是为词争取生存权；对《词论》中之“不满苏词”，作者联系当时复杂的政治、人事背景和词坛状况，推断出易安“对苏轼所采取的是明贬暗褒的障眼法”，并认为“在推尊词体的问题上，李、苏又有着惊人的共识”。张惠民《李清照〈词论〉的达诂与确评》也认为“易安‘别是一家’之论，既不牵涉词的文学上的内容和风格，也与词史上婉约、豪放之争没有任何瓜葛”。刘宁《女词人的独特贡献——谈李清照的〈词论〉》(《中国典籍与文化》1994 年第 3 期)认为，《词论》通过强调词的音乐性来区分诗词，但并没有在诗词的题材和表现风格上分出疆界。张弛《评李清照的词学理论》(《河南大学学报》1996 年第 4 期)一文，认为李清照《词论》所探讨的是文体论，而并非作家作品论，李清照只是从音律的角度去讨论问题的，并没有涉及豪放不豪放的问题。周桂峰在《李清照〈词论〉三解》(《淮阴师专学报》1995 年第 2 期)中也提出《词论》不反对题材革新说。王昊《论宋人词体观念的建构》(《第二届宋代文学国际研讨会论文集》,江苏教育出版社 2003 年 6 月版;又载《中国文化研究》2004 年夏之卷)提出,李清照词"别是一家"说作为"分体以尊体"的词体阐释思路和意向与苏轼"破体以尊体"的"诗之余裔"说共同构成宋代文人词体建构的两个维度,认为对苏轼词的评议,"构不成所谓反对苏轼革新词风或鼓倡维护传统词风"。另外金志仁《苏词明体——论李清照〈词论〉对东坡词的批评难以成立》(《南通师范学院学报》2002 年第 2 期)一文,从词既可歌又可诵的角度来审视李清照《词论》对苏词的批评是否合理。

四、对《词论》的比较研究

比较是现代学术研究的重要方法之一。比较方法的应用,拓展了李清照《词论》研究的空间。

在与其他作家文论的比较方面,代表论文如张进《李清照〈词论〉与曹丕〈论文〉》(《人文杂志》1995 年第 4 期),作者通过对词学批评史上第一篇系统探讨词体特征的《词论》与中国文学批评史上第一篇专论《典论·论文》两者在对作家采取的评论方法、对文体的认识以及对作家才能与文体的关系等方面的比较,认为两者间存在着相通相似之处。"由于李清照自觉或不自觉地契合了曹丕论文之精神,故而采取了一种兼及优缺点的批评方法;通过回顾与分析词的发展、流变和得失,强调指出了词与诗同质而异体的根本特征,并涉及到了作家才能与词体关系的问题,旨在使词体既保持独立性,又得以革新提高"。徐安琪《李清照〈词论〉与王国维〈人间词话〉之比较研究》(《广东民族学院学报》1996 年第 3 期),也是通过分析比较李清照《词论》和王国维《人间词话》的词学思想、评词之理论标准和理想的词学风格方面，认为李清照论词偏重于艺术形式，王国维更重视词的内质意境，进而推断王国维在《人间词话》中不言李清照的原因所在。

除比较方法的运用外，在研究视角上还有新的拓展。庆振轩、李东文《读古人文字当知其短——从批评方法论看李清照的〈词论〉》（《李清照辛弃疾研究论文集》，山东大学出版社 1997 年版）一文从批评方法论的角度对李清照《词论》中所采取的历摘其短的批评方法给予了充分的肯定，并辨明李清照在《词论》中对词坛名流的评说切中肯綮，指出这与李清照的个性特点及其生活时代的“疑古”思潮有着一定的关系。薛祥生《李清照与历代山东词人词论浅说》（同前）则从地域文化角度，将李清照《词论》置于历代山东词人词论系列加以对比考察，从中揭橥李清照《词论》对中国词学理论发展的深远影响。

此外，王延龄《李清照的词论与词学信息说》（《北方论丛》1989 年第 5 期）和邓程《虚化：词异于诗的本质特征——从李清照的〈词论〉说开去》（《中国韵文学刊》2004 年第 1 期）等文章，也都在前人研究的基础上以较新视角挖掘出有价值的观点与看法。

总体上看，近十五年来李清照《词论》的研究力求深化，虽然还有一些遗留问题未达成学术共识，但取得的成绩是较为扎实的。

①见马兴荣《李清照〈词论〉考》，《柳泉》1984 年第 6 期。代表性的驳议文章有程自信《李清照〈词论〉非伪作考辨》（《中国古代近代文学研究》1989 年第 4 期，亦收载于《李清照研究论文集》，齐鲁书社，1991 年版）和周桂峰《李清照〈词论〉托名伪作说尚难成立》（《汕头大学学报》1988 年第 4 期）。

二十年来的张元干研究

王丽煌

自1980年以来，有关张元干的研究论文凡四十余篇，研究著作有三部：黄佩玉《张元干研究》(三联书店香港分店1986年11月第1版)、王兆鹏《张元干年谱》(南京出版社1989年8月第1版)和曹济平《张元干词研究》(齐鲁书社1993年12月第1版)。本文试评述二十余年来张元干的研究状况。

一　张元干生平及其思想研究

张元干的籍贯多有歧见，或云永福，或云三山，或云长乐，《全宋词》采用长乐之说。曹济平《关于张元干的籍贯问题》(《文学评论》1980年第2期)据张元干《芦川归来集》附录《宣政间名贤题跋》李易之题跋知张深道是张元干的伯父；又据《淳熙三山志》知张肩孟是永福人，张深道为其子；再据《永福县志》知张肩孟宅在永福半月洲，确定张元干是永福人。黄佩玉《张元干研究》据王浚明《幽岩尊祖录》、曾意丹《张元干生平及其思想渊源考辨》(《中州学刊》1987年第6期)和官桂铨《词人张元干世系》(《文献》1988年第4期)据《张氏宗谱》证实其籍贯为永福。王兆鹏《张元干年谱》吸收他人的研究成果，并融入自己的研究，再次确定张元干的籍贯为永福。从此，学术界关于张元干的籍贯基本上都采用此说。另有丁义珍《张元干籍贯实证》(《文博通讯》1983年第6期)考连云港市孔望山龙洞石刻的一题名："莆阳余援传师长乐张励深道建中靖国元年十月八日同游"，认为张励自说可靠，断定张元干的籍贯为长乐。谭燕《张元干籍贯新证》(《文献》2005年第2期)在此资料的基础上，又据《北京图书馆藏中国历代石刻拓本汇编》认为张元干的籍贯是长乐。

对此，王兆鹏《从〈永泰张氏宗谱〉辑录宋人佚文佚诗——兼说张元干籍贯及佚文价值》(《文献》2006 年第 1 期)认为张励的两处石刻题名自称“长乐张励”之“长乐”是指称其州郡，“长乐”是福州的别称，而永福是福州的属县，称“长乐张励”或“永福张励”二者并不矛盾。他还从第一手材料入手，据宗谱所收录的张元干祖父张肩孟、伯父张励和儿子张竑祖孙三人的墓志铭，证明张励、张元干的故里在福州永福县和平乡半月洲，论证充分。张元干的籍贯是福州永福县无疑义。

关于张元干的生卒年，一说生于宋英宗治平四年(1067)，卒于高宗绍兴十三年(1143)；一说生于哲宗元祐元年(1086)，约卒于孝宗隆兴元年(1163)。曹济平《南宋词人张元干的生卒年》(《江海学刊》1962 年第八期)据《芦川归来集》中的《甲戌自赞》“芦川老居士，今春六十四”，《上平江陈侍郎十绝序》“辛亥休官，忽忽二十九载，行年七十矣”等，推出张元干的生年为元祐六年(1091)，推测卒年为公元 1170 年左右。黄佩玉《张元干研究》初步考订张元干卒于绍兴三十一年(1161)，年七十一，理由有二：一是绍兴三十年仍有作品，而之后则无；二是韩元吉《挽张元干国禄词》云：“归旐三千远，亲年八十余”，可知元干死时，张父八十余岁，“设若元干死时七十一岁，父年为八十九岁，则其父应是十七岁结婚，十八岁时元干已出生”(第 6 页)。曾意丹《张元干生平及其思想渊源考辨》(同上)根据《张氏宗谱》中的张元干之子张竑的墓志铭，进一步确定张元干卒于 1161 年。至此，张元干的生卒年问题得到解决。

关于张元干是否写寿词献给秦桧，夏承焘在《瞿髯论词绝句》中认为张元干《瑞鹤仙》(倚格天峻阁)是献给秦桧或秦桧家人的寿词，因为宋高宗曾经亲自为秦桧新第题名“一德格天之阁”。曹济平《张元干生平事迹考略》(《南京师范学院学报》1980 年第 2 期)据《建炎以来系年要录》知题名之事发生于绍兴十五年，而之前(绍兴八年，绍兴十二年)“张元干已作词送主战派李纲、胡铨，又坚决反对秦桧和议，献词以贺似不可能”。段熙仲《张元干“晚盖”质疑》(《文史》第十辑)据史推测两首寿词大约写于绍兴十五、十六年，结合秦桧对胡铨的态度，张元干的个人遭遇及绍兴十五、十六年退隐闽中，得出二词系伪作的结论。

张元干的思想研究方面，薛祥生《试论张元干及其爱国诗词》(《山东师范学院学报》1978 年第 4 期)指出其思想基础是“王霸并用”、“儒法合流”。曹济平《张元干及〈芦川词〉》(《词学》第一辑)不同意薛祥生的观点,据张元干《跋了堂先生文集》等文,认为"张元干受儒家思想的影响非常明显"。曾意丹《张元干生平及其思想渊源考辨》从家庭和社会两个方面找出张元干的爱国思想形成的渊源:出身仕宦,从小受熏陶;所交往师友均是饱学爱国之士。罗方龙《张元干爱国词四题——〈芦川词〉论稿之一》(《柳州师专学报》1994 年第 4 期))认为张元干以天下为己任的爱国思想中掺入了浓厚的忠君色彩。至于退隐后,罗方龙《论张元干对佛道思想的汲取——〈芦川词〉论稿之二》(《柳州师专学报》1995 年第 1 期)认为谈佛论道是张元干宣泄内心无可奈何情绪的两大渠道,这既是时代风尚的反映,也是他个人生活际遇坎坷的产物。

张元干生平与思想的研究方面,王兆鹏先生的《张元干年谱》详细考述张元干一生的主要经历,剖析其心路历程,并对其作品进行系年,资料翔实,考证精密,是张元干研究的重要著作。

二 张元干作品的研究

关于作品内容的研究,黄佩玉女士《张元干研究》认为:早期的词尚未形成独特风格,但在技巧上已达到一定的造诣,其写情之作富有青春的气息;靖康之难后,张词的内容和风格产生巨大的转变,反映国家危难,注意时局发展,表现主战派与主和派之间的政治斗争,词风豪迈,词境光明。黄佩玉还对张元干的诗歌进行了研究,认为他曾师事徐俯,直接参与江西诗派诸人的诗社唱和,"出江西诗派之门,而独立于江西诗派之外"(第 71 页),吸取了江西诗派的某些优点,但不至于求奇尚怪,"诗中丰富的现实内容,慷慨悲凉的人生感受,以及清新隽逸的气质"(第 74 页),使其诗独具风格。曹济平《张元干词研究》将张词分为四类:一是爱国词;二是隐逸词;三是节序词和寿词;四是咏物词和艳情词。归纳全面具体,尤其是对历来被指责为庸俗的寿词作出了客观的评价。云亮《论张元干爱国词在文学史上的地位》(《中山大学学报》1985 年第 3 期)认为张氏爱国词标志着南宋爱国词人的崛起,是"宋代词人从个人走向社会的第一人",在文学史上的地位是不容忽视的。

关于张元干词的艺术风格的研究,缪钺《论张元干词》(《四川大学学报》1985 年第 1 期)通过具体词作的分析,指出张词风格多样,既有豪壮激昂,又有秾丽缠绵。曹济平《张元干词研究》认为张词的艺术风格受时代和环境的影响而发展变化，比较丰富多样，总体上可分为“长于悲愤”的阳刚美和清丽深婉的含蓄美。罗方龙《论张元干词作的主体风格——〈芦川词〉论稿之三》（《柳州师专学报》1995年第2期）认为忧国忧民、抗争命运和湛怀息机是构成张元干词作悲壮沉郁主体风格的三大特质。他还在《张元干词作艺术特色新论》（《柳州师专学报》1995年第3期）一文中，分析了这种主体风格的形成受到杜甫沉郁顿挫诗风的影响。常效东《论张元干词的美学特征》（《榆林高专学报》1997年第1期）认为张词具有豪壮悲愤的崇高美、婉约妩秀的阴柔美和情景交融的境界美。

有些学者从比较的角度展开研究。罗方龙《论周邦彦沉郁顿挫词风对张元干词的影响》（《广西师范大学学报》1995年增刊）一文，指出周词对张词的影响：隐晦地表达理想破灭后的感慨；大量词作表现对田园风光的称羡和对世事的厌倦情绪；在词的抒情层次上巧妙安排。房日晰《张元干、张孝祥词之比较》（《西北大学学报》2001年第2期）认为张元干词有着慷慨激昂的情绪，而张孝祥词却洋溢着沉郁悲凉的情调。

版本研究方面，王兆鹏《张元干〈芦川归来集〉版本源流考》（《南京师大学报》1988年第2期）厘清了《芦川归来集》的刊刻过程和版本递嬗。作品辑佚方面，栾贵明《张元干〈芦川归来集〉补遗》（《文学遗产》1982年第2期）从《永乐大典》补辑了七条佚文。王兆鹏《就张元干两篇佚文谈其靖康年间宦迹》（《古籍整理与研究》1987年第1期）和黄佩玉《张元干研究》都注意到张元干祭李纲的两篇佚文。

总体看来，张元干研究取得很大进展。但有些论文观点重复，缺乏新意。今后尚需进一步拓展和深化。

二十年来的杨万里研究

李海燕

杨万里是南宋“中兴四大诗人”之一，其诗以鲜明的艺术特色享誉当世。20 世纪 80 年代以来，对杨万里的研究成为宋代文学研究的一个亮点，涌现出许多有价值的研究成果。

张瑞君的《杨万里评传》(南京大学出版社，2002 年 3 月版)是目前国内唯一一部全面研究杨万里的专著。全书分为十一章，全面系统地展现了杨万里独特的人生经历、思想品格和创作个性，并在中国古代思想史的发展长河中分析其承传流变。

此间，学界召开过几次杨万里学术讨论会，重点讨论“诚斋体”的特色和成因，并出版了两部论文集(分别由岳麓书社、江西高校出版社于 1993 年、1999 年出版)。

二十多年来的杨万里的研究，大致涉及以下几个方面：

一、生平研究

于北山的《杨万里交游考略》(《中华文史论丛》1981 年第 1 期)详细考述了杨万里与王庭珪、张浚、虞允文等二十八人的交游情况，并对杨万里居故乡加官晋爵的情况加以列表说明。王琦珍《杨万里家世叙录》(《文学遗产》1989 年第 6 期)对杨万里的家世作了梳理，认为其家世对杨万里的求学道路、浓厚的理学家气质、抗金的立场、忧国忧民的处世态度、诗论主张和创作道路有着决定性的作用。张瑞君《杨万里评传》则从家世概略、青年时代、家居岁月、京官与州官生涯、广东为官、政治生涯的高峰和退休生活七个方面详尽地论述了杨万里的家世、交游和生活道路。

二、思想性格的研究

杨万里作为南宋理学家，在理学、易学、史学方面都有不凡的见解，形成了他正直的人格和务实的社会政治观。

傅荣贤《略论"参证史事"的杨万里易学》(《周易研究》1997 年第 3 期)认为"杨万里'引史入易'、'以史证易'，本质上正是要用一种历史的眼光来诠释《周易》，借此找到一种能够洞察和解释那些制约着人类文明的历史发展之普遍历程的基本规律"。梅珍生、陈金清《论杨万里的类辨思想》(《武汉大学学报》2002 年第 3 期)提出人们通常将"引史证经"作为杨万里释易的主要方法，却忽视了他对分类方法的广泛运用。杨万里将分类作为区分概念的工具和类比推理前提，以气类感应为基础，揭示了天、地、人之间道德原则的同源性，展示了《周易》乃圣人通变之书的特征。张瑞君《杨万里评传》概括了《诚斋易传》的六个特点：一、发扬了《程氏易传》的观点，认为《周易》一书是"圣人通变之书"；二、以古鉴今，古为今用；三、以史证易；四、易之道天理而已；五、注重外在引申，不注重文本阐释；六、理学家的色彩。唐明邦《杨万里〈诚斋易传〉中的革新意识和忧患意识》(《孔子研究》2002 年第 5 期)、刘仁衍《略论〈诚斋易传〉的政治思想》(《井冈山师范学院学报》2004 年第 2 期)和张文修《〈诚斋易传〉的历史与意义的世界——杨万里易学思想研究》(《湖南大学学报》2004 年第 9 期)考察了《诚斋易传》的现实意义。

衷尔钜《论杨万里的唯物论思想》(《南昌大学学报》2001 年第 1 期)论述了杨万里的唯物论思想师承柳宗元、张载、王安石等人，丰富和发展了哲学气本论，在宇宙观、无神论、辩证法和认识论等方面都有独到的建树，在许多方面不仅与程朱的唯心论对立，而且具有承上启下的作用。张瑞君《杨万里的人性论》(《西南师范大学学报》2001 年第 11 期)认为杨万里的人性论从"诚"开始，道德目标是"仁"。在具体操作上，则以读书明理为首，同时不断完善自己，在人性的境界上通过"持志养气"达到"圣人"之境。张瑞君《论杨万里的知行观》(《山西大学学报》2002 年 12 月)提出杨万里的知行观是其理学思想中最有价值的部分之一。他全面继承了从先秦到宋儒的积极的一面，又特别注入了万方多难的深沉忧患意识和实践品格，知行并重，倡导和弘扬力行精神，体现了南宋具有远见卓识的思想家生于忧患的力行和求实精神。在《杨万里评传》中，张瑞君认为，杨万里的宇宙观是对张载朴素的唯物主义宇宙观的继承，生命的基础是“元气”，失去它，人就会死亡；杨万里认识到宇宙的无限性、物质不灭的定律和宇宙万物变化的规律是不以人的意志为转移的。

李勇《杨万里的历史通变思想》(《史学史研究》1998年第3期)探究了杨万里通变思想的社会变革观：一、“万事之变未已”与“一治一乱”的法则，二、“穷必革”与“圣人惧于革”，三、“中正立而万变通”，四、“一代家法”与“祖宗家法”。李勇《杨万里史学思想钩沉》(《学术月刊》1998年第6期)把杨万里的史学思想归纳为以下三点：一、以古为鉴，并论证了历史借鉴的合理性，二、史学切近世用与史著简要通俗，三、举才宜重史学修养。

李勇《有弊当革，革弊宜慎——谈杨万里社会变革观》(《历史教学问题》1998年第2期)认为杨万里严格区分一代家法与祖宗家法，大坏之坏与补而不全之坏，确立了兴天下之利以悦民为评判改革是非的价值标准，提出了有弊当革，革弊宜慎的社会变革原则。他的思想是对宋代政治经济的总结。李勇《杨万里对王安石变法的批评》《淮北煤师院学报》1998年第3期)分析了杨万里批评王安石变法的动因，首先是他关注现实的人生态度和切近世用的学术主张，其次是由于他学宗程氏，守中正之道。他反对尽复古法，主张变法不可过急过刚，认为进君子退小人和兴天下之大利是变法中尤应注意的问题。张瑞君《杨万里评传》把杨万里的社会政治思想归纳为：一、兴国在人不在天，君王是关键；二、兴国必须重视人才，不拘一格选拔人才；三、“君职在养民，养民在仁政；四、守法比立法更重要。

关于杨万里的人格，张瑞君《论杨万里的人格》(《天津师范大学学报》1999年第6期)认为杨万里“安贫乐道、淡泊名利、刚正不阿、诚实磊落、耿介敢言、忠贞报国、关心百姓生活和国家命运，积极人世”；其人格还有认真自适、追求自由、洒脱超然、进退随缘的一面。他一生乐观幽默，有着诙谐、睿智、达观的天性。其《杨万里评传》又进一步考察了杨万里人格的成因，认为“杨万里特别推崇儒家的克己复礼之道”。但同时“受理学思想的约束，对其创作也产生过负面影响。他不少反映现实的诗作，停留在现象的陈述，不敢把矛头指向最高统治者。杨万里在其几百万字的著作中，对妇女的题材几乎没有涉及”。

三、诗歌理论主张研究

这一时期的几部文学批评史都涉及到杨万里的诗歌理论主张。敏泽的《中国文学理论批评史》(人民文学出版社 1981 年版)认为杨万里虽然在创作上突破了江西诗派的一些局限,但在根本点上却仍然受着江西派的影响,“处在阶级矛盾和民族矛盾空前尖锐激烈的南宋时代,杨万里与江西派诗人一样严重地脱离和逃避现实”。对于杨万里的所谓“晚唐异味”,敏泽认为主要就是司空图的“味外之味”。成福旺等人的《中国文学理论史》(北京出版社 1987 年版)认为杨万里的诗歌理论,从讲究诗兴、注重风味到提倡晚唐,构成了一个完整的体系。在对“味”的理解上,成福旺指出杨万里较为偏爱幽淡凄清的诗味,“味”的范围比较狭窄而且对“味”的论述存在比较混乱的缺陷。张少康、刘三富的《中国文学理论批评发展史》(北京大学出版社 1995 年版)提出“杨万里认为诗歌艺术美的主要标志是在超乎词、意之外的涵咏不尽的‘风味’上,为此,他提出了著名的‘去词’,‘去意’论”,“他的‘去词’、‘去意’,正是对司空图的味在‘咸酸之外’和‘象外之象,景外之景’论的继承和发展”,“在杨万里的文学思想里,对文学的社会教育作用也是十分重视的”,“认为诗歌是矫正天下与个人之‘不善’,而使之变‘善’的重要手段”。对于杨万里文学思想中关于诗歌社会作用的论述的看法,王运熙、顾易生在《中国文学批评史》中持和张少康、刘三富一致的观点,杨万里“在理论上虽有这样的认识,但他自己的创作,并没有达到这样的要求”。顾易生、蒋凡、刘明今《宋金元文学批评史》(上海古籍出版社 1996 年版)对于杨万里的理论与创作实践是否一致这一点上,则持相反意见,认为“这一理论精神,与其创作实践基本契合”。

这一时期还有多篇论文论及杨万里的诗歌主张。黄德生《杨万里的诗歌理论与诗歌创作》(《西南师范大学学报》1986 年第 3 期)认为杨万里“矫天下”的诗论决定了其诗歌的思想性;其“委婉显晦”的创作指导思想,决定了其诗多用比喻、象征、拟人、双关等修辞手法。戴武军《杨万里的诗论特色》(《山东师范大学学报》1990 年第 3 期)把其诗论的内容概括为:透脱说、灵感说和滋味说。庆振轩、车安宁《谁谓荼苦,其甘如饴——杨万里诗论别解》(《文学遗产》1993 年第 4 期)纠正了对杨万里“尝饴品荼”说的误解。论证了“荼”非

"荼",而是指一种名为"荼"的苦菜,人们把杨万里以味论诗之名言解为以茶喻品诗,是不合适的。韦向学《〈诚斋诗话〉论略》(《广西师范大学学报》1998年第1期)认为《诚斋诗话》"主学古,倡变化,求创新,讲个性,重'遗味'"。尤霖《诚斋诗论浅谈》(《吉安师专学报》1986年第2期)、李文祥《杨万里的诗歌理论》(《江西教育学院学报》1994年第2期)、胡迎建《论杨万里的文学思想及其诗论》(《江西社会科学》1999年第3期)、黄宝华《杨万里与"诚斋体"——杨万里诗学述评》(《上海师范大学学报》2002年第7期)、李军《诚斋诗歌理论新探》(《学术论坛》2003年第6期)则从重视社会教育作用、师法自然和尚诗味等几个方面来论述杨万里的诗歌理论。张瑞君《杨万里的文学创作论》(《山西大学师范学院学报》2001年第3期)提出杨万里重视作家的创作动机。刘伙根、彭月萍《杨万里"透脱"说浅论》(《井冈山师范学院学报》2002年第4期)认为杨万里的"透脱"说包括三层含义:"一是强调诗人要胸襟透脱,不为世俗情见所束缚;二是强调诗人要破除对权威偶像、学问定法和'故我'的执迷,'不听陈言只听天',师心法天,以变求进;三是强调学习前人的诗歌,要脱略形迹,深参透悟,领会其实质内涵,把握诗歌艺术的精髓。"

张瑞君在《杨万里评传》中还论述了以下几个方面:一、文学的本质和作用。杨万里明确指出诗歌是矫正不善的工具,其意义在于客观反映民众对社会政治不良现象的批评和讽刺。二、文学风格论。杨万里重神轻形、要求妙悟透脱。他的文如其人的理论有继承黄庭坚诗歌审美思想的成分,但也融入了自己理想人格的建构观点。此外,杨万里还深化了诗穷而后工的理论。三、文学的继承与发展。杨万里多方模仿,终于幡然醒悟,在诗坛独树一帜。四、批评鉴赏论。杨万里的批评鉴赏论的主要尺度有:反对奇险,提倡平易;文学批评必须公正客观;批评要提倡独创,反对因袭,顾及全人,不能以偏概全。

四、诗歌研究

对"诚斋体"诗歌的研究一直是杨万里研究中的重头戏,在诗歌的内容、艺术成就、诗风成因等方面都有深入而集中的论述。

对于杨万里诗歌的内容,张瑞君在《广阔社会生活与丰富内心世界的表现——杨万里诗歌的内容》(《忻州师范学院学报》2001 年第 12 期)中概括为政治诗、抒情诗、写景诗、咏物诗、咏史诗等。在《杨万里评传》中，张瑞君又把杨万里诗歌的内容分为：对民生疾苦的关切；抒发爱国情感，关心失地人民；寓意深刻的政治诗；异彩纷呈的自我抒情诗；成就不凡的写景咏物诗和新颖独特的童趣诗、理趣诗、咏史诗。但除了于北山《试论杨万里的爱国诗篇》(《江苏大学学报》1979 年第 4 期)、由文平《试论杨万里诗歌中爱国爱民思想的表现形式》(《社会科学辑刊》1991 年第 2 期)和张瑞君的《杨万里评传》专门论及杨万里的爱国爱民诗歌外，学界普遍关注的是杨万里山水景物诗的艺术成就。

刘学忠《试论杨万里的景物诗》(《阜阳师范学院学报》1987 年第 4 期)把杨万里景物诗的特点概括为就景写景、极少用典和议论、得趣忘形、构思精妙和境界不是很开阔等几方面，认为杨的景物诗还山水景物以本来面目，在山水诗的发展史上具有里程碑的意义。宋道基《活脱清婉，情味各异——杨万里、范成大山水田园诗比较》(《语文月刊》1987 年第 12 期)则认为杨万里的山水诗清新活泼、兴味浓郁。夏卫平《新的思维美的画卷——杨万里山水诗的魅力探寻》(《零陵师专学报》1993 年第 1 期)认为杨万里的山水诗中通过运用色彩词、讲究景物布局、勾勒动态形象体现出生动、鲜明、逼真的画意。宋道基《只是征行自有诗——读杨万里的纪行写景诗》(《柳州师专学报》1994 年第 6 期)研究了这类诗歌景中含情、怀融于景、求新喜谑、幽默风趣、妙趣横生的特点，这些诗把自己在游赏中的感受描写出来，还把客观景物中富有哲理性的东西表露出来，供人玩味，增强了诗的社会价值和审美价值。任文《杨万里西湖诗艺术美初探》(《商洛师专学报》1995 年第 3 期)评价杨万里的山水诗在历代众多描写西湖的诗歌中独放异彩。其特点是“清新明洁的意境美、率真活泼的诗情美、婉而多讽的寓意美”。王守国《千载此情同皎洁——论中国咏月诗的基本主题及诚斋的咏月诗》(《吉安师专学报》1995 年第 9 期)认为杨万里的咏月诗展现了浪漫主义的豪情，表现了他对自然的由衷热爱，探寻宇宙人生奥秘，寄寓人生感慨。

学界对杨万里地方性诗歌的研究是个新的切入点。这类诗歌的研究有助于探究杨万里一官一地一诗集特色的形成过程。曾楚楠《杨万里与潮州》(《韩山师范学院学报》2002 年第 12 期)和张应斌《缘师杖屦到潮阳——论杨万里的潮州诗歌》(《汕头大学学报》2004 年第 1 期)、张应斌《杨万里梅州诗歌考论》(《南昌大学学报》2003 年第 11 期)把视线转移到杨万里在梅州和潮州所写的诗歌,这些诗歌反映了当地的自然和人文景观,对于研究他的诗风转变过程和当地历史、方志都有重要意义。

王守国《试论杨诚斋诗的艺术风格及其对后世的影响》(《吉安师专学报》1986 年第 2 期)提出诚斋诗的艺术风格由妙趣、活法和语言三点构成。对杨万里诗歌艺术成就的研究主要集中在这三点上。熊大权《杨诚斋诗特色初探》(《江西大学学报》1982 年第 4 期)在全面细致地分析了杨万里的各种题材的诗后,将其特色概括为:师法自然,幽默风趣;想像奇特,流转圆活;婉而多讽,耸乎必讥;通俗浅近,情真语朴。在《论"诚斋体"的表述特征》(《河南师范大学学报》1988 年第 4 期)中,王守国论述了"诚斋体"匠心独运的修辞艺术和通俗晓畅的语体风格。胡明《杨万里散论》(《文学评论》1986 年第 6 期)则将其特色概括为"活、快、新、奇、趣"。又着重论述了杨万里七绝和七古的特色。王琦珍《论杨万里的审美观》(《江西师范大学学报》1989 年第 3 期)认为杨万里的审美观是他悲剧性道路的产物,反映在诗歌中,是弱小物象和悲剧性人物的出现,在咏史诗中则是对悲剧性人物的愤切悼念和真诚的仰慕。在咏自然的诗中,则自觉选择了"梅"作为人格和理想的"图腾"。在艺术趣味上,挖掘大自然的生机奇趣。艺术观照上,将视角的切入点置于物外,着力捕捉万物瞬息万变中显示的那种转眼即逝的美感与奇趣。程杰《新灵性、新情调、新语体——"诚斋体"新论》(《争鸣》1989 年第 6 期)认为"诚斋体"的艺术特点在于走向性灵,有着热烈的喜剧性情调,创造了一种新的语体。周启成《杨万里和诚斋体》(上海古籍出版社 1990 年 6 月版)把"诚斋体"的特色归纳为:情趣盎然、以万象为宾友、擅长写生、想像丰富、通俗易懂五个特点。章楚藩《杨万里诗歌赏析集·前言》(巴蜀书社 1994 年 2 月版)大致近于周启成的观点。王兆鹏《建构灵性的自然——杨万里"诚斋体"别解》(《文学遗产》1992 年第 6 期)认为"'诚斋体'的独特个性及其无可替代的艺术审美价值在于它建构了一个前所少见的具有生命灵性知觉情感的诗化的自然世界",其缺陷是"没有李白等盛唐诗人的山水诗那种雄伟的气势和壮阔的时空境界。他所追求的不是远大、无限之美,而是小巧、灵动、精致之美"。就诚斋体的独创性来说,堪称"前无古",而从总的艺术成就上看,则实难"雄吞诗界"。刘代霞《论杨诚斋诗歌的独特情趣》(《毕节师专学报》1995 年第 1 期)把其诗的情趣归结为特殊的心理基础,独创的诗歌技巧和滑稽的作用三个方面。张瑞君

《刘克庄与陆游杨万里诗歌的继承关系》(《河北大学学报》1995年第4期)认为“杨万里在平易中追求灵动自然、灵趣横生、透脱新颖的风格,正适合宋末江河日下,士大夫士气衰竭,风气崇尚琐狭时代的诗人们效仿”。王守国《诚斋自然山水诗综论》(《中州学刊》1995年第6期)、张瑞君《杨万里诗歌的意象特征》(《山西师范大学学报》2002年第4期)注意到了杨万里的诗歌善于描述细微意象,善于提炼中心意象,注意动态美,以小见大,在平淡中出新奇,“山水诗至诚斋,终于放下了美丽的翅膀,回到了世俗人间”。刘经庵《中国纯文学史纲》(东方出版社1996年版)注意到杨万里诗歌浅近平易、俚俗直白的特点,认为其诗“其中虽时杂俚语,而意境幽雅,至其状物写情,无不如妙。有人称其诗‘笔端有口,句中有眼’”。黄建华《杨万里诗歌艺术探析》(《江西社会科学》1999年第9期)把“诚斋体”的艺术特色归纳为:构思新颖独特,状物抒情富有个性;情调风趣幽默,胸襟通达脱透和语言通俗活泼。张瑞君在《杨万里评传》中把杨万里的诗歌艺术特点概括为:丰富奇特的艺术想像;打破思维定势,对物我关系的新思考;具体细微、新颖活泼的意象特征;变化多端,精巧新奇的艺术构思;自然灵动,形象鲜明、真彩内映的语言;丰富多彩、富有创造的风格。同时指出杨万里诗歌艺术在思想、语言、题材方面的缺陷。周荷初《姜夔与杨万里七言绝句比较》(《中州学刊》2004年第7期)在比较姜夔和杨万里的七言绝句的过程中,总结出杨诗自立门户、自娱性情、奇峭多变和俚俗粗野的特点。

刘大杰的《中国文学发展史》(上海古籍出版社1982年版)和游国恩的《中国文学史》(人民文学出版社1964年版)都曾提到杨万里的诗歌具有一种幽默诙谐的风趣。王守国《诚斋诗趣简论》(《中州学刊》1985年第6期)和《不笑不足以为诚斋诗——论诚斋诗的谐趣》(《吉安师专学报》1994年第4期)以及李霈霖《漫谈诚斋体的幽默》(《云梦学刊》1998年第3期)都认为幽默和谐趣是杨万里的一种气质与心态的表现,是其“自古诗人磨不倒”、“老子平生不解愁”的精神的外化。在《诚斋诗研究》中,王守国专设“妙趣论”,对诚斋诗幽默风趣的特点予以介绍,认为这一特点的成因在于当时存在于宋代诗文中的乐观主义精神,诚斋的幽默是建立在对人生独特的感受与体验上,超脱了某些情与欲的人生利害的基础之上的,反映了诗人人格的高迈和思考的缜密。王守国在论述诚斋诗的幽默时,运用了心理学、东西方幽默学等相关学科知识深化自己的论证,使文章具有了一定的理论深度,把握了诚斋诗幽默的表象后面的深层痛苦。张福勋《诚斋诗的诙谐艺术》(《阴山学刊》1996年第1—2期)把杨万里的诙谐艺术概括为误会法、重复法、谐音法等十种方法;艺术特征为"将表现诗情画意的意境形象,与充满生活情趣的诗意氛围,与蕴含着思辨的深远意味三者相互融合"。常玲《论诚斋谐趣诗的三味》(《文学遗产》2000年第5期)以味觉为通感将诚斋谐趣诗分为甜味、苦味、酸味三类,分析了这三类谐趣诗的题材、意蕴、情趣、风味。称赞诚斋"对谐趣的分寸感把握得相当精熟,收放自如,又能从谐趣中蕴含多种含义,留下广阔的联想空间"。诚斋诗中的童心童趣也引起了不少学者的注意。黎烈南《童心与诚斋体》(《文学遗产》2000年第5期)论述了诚斋诗的最高境界是童稚心态与人生哲理的艺术组合。张连举《论杨万里的儿童情趣诗》(《呼兰师专学报》2001年第3期)、郑全蕾《从"师法自然"看"诚斋体"的童心童趣》(《岳阳职业技术学院学报》2003年第3期)、蒋海英《童心构筑的世界——论诚斋诗的童真童趣》(《邵阳学院学报》2004年第2期)都分析了杨万里运用儿童的思维方式写诗的特点,杨万里笔下的儿童生活是丰富多彩的,诸如游戏玩乐、放牧学稼、采摘果蔬、赏雪弄冰等内容无不表现出童趣童心的坦率天真和可贵可爱。

学界认为,最能体现"诚斋体"特色的莫过于"活法"。早在钱钟书的《宋诗选注》中就论述了杨万里的"活法",认为他的"活法"虽然包含吕本中"活法"说中规律与自由的统一,但是还不仅如此。"根据他的实践以及'万象毕来'、'生擒活捉'等话看来,可以说他努力要跟事物——主要是自然界——重新建立嫡亲母子的骨肉关系,要恢复耳目观感的天真状态"。周汝昌先生的《杨万里选集》(中华书局上海编辑所1962年版)将诚斋体"活法"特色概括为新、奇、活、快、风趣、幽默、层次曲折、变化无穷。认为杨万里的"活法","迅疾飞动是一面,层次曲折又是一面",这些论述在很大程度上为后来研究者论"活法"定下了一个基调。王英志《杨万里"无法"说与〈重九后二日同徐克章登万花川谷月下传觞〉——中国古代诗说与诗例举隅之一》(《安庆师院学报》1988年第4期)认为杨诗"信手自孤高","信手"即"无法",也就是时人或后人称之的"活法"。刘德清《杨万里咏梅诗与诚斋体活法》(《江西大学学报》1989年第1期)从杨万里的咏梅诗着眼,探讨咏梅诗的表现手法就是"活法"。王琦珍《居仁衣钵新分似,吉甫波澜并取将——"诚斋活法"形成的一个轮廓》(《赣南师范学院学报》1990年第2期)揭示了杨万里的"活法"师承吕本中和曾几的轨迹。沈元林《中国第一个“泛神论”倾向的诗人——杨万里》(《社会科学研究》1990年第3期)在“活法”与现代的“泛神论”倾向之间搭起了一座桥梁,认为二者在构思的“活”,情感的“真”,及成篇的“速”上具有共性。夏卫平《新的思维美的画卷——杨万里山水诗的魅力探寻》(《零陵师专学报》1993年第1期)把“活法”看做是一种具有哲学意义的新的思维方式,重视个性、直觉和主客体的平等。张晶《“诚斋体”与宋诗的超越》(《文史知识》1993年第4期)认为“活法”并非是对法的抛弃,而是在自由地驾驭法的基础上超越于法。戴武军《诚斋体的艺术表现特征浅析》(《中国韵文学刊》1993年第7期)则把“活法”归纳为“谐与庄、圆与方、快与慢、俗与雅”四对范畴。张福勋《诚斋诗的“活法”艺术》(《阴山学刊》1995年第1期)又把“活法”概括为“快”、“圆”、“曲”、“俗”四个方面。李文钟《映日荷花别样红——杨万里“活法”与释道美学思想之关系》(《昆明师专学报》1994年第12期)、李军《诚斋诗“活法”探析》(《呼兰师专学报》1995年第1期)认为杨万里“活法”说是吸取了理学的“格物致知”、道家的飘逸“坐忘”和佛家的超脱“禅悟”才独具本我色彩。张瑞君《论杨万里诗歌的艺术构思》(《河北大学学报》1999年第6期)认为杨诗的“活法”主要体现在构思和结构的变化万千。杨万里的诗重铺叙反衬、结尾寓意,善用联想,长于安排诗的开头、中间和结尾,在时空上大幅度的跳跃等。周甲辰《目前言句知多少,早有先生活法诗——杨万里“捉”诗论略》(《通化师范学院学报》2003年第9期)又提出用“捉诗”一词来概括“活法”更准确,更有效。余莉萍、韩晓光《杨万里诗歌中的疑问句及其表现功能》(《江西师范大学学报》2004年第8期)专门探讨了杨诗中疑问句的用法,认为杨万里诗歌中疑问句的运用是诗人在创作过程中有意为之的一种表现手段,也是构成“诚斋体”“活法”的审美因素。

关于“诚斋体”的语言艺术,学界向来有共识。游国恩等主编的《中国文学史》和袁行霈主编的《中国文学史》(高等教育出版社1999年版)在论述“诚斋体”的特征时,都提到了它自然活泼的语言。王守国《诚斋诗研究》在“语言论”一章中提出,“诚斋体”在语体风格上有一个共同的特征——“通俗晓畅”,“诚斋诗当时的流行与今日的通俗文学貌似神异,因为诚斋在通俗的形式中表达了丰富的内容,取得了很高的艺术成就,断非一般的通俗文学可比”。王瑛《杨万里诗释词》(《吉安师专学报》1999年第4期)择取了杨诗中九条具有特殊含义的词语,加以了考释、辨正,以补辞书与专著之所未备。认为杨诗语言风格浅近,较真切地反映了当时口语,具有较高的研究价值。张瑞君《析杨万里的诗歌语言艺术》(《名作欣赏》1999 年第 5 期)认为杨万里的诗歌虽然每个阶段在内容和艺术上不完全一样,但诗歌语言则有共同的内在特质,以当时的书面语言为基础,适当吸取当时口语、俚语、谚语和民歌民谣,进行选择、加工、提炼,保持它的新鲜、生动、活泼、富有表现力的特征,而又除掉其粗糙的因素,如行云流水、毫不拘束。张小艳《杨万里诗助词"来"的用法研究》(《湖州师范学院学报》2000 年第 1 期)和《杨万里诗动态助词研究》(《井冈山师范学院学报》2001 年第 4 期)从语言学的角度对杨诗中的一些助词作了详细的考察。韩晓光《因错出奇无理而妙——杨万里诗歌中的错觉描写浅析》(《井冈山师范学院学报》2001 年第 4 期)发现杨诗中的许多错觉描写正是借助语词错配这一表达方式来实现的。一些语词被"不合常理"地嵌合在一起,虽然看起来既不"规范"也不"和谐",甚至有几分"生涩",但细加品味却给人带来一种生新奇妙的审美愉悦。韩晓光《杨万里诗歌语言的审美特征》(《景德镇高专学报》2003 年第 9 期)从雅俗、疏密、婉直、浅深等几个方面对杨诗的语言审美特征作了探讨。

对于"诚斋体"诗的成因,学界多从学术背景和艺术渊源两个角度作了深入的探讨。张鸣《诚斋体与理学》(《文学遗产》1987 年第 3 期)、韩经太《杨万里出入理学的文学思想》(《社会科学战线》1996 年第 2 期)、卓松章《诚斋体诗歌哲学渊源探析》(《福建论坛》1996 年第 6 期)和郭艳华《"格物致知"对"诚斋体"诗学品格的影响探析》(《西北第二民族学院学报》2005 年第 3 期)都论述了理学对杨万里思想和文学的影响,认为"理学的思想、方法及其艺术观渗透于他的创作中,理学的造诣给了他通脱活泛的心胸、悠然无碍的态度去处世接物,使他摆脱前人的束缚,不再从书本上寻章摘句;也给了他机敏锐利的眼光去观察万物,并以平易活泼的语言和随物流转的诗法表现所见、所闻、所感,这正是杨万里新创诗体的前提"。戴武军《"诚斋体"的形成原因初探》(《湘潭大学学报》1992 年第 4 期)考虑到了杨万里关于"变"与"诚"的哲学思考以及"以史证经"的思维方式对创作思维的渗透,这种融合在深层次上决定着作者的创作方向和取材意向。

张晶《"诚斋体"与禅学的"姻缘"》(《文艺理论家》1990 年第 4 期)和王琦珍《论禅学对诚斋诗歌艺术的影响》(《辽宁大学学报》)1992 年第 5 期)认为禅宗之在自然中悟道,体验有限中的无限,影响及"诚斋体",表现在取材上善于在大自然中直接汲取诗思，触发诗思。杨万里善于描写变化运动的意象，而又富有生命感，增加了其诗的禅趣。杨万里深受禅家观照与思维方式的影响，通过参禅喻学诗，促成了诗歌本体精神的回归，终于在“万象毕来，献予诗材”的境界中摆脱了江西派的束缚；在生命自我圆成的基础上，实现了对艺术创作的灵性与自由的探求。郭艳华《“格物致知”和“诚斋体”——理学、禅学对杨万里文学思想的影响》（《宁夏大学学报》2006 年第 1 期）认为理学的“格物致知”与禅宗的参悟精神共同作用于杨万里的文学创作，最终形成了“诚斋体”独特的风貌。

在诗歌和诗序中，杨万里提到了自己对江西诗派、陈与义、王安石、晚唐诗人、李白等人诗歌的继承和借鉴。学者们在探究杨万里诗歌的艺术渊源时，大多遵循以上几个方向追根溯源。王琦珍《杨万里与江西诗派关系摭谈》（《九江师专学报》1989 年第 4 期）、傅义《杨万里对江西诗派的继承与变革》（《中国文学研究》1990 年第 3 期）、雨人《走出江西诗派的畛域——杨万里诗歌浅论》（《文艺理论家》1990 年第 4 期）以及王连生《破江西诗派藩篱，创诚斋体趣味——杨万里对诗学理论的贡献》（《阴山学刊》1992 年第 4 期）、周建军《论“诚斋体”对南宋诗风的转关作用》（《广西社会科学》2003 年第 3 期）、郑永晓《南宋诗坛四大家与江西诗派之关系》（《南都学刊》2005 年第 1 期）都论述了杨万里和江西诗派的关系。杨万里在句法、用典上借鉴了江西诗派，在师承渊源和诗论观点上也有其相似之处，但他摆脱江西诗派的影响而自成一家，形成了“新、奇、活、快”的崭新诗风，这一带有浓厚生活气息的清新活泼的诗风同陆游奔放豪壮的风格相搭配，就形成了南宋诗歌的主旋律。朱炯远、张立的《杨万里“诚斋体”诗的艺术渊源》（《沈阳师范学院学报》1992 年第 1 期）认为“诚斋体”诗的源头是杜甫入蜀后自创的颇具特色的七言律绝景物诗。杨万里对杜诗律绝艺术手法的继承主要在四个方面：潇洒清真，曲折达意；取法民歌，化俗为雅；风趣诙谐，理趣浓郁；巧用修辞、技法高超。张玉璞《杨万里与南宋“晚唐诗风”的复兴》（《文史哲》1998 年第 2 期）和崔霞、赵敏《论杨万里对晚唐诗的接受》（《天中学刊》2004 年第 2 期）论述了杨万里以借晚唐诗来摆脱江西诗风的束缚，而且以其诗坛盟主的身份有意识地引导当时的诗人在创作上趋同于晚唐诗风，以此扩大反江西诗派的阵营，彻底转变当时诗歌的流向。张福勋《简斋已开诚斋路——陈与义写景诗略论》（《中国韵文学刊》1994 年第 1 期）认为简斋的写景诗开了诚斋先路，他们的笔墨兴趣，不再只是停留在摹写自然景物的形神上，而是着重从深一层去挖掘、描写自然景物的喜怒哀乐。龚国光《诚斋体与俗文学——杨万里诗歌创作再认识》（《江西社会科学》1999 年第 3 期）、王雪盼《杨万里“诚斋体”诗中的雅与俗》（《文教资料》2002 年第 2 期）和杨英《论“诚斋体”产生的文学缘由》（《延安教育学院学报》2003 年第 12 期）探求了在“诚斋体”形成过程中民间文学的作用。李胜、张勤《试论“诚斋体”的创立要素》（《重庆教育学院学报》2002 年第 1 期）通过具体分析，总结出“摆脱宗派、走出书卷、复归晚唐、胸襟透脱”等几个“诚斋体”创立的因素。张瑞君《杨万里评传》细致地论述了杨万里诗歌对李白、王安石、江西诗派、苏轼、杜甫、山水田园诗派、白居易及晚唐诗派的继承和发展，揭示了杨万里师承广泛、但不被众家所囿、不断超越前人、超越自身、终成一代诗歌大家的历程。黄之栋《论“诚斋体”形成的诗学渊源》（《阴山学刊》2003 年第 4 期）认为“从诗学渊源看，江西体、晚唐体、俳谐体是形成诚斋体的三个重要因素”。杨万里对这三种诗歌进行了扬弃和重组，构建了别是一家的“杨诚斋体”。王守国的《诚斋诗研究》从宏观的角度论述了宋朝南方文化对杨万里诗风形成的影响：杨万里一生大部分时间都身处南宋的赣文化区，南宋国都从中原南迁的特殊地理环境使赣文化区充分吸收了来自北方的中原文化；南方文化的重天道、崇自然、超脱任达、隐逸主静、充满机智的特征与中原文化的重人事、尚入世、有为主动、粗犷而严谨的特点结合在一起，形成一个特有的历史文化背景。正是这一特定背景，孕育了诚斋诗。

杨万里存诗九集，诗风一集一变。历代论者多转述杨万里诗集自序究其实，近来有学者对此提出质疑。莫砺锋《论杨万里诗风的转变过程》（《求索》2001 年第 4 期）从写作年代和诗体选择、题材取向、写作速度、艺术手段等角度对杨诗的创作过程进行了具体分析。认为杨诗风格的转变是个渐进的过程，并不是他所声称的从“轧轧”到“浏浏”的飞跃。张瑞君《杨万里诗歌的发展历程》（《太原师范学院学报》2003 年第 9 期）把杨万里诗风的转变分为四期：模仿期，学江西体；模仿与创新的探索期；形成期；发展变化期。

许总《论杨万里与南宋诗风》（《社会科学战线》1991 年第 4 期）认为，杨万里的诗学观在宋诗主潮中表现出的变异与不和谐，正表现了向唐诗典范的回归，他把南宋大盛的理学精神和江西派的“活法”结合了起来，是四灵诗风格特征形成的逻辑起点。王守国在《诚斋诗研究》中，引述了大量前辈及同行们的论述，认为“在考察中国白话诗歌史和‘五四’白话诗发生发展史的时候，我们是不该忽视诚斋的独特贡献的”，称杨万里是“最具现实意义的古代诗人”。吕肖奂《论“诚斋体”及宋调转型的特征》(《郑州牧业工程高等专科学校学报》2002年11月)认为杨万里改变了江西诗派的瘦劲拗峭、语意深折，而向圆活流动、浅易平熟方向发展，强调诗歌的“趣味”，是宋调转型的关键人物。胡传志《论诚斋体在金代的际遇》(《安徽师范大学学报》2004年第1期)通过对金末三大诗人赵秉文、李纯甫、元好问的分析，论述了诚斋诗在入金后经历了受人喜爱到被人冷落的过程。其主要原因是诚斋体的特点不适应金末动乱的时代，不符合北方人豪迈的个性。归根结底，是时代及地域文化的差异决定了诚斋体在金日渐消退的命运。

五、词、文方面的研究

杨万里的词数量很少，只有八首，而且题材单一，所抒写的是自然景物带来的精神上的愉悦，体裁单调，因而研究成果很少。常玲《论杨万里词的审美理想》(《辽宁大学学报》1999年第1期)认为杨词的审美理想在于发现一种外见新奇巧趣，内呈忘言时空的潇淡之美。杨英《诚斋词浅论》(《延安教育学院学报》2002年第4期)从结构错落有致、曲尽其妙，笔调诙谐风趣、铺叙纤悉，词风跳脱安逸、平淡自然三个方面探讨诚斋词的特点。周静《杨万里词的再评价》(《乐山师范学院学报》2004年第6期)以宋至明清和解放以来两个阶段的选本为主要参照系，结合词学批评专著、论文，从词的创作题材、表现手法、风格气象这三个方面评价杨万里的词。阳建雄、刘晓林《诚斋词趣摭谈》(《安庆师范学院学报》2005年第7期)从意趣、理趣、真趣、谐趣和机趣五个方面对诚斋词的审美情趣作了分析。

杨万里除了诗词方面的成就外，文章在当时也很受推崇。文师华、胡建升《论杨万里文赋的三维构建》(《江西社会科学》2004年第4期)认为“杨万里的文赋继承韩、柳、欧、苏的古文运动的传统，摒弃骈俪文风，重视儒家教化，倡导个体性灵和运用活法顿悟的艺术思维，是南宋理学、禅学、老庄之学和文学交融汇合的又一典型体现，启迪了接踵而来富有灵与趣的小品美文”。张瑞君《杨万里评传》考察了杨万里的散文个性，认为他的散文在立意与境界上体现了人品和文品的统一，关心现实、正视现实、干预现实、反映现实成为其散文的又一鲜明的特征，杨万里的散文议论卓伟、是其复杂深刻思想的折射，同时，杨万里散文的结构艺术水平很高，变化繁富、不拘故常、多姿多彩，以及全面继承前人散文创作的经验、而又敢于创新，其散文的语言，全面学习先秦、两汉、六朝骈文、唐宋散文之长，而又吸收当时鲜活的语言，求新又求变。

此外，萧东海从《螺陂萧氏族谱》中发现的杨万里佚文《五一堂记》，为《诚斋集》所不载。杨万里在文中对萧岳英不恋禄位、知难而进的志趣大加赞赏，反映了他当时不想做官专意隐居的思想情绪(《人民日报·海外版》1990 年 8 月)。吴怀祺《〈通鉴纪事本末(杨万里)叙〉补遗》(《史学史研究》1998 年第 3 期)对中华书局标点本《通鉴纪事本末》中的杨万里《叙》脱落的文字作了补充。于北山《八千卷楼钞本〈诚斋全集〉中"跋语九则"笺》(《文学遗产》1994 年第 2 期)以扎实的考据，对钱塘丁丙八千卷楼钞本《诚斋全集》卷一百的九篇跋文做了笺释，对考证杨万里的交游及当时的史实和诚斋的思想都有很大帮助。王琦珍《四库全书〈诚斋集·诗集〉勘误》(《南京师范大学文学院学报》2003 年第 3 期)对《诚斋集·诗集》中的一些主要错讹作了考辨。萧东海《杨万里〈诚斋策问〉年代背景考述》(《吉安师专学报》1999 年第 4 期)考定杨万里的二十五篇策问"先是应进士策试，后是应贤良制举，皆为杨万里 36 岁以前所作"，并且由此发现杨万里曾应试绍兴三十二年贤良制举这一段生平史实。

综观这一时期的杨万里研究，对其诗歌内容的研究不再局限于山水诗，视野较宽；对"诚斋体"诗歌艺术特征的研究，虽有新的开拓，但也陈陈相因，彼此重复，而对杨万里诗歌地位和影响的论述尚欠深度。至于杨万里的文赋，更有待深入探讨。

二十年来的张孝祥研究

胥秀丽

自1980年以来，有关张孝祥的研究论文约八十余篇，重要研究论著有：黄佩玉《张孝祥研究》（香港三联书店1993年版）、韩酉山《张孝祥年谱》（安徽人民出版社1993年版）、李一飞《张孝祥事迹著作系年》（四川大学出版社2003年版）、辛更儒《张孝祥于湖先生年谱》（台湾五南图书出版公司2003年版）。本文试对20世纪80年代以来有关张孝祥的代表性研究成果作扼要评说。

一、张孝祥生平的研究

关于张孝祥的家世，《于湖居士文集》附录《张安国传》与陆世良《宣城张氏信谱传》记载张孝祥为唐张籍七世孙，引起后人疑惑。韩酉山《张孝祥若干事迹考略》（《江淮论坛》1981年第2期）判断孝祥作为籍之后代子孙，至少在十代以上。宛敏灏《张孝祥年谱》（《词学》第二、三辑）亦认为"七世孙"之说与事实不符。韩酉山《张孝祥年谱》从陆游《朝仪大夫张孝祥墓志铭》和周必大《敷文阁待制赠少师张公邵神道碑》入手，并考孝祥文集，确定张孝祥为籍七世孙之说实属谬传。

张孝祥的籍贯问题，各持其说，一般认为是"历阳乌江人"。韩酉山《张孝祥若干事迹考略》推断张应出生于宁波鄞县方广院，并在此居住十余年。徐蜀江《南宋爱国词人张孝祥籍贯问题辨析》（《内江师专学报》1987年第1期）认为史志记载张孝祥为历阳（今安徽和县）乌江人，是按其卜居地而言，非其原籍。傅明善《坚定的抗战者和清醒的思想者——论张孝祥的政治品格》

(《宁波大学学报》1998年第3期)一文与韩文持大致相同观点，认为张孝祥约十二岁随父北归和州(郡治历阳)故里。辛更儒《张孝祥于湖先生年谱》认为孝祥绍兴二年壬子出生于明州鄞县方广院，十四年甲子祖母冯氏病卒，孝祥随父还和州居住。

张孝祥因得罪秦桧而入狱一事，一直都是研究者关注的重点。最早言及此事的是宋陈振孙《直斋书录解题》，许多学术著作和论文认为实有其事。曹济平《张孝祥被诬入狱之说不可信》(《文学遗产》1984年第3期)、刘强《张孝祥是否因忤秦桧而下狱?》(《安徽大学学报》1984年第3期)、舒朋《张孝祥"入狱"辨》(《首都师范大学学报》2005年第1期)等文对此进行了考证。曹文认为下狱乃其父张祁，张孝祥本人虽处境危险，但并未入狱。刘强与舒朋认为张孝祥"入狱"之说是史料记载错误。

韩酉山《张孝祥年谱》博考史志谱传及诸家笔记，搜集于湖同时诸人之别集，又吸收同时代人的研究成果，对张孝祥一生事迹详加考订，是研究张孝祥的重要著作，也为后人的研究奠定了坚实的基础。辛更儒自1986年始编写《张孝祥于湖先生年谱》，历时十年而成。其间曾于《文史》第四十辑、第五十二辑先后发表《〈于湖居士文集〉附录张孝祥事迹及版本真伪考》和《宛敏灏〈张孝祥词笺校〉辨正》两文。作者以为孝祥行状、墓志之类传记资料，宋时未见著录，而元人《宋史》本传所记，甚为简略，多有错讹。张孝祥集在流传过程中，补入了明人所撰的一卷附录，伪造于湖生平事迹，清人《直隶和州志》又从而附益，遂使于湖生平晦乱难辨。是以作者不为《附录》所误导，从南宋史籍、笔记、方志、文集有关记载，参详考证，甄别辑录、分年隶事，去伪存真，信而有征。内容涉及了于湖生平、交游、史实及重要作品的编年。对于湖叔父张邵、父张祁事迹，亦广为考察。附录中对于湖子张同之等人也有考索。

二、张孝祥作品及思想的研究

张孝祥词作风格的探讨，成果较多。刘强《试论南宋爱国词人张孝祥的主要成就》(《安徽大学学报》1981年第3期)认为张词的突出成就是进一步扩大了词的题材，并将词的意境推进到念时忧乱的爱国情怀同激昂慷慨的战斗精神相结合的新阶段。缪钺《论张孝祥词》(《四川大学学报》1984年第1

期)指出于湖词兼有东坡之清旷和稼轩之豪雄,上承东坡,下启稼轩,在词的发展史上有相当重要的地位。黄佩玉《张孝祥研究》把张词放在南宋国势衰微与豪放词之兴盛的语境中展开论述,认为于湖词以其忠愤悲慨的爱国情怀、长怀故国的哀思、感愤国事的悲恨,表达了他关心国运大计的赤子报国之心。英姿奇气的咏怀词,从前期的豪迈奔放,发展为后期的慷慨悲愤。与深婉清丽的情词艳词、清新淡雅的写景词,共同形成于湖词豪壮典丽的风貌。裴善明《试论张孝祥词风特色》(《江淮论坛》1997 年第 5 期)则认为其词风虽属豪放,但其大量作品却是以清旷俊逸为特色,境界空阔明朗,格调舒缓洒脱,给人以心旷神怡的美感。翟庆萱《清旷豪雄两擅场、苏辛之际此津梁——张孝祥的词作特色》(《文史杂志》2001 年第 1 期)指出这种旷达、清远、飘逸的风格是源于道、佛、仙家思想的影响。房日晰《张元干张孝祥词之比较》(《西北大学学报》2001 年第 2 期)认为比之张元干词的慷慨激昂,张孝祥词更洋溢着沉郁悲凉的情调。李静《张孝祥的临安交游与词的创作论略》(《求是学刊》2005 年第 3 期)与《张孝祥为官江淮时的交游与词的创作论略》(《学术交流》2005 年第 3 期)认为作者临安五年宦游春风得意,因此词作内容多闺情、妓情;为官江淮时,由于时政、自身命运和交游对象的变化,词风一改临安时的温软香艳,变为慷慨激越。

《六州歌头·长淮望断》是张孝祥的名作,但此词的系年有争议。宛敏灏《张孝祥年谱》认为作于绍兴三十二年正月;钟振振《宋张孝祥〈六州歌头〉词系年考辨》(《文史》2001 年第 3 辑)认为作于隆兴元年冬天,而在隆兴二年春天建康留守席上写付歌女当筵演唱;辛更儒《略论〈六州歌头〉的写作时间》(《中国典籍与文化》2003 年第 2 期)认为作于绍兴三十一年十二月十九日至明年正月五日的十六日间;彭国忠《关于张孝祥生平和创作几个问题的考辨》(《安徽师范大学学报》2003 年第 6 期)认为作于绍兴三十二年二月;李一飞《张孝祥事迹著作系年》观点与彭文相同。关于此词系年,尚需进一步研究。

张孝祥以词著名,诗文受人关注不多。黄佩玉在《张孝祥研究》中认为于湖诗歌的内容与词一样,也以忧怀国事、心系民瘼为主,并表现了自己南北游宦的羁旅之感,形成了清婉俊逸、深隽奇正、平实简淡的诗风与意蕴。其文章也以政论奏议为大宗,表现出卓尔不凡的见解。此外,孔妮妮《张孝祥诗歌创作新探》(《江淮论坛》2001 年第 6 期)从对杜诗的继承、"活法"的实践、理学的影响三个方面入手,多角度多层次地描绘了张孝祥的诗歌风貌。不失为张孝祥诗歌研究的一篇佳作。

版本源流研究方面,辛更儒《〈于湖居士文集〉附录张孝祥事迹及版本真伪考》(《文史》第40辑)、彭国忠《关于张孝祥生平和创作几个问题的考辨》对于湖词的版本作了大致清晰的梳理,可以相互补充。作品考证方面,宛敏灏《张孝祥词笺校》(黄山书社1993年版)逐一笺释词的写作背景,辛更儒《宛敏灏〈张孝祥词笺校〉辨正》(《文史》第52辑)对宛作许多观点批驳甚烈,而彭文又逐一驳正。作品辑佚方面,徐鹏点校《于湖居士文集》(上海古籍出版社1980年版)辑录有佚文;韩酉山《张孝祥年谱》在徐氏基础上补入十条;彭国忠《张孝祥诗歌新补》(《文教资料》1996年第5期)在二人的基础上又补入八条。彭国忠点校的《张孝祥诗文集》(黄山书社2001年版),提供了可靠的读本。

关于张孝祥的思想研究,徐蜀江《南宋爱国词人张孝祥籍贯问题辨析》、傅明善《坚定的抗战者和清醒的思想者——论张孝祥的政治品格》、冯亚非《"肝胆皆冰雪"——宋代词人张孝祥人格精神评议》(《天津市工会管理干部学院学报》2002年第3期)、罗敏中《论张孝祥的爱国诗文》(《中国文学研究》2002年第2期)等文章皆认为张孝祥的爱国思想是毋庸置疑的,爱国思想是时代使然,也是儒家思想的影响。盛莉《于湖词与道教文化》(《洛阳大学学报》2005年第3期)一文指出张孝祥受道教文化影响很深,具有道教文学浪漫、神奇、清幽、典雅的特色;而其《于湖词与庄子美学精神》(《湛江师范大学学报》2005年第5期)认为是庄子顺应自然、养生怡情的精神造就了张孝祥词独特的美学风貌。

三、张孝祥词传播与接受的研究

在于湖词的传播研究方面,盛莉发表了系列论文,对于湖词的传播按朝代进行了研究。《试论〈于湖词〉在宋朝的传播》(《华中科技大学学报》2003年第5期)认为宋人词集题跋、词选表现出对《于湖词》豪迈雄壮、清旷秀雅词风的认可;宋人大量化用于湖词,也表现出张孝祥在南宋豪放词坛上的重要地位;虽然辛弃疾及其后来的辛派词人掩盖了《于湖词》在南宋的锋芒,但他们的时代高歌中已纳入了《于湖词》的音符。《论于湖词在元明两朝的传播》

(《渝西学院学报》2005年第3期)指出元人词话取材于湖词作,所论真切;于湖词入明有名而不著,选家虽激赏于湖清俊豪迈之作,但更偏爱其婉丽轻约之词,选评总体趋于流丽的词作。《论于湖词在清代的传播》(《孝感学院学报》2005年第2期)一文认为清初词家着眼于于湖词的艺术个性,喜其典雅;常州词派崛起后,于湖词以其爱国精神扩大了它在清代的影响;晚清词家喜将于湖与稼轩并论,我们今天以张孝祥为南宋名家的印象主要得之于清代中晚期词家对于湖词的品评。宗顶侠《张孝祥词的传播与接受》(《安庆师范学院学报》2005年第6期)则从总体上对于湖词在历代的传播与接受作了一个鸟瞰式的回顾,除了从历代选本和词评两个方面研究外,又着眼于于湖词的历代编刻传播,对南宋及以后的词集版本作了细致梳理。

从总体上看,有关张孝祥的研究成果较多,并逐渐向纵深方向发展,但重复研究较多,有些文章缺乏新意。研究者较多地关注其生平及词作,而对诗文研究较少,范围稍显狭窄。

从诗词的离合看唐宋词的演进

王兆鹏

中国古代各种文体的演进史,常常是彼此分离与融合的历史。一种新兴的文体,从别的文体衍生分离而出后,既要确立自身独立的文体特性,以区别于其他文体,又会不断吸取融合其他文体的特点以求得新变与发展。而从发生学的角度看,一种文体在萌芽新生阶段,往往不具备鲜明的自我属性,常与其他文体混同,发展到一定的阶段后,才形成自我独立的文体属性。词体的发展就经历了这样的历程。综观唐宋词的发展流变,词与诗始终是有合有离,从诗词的离合过程可以考察词的演进轨迹。

一、初唐至中唐:词变于诗,诗词混合。初唐至中唐,是词体的形成阶段。此时词作体制,与诗基本是处于混合状态。而在观念上,诗客们也没有把这些后来认定为词的作品独立出来而视作词。词作的语言、题材取向也还没有形成一种有别于诗的特质。

二、晚唐五代:词体独立,词别于诗。到了晚唐五代,词体进入到一个崭新的时代。温庭筠词的出现,标志着词体从传统的五七言诗歌中分离独立出来,宣告词体的定型与成熟,主要表现在:体制句式的长短化,语言风格的香艳化和节奏的错综化,审美趣味的女性化,境界的精美化与小巧化,表现功能的抒情化与单一化,抒情方式的模式化。

三、北宋:词的转型,诗词初步融合。北宋的词体开始转型。从词体与诗歌关系的演变来看,又可分为两个时段。苏轼登上词坛之前的北宋初中叶百余年为第一时段,词与诗"亲密接触"。苏轼登上词坛后的北宋中后期为第二时段，词与诗初度融合。北宋初中叶，词与诗初步贴近。宋初词在表现功能上沿着三个方向朝诗歌靠拢：一是抒情的自我化，二是写景的纪实化，三是词调加题序。北宋中后期，词与诗初度融合。表现在：在词学批评中，开始出现"诗词"并称，并以诗为参照来评词论词；在创作实践中词人普遍地自觉地移诗法于词，由"歌化"词向着"诗化"词转变。

四、南宋：词的诗化，诗词深度融合。宋室南渡后，民族灾难改变了词人的生活命运和他们的价值观。词体观念由娱乐游戏向着抒怀言志和强化社会功利目的的大转变，词与诗更进一步走向深度的多元融合。不仅是创作实践上词与诗的表现功能同化融合，而且理论上形成并确立了诗词一体、诗词相通的观念。南宋初王灼就提出："诗与乐府（词）同出，岂当分异。"元人吴澄更认为，诗词功能同一，不应区分为二。五代花间词风香艳靡丽，那不是词体的过错，而是"末流之失"。词如果回归《诗经》和古乐府的传统，也同样可以"用之邦国"，成为经国之大业，甚至超过汉魏晋唐以来的诗歌。吴澄虽是元人，但他的看法可以看作是宋人观念的继续和回响。

（原载《中国社会科学》2005 年第 1 期）

论词的叙事性

张海鸥

本文借鉴叙事学文本结构分析的理念和思路，寻绎词的叙事性。词通常被认为是抒情文学，因而未曾被叙事学研究关注。然而词到底有没有叙事性呢？叙事学研究对词学研究有无意义呢？从学理上说，叙就是叙述，叙述是人类的言说行为，它超越任何具体作品的体裁形式。换言之，任何体裁的作品都是人类叙述方式之一种，词当然也是。词叙述的内容不可能只有情、景而没有事。词人将自己在一定时空中的存在、行为或心理活动表述为词，都是对已然的叙说，即便是以抒情为主的词，也不可能全无叙事因素。比如“衣带渐宽终不悔，为伊消得人憔悴”，其中隐含的叙事是：我曾经或正在追求。又如“少年不识愁滋味，爱上层楼，爱上层楼，为赋新词强说愁”，其中隐含的叙事是：我曾如此。可见，词当然有叙事性。本文从词的文体结构和文本结构两方面论证词的叙事性。词调具有点题叙事性，词调形成时往往兼有词题的意味。词题出现于北宋前期，其主要功能是引导叙事；词序始于张先，兴于苏、黄，词序是词题的扩展，是对词题引导叙事的延展，又是对正文之本事、创作体例、方法等问题的说明或铺垫。词正文的叙事与其他叙事文体不同。由于词牌的限定，词的篇制最无弹性。小令之短者只有十几字，长调之长者亦不过一二百字。因此它不可能像小说、传记、神话传说、民间故事或者叙事诗那样有头有尾有完整情节地叙事。词的叙事是片断的、细节的、跳跃的、留白的、诗意的、自叙的；长调叙事受赋体影响而有铺叙式，短词叙事通常采用诗歌本色的隐喻式。词的叙事风格比小说典雅、含蓄、文人化。

研究词的叙事内涵，可以直指作者，在作家与作品之间寻绎作者的个性化、具体化的故事内涵，这有别于小说叙事学研究可以淡化作者、淡化内涵研究、偏重文本结构和形式的综合化抽象化倾向。词的叙事学研究不能如此，因为词的自叙性和真实性，所以词的作者正是研究的重要对象。被小说叙事研究“杜绝”的所谓文本以外的因素，必然被纳入词体叙事研究的视野。词这种抒情文体中的形象、隐喻和象征结构中，携带着“情节”叙事。

（原载《中国社会科学》2004 年第 2 期）

词本事与词诠释之关系及其评价

李剑亮

所谓“本事”，是指一首作品的创作缘起或创作过程或与此相关的事实原委。从现有材料看，对词本事较早予以收集、整理的，是宋人杨绘的《时贤本事曲子集》。所录之本事凡九则。词之有本事，实起于诗之有本事。目前，我们能看到的直接以诗本事冠名的著作，为唐孟棨的《本事诗》。故而，有学者认为杨绘“是书系仿孟棨的《本事诗》体”。杨绘之后，有关词本事的文献就日趋丰富，有的出现在词序或题注中，如苏轼的词序，大都被视为相应的词本事；有的散见在各类词话、笔记小说中，如宋代胡仔《苕溪渔隐丛话》即记有不少词本事；有的则以专书形式出现，如清代叶芗申的《本事词》。

随着众多词本事的收集、汇编，从宋代开始，人们就重视以词本事来诠释词作。典型者，为鲖阳居士的《复雅歌词》。原书已亡佚，赵万里先生《校辑宋金元人词》有辑本一卷，计十则。其中，对后来影响较大的一则，是对苏轼《卜算子》(缺月挂疏桐)词的诠释。受这种诠释方法的影响，现代学者也重视对词本事的利用。如唐圭璋先生一方面广收本事，汇编成《宋词纪事》，认为所汇编的这些本事有“以宋证宋，以供研究词学者之参考”的作用。另一方面，在读解词作时，也常常利用这些本事来立论。这种将词本事作为词诠释依据的现象，几乎贯穿于整个词学史。词学家们或以此来考证词的作年、作地，或用其来探求作品的题旨。如在读解陆游《钗头凤》(红酥手)一词时，俞平伯《唐宋词选释》引宋陈鹄《耆旧续闻》卷十和宋周密《齐东野语》卷一所记的本事，认为“上引均当时人记载，盖得其实”。

词本事既被用作词诠释的依据，那它的可信度就显得十分重要。因为，它直接影响到诠释结论的可靠性。那么，这些词本事其可信度到底有多少呢？对此，历代学者作了不少的考察，结论也是多种多样：有信从的，但更多的是面对同一则本事，有人信从，有人则表示怀疑。如吴熊和先生从“陈鹄、周密两家之说多抵牾处”、“词意及词中时地同唐氏身份不合”和“《钗头凤》词调流行于蜀中，陆游是承蜀中新词体而作的”三个方面，对这一流传颇广的本事提出质疑。

自宋以来，人们之所以推崇词本事并以此作为诠释词的依据，原因大致有二：一是受传统经学的影响，先秦两汉时期针对儒家经典的批评，采用的主要方法就是，重视收集史实，以此作为解释的论据；二是与宋代词人的自身背景有关，他们中有不少是历史学家，有的直接从事正史的编撰工作，如欧阳修曾自撰《新五代史》，有的以个体的方式编写史书，如周密撰写《齐东野语》等史书。因此，在解读他们的词作时，往往要结合他们的这些学术背景和学术活动。认为在他们的词背后，都有一定的历史事件或个人情事。那么，如何评价这种诠释方法呢？

首先，我们承认，以本事释词所体现的是一种反对空言、崇尚史实的治学态度。其次，这一方法在一定程度上能帮助人们了解作者的创作意图，把握作品的文本内容。然而，只关心作者的意图和作品的文本内容是远远不够的。因为词作一旦由词人创作出来之后，它便以完成形态而自为存在，其文本意义的同一性和意义回答的多样性是并存的。词人自己的创作企图也不能涵盖作品所表现出来的全部内容，否则，面对那些无本事可考的词作，就无法解读。因此，即使在有本事可利用的情况下，也不能拘泥于此。因为诠释者在阅读过程中，可以充分调动自己的生命体验，发挥自己的艺术想像力，从而不断地丰富词的内涵，与词人产生共鸣，形成一种双向的交流。而这才是将词学诠释带向创新的有效途径。正因为这样，王国维在《人间词话》中对欧阳修、柳永、辛弃疾三人的词句的解读被视为宋词诠释史上的经典之作。当然，这样的解读方法，在那些习惯于以本事释词的人看来，简直是不可思议的。

（原载《南京师范大学文学院学报》2004 年第 4 期）

论宋人词体观念的建构

王　昊

两宋是词体建构、定型的主要阶段，词体观是两宋词学批评中的核心问题。词体这种配合燕乐而歌唱的音乐文学样式，在其产生之初，其内部就存在着音乐性和文学性、娱乐功能和抒情功能的内在张力和矛盾；正是词体的这一内在矛盾性决定了词体的发展必然是“建构论”的，亦即词体的本质属性是在宋代文人词和民间市井词的雅俗分流、互动及词体文学创作和批评的互动的动态运动中，以“尊体”为目的导向，建构发展以至规范定型的。

真、仁之际民间和文人词坛的复兴为词体观念的孕育提供了现实土壤。宋人词体观念的最初确立实际表现为对唐五代传统词体观的确认和容受，但已表现出崇雅黜俗的取向。

北宋中期以后，两宋词学批评中先后出现了“破体以尊体”和“分体以尊体”两种推尊词体的阐释思路和意向，前者以苏轼的“诗之余裔”说为代表，后者以李清照的“别是一家”说为代表，它们构成了宋代（文人）词体建构的两个维度。北宋中期以后，“唱赚”等民间俗词新变体的出现，加剧了词坛上文人词和民间词的雅俗分流；另方面伴随伦理人主文学（文统）的势态，为获得“合法性”而推尊词体，宋人的词体观念向源远流长的诗学传统靠拢了。将词体与“诗言志”的传统联系起来，其实质就是对词体内部的音乐性、娱乐功能予以压抑，而强调、凸现其文学性和抒情功能。这在苏轼具体表现为以诗衡词的尊体思路和意向，实际上是一种以较尊之诗体来改造较卑之词体的“破体以尊体”的阐释思路，即通过“破体诗化”而推尊词体。北宋后期，文人词坛上雅俗分流日益明显，作为理论批评上的回应，出于北宋晚期的李清照的词“别是一家”说为词体的建构提供了另一个维度，即“分体以尊体”的阐释思路：以词体的合乐可歌性作为词区别于诗、“别是一家”的文体标准。

南渡之后，文人词益发主动疏离了民间歌场，雅化加剧的同时与民间词的雅俗张力也渐次消失。以王灼为代表的词评家在尊体的阐释思路上立足于诗本位的词体观念，可视为苏轼“破体诗化”的时代发展和对李清照“分体”阐释的一个反拨；南宋灭亡后，在对“分体以尊体”和“破体以尊体”词体阐释思路及南宋复雅尊体思潮辨正扬弃的基础上，以张炎为代表的词评家完成了雅化词体观理论上的最后凝定，“尊体”的结果使词获得与诗一样的文学抒情功能，而同时又保持自身合乐可歌的特性，词体是在这种观点下最终规范定型的。

应当指出的是，终两宋，文人词虽然主动疏离了民间歌场，但未尝脱离音乐本身；而在词体观念的建构中，宋人并未以脱离音乐为尊体的必要前提。

（原载《中国文化研究》2004年夏之卷）

宋词的口头传播方式初探

——以歌妓唱词为中心

王兆鹏

本文主要以歌妓唱词为中心，探讨宋词的口头传播方式及其对宋词发展的影响。宋词主要的演唱者，是职业化与专业化的歌妓，作为一种职业，当时的歌妓，既可以在各级地方政府机关里供职，也可以在营业性的酒楼妓馆里从业，还可以在私人家庭里服务。她们一般都有专业分工，吹拉弹唱，各司其职。演唱环境与地点，主要集中在公私宴集等娱乐环境和酒店茶楼歌馆妓院等娱乐场所。宋人公私宴集，都有歌妓唱词侑觞。酒楼茶馆和妓院，既有职业的歌妓长期住店演唱，也有临时赶场的。歌妓在宴集中唱谁写的词，唱什么内容的词，一般由宴集主人选定：或唱主人自作新词，或唱客人所作新词。

宋词的演唱方式有多种，其中唱小令慢曲的“小唱”最为普遍流行。

歌妓演唱传播，对宋词的发展具有深刻的影响。首先，歌妓演唱强化了词的艺术魅力，扩大了词的社会影响。词的艺术魅力首先是通过歌妓的演唱传播得以实现的，王炎《双溪诗余自序》说：“长短句宜歌不宜诵，非朱唇皓齿，无以发其要妙之声。”正说明经过女性歌妓的演唱，词特有的艺术魅力才能得到充分的展示。在宋代，唱词是一种具有综合娱乐效应的视听艺术。特别是女性歌妓演唱时，既有形体动作的表演，又有美妙音乐的伴奏。她们的美色艳容、娇姿媚态本身就具有视觉上的冲击力，她们清脆娇软的歌喉加之美妙音乐的伴奏，又具有听觉上的震撼力，词作文本更有语言意义的感召力，因而词在当时是融表演性、音乐性和语言意义于一体，合悦目、娱耳、赏心的功能于一身。唐宋人“听”词的审美感受与后人“读”词的感受是完全不同的，而与我们今天听流行歌曲的感受大体相近。尤其是两宋时代词的接受者，大多是在公私宴集、茶楼酒馆等娱乐场所中群体共同视听欣赏，演唱者与听众之间、听众与听众之间，会产生一种相互感染激发的情绪氛围，具有特别强烈的“现场感”。这种氛围中的娱乐性、刺激性是个体独自欣赏诗文时所无法比拟的。宋词的娱乐性强，普及面广，必然会刺激和扩大社会对词作的广泛需求。仅是年复一年、日复一日在公私宴会上的演唱，就需要大量的“新词”来满足。词的日益流行和广为传唱，又提高了词人的社会知名度，给词人带来广泛的社会声誉。社会需求的扩大和词人声誉的提高，又会激发词人的创作热情。传播与创作构成了互动关系，词的传唱促进了词的创作和发展。

其次，歌妓演唱对宋词的题材取向和风格基调的形成又有制约性影响。宋人重视女声唱词，而女性歌妓演唱的场所又多半是在娱乐性和消遣性的宴会酒馆、歌楼妓院，听众到此的主要目的是寻求感官刺激。为适应这种演唱的氛围和演唱者歌妓的身份，词的题材就只适宜于表现带有刺激性的妩媚动人的女性和女色。唐五代词和北宋柳、晏、欧、秦、周等所谓“本色”“当行”词人之词，大多是以女性为歌咏对象，表现女性形象和女性情感，就与词的消费环境和接受对象密切相关。

女性演唱，声音软美。女性柔软的歌喉，必然要求歌词的风格基调是婉转妩媚，这样演唱时才协调，才会达到声情并茂的艺术效果。而宋代是以女声演唱为主，长期听惯了柔词软调，人们就逐渐形成了“期待视野”，觉得词应以柔婉为本色、正宗，否则就不是本色当行。宋词柔美婉媚风格的确立和本色观念的形成，与女性歌妓的演唱有着互为因果的关系。

论宋词“金曲”《念奴娇》

刘尊明　陈　欣

《念奴娇》是宋词长调中的三大“金曲”之一，共有六百一十八首词作（含同调异名之作一百八十六首）传世。本文主要从词调和词作两个方面来加以考察和分析，力图展现《念奴娇》词调的起源、演变及其体性特征，描述该调歌词创作的发展轨迹，并由此透视词调演变和词史发展中的某些重要现象和规律性因素。

《念奴娇》的调名本意是歌咏天宝年间的著名歌女念奴，而历史上念奴其人以容颜娇媚和歌声嘹亮著称，因此，《念奴娇》词调在创调之初必然具有与之相似的题材指向和体性特征。具体而言，该词调在最初存在以下两种可能性：其一，《念奴娇》词调与歌妓相关，很可能在创作中指向艳情、闺情一途；其二，《念奴娇》词调因念奴而起，而念奴素以歌声响遏行云知名，因此这一词调不太可能是一个音声缠绵的柔靡之曲，而应该是一个声情亢爽的高调。

《念奴娇》词调的第一首作品是北宋仁宗时期沈唐的一首咏杏花之作，全词看似咏花，而实写艳情，离愁别绪在咏花的外表之下铺染得淋漓尽致。然而这首名作并没有对此后宋词的创作产生重大影响，相思恋情题材在《念奴娇》词调中退到了极其次要的边缘的位置。在沈唐之后，苏轼创作了《念奴娇·赤壁怀古》和《念奴娇·中秋》两首作品，苏词突破了沈唐之作的规范和体式，在多个方面表现出创造和新变特征，然而他的大刀阔斧的革新却不为当时人所接受和欣赏，来自其他词人、词论家的批评屡屡见诸记载。但是，关于《念奴娇》创作的纵向梳理却表明，在苏东坡身后的绝大多数词人在填制《念奴娇》时都或显或隐地受到苏轼的影响，苏词在内在精神层面被广泛地认同和模仿。具体而言，在苏词范式笼罩下的《念奴娇》的创作呈现出以下三个鲜明的特征：其一，传统的相思艳情题材在《念奴娇》词作中仅占据不足百分之三的比例，主体的历史思索、生命感慨成为《念奴娇》词作集中表达的情感；其二，传统的柔曼婉媚的词风被突破，代之而起的是清旷豪宕而略显悲凉的风格；其三，苏词的天上人间、昔时今日的双重时空结构被绝大多数词作接受、沿用，结构的转换同时带来了情感空间的拓展和内涵的深化。

关于《念奴娇》创作历程的梳理与分析，有力地证明了苏轼革新的成功和词作的典范意义。然而，作为一种时间跨度长达二百余年的群体的选择，仅仅归因于苏轼个人的影响似乎还不够。这样一种大范围的、长时期的沿袭必然有着深层的动因和推动力。首先，苏词创作符合词体的审美要求，契合词人的接受心理，顺应了词史发展的道路，这是苏词产生深刻影响的最为根本的原因。词脱胎于音乐母体和文学母体的共同涵育，兼具音乐本位和文学本位双重属性。合乐应歌是词体的本体特性，同样，文学属性也是词体的内在要求。苏词《念奴娇·赤壁怀古》和《念奴娇·中秋》以激越高亢的音乐旋律演绎词人内心激荡难平的思想情感，音声、文情二者相互映衬、激发，达到了完美的结合，必然会产生强烈而持久的感染力。其次，苏词尤其是《念奴娇·赤壁怀古》所传达的历史思索、人生感喟，作为一种共通的人类情感，契合广大词人的接受心理，必然激起代代词人的认同和共鸣。其三，词体至苏轼手中开始了诗化和雅化道路，词的文学属性大大增强，词中开始大量容纳士大夫的主体情性，成为主体陶写性情的工具，这种革新代表了词体发展的方向和归属。

（原载《叶嘉莹教授八十华诞暨国际词学研讨会纪念文集》，
南开大学出版社 2005 年 12 月版）

论宋儒人格塑造背景下词人的重新定位

董希平

经过了北宋前期百余年的涵养，宋词人一反晚唐五代词人放荡不羁的传统形象，在新的文化背景下形成了新的定位。由于宋人讲求思辨，崇尚学术，砥砺气节，文章以经世致用为归，平居以儒雅雍容为上，形成了后来有名的宋儒风范。与晚唐五代人的狂放和外向不同，他们显得沉静内敛，儒雅而从容。词人品格提高的同时，词的品位也在潜移默化中得到提高。

唐宋易代之后，五代词风骤然消歇。但是，宋人也追求歌酒享乐，只不过其中的礼乐色彩已经和五代时的醉生梦死的况味有了显著不同。宋初诸帝都率先垂范，喜好音乐，尤其是教坊乐，并且长于制曲作词，其作品甚至很流行，他们的创作活动，颇有垂范之功。世俗气息极浓的燕乐歌舞的发展、新王朝享乐思潮的兴起构成了宋儒成长的环境要素；另一方面，经过了五代战乱频仍、士风流荡的局面，整肃人心、推崇雅正以创建新的文化，也成为新王朝上下的自觉行为，这又构成了宋儒人格演变的又一重要环境。在歌舞礼乐与收拾士心并重的过程中，宋儒的人格得以确立，士大夫词人的品位得到提升，词也随着词人风范的潜移默化，而自然地融入宋人的日常文化生活之中。

宋代大多数词人本身就是具有士大夫或者官宦背景的诗人。他们一方面大谈经义，探究经世治国之术，创作理学气息很浓的诗歌，显示其传统的诗人之观念；另一方面又纵情歌酒，大作感慨人生、流连风月的小词，享受新兴的词人风流。他们必须把这两方面和谐地统一于一身(不管在理论上还是在实践上)，而事实上他们确实做到了这一点。

以士大夫的背景和诗人的身份而自豪，这是宋人的普遍观念意识；但他们同时也不否认自己的词人身份，很多情况下也同样以此自得。在他们看来，诗人与词人二者是统一的，只不过有主次。对于士大夫来说，具有诗人之才和诗人之志，是他的基本素质；诗人是第一角色，词人是第二角色。完美的宋代士大夫人格意味着：第一角色的完美之余，便会延展为第二角色。当然，诗文本位的传统在文人士大夫的观念中依旧牢不可破。词人角色、词人才能依旧不是主导的方面。

对于宋代士大夫来说，在公共场合以官员、重臣的形象出现，保持端庄的词臣、诗人形象是必要的；而在公事之余，在歌酒筵席之间纵情享乐，流露一下自己对于人生、对于人世的感慨，显露一下感伤脆弱情绪，以风流词人的面目出现，这也是允许的。

这两种角色从两个方面满足了宋人的心理和社会需要。即使那些偶尔沾染词翰者，作品也多为展示性情之作。这种小词对于宋人心理倾诉，显然是必需的。宋人对于这种双重身份的保持，后来随着宋诗、宋词逐渐形成气候和大量创作词的名家的出现，更有了加强的趋势。更多的人保持了文化生活中诗人为本、词人为辅的角色定位。

概言之，大的文化环境要求儒家精神与词人精神共同为新的王朝服务，这是词人在宋代重新定位的外在条件。就内在条件而言，则需要人们解决如何使传统的诗人之志与词人风流在新的条件下和谐相处、甚至融为一体的问题。事实证明，绝大多数文人是既作诗、又填词，不过二者的比例在不同的人那里有所差异罢了。在这方面，聪明的宋人立足于诗人的身份，又兼顾了词的发展，从而使得词人身份经过新型文化的涵养与改造，最终成为宋人文化修养和文化生活的有机组成部分。

（原载《南京师范大学文学院学报》2004年第4期）

宋室南渡后的“崇苏热”与词学命运

沈松勤

靖康覆国，宋室南渡，宣告了“绍述”政治的结束和“党元祐”政治的开始，在“绍述”中惨遭禁锢的元祐党人苏轼及其文学，也随之获得了新生，并在高宗和孝宗两朝出现了“人传元祐之学，家有眉山之书”的现象，形成了奉之若狂的“崇苏热”。这一热潮既是南渡后政治运作的组成部分，又是文学发展的表现之一。政治上是南渡以后“拨乱反正”的产物；文学上全面改变了词学的命运，给宋词的发展注入了新的艺术生命力，也孕育了“雅正”说词学理论体系。但由于该体系有相当程度是政治上“拨乱反正”的翻版，具有明显的政治偏见，并强调词的教化功能，所以在主体论中，片面强调“正气”而忽视了创作主体的多重性，呈现出简单化的倾向；在以诗教衡词中，片面夸大词的教化功能而淡化了其审美意义与价值，“止乎礼仪”的“道德之美”成了其衡量词的存在与价值的首要的或唯一的标准；在“尊体”中，片面强调诗词同体而淡化了词应有的本体特征。从而阻碍了词向主体的多重性、词体功能的多样性、词风流变的多向性的发展之路。

（原载《文学评论》2005 年第 2 期）

宋室南渡与文化版图的重组

——以宋代文人及其文学活动为切入点

钱建状　李本红

唐宋以来，中国的文化重心一直保持着南移的态势，这是一个不争的事实。但是文化重心的南移究竟完成于何时，学术界存在着争论。多数学者认为宋室南渡以后，中国的文化重心完全移到了南方；也有一些学者认为，文化重心至迟于北宋末已经南移。造成这种分歧的原因，首先是文化本身是一个包含了制度、器物、精神等多层面的复杂系统，如果以其中的一种作为衡量的标准，得出的结论必然有所不同。其次，对历史现象的复杂性估计不够，是产生分歧的本质原因，也是此前研究者的共同缺失。因此对于文化重心南移的研究，研究者一方面必须对历史现象的复杂性有充分的心理准备，另一方面，在研究手段上要多元化，既要从静态的定量分析入手，也要考虑到各种文化因子所可能具有的活性成分。也就是说，只有将文化的静态情况与动态发展结合起来，充分考虑各种历史现象的复杂性，得出的结论才是较为合理的。

从各种因素综合起来看，北宋时，中国文化重心仍居于北方，但文化格局已发生了变化。首先，受朝廷重北轻南的用人政策的影响，南方人才的崛起需要一个过程。因此，就精英文化的创造者来说，南方士人的数量虽然在某些方面超过北方（如词人的数量），但北方仍有自己的优势。其次，因为政治的原因，汴京对南方士人的向心力是巨大的。就宋代士人的知识结构来说，很多是复合性人才，文学、学术、吏事多方面的才能往往集于一身。因此，作为政治中心的汴京，它在吸引南方政治人才的同时，也意味着南方其他方面的人才也流动至汴京。也就是说，尽管北宋末南方士人的数量超过北方，南方在各种文化因素中已显示了日趋强盛的态势，但各种重要文化活动却是在北方展开的，文化的重心仍居于北方。

种种迹象表明，在北宋末期，宋代中国的南方在文化上已经表现出了诸多的优异之处，因此，一旦有一种推动力量，促使北方文化优势的极度降低，则文化重心的南移便可以水到渠成了。作为汉族精英文化的主体——宋代文人的南渡，毫无疑问地，应是这项推动力的重要部分。以文化的一个子系统——文学而言，这种推动力主要表现在两个方面：第一，由于中原文人的南下与留居北方的南方文人的南归，使活动于南方的文人急剧增加，而活动于北方的文人数量急速下降，南北方文人数量极其悬殊，创作业绩也不可同日而语。第二，宋代文人的南渡，促使了原有的南方文学格局发生了重大变化，自南宋起，中国的文学版图形成了重组的态势。首先，就南渡文人在南方的地理分布来说，以都城临安为中心，在环太湖一带，即当时的两浙路、江南东路、江南西路，是南渡文人最集中的地区。其次，自宋室南渡以后，北宋的以开封、洛阳为文学重镇的“点”状分布格局被打破，就南宋而言，代之而起的是各地文学英才并起的网状分布。再次，南渡文人在南方的文化活动，进一步填补了一些文学空白，使整个南方的文学优势全方位地凸现出来。

（原载《江淮论坛》2005 年第 6 期）

北宋诗坛对唐诗模本的选择与改造

胡建次

北宋诗坛对唐诗模本的选择与改造，主要体现在三个步骤中：一是白体、晚唐体、西昆体对唐诗传统的选择接受；二是在“诗文复古”运动中，唐诗范式逐渐转换；三是伴随“诗圣”观念的变化，杜诗作为经典范式得以确立并开始被片面张扬。

在第一个步骤中，宋初“三体”作为宋诗创建自身体制前的过渡，对宋诗艺术实践具有重要的借鉴反思意义。它们对唐诗的接受，是以选择与改造为内涵的。总体来看，分别接通了唐诗传统中的不同血脉，在彼此的相异和解构中，建构出了北宋前期诗歌的发展历程和诗坛面貌。白体诗主要选择学白居易的浅切和闲适，而抛却其铺叙和讽喻，取的是白诗中“讲”的因子；晚唐体诗将唐人对意境的努力创构、对诗味的执著倡导落实于对诗语和诗意的锤炼中，在创作旨向上显示出“内转”的特征，在创作态度上则体现出对谨严的追求；西昆体在李商隐诗的“深情绵邈”创作特征中，取的是其绵丽与“层深创构”，他们特别注重从字语的运用和结构的安排上开掘诗意。

在第二个步骤中，北宋诗坛对作为创作范式的唐诗模本的选择与改造，是和北宋中期出现的“诗文复古”运动紧密相连的。后者凭借着对复兴儒学文化的倡扬，对宋代诗文发展的执著革新，最终使宋诗走上了转换唐诗范式的道路。“诗文复古”者高扬尊韩、扬杜的大旗，从转变以西昆体为代表的流行诗风入手，对诗歌创作的题材、主旨、表现手法、语言运用、格调、气韵等都进行了改造。他们努力从前人特别是唐代文学传统中接通、吸纳，建构出了新的诗歌范式。体现在对诗歌创作的影响上，就是多方面地促成了宋人对唐诗传统血脉的接通与转化。“诗文复古”者从唐代不同时期诗人，特别是从韩愈、杜甫等人身上借鉴、放大了其无事无物不道、“以俗为雅”、“以文为诗”、“意新语工”以及贯注气格于诗等创作特征，重新加以组合，这建立起了新的诗歌范式，亦是对唐诗范式的转换。

在第三个步骤中，杜甫的诗歌创作作为唐诗模本中的一种经典范式，在宋人中得到广泛的推扬。但宋人对杜甫的推扬经历了一个由低到高、由异到同、由局部到整体、由零碎到系统的过程。发展到北宋中后期，杜甫得到极度的高标和神化，一定程度上还出现了穿凿、曲解杜诗的接受批评取向，典型地体现出了宋人对唐诗模本选择与改造的时代特征。宋人对杜甫诗歌范式的推崇是和“诗圣”观念的形成紧密联系在一起的，“诗圣”观念的形成过程便是杜诗作为经典范式的确立过程，它典型地体现出了北宋诗坛对唐诗模本的选择与改造。

总之，从白体、晚唐体、西昆体对唐诗传统的选择接受，到北宋中期“诗文复古”运动中唐诗范式逐渐转换，再到伴随“诗圣”观念的变化，杜诗作为经典范式得以确立并开始被片面张扬，这几个步骤或前后相续，或相互渗透，最终促成了宋诗的成型。

（原载《中国韵文学刊》2005 年第 1 期）

宋代家训与宋代文学家庭

王　毅

宋代的文学家庭，约有四百家之多，是封建社会中任何一个朝代都无法比拟的。宋代家训的鼎盛可说是文学家庭繁荣的直接原因之一。

宋代的家训有以下几大特点：第一，出现了汇集各家家训的总集。北宋中叶孙颀编撰了中国第一部家训总集《古今家戒》。南宋末年，刘清之编成《戒子通录》。第二，出现了大量的家训的专著。如宋祁的《庭训》、司马光的《家范》、叶梦得的《石林家训》、黄庭坚的《家戒》、吕本中的《童蒙诗训》等。第三，形式的革新，用韵语形式作家训。如方昕的《集事诗槛》、王应麟的《三字经》。第四，出现了重视文学的新内容，增添了重文的内容。如家颐的《教子语》、孙栾的《履斋示儿编》、吕本中的《童蒙诗训》。第五，著名文学家、诗人、学者编撰家训，如范仲淹、黄庭坚、江端友、叶梦得、陆游、真德秀、司马光、吕祖谦、朱熹、陆九韶等。这样一宗极富文化内涵的智慧结晶，这样一份宝贵的文化遗产，对宋代文学家庭的繁荣必然会产生深远的影响。

打开《宋史》列传，里面有许多关于神童的记载，其他宋人的野史、笔记、文集中亦时有神童的记载。宋代出现这么多的神童，肯定与宋人重视家庭教育有关。叶梦得在《石林避暑录》中有过这样的描述："饶州自元丰末年朱天锡以神童得官，俚俗慕之。小儿粗能念书，自五六岁，即以次教之五经，以竹篮坐之木杪，绝其视听。教者预为价，终一经赏钱若干。流俗因言饶州出神童。"

在宋代，有意识地培养子弟是宋代家庭教育的一大特点。孩童的启蒙教育主要依靠家庭，宋代众多"神童"的成才、成名、成家，都离不开家庭的良好教育。重视家庭教育，是宋人的共识，如有不重视家教者，是要受到时人指责的。更何况，朝廷也提倡家庭教育，且与科举挂钩。黄庭坚曾举苏洵这个家庭为例说，“此苏明允（洵）弄笔所成，犹有文章关键。所以子瞻之文震动一世，岂非所谓积水成渊，蛟龙生焉者乎？”他用形象的比喻说明，“渊”是“蛟龙”产生、生存的前提和条件，“积水”的过程，就是家长营造生活条件的过程，也就是施教的过程。

宋人的家训，虽然贯穿了求取功名的思想，但求取功名必须工赋能诗，因为宋代的科举，以诗、赋取士。所以宋人的家教，以教子弟文学为主。反过来说，科举成功者多是文学之士。芮晖曾举葛立方一家为例，说明文学在葛氏发家史中的作用。因此，对子弟进行文学教育，是极为普遍的现象。而把文学教育作为家训的一项重要内容，这在前代也是少见的。对子弟进行文学教育，其目的多半不是培养文学家，而在于应付科举考试，以求取得功名。而在功名上取得成功的文学家又以文学教授子弟，循环反复，这在客观上确实为文学家的诞生和成长创造了良好的环境，提供了有利的条件。

（原载《聊城大学学报》2005年第3期）

南宋江湖诗人的谋生方式

费君清

南宋江湖诗人是如何维持自己生计的，这是一个有待深入研究的问题。研究这一问题，既可以认识江湖诗人的生存状态，又可以进而探讨这种生活对他们思想观念的形成和文艺创作的影响。通过对大量历史资料的考证和分析，笔者发现江湖诗人的谋生方式和经济来源主要有以下几种：

一是以干谒权贵获取钱财为生。这是江湖诗人诸种经济来源中最受人关注的一种，已有研究者对此做过阐述。确如所言，不少江湖诗人都有过干谒经历，他们以此博取权贵的欢心和赞誉，从而扩大自己在社会上的影响和获取一些馈赠。因此研究江湖诗人的干谒问题十分重要。这里应当补充的是，首先，江湖诗人作为一个群体，它主要由中下层官吏、避居山林的隐士和浪迹江湖的游士这三部分人组成。这三种人中，只有游士才能成为论者所言的“谒客”，故不能以偏概全；其次，长期依傍达官贵人或经常得到其赏赐的游士很少，能获得重赏的只是江湖诗人中几个最崭露头角的人物。故不宜把干谒作为江湖诗人唯一或主要的谋生手段。

二是以投亲靠友，接受周济为生。此指江湖诗人投奔一些具有官员或地主身份、家境较为富裕的亲朋好友，求得他们在经济上的帮助。这种方式虽然与上文所言的“干谒”有某些相似之处，但在性质上却有明显区别。它的核心特征是双方的地位比较平等，关系相当亲密，有的甚至是志同道合、趣味相投的挚友。这种状况的出现是与南宋社会普遍存在的一种游学和养士之风联系在一起的。

三是以出售诗书字画和施展个人才艺为生。南宋时期社会上十分重视文化学术，随着商品经济的发展，艺术商品亦有相当大的消费市场，这为文人一定程度上的职业化创造了条件。不少江湖诗人博学多才，具有专长，有用武之地，于是就靠自己的才能获取一些经济收益。

四是以教书授徒和代人撰述为生。江湖诗人饱读诗书，学问渊博，名声很大。前来求学问道和讨取文字的人往往络绎不绝，这些人所备的晋见之礼也成为江湖诗人的经济来源之一。

综上所述，江湖诗人的谋生方式和经济来源各有不同，哪怕是同一个人在不同阶段也会有所变化。干谒固然是江湖诗人一种重要谋生方式，但从实际情况看，它并非是江湖诗人主要的谋生方式，更不是唯一的方式。

（原载《文学遗产》2005 年第 6 期）

·论文摘要·

论南宋后期词的雅化和诗的俗化

——兼谈文体发展及文学与文化之关系

吕肖奂

词到了南宋后期，日趋雅化，姜夔及格律词派是词雅化到极致的典型代表。然而与之相反，诗到了南宋后期，则日益俗化，刘克庄、戴复古及其江湖诗派可以说是"诗"俗化到极致的典型代表。

南宋后期词的雅化和诗的俗化问题，属于词、诗两种文体各自发展规律问题，也就是文学发展规律问题。词体在两宋时期正处于"由野而史、由俗而雅的过程"，姜夔及格律词派之所以能够风靡南宋后期词坛，主要是顺应了词体的雅化发展趋势，从而完成了词体的雅化过程。而诗歌，先秦就已经产生，经过汉魏六朝的发展，到盛唐已经彬彬大盛，进入"定型"阶段，需要变化，因此诗的俗化至少从中唐元白新乐府运动时就开始了，南宋后期，诗的俗化更是到了不可逆转的地步。江湖诗派不得不顺应诗歌俗化趋势，在不太自觉的情况下发展诗体。词、诗以其各自不同的发展演进形态，同时进入南宋后期，造成了词的雅化和诗的俗化极度冲突的局面，这是文学史上前所未有的状况。

有的宋词研究者认为"南宋文化环境"具有"雅化趋势"，因而指出姜夔的雅趣和雅词是在南宋文化的雅化环境中形成的。由此推论，追随姜夔的格律词派之所以形成，自然也与这个雅化环境有关，也就是说，词的雅化是在"南宋文化环境"的"雅化趋势"中形成的。然而有的宋诗研究者认为，江湖诗派"俗的风貌"形成，与江湖诗人接近"市民阶层"的"生活层面"和"思想感情"有很大关系，而且"南宋时期，市民文艺得到了进一步的发展，这对当时的诗人显然有一定影响"。因此可以说江湖诗派的"俗"与南宋日渐发展成熟的俗文化有重要的关系，进而可以说南宋诗的俗化与南宋文化的俗化环境关系密切。

分别考察，这两种观点或说法都有一定道理，但是合而观之，就比较矛盾：诗与词同时在南宋后期这个大的时代文化背景下生存，却同时向截然不同的方向发展，其主要原因到底是什么？既然人们都认为文化对文学有一定的影响，那么南宋的整个文化到底是雅还是俗？词的雅化、诗的俗化果真是受了南宋文化环境影响的结果？文学的发展是否只能被动地受制于文化环境？

南宋文化包含着南宋各个阶层的各种十分具体的文化因子，其中最重要的部分，是以士大夫为主体的雅文化和以市民大众为主体的俗文化，这与以前各朝代的文化没什么太大的区别，因此很难说“南宋文化环境”具有“雅化趋势”或是俗化趋势。

在古代尤其是宋代，文学虽然只是构成文化的极小部分，然而却是极为重要的部分；士大夫文人是当时精神文化建设的主力军，士大夫文学的发展变化，往往会开一种文化潮流或风气之先，带动整体文化的发展。姜夔及格律词派、刘克庄及江湖诗派，虽说受了“南宋文化环境”的一些影响，但他们未必不是“南宋文化环境”的重要营造者或开南宋文化风气之先者，很难说他们的创作是受了南宋文化环境的主要影响。

（原载《文学遗产》2005 年第 2 期）

·论文摘要·

论金代文学中所表现的“中国”意识和华夏正统观念

刘扬忠

宋、金对峙时期，双方都以华夏正统自居。南宋一方，由于遭到金的侵略，退处半壁江山，因而爱国主义高涨。而在金朝内部，伴随着整体性汉化的趋势，同时因为证明其统治中原地区合法性的需要，也产生了“中国”意识和华夏正统观念。这种思想意识在金代文学中有着系统而鲜明的表现。

金代文学表现“中国”意识和华夏正统观念大致可分为三个阶段：

一、熙宗、海陵二朝，汉化的开展与政治统治的需要催生了华夏正统意识，这种意识一产生，便在诗文作品中有所表现，出现了表明金政权属于华夏正统、金朝皇帝可与历史上的汉族皇帝相提并论的词语和论述。当时一些大臣写的讨论如何追尊祖宗谥号的奏议文章中出现“区夏”等词语，认为金朝皇帝可以“与汤、武比隆，过高、光远甚”，他们的功绩使得传统中原王朝的“大宝终归于正统”。海陵王完颜亮是金代文学家中萌发并在作品中宣扬“中国”意识和以金朝为华夏正统之观念的第一人。他的著名政治抒情诗《南征至维扬望江左》，不仅是其一代枭雄的野心和霸气的显露，更形象化地表达了他的“自古帝王混一天下，然后可以为正统”的大中国观念和华夏正统意识。

二、世宗、章宗二朝，汉化的完成和“文治”盛世的出现，使得华夏正统意识空前高涨，甚至出现了自居华夏正统而视南宋为“蛮”、“夷”的极端思想，这些思想意识在当时的代表性作家那里有鲜明的反映。这一代被称为“国朝文派”的文人，都是土生土长的“国朝”——金朝人，他们与生俱来就由衷地认同已经高度汉化了的金王朝，并把它视为华夏正统。例如大定、明昌间的著名文士王寂在诗文中称金朝为“圣朝”，站在以金国统治区域为“中原”、中心的角度，把原本是中原腹地的蔡州称为“蛮语吴讴”的“边州”。另一位著名文学家周昂甚至在他的词作中旗帜鲜明地崇金反宋，把金人的“自称‘华’而目南朝为‘夷’”的思想意识推向了极端，已经开始染上了褊狭的色彩。

三、卫绍王、宣宗、哀宗三朝，由于中原地区受蒙古、南宋的双向进攻，金人的“中国”意识和华夏正统观念不弱反强，在亡国之际大放光芒。他们的“中国”意识和华夏正统观念因国破家亡的沧桑剧变而变得更加深沉执著，且带上了强烈的悲愤绝望的感情色彩。这在元好问等一批金末文学家的反映沧桑之变的作品里有着鲜明的表现。而元好问编纂《中州集》更表明金人的这种思想意识已经得以升华。《中州集》既广选“国朝”诗人之作、又专设“南冠”一类，这种编选体例，无异于是用选录作品的方式显示：无论金人宋人，大家都是“中州”——即“中国”人。这表明，元好问在金亡之后痛定思痛，超越了如上文所述的金人“中国”意识和华夏正统观念的那种狭隘性和历史局限性，已经萌生了一种在当时堪称宏度伟识的大“中国”意识，并且这种思想意识最终为家铉翁等南宋遗民所认同和赞赏。

（原载《吉林大学社会科学学报》2005 年第 5 期）

唐宋词“第一调”中“第一人”

——论苏轼《浣溪沙》的创作成就

刘尊明

《浣溪沙》是唐宋词坛上使用频率最高的一个词调，据统计，唐五代(98首)和两宋(848 首)共有 946 首《浣溪沙》歌词作品传世。如果说《浣溪沙》是唐宋词调中的“第一调”的话，那么苏轼则堪称是“第一调”中的“第一人”。据笔者统计，在唐宋 188 位有姓名可考的《浣溪沙》词的作者中，苏轼以 46 首词作高居《浣溪沙》创作数量之榜首。透过《浣溪沙》这一个词调的创作，我们依然能够看到苏轼对宋词的发展所做出的重要贡献。

一、拓展——内容题材的广泛丰富。最为突出的成就，乃在于扩大了唐五代北宋初期以来《浣溪沙》这个小令词调表现社会生活的题材范围和抒发思想感情的艺术功能。最突出的例子应该是《徐门石潭谢雨道上作》五首。作者将农村生活、农民形象、田园风光、风俗民情一一摄人词中，不仅为《浣溪沙》词调的创作灌注了全新的思想内容，而且也以组词的形式，为扩大小令的艺术表现功能做出了成功的尝试。又如《游蕲水清泉寺，寺临兰溪，溪水西流》一词，从游赏风景中体悟人生哲理，将写景与议论相结合，再加上词前小序的简洁叙述，三者融为一体，既情景交融，又富含哲理，为《浣溪沙》带来了耳目一新之感。此外，苏轼在《浣溪沙》这个词调之下还表现了非常丰富多彩的内容题材。词人已将描写的笔触从闺阁庭院之中扩展到广阔的社会人生，不再局限于“艳科”、“艳情”一隅，除了写景、咏物、纪游、酬赠、送别、节序等一般题材内容之外，苏轼还写出了不少体验人生、感悟哲理的抒情言志之作。

二、创新——艺术表现的不拘一格。苏词在艺术表现方面所做出的开拓和创新，也同样体现在《浣溪沙》的创作中。(一)形式体制运用上的创获。这主要体现在联章体、和韵体以及词题、词序的运用等几个方面，既突破了小令词单篇作品的局限性，大大拓展了小令词表现生活抒发情感的艺术空间，也大大增强了创作主体的自我意识和个性特征，进一步走向了抒情言志的创作道路，为东坡词带来了更为丰富的审美意蕴。(二)人物形象描写上的新变。尽管《浣溪沙》是个小令的体式，在铺叙描写方面非其所长，但苏轼却能于“小”中见“人”，在“小”中出彩，为我们描绘了一系列各具情性的人物形象，尤其是突出了创作主体的自我形象，不再局限于闺阁一隅和“红粉一族”，从而为唐宋词的人物画廊增添了鲜活的形象和绚烂的色彩。(三)语言艺术表现上的特色。这主要体现在善于融化和用典两个方面。

三、贡献——大家风范的深远影响。首先，苏轼的大力创作反映了他对《浣溪沙》的运用及其繁荣所做出的重要贡献。其次，苏轼对《浣溪沙》词调的创作也代表了唐宋词人比较一致的审美选择和创作倾向。第三，苏轼对《浣溪沙》的大量创作既具有冒险性，也富于创造力。第四，苏轼的《浣溪沙》词名篇佳作广为流传，对后世的影响也是非常深远的。

（原载《湖北大学学报》2005 年第 2 期）

论苏辙《奉使契丹二十八首》

诸葛忆兵

元祐四年，苏辙出使辽国，途中作《奉使契丹二十八首》，叙述出使感受、沿途见闻、契丹风俗、民族情感等等方面内容。中国古代，民族之间存在严重隔阂。中原使臣到了边地，亲眼目睹异族的生活方式，亲身感受异域的风光景色，有了真实的与异族情感交流的体验，隔阂多少可以破除。使臣或者将这种交往的过程与感受形诸文字，甚至能够产生更加广泛的良好影响。苏辙此次出使契丹及所创作的二十八首诗歌，便具有这方面的意义。北宋使辽者甚多，其中不乏能文者。相比较而言，苏辙这组诗数量最多，表现的情感最为丰富复杂，故而显得弥足珍贵。

这组奉使诗，依据时间顺序可分为赴契丹途中之经历与到达契丹后之见闻两部分。

赴契丹途中部分诗歌，内容涉及到沿途官员的送迎应酬、渐渐北上的特别感受、使臣之间的日常交往等等，诗歌所表现的情感则非常复杂。苏辙赴契丹途中充满了对异乡异族难以心安的陌生感。这种陌生感是因未与契丹民族真实交往之前便存在的拒斥和疑惧心理所引起的。换言之，赴使途中，苏辙心绪不宁，心情不佳。对于异乡的气候风景、异族的民俗风情，诗人一开始并不接受。对于北方边塞的风光景色，诗人更多的是排斥。诗人不能接受“雪花铺草”的寒冷，难消“阴寒”所带来的身体之不适。诗人最终也没有摆脱对“寒生胡月夜无云”环境的不适应，只能纠缠在“明朝对饮思乡岭”之思归情绪中。对异乡的拒斥与对家乡的思念，使得愁苦落寞的意绪成为苏辙使辽诗的主旋律。赴使途中，苏辙无法回避地要追究五代割让土地与北宋不能收回失地的原因，检讨现实的对辽政策。事实上，这才是导致苏辙心情不佳的深层原因。

到达契丹后的作品，涉及到在辽国时使臣的活动、契丹风俗人情、异域风光景色、思念家人之情感等等方面。通过实际的接触，苏辙对异族有了切身的了解与理解，相互间产生了交流与沟通，对待异乡异族的情感有了很大的转变。辽国友好的接待消除了苏辙对异国异族的猜忌和拒斥。苏辙第一次以欣赏的眼光看待异乡的景物，赏识起“北嶂南屏”、“西山溪流”、“岭上石人”等，夸奖此地为“胜游”，且有了“低头似愧南来使”的轻松调侃的语气。这时候，苏辙没有了阴霾的心情，没有了对环境的不适应，没有了诸多不愉快的联想，没有了对异族隐隐的敌意。异乡的气候风景如旧，只是诗人的心情改变了，景物动人的一面也就呈现出来了。语气之间，苏辙对“胡人置酒流连客”也颇感欣慰。与中原相比，契丹民族文化落后，所见所闻又使苏辙产生不可遏止的中原民族优越感。同时，在辽国期间，苏辙表现出强烈的思归思亲情绪。

比较苏辙出使途中与到达契丹之后的态度变化，非常能够说明问题。民族隔阂产生的原因之一是相互不了解，闭关锁国只能造成更深的隔阂。苏辙的态度转变昭示了民族交往的一条规则：需要客观、具体、深入地去了解“他者”，方能更加真实地把握对方，方能逐渐达到民族和平共处的理想境界。

（原载《江海学刊》2005 年第 3 期）

焦虑：英雄情怀与孤独意识的扭结
——辛弃疾仕闽期间创作心态探析

胡元翎

辛弃疾仕闽期间的创作情况，历来未受到特别重视。事实上，仕闽期属于辛的又一特殊时期，一个进入一种真正哲学上的自省之后的选择期。其间充满了矛盾、反复等内心激烈的冲撞，这时期的回归主题已不仅仅是陶写之具，而是进入内心欲作冷静选择前的焦虑状态的表征。固有的英雄情怀尚在，但油然而生一种心灵深处的孤独意识，二者相互扭结，形成与辛词前期"以气胜"不大相同的少见的多思性，并由此开启了他晚年词的深沉悲婉之风。

从这一阶段的经历看，此三年仕闽，是辛弃疾仕途坎坷、人生悲苦的浓缩。首先，经历了丧子之痛；其次，承受了骤沉骤浮的仕宦拨弄；再者，遭遇陈亮之死激发幻灭感。这一切具有共同的指向性，即提示我们注意辛弃疾，满含英雄情结及用世之志的辛弃疾，将由一贯的外向式的主体对社会、自然的观照而产生了某种转向，即主体反观内视主体，自我意识由此萌生。如果说人认识自然与社会时，凭着主客体的距离可以深刻地把握对象世界的话，那么当主体反过来认识主体自身时，迷惑之雾便会不时覆盖自己的视角，孤独意识也会由此产生。同样，辛弃疾在这一阶段也表现为一种孤独、彷徨、矛盾、探索时的犹疑。一个他从未做过的决定在这期间产生了。那就是拟乞归，主动乞归。

从这一阶段的词作看，此间前后总共约五十余首词，充分反映出作者英雄情结与孤独意识相扭结时的特殊心态，较前几期，明显地呈现出衰老的感觉、孤独的感觉、焦虑的感觉、思深的感觉。

总之,仕闽期间在辛弃疾是一个特殊的时期,我们从中感到了一个英雄的孤独,一个英雄的脆弱。一个英雄也有弱点,认识到这一点,有助于把握一个丰富复杂的辛弃疾。更重要的意义还在于另一方面。辛弃疾之所以是辛弃疾就在于其始终拥有感时忧国的价值选择,“立德、立言、立功”,“内圣外王之道”的古典人格。英雄情结的难以消解与孤独意识的扭结,会产生一种痛苦的抉择。黑暗与虚无乃是实有,而强烈的使命感令他清醒之后还要向这些绝望抗战,而绝望抗战的人生态度令他赢得了崇高。这可能也是评家所说的辛词乃“粗莽沉郁”相融合的真义所在吧。

(原载《厦门教育学院学报》2004年第4期)

刘扬忠主编《中国古代文学通论·宋代卷》

李　静

文学通论的写作是一项十分艰苦而浩繁的“大工程”,它不仅要求编撰者具有扎实的学术功底、深厚的学科知识储备,而且还要具有宽广的学术视野、独特的学术视角、敏锐的学术眼光和高屋建瓴的学术驾驭能力。不仅如此,文学通论的写作还需要在阐释原则和表达方式等方面实现突破和创新。新近出版的由刘扬忠先生主编的《中国文学通论·宋代卷》(辽宁人民出版社2005年版,以下简称“《通论·宋代卷》”)即可称得上是一部具有突破和创新意义的成功之作。该书“站在今天的学术高度”(《通论·宋代卷》第20页),对宋代文学的发生发展史及迄今为止的学术研究史进行了精心细致的爬梳与整理,并在著述的体例与内容的安排上作了全新的处理,体现出了当下宋代文学研究所达到的新的高度。

作为一部“兼有总结和介绍意义的概论性著作”,《通论·宋代卷》有着明确的编撰意图,刘扬忠先生在该书的绪论中对此作了简要的阐述,他说:“我们的意图是要为宋代文学的研究者及一般读者提供可靠和稳定的相关知识,并使此书起到引导初学者(包括宋代文学专业的硕士、博士生和其他古典文学爱好者)入门的作用。这是一个难度较大的课题。我们希望通过这本书尽可能全面和深入地反映宋代文学所涉及的内容及其相关成果。”(《通论·宋代卷》第20页)《通论·宋代卷》分为“宋代文学的基本内容”、“宋代文学与社会文化”和“宋代文学的基本文献”三编。在三编凡二十二章的宏大篇幅中,《通论·宋代卷》完成了对宋代文学及相关问题的全方位扫描。这部通论的独到创获之处可以从以下几个方面见出：

一、“史”与“论”的结合。一般而言，文学通论的写作应当一定程度地区别于文学史的撰著。因为，尽管“通论”和“史”所面对的是同一个客体，是同一历史时段的作家、作品、文学现象，以及文学创作、交游等，但二者在具体把握的侧重点上亦各自有所区别。依据我们的理解，文学史更多地侧重于对历史进程中所发生的文学创作活动、文学现象等作客观的历史叙述与呈现；而通论的重点则是在史的把握的基础之上予以系统的总结和评判，简言之，文学史是“史”的叙述，而通论则是“史”“论”结合，这是二者的重要区别。《通论·宋代卷》即鲜明地体现了“史”“论”的结合。该书上编以八章的篇幅，要而不繁、不枝不蔓地概述，缕析了宋代文学所包含的各种文体如诗、词、散文、辞赋、四六、文言小说、话本小说、戏剧等发生发展的基本状貌。在“史”的勾勒与叙述中，《通论·宋代卷》摒弃了传统的文学史以时代为经，以文体为纬，以作家作品为中心的写作范式，而是出之以“文体＋时代”的新的写作范式，简明扼要地呈现了各体文学在有宋三百二十年中的发展脉络。于此，诗、词、散文等不同体式的文学，其各自独特而连贯的历史轨迹即十分清晰地展现在读者的面前。如对宋代词的概述，《通论·宋代卷》即以先后出现的六代词人群体来概括两宋三百余年间的词坛，并将之划分为相应的六个阶段，由此，宋词从“开创业绩”，到“新变与辉煌”，再到“深化与融合”的各阶段特征便自然而直观地表露出来，“史”的脉络尤让人一目了然。

不仅如此，在对各体文学的“史”的线索的缕述中，《通论·宋代卷》还能从“思想内容＋艺术特色”的旧有模式中解放出来，站在学术研究的新的高度，对文学创作、文学作品及文学活动等文学所涵盖的内容加以理性的抽绎、概括和总结，并提炼出其对一体文学、一代文学发展具有突破和贡献意义的核质性的东西。这就增强了通论的理论色彩，尤能见出通论的“论”的特征。以《宋代词概述》一章对柳永的总结为例，该书没有像以往的文学史那样对柳永的生平、作品内容、艺术特色等作一般性的评介，而是直接将柳永置放于第一二代词人群体之中，提纲挈领式地概括了其于词史的“三创”之功，即“创体”、“创意”、“创法”，对柳永的贡献及其在词史上的地位作了非常准确的把握、归纳，既简洁又能切中肯綮。也正是基于这种“史”与“论”相结合的特征，各体文学发展的脉络便清晰而有条理地呈现出来，这对我们把握各体文学自身发展的规律性特征及其在宋代乃至整个中国文学史上的位置，是大有裨益的，使我们不至淹没在琐细的作家作品的解读中，而只见树木不见森林。

二、“内”与“外”的结合。20世纪西方著名学者韦勒克在其《文学理论》一书中将文学的研究分为内部研究和外部研究两种。依据他的定义，所谓的“内部研究”指的是“解释和分析作品本身”，包括“文学作品的存在方式，诗的声律、格律、意象、隐喻、象征、神话、小说的性质和模式，文体和文体学，文学的类型，文学的评价”等。(《文学理论》“中译本前言”第2页)从这个意义上讲，文学的“内部研究”更具有一种“纯文学”研究的意味；而所谓的“外部研究”，即关系到“文学的背景、文学的环境、文学的外因”等的“对文学外在因素的研究方法”，其中包括“文学与传记、心理学、社会、哲学思想，以及文学与其他艺术的关系”等。参照韦勒克的理论，《通论·宋代卷》在篇章构成上即清晰地呈现为内部研究与外部研究相结合的特点：其上编对宋代诗歌、词、散文、辞赋等各体文学基本内容的概述，属于本体研究的范畴，应当称之为文学的内部研究，而其中编部分所论述的宋代文学与政治、与都市生活、与民族关系、与西夏文化、与科举、与理学、与宗教、与艺术及宋代文学的传播等，明显是从宋代文学与其所生成的社会背景、文化环境等出发所进行的外部研究。

宋代文化的高度繁荣同宋代积贫积弱的国势形成了鲜明的对照，不但此前的汉唐，即便是此后的明清都莫能与之比肩。所以陈寅恪总结的一句“华夏民族文化，历数千载之演进，造极于赵宋之世”成了对宋代文化评价的不刊之论；而今人耳熟能详的“宋学”、“宋型文化”等亦可作为宋代文化辉煌成就的一个佐证。在如此丰饶的宋代文化土壤中孕育成长起来的宋代文学，必然也先天地浸淫着其宋代文化的母体特征，与宋代文化有着千丝万缕的联系。因此，从宋代文学与文化的关系入手，更便于发现宋代文学生成的独特性。那么宋代文化的显性特征表现在哪些方面？其与文学的关系如何？《通论·宋代卷》中编十章对此作了十分详尽的剖析和解答。举例来说，第一章《宋代文学与政治》以极具宋代特征的朋党政治为观照点，历论了天水一朝320年间朋党政治对文学生态、文学创作的价值取向等所产生的影响，诚可谓抓住了宋代政治的典型特点。同这一章相类似的是，《通论·宋代卷》中编“宋代文学与社会文化”的许多议题都选择了极具宋代文化典型特征的方面进行立论，探讨其与文学之关系，从而揭橥了宋代文学发生发展的方方面面。如“宋代文学与都市生活”一章，即以能够充分彰显宋代文化特质的都市社会生活的繁荣为落脚点阐释宋代文学发展的“市镇背景”、“市民特色”诸特征，进而提出了“城市社会生活文学体系”这一命题，凸显了宋代社会生活有别于此前时代的特征，而以之为基底对宋代文学的讨论亦可谓慧眼独具。再如“宋代文学与理学”一章，对作为宋学和宋型文化代表性显现的理学与文学的关系作了全新的检讨，认为：“一方面，理学家提出‘作文害道’，对文学抱有着抗拒与批评的态度，但理学本身也离不开文辞创作，更何况有的理学家同时也是杰出的文学家，他们的创作与其理论并不完全相符；另一方面，一些主要以文学著称的诗文作家，即使是对理学持有不同观点的，但同处儒学转型的大时代中，其诗文创作中的理性精神和一些审美特点也不能不受到理学家的影响，或与理学家的追求不谋而合。”(《通论·宋代卷》第337页)对理学与文学关系的辩证思考极富新意。除此而外，《通论·宋代卷》还将一些时常为研究者所忽视或少有涉及的问题如宋代文学与民族关系、宋代文学与西夏文化、宋代文学的传播等，纳入到了研究的视域中，并将之放大，加以关注。这些问题，在既往的宋代文学研究中不太为学界所重视，因而很少为论者所注意，而这些问题恰恰在一定程度上反映出宋代文化的独特性。因此对这些问题的研究更能够真切地呈现宋代文学发展的原生态。

综而言之，《通论·宋代卷》这种内部研究与外部研究相结合的研究模式，完整而丰富地展现了宋代文学的整体状貌。它不但从文学发展的自身特性出发对宋代各体文学的生成、发展、演进的特征与规律作了细致的梳理、归纳和总结，就文学本身论文学；而且能够将宋代文学置放在更为广阔的文化生态圈中，力图从更广泛的领域、更深入的层面探讨影响宋代文学发展的各种因子与宋代各体文学所发生的关联，从而能多角度、全方位地审视宋代文学的发展、演进。可以说，这种将宋代文学还原于更为广泛的社会背景、文化环境之下所进行“多角度的文化观照”的外部研究，从文学生成的角度而言，更易于让人看到文学发展的原生态，从而也就更切近宋代文学生成的规律。尤其是全书用近四成的篇幅对与宋代文学发生关联的各个层面所进行的外部研究，体现了宋代文学研究的多角度、新思维，是本书最具创获意义和学术价值的部分。从宋代文学研究的学术史来说，亦颇多新人耳目之见。正如主编所言：“他们的论述反映了当代学术界对宋代文学进行多角度的文化观照所达到的理论深度。”(《通论·宋代卷》第21页)

三、史论与史料的结合。如果说《通论·宋代卷》前二编所呈现的基本内容和问题更多的是属于史论的范畴，那么，其下编“宋代文学的基本文献”则属于史料学的范畴。对文学研究而言，史料的重要性不言而喻，具体到宋代文学研究，若将之比作一座大厦，则宋代文学的基本史料则可以喻之为大厦下面的基石，而这一点对于宋代文学研究的入门者而言，尤显得重要。基于“引导初学者(包括宋代文学专业的硕士、博士生和其他古典文学爱好者)入门”这一编撰意图，此书下编以四章的篇幅介绍了宋代文学的基本文献与史料，具体内容包括了宋代文学的基本典籍、宋代文学与历史文献、宋代文学与海外汉籍及工具书等四大部分。

该编首列宋代文学的基本典籍，对宋代文学总集、别集与词集等传世的文献择其要者加以介绍，其中虽未能将传世的宋代文学的基本典籍悉数尽列，但“在文学史上有较大影响，或有较高文学成就的作家集子”(第504页)、总集(包括宋人编选的诗文词总集与后人编选的宋诗文词总集)等，都基本囊括在内。以特色而论，此一部分的内容有以下几个方面的长处：一是资料翔实。如本卷主编刘扬忠先生在绪论中所说，该部分“提供的材料翔实可靠，介绍中还包含许多自己的观点和研究心得，可供读者借鉴和汲取”(第21页)。的确，每个集子的介绍中不但介绍了该集的编撰及其版本流衍等情况，还兼有对该集子的评价等，体现了写作者的学术眼光。更为值得称道的是，基本典籍的介绍中对作家集子的今人笺注本等情况还予以详细的介绍，这对于初涉宋代文学的研究者无疑大有帮助。如“词集”中“晏殊”一条，《通论·宋代卷》这样写道：“有《珠玉词》一卷，今存明抄本、吴讷《唐宋名贤百家词》本，毛氏汲古阁《宋六十名家词》本收词一百三十一首。清咸丰间，晏端书丁扬州刊《珠玉词》一卷。《全宋词》收词一百三十二首。2003年，中国书店出版刘扬忠《晏殊词新释辑评》。”(第522页)长处之二是，便于读者按图索骥，举一反三。基本典籍的罗列为研究开启了方便之门，研究者可以按照书中所列集子的版本，根据需要进行研读，从而省去了版本搜罗、梳理之苦。不仅如此，研究者更可以根据既有的文献，探知未予以述列的文集文献，进而拓展宋代文学的研究范围。以宋人诗文别集为例，“流传至今的尚有六百种左右”(第504页)，而书中只介绍了重要作家别集十三种，一般作家别集三十八种，加起来不足总数的十分之一。如此看来，书中所介绍的作家别集与留存至今的作家别集类乎同心圆的关系，小圆内的部分既已为大家所熟知，那么小圆以外的更大领域尚需研究者投去关注的目光，加以考索，更何况除别集外尚有大量的未能结集而留存于世的作家作品，这更为研究者提供了广阔的空间。

除了基本的典籍外,《通论·宋代卷》在"宋代的基本文献"里,还择其要者介绍史籍、传记、目录等与宋代文学关系较大的部分历史文献,宋代文籍在海外的流布,以及目录类、索引类、辞典类、资料类等类别的工具书,为研究者文献的检索和资料的查找开辟了捷径。当宋代文学的初学者或入门者面对大量的文献无从下手、左右为难时,此部分的史籍与工具书的介绍必将起到有效的导引和启示作用。尤其值得一提的是,本部分基本文献的介绍与本卷书后所附录的近百年宋代文学研究的三百余种书目相得益彰,共同为宋代文学的古代存在和今天研究勾勒出了概貌。而对于宋代文学研究者而言,这样的梳理与罗列无疑是十分必要的。

通过对《通论·宋代卷》以上诸般特点的缕述,我们觉得,以"宋代文学研究承前启后的一部力作"来评价此书并不为过。而其中的胜处,尚待读者自己去领略,去赏读。

吴熊和主编《唐宋词汇评》

宋　红

2005年1月8日,收到浙江教育出版社资深编辑郑兄广宣寄来的一个包裹,打开一看,是他新近编辑出版的洋洋六大册《唐宋词汇评》,版权页日期是2004年12月。老友如此迅速地将责编新书寄来,使我顿觉满室生春,暖如挟纩。然而我正埋头于自己责编的书稿之中,只能以同行好友的成绩为鞭策,加紧手头的工作。

金秋十月,我终于百分之二百地完成了今年的发稿任务,可以静心拜读这蔚为大观的《汇评》了。翻读之初,便深为此书大大超出我心理预期的学术质量所慑服。因为书中所包含的内容远不止选词与汇评两项,不是简单的资料汇编,而是承载着尽可能多的信息,包括对最新词学研究成果的把握和主编者尚未独立发表的研究创获。细细数来,书中大约设有如下项目:词人小传,小传下根据具体情况设传记资料、年谱、著述、序跋、总评、附录等项;下录作品,每首作品下设编年、本事、汇评、考证、附录等项,每一项类的有无、多寡,俱因文因事而异,并不强求一律。如"向子諲"小传下设"传记资料"、"年谱"、"著述"、"序跋"、"总评"五项;"冯去非"小传下设"传记资料"、"考证"、"附录"三项。在相关资料中,编者尤其注意吸纳新的研究成果和墓志、序跋等第一手材料。如"张志和"小传,书中是这样写的:

> 张志和(生卒年不详),本名龟龄,字子同,自号烟波钓徒,又号玄真子,婺州金华(今属浙江)人。年十六游太学,擢明经。献策肃宗,深蒙赏重。命待诏翰林,授左金吾卫录事参军,因赐名。后坐事贬南浦尉,会赦还。不复仕,隐居越州会稽。代宗大历九年(774)秋,谒湖州刺史颜真卿,撰《渔歌》五首,后传入日本,嵯峨天皇于弘仁十四年(823)作《和张志和渔歌子五首》,为日本填词之开山。(《唐五代卷》第41页)

关于张志和的《渔歌子》("西塞山前白鹭飞"),通常注本都没有明确系年。龙榆生《唐宋名家词选》转引旧说曰:"《历代诗余》卷二百十一引《乐府纪闻》:张志和自称烟波钓徒,尝谒颜真卿于湖州,以舴艋敝,请更之,愿为浮家泛宅,往来苕霅间。作《渔歌子》词。"

俞平伯《唐宋词选释》同龙注(唯"卷二百十一"作"一百十一";"纪闻"作"记闻")而文字简约。中国社会科学院文学所编《唐宋词选》仅注西塞山地在湖州。依笔者管见,最早指明此词作年的是神田喜一郎《日本填词史话》。文曰:

> 这五阕《渔歌子》是颜真卿当湖州刺史的时候,张志和访问湖州时所作的。要是我们读一读收在颜真卿的《颜鲁公文集》卷九里的题为《浪迹先生玄真子张志和碑》一文的话,便更可以详细地知道这件事。该文中有一段这样写道:"大历九年秋八月,讯真卿于湖州(下从略)"据此可知,张志和去湖州访问颜真卿,在那儿作了《渔歌子》;时间是大历九年(774)秋八月。因为是当事者说的,再也没有比这个更正确的了。实际上我所需要的正是这个年代。与此相关,嵯峨天皇的《渔歌子》是什么时候的作品呢?……由此可知,我国填词的历史是自嵯峨天皇君臣酬唱的作品开始的。(《填词的滥觞》中译本第7~10页)

将张志和小传与这段文字相比照,可明显看到学术观点上的吸纳与因承。神田氏的著作1965年由日本东京二玄社初刊,程郁缀、高雪野合译的中译本

2000年始由北京大学出版社出版，然而即便小传作者并未直接看到神田氏的著作，亦很可能间接受到其著作的影响。因为相关议题已见诸国内学者的文章之中。如陆坚的《张志和〈渔歌子〉的流播与日本填词的滥觞》、张昌余的《从中日两组渔父词看文学的传播因素——试论张志和与嵯峨天皇的〈渔歌子〉》等。（详 libweb. zju. edu. cn：8080/renwen/site/GuoXue）这种开放式的学术吸纳和对相关领域研究进展的关注，赋予《汇评》鲜活的生命力。

另外，重视年谱、序跋与碑诔，是贯穿全书的编纂原则。年谱项下“列举两宋直至近人所撰词人年谱”，传记资料项“并列史传书目卷次、宋人文集与宋元以及后世方志中的传记资料”（见“编辑说明”）。如周邦彦传记资料项列出的项目是：

《宋史》卷四四四《文苑传》

吕陶《净德集》卷二十六《周居士墓志铭》

王偁《东都事略》卷一一六《文艺传》

潜说友《咸淳临安志》卷六十六《人物传》

王国维《清真先生遗事》

刘永翔《周邦彦家世发覆》，见《华东师范大学学报》1996年第3期

吴熊和《周邦彦项考》，见《吴熊和词学论集》，杭州大学出版社1999年版

可见收罗之全面。另如惠洪传下曰“惠洪《石门文字禅·寂音自序》一文自叙生平甚详”。汪藻传下列出“孙觌《鸿庆居士集》卷三十四《宋故显谟阁学士左太中大夫汪公墓志铭》”；又《唐五代卷》张志和小传下引录“颜真卿《颜鲁公文集》卷九《浪迹先生玄真子张志和碑》”、“李德裕《李文饶文集》别集卷七《玄真子渔歌记》”，以及朱景玄《唐朝名画录》、方勺《泊宅编》、史浩《鄮峰真隐漫录》卷三十三《会稽先贤祠传赞上·唐张先生》等文学研究中较少涉及的冷材料，足可见出编写者的谨严与用力。在汇集资料方面的视界之广和判别之精，成为本书重要特征和最大优长，捧读之余，令人非常感动。

选词之下，根据具体情况附“编年”、“汇评”、“本事”、“考证”、“附录”等项；对《全宋词》中两见的作品，在依从《全宋词》编纂体例的前提下尽量体现编纂者的辨析和见解。如并见于苏过、汪藻名下的《点绛唇》：

新月娟娟，夜寒江静山衔斗。起来搔首。梅影横窗瘦。　好个霜天，闲却传杯手。君知否。乱鸦啼后。归兴浓于酒。

虽两人名下并出，并在“苏过”处的汇评、考证项下录出支持苏过说的见解，但在“汪藻”名下的本事项则录出唐圭璋《宋词互见考》、刘永翔《清波杂志校注》中认定汪藻为词主的说辞，选择之中已见出编纂者的取向，并对读者做出方向性的引导，这同样体现出编者的谨严与用力。不过令我个人不能遽然信同的是，词中名句“好个霜天，闲却传杯手”，似由秦观《摸鱼儿·重九》词中化出，此词《汇评》未选，兹将后半阕录出，以为比对：

休株守。尘世难逢笑口。青春过了难又。一年好景真须记，橘绿橙黄时候。君念否。最可惜，霜天闲却传杯手。鸥朋鹭友。聊摘取茱萸，殷勤插鬓，香雾满衫袖。

从苏、秦两家的关系说，苏过化用秦词的可能性更大。至少可以在附录“与本词有关的诗词文等”的附录项里将秦观词录出，为读者的判断提供更为全面的信息。

本书最有学术含量的项类是编年，如主编吴熊和先生在前言中所举以刘光祖《沁园春·寿晁帅七十》为依据，从而推断出晁公武的准确生年，便是最为生动有力的证据。然而最容易发生歧义的项类也是编年。如徐经孙《水调歌头·致仕得请》上片：

客问矩山老，何事得优游。追数平生出处，为客赋歌头。三十五时侥幸，四十三年仕宦，七十□归休。顶踵皆君赐，天地德难酬。

编年曰：“景定二年(1261)，徐经孙七十岁，致仕得请。词中‘三十五时侥幸’，指三十五中进士。‘四十三年仕宦’，指出仕至罢归闲居。”如此解释便在时间上发生龃龉。编年既言词人七十岁，又言自出仕至致仕经过四十三年，从三十五岁计，加起来就成了七十八岁，显然有误。这里“四十三年仕宦”当指四十三岁时出仕。词中“三十五时侥幸，四十三年仕宦，七十□归休”三句的句式是一致的，即三十五岁中进士，四十三岁开始做官，七十□岁退休。因为尽管宋代的科考选官制度多有细节上的调整和变化，但可以明确的是：中榜进士只有状元等名列前茅者能够直接授官，其余均要经过一个“待选”的阶段。所以从词的文本中可知，徐经孙中进士八年后始得为官。还有一个小问题，就是“七十□”究竟是“七十岁”还是七十多岁？据谭正璧《中国文学家大辞典》，徐经孙的生卒年是公元 1192 — 1273 年，享年八十二岁；另据《宋史》本传，徐经孙以忤奸相贾似道罢归，“闲居十年卒”，由此可以初步推定：其致仕年岁当为七十二岁。也就是说，文本中的“□”很可能是“二”字。

当然，这些可以讨论的细枝末节问题，丝毫不妨碍本书成为极有价值的学术工具书和词学爱好者的阅读首选。因为在提供大量学术信息的同时，这也是一部关于全唐五代词和全宋词的优秀选本，以较通常选本更大的选篇分量，提供了更高层面上的文本阅读。

王兆鹏《唐宋词史的还原与建构》

董希平

在中国古代文学研究诸门类中，词学研究应该算得上是起步较晚的。但是在20世纪前后，该学科名家辈出、成就斐然，却又成为发展最为迅速的领域之一；尤其是20世纪后半期，词学研究在深度、广度上得到空前发展，兼之参与者众多，因此俨然成为古代文学研究的显学之一。

在此背景下，21世纪初期的词学研究对于研究者提出了新的挑战：研究视野局限于一时一隅已经远远不够，而是需要一种贯通古今的全局性眼光为基础；锦上添花、填补空白的成果固然需要，而具有指点路径、导夫先路的方法论性的研究则显得尤为迫切。王兆鹏先生《唐宋词史的还原与建构》（湖北人民出版社2005年6月版）则体现了这一研究趋势，作者在《后记》中的两段话阐明了本书的宗旨：

所谓“还原”，其实就是事实判断，用传统的考据方法对词史上有关史料和问题进行还原性的考察，以弄清历史真相，还原历史本来面目。从严格意义上讲，历史的本来面目是很难还原的，但我们总是企图尽可能地接近历史的真相。只有在弄清了词史的真相之后，才可能进行有效的理论阐释。进行价值判断，必须以事实判断为前提。

所谓“建构”，是企图运用新的理论概念、方法策略，提出和发现词史的一些新问题，建构一种新的研究范式或研究框架，开拓词学研究的新领域。

全书共六辑，分别从不同的侧面为还原、构建以及还原与构建的有机结合这三种研究范式的系统化提供了极具操作性的个案。

第一辑为《词人新话》，是对南唐二主、冯延巳、柳永其人其词的介绍，类似于以现代风格对于古典的还原。这一辑中作者试图尝试以活泼俏皮的语言，把艰深晦涩的学问深入浅出、流畅生动地表现出来。像介绍后主李煜，作者以“多才多艺身，多福多苦命：后主其人”、“极乐世界与悲惨世界：后主二重组合的词境”，来概括李煜的生平与创作，风格飘逸而颇具灵性，但又不乏厚重的学养积淀；此外像介绍冯延巳，则以“人品：有缺陷”、“词品：有创新”为题；介绍柳永，则以“追星一族”、“明星档案”为题展开，这让现代人读起来也同样亲切有味，毫不隔膜。这一点上，作者在步武闻一多、李长之诸家的做派，举重若轻，大作家写小文章，为古典的传统赋予鲜活的时代气息和生命力。

第二辑为《群体观照》，实际上是词人心态的还原性研究。南渡是两宋词发展的关键时期，作者众多，情况繁杂，时局的动荡使得词人们呈现出多变的创作内容和风格。作者以材料的广泛占有和史实的透辟了解为基础，从词人的心态分析入手，以“漂泊者之歌”、“英雄的苦闷”、“走向大自然”为题，对于南渡之际的人心进行了细致分析，指出这三种心态既是当日时局变化在词人心灵上的反映，也是南渡之际这一特定时段词人心态的概括，更是南渡之际这一特定时段词风呈现乱象的内在根本动因。相对于词风大致统一的北宋，这一分析其实揭示了南北宋之际词人的群体分化与词风变化的深层文化因素，为南宋开始的词的表现领域、意象、技巧等一系列风格上的嬗变提供了社会心理阐释。

第三辑为《定量分析》，这是对宋词作者、作品数量的原生态的考察，作者分别选取了宋词作品量、宋词作者、20世纪词学研究格局三大领域进行考察，将具有理科特征的计量统计分析方法，运用于以定性分析为特征的古典文学研究领域，获得了令人信服且耳目一新的结论。哪些人是备受关注的名家、哪些作品是人人竟唱的名作、哪些领域一直是研究热点，这些问题第一次不是通过感性而是通过大量的客观材料支持获得了答案。

借助现代科技手段，让严密的“数学”来为“感觉”提供证据，这是本辑的突出特点，例如，《宋词作品量的统计分析》一文，作者通过自行编制的计算机软件，将能够见到的资料几乎全部纳入分析系统，通过对词人的创作量、知名度等要素进行排比分析,发现宋词作者中创作量高的人,知名度也高,但这有个限度,当作品数量达到一定层级以后,作品量的多少就失去了“意义”,或者说当作品量达到一定限度后,词人的地位和影响力不会因为作品量的差异而有所区别。因此作者得出结论:作品数量在一定的限度内会对作家的地位和影响力产生作用,但超过了一定的限度,作品数量的多少就不成为制约或影响作家地位的因素了,而艺术“质量”的高低和思想情感的深浅度则在任何时候都是决定作家地位和影响力的因素。又如《宋词作者的统计分析》一文,作者借助计算机软件从数量角度考察宋词的发展状况和演变历程,得到的结果支持印证、校正已有的结论,或者提出新的问题。如在《作者的地域分布》中,作者发现宋词作者队伍中 80%以上是南方人,78%的作品是由南方人创作的,这从一个方面解释了宋词为什么具有“南方文学”的明显特征。在《作者的时代分布》中,则依据词人生活、创作的年代划分为六个代群,通过对代群的盛衰变化进行分析,得到宋词发展变化态势,从而确定其盛衰期和盛衰点。对两宋词人总体统计结果显示,从作者和作品上来看以辛弃疾为代表的第四代群是宋词的高峰期,而从精英词人群的更迭代兴来看宋词的发展历程,它又近似一个马鞍形,显示出宋词有第二、第四代群两个高峰,每个高峰之前,都有一个相对低落的时期为之过渡准备。

第四辑为《传播研究》,将新的现代理论方法应用于古老的传统学科是本辑的特点。作者分别以“歌妓唱词及其影响”、“两宋所传宋词别集版本考”为题,对宋词的口头传播和书面传播方式进行了还原性考察。作者借鉴现代传播理论,运用史乘笔记、诗话词话、碑志石刻中大量的原始材料,并立足于传统的考据方法,将千年之前热闹的宋词传播实况展示出来。在这里作者进行的主要不是学理的探讨,而是试图进行词的文化生存状态的全景式的还原与构建;作者借助广博的学识,从传播这一视角入手,力图给人以张择端《清明上河图》式的震撼,这一做法的意义,已经不仅仅限于古代文学的研究领域了。

在《歌妓唱词及其影响:宋词的口头传播方式研究》一文中,作者从演唱者本身、演唱活动的一系列环节的运作,一直到歌妓演唱对于宋词发展的影响,都尽量运用宋词作品本身、宋人史乘笔记等第一手资料进行勾勒还原,使得数百年前的这一文学样式的流行盛况,历历如在目前。作者这里抓住的虽然仅仅是两个侧面、还不是全景式的,但已经将多姿多彩的宋词传播实况揭开了诱人的一角，为后来的研究开启新路。

都是以传播为手段，但是作者的用力点显然不同，如果说上文体现的是作者基于现代手段的文采和灵气，那么《两宋所传宋词别集版本考：宋词书面传播方式研究》体现的则是作者作为传统学科的学者踏实的文献功底和深厚的学养。考订两宋词人别集的版刻源流、存佚情形、递藏过程，对两宋词集的情况进行竭泽而渔似的考察，这是文献目录版本学的工作，但是从传播学角度而言，这又是词学书籍刊刻印行传播的基本研究资料，基于此一认识，作者在先贤的创获基础之上，着手这一工作，本文所列为潘阆以下北宋七十三家词籍的刊行存佚情形，而“南宋尚有一百多家词集不及详考，容日后续成”。作者在谈及这一考证举措的传播学动因时有一段话，点出了自己所赋予这文献考证方法的新的意义：

> 个人初步认为，词人词作的知名度、影响力与作品的社会需求量、受读者的欢迎程度应该是成正比关系，词人的知名度越高、影响力越大，读者越欢迎喜爱，其作品的社会需求量应越大，其传刻的版本就越多。版本传刻的多少可以看出词人影响力的大小。从词集版本入手，可以从一个侧面了解词人在历史上的影响力和知名度。著名的词人，其词集传世的版本应该比较多，而名声不显著的词人，其词集刊行的版本应该相对较少。事实是否如此？只有对两宋时期宋词别集刊行的版本存佚情况作全面系统的考察后，才能得出结论。

姑且不论此后作者所要进行的分析研究，仅就眼前所见的北宋词人词集版本的一家家的钩稽考索、梳理排比，我们就已经见到了一个个宋词作家词集流播的实况。念及作者此前运用统计学理论，对唐宋词进行定量分析研究所取得的令人耳目一新的系列成果，我们不仅对于宋词传播研究尤其是这一踏踏实实、涵盖两宋词人词集的书面传播研究的结果充满了期待。

第五辑为《词籍考订》，收录的分别是关于《全唐五代词》、《古今词统》等的考证考辨文章。其中《〈全唐五代词〉三首无名氏词辨正》将作者当年编撰《全唐五代词》时有所怀疑但是一时未能找到原始出处、只好“存疑”的三首作品确定了“身份”。而《〈古今词统〉误收误题唐五代词考辨》则寻源溯流，将《古今词统》中涉及十五家作者、二十五首作品的讹误予以考实。《晁无咎词话〈骫骳说〉与朱弁〈续骫骳说〉考》则将流传已久但是大多语焉不详的“晁无咎词话”和晁无咎《骫骳说》进行了详尽辨析，得出结论：所谓“晁无咎词话”，实名《骫骳说》。“词话”一词，至南宋中后期始流行，又其书虽“多论乐府歌词”，但并非全是词话，故晁补之不可能以《词话》为名。《骫骳说》原书已佚，今存晁补之《评本朝乐章》，当出自《骫骳说》。这样厘清了晁补之的创作，解释了为何会出现这种谬误，更主要的是纠正了“词话始晁无咎”这一词学批评史上的成论，可以说是“小考证解决大问题”的典范。可见，运用传统的考据方法辨别、考订作品真伪和词学史实，也是作者理论还原建构宗旨的基础。

第六辑为《学术史回顾》，收录了《20世纪前半期词学研究的历程》、《20世纪唐五代词的文献整理与研究概况》、《李清照“内心隐秘”争鸣述评》等三篇文章，是对研究状况和热点的总结性篇章。前两篇高屋建瓴，对于词学研究得失进行宏观评述，在回顾与展望中显示出作者对于词学研究全局的精到见解。而第三篇则是对于一度成为学界热点的赵明诚是否纳妾这一问题的争论所进行的总结性述评，作者在通读总结论争双方的著作之后，认为由于没有确凿的证据，“正方的证伪和反方的求真一样困难，都只是一种推理、猜测”，最后建议双方将此聊作疑案留存，而待科学坚实的探索。

全书的思路，基本上是以理论建构和还原为指导思想，将范式批评、群体研究、心理分析、定量分析、文学传播等运用于词学研究的尝试，值得注意的是，作者这一系列的新理论尝试是建立在扎实的传统文献功底的基础之上，因而显示出了强大的生命力。书中运用范式研究、定量分析、传播研究的篇章，有的甚至作于十几年以前，这些方法是作者最先运用于中国古代文学研究的领域、或者词学研究领域的，而今这些方法和理论逐渐引起研究者的重视，正在成为古代文学研究领域的主流方法和理论。

异彩纷呈的理论能够而且一定会使传统的唐宋词呈现出同样夺目的异彩，但是这一切需要弄清相关的史实，需要坚实的文献作基础，唯有如此，传统的文献与成果才会具备与日俱新的生命力；也唯有如此，新的理论与方法才会藉深厚的基础依托而具备持久的生命力。这样，二者完美融合所焕发的异彩才会成为永恒。这是王先生本书一系列探索篇什的核心启示，也是不断的告诫。

张再林《唐宋士风与词风研究》

叶帮义

唐宋词史的研究在20世纪80年代以后有了长足的进步，这不仅表现在有一系列的断代词史（唐宋词史）的论著出版，也体现在众多宋词流派或群体研究以及时段研究方面出现了很有分量的成果，如南渡词坛、元祐词坛、北宋徽宗词坛以及江湖词人群体研究，从而进一步深化、细化了宋代词史的研究。不过，这些研究成果在选题上仍限于有宋一代的特定时期或特定群体。能否在此之外另辟蹊径呢？张再林博士的新著《唐宋士风与词风研究——以白居易、苏轼为中心》（以下简称张著）对此进行了有益的探索。该书在选题上就颇有新意。其一，它打破了以往通论唐宋词史或专在宋代截取一段进行研究的做法，而是专门截取中唐—北宋这一特定时期（即词史的产生与繁荣时期），既不限于唐，又不限于宋，更能见出历史的立体感。当然，将中唐—北宋作为一个独立的文学时段进行研究，学界此前已有这方面的成果出现（如林继中先生的《文化建构文学史纲：中唐—北宋》，海峡文艺出版社1993年）。不过，那大多是通论文学各种体裁或专论诗歌方面，却未对词进行专论。张著可以说是专门截取这一时段进行词学研究的第一本专著。其二，张著也不是泛论中唐—北宋时期各家词风词艺，那样做就很容易重复以往词史而了无新意，于学术进展毫无助益。张著别出心裁地选取这一时段的两个既有其独特性又有其代表性的作家白居易和苏轼进行个案研究，并由点带面，颇能展示这一阶段词史的风貌。

张著在研究方法上也不乏启人心智之处。作者在进行词学探讨时，并不是专门就词论词，而是努力挖掘词学发展过程中所蕴藏的历史文化信息，视野显得较为开阔。当然，在词学研究中进行文化观照并非作者独得之妙，近20年的唐宋词研究不乏这类有成就的著作，这也给本书的写作带来了不少启发。不过，相对于同类著作而言，张著仍有其特色，这表现在作者颇为留意在历史文化与文学研究中寻找其中介——即作家的观念与心态是如何将历史文化的信息作用于创作中，而不是简单地将历史文化的背景与词的创作叠加在一起，在方法上显得更为圆熟、浑成。全书除总论外共六章，就用了五章的篇幅从不同心态出发，来分析中唐—北宋时期的词学发展与历史文化之间的联系。这是作者的着意之处，也是张著的特色所在。当然，这也是面对这一时期词史发展实际而不得不作出的选择，因为这一时期的词史向来就是研究的热门，本期的词史演进过程和各家的创作特色基本上不存在什么大的问题，学界需要解决的主要问题就是如何解释其成因，所以张著将重点放在对这一时期词学面貌成因的解释上。作者之所以这样处理，想必也是经过一番权衡的。

另外，就具体论述来说，张著亦多精彩见解。如作者指出白居易首先提出了“中隐”，其内涵除了隐于闲官一义之外，实际上更指一种与物无著、闲适旷达的文化心态。这种概括非常精当并具有深厚的历史感。再如针对学界关于白居易对妇女的态度的争议，作者认为：“解决这个问题的关键不在于材料的有无，而在于以什么样的标准去看待、衡量当时人们对待妇女的态度问题。”比较起来，这种看法更为通达，也更为深刻，也启示我们研究问题时不能仅取那些有利于自己佐证的材料，还应看到相反的材料，并从中努力作出融通的阐释。即使是像白居易的创作分期这样的老问题，作者也在无法回避的情况下提出了自己的见解(而不是照搬学界的已有看法)，认为白居易对退隐、“独善”问题的思考贯穿其整个人生历程，并不是像以往文学史认为的那样是出现于贬官江州时期，白居易身上所表现出来的“兼济”与“独善”在古代士大夫中具有典型的意义。书中的论述既有对具体作家的评论，也有对具体作品乃至名篇的新解，有的以小见大，有的甚至具有超越作家研究甚至本课题研究的更广泛的学术意义。作者将分析的重点放在白居易、苏轼身上，固然对这两个作家的分析颇多新见，但这些分析的价值并不限于作家研究范围之内，也有浓厚的词史研究色彩，有些论述还有接受史研究的意义。如作者在分析宋词对白居易的受容时，既看重其通达闲适的一面，又发展了其多情感伤的一面，这是很好的白居易接受史研究；再如书中探讨苏轼与白居易之间的联系时，还将陶渊明作为参照，这种分析又何尝不是从另一个角度在进行陶诗的接受史研究呢？

总之,张著是一本选题独特、方法新颖、新见迭出的好著作。当然,不足之处也是存在的。作者虽然努力在文化与文学之间寻找中介,并以文学为本位,但似乎未充分留意词学研究的独特性。宋人对白居易的推崇不限于宋词,宋诗也是如此,宋诗之接受白诗,也大体是在同一历史文化背景之中来进行的,可是,宋诗与宋词的面貌差异很大。为什么在同样的历史文化背景中,同样接受白居易的影响,宋诗、宋词却展现了不同的面貌?这也是一个值得深入思考的课题。在有些情况下(特别是宋代诗、词、文都比较发达的历史时期),文化—文学的研究模式必须注意文体之间的差异,仅仅依据大背景的文化分析,有时还不能作出更令人信服的解释。如果作者将来对此作出进一步的探讨,想必又会有新的成果贡献给我们吧!

王晓骊《唐宋词与商业文化关系研究》

张再林

自20世纪80年代初文化学的研究视野和方法被引入我国学术界以来,很快就风靡了古典文学研究领域。但唐宋词的文化学研究在当时却还一度显得相对冷清,后在吴熊和先生的进一步启发和带动下(吴先生在浙江古籍出版社1989年再版的《唐宋词通论·重印后记》中提出,应将唐宋词看做是在各种“复杂因素在内的历史背景下产生的一种文学—文化现象”,并呼吁“应该开阔视野,加强这方面的研究”),一些学者才从文化学的角度入手来重新审视唐宋词的文学和文化意义。然而,综观这些论著,或仅将唐宋词与当时的某种制度文化(如歌妓制度)联系起来进行考察,或仅将唐宋词的某一方面的特点与当时的某种民俗风情(如端午、七夕等节日)进行对应、比附,都未能真正将唐宋词置于文化和文学的大背景下,从整体上考察其演进过程和文学特征。而王晓骊女士的新著《唐宋词与商业文化关系研究》(中国社会科学出版社,2004年版)以翔实丰富的文献资料、广阔的理论视野、周密的辨析概括，在很大程度上克服了上述缺陷，并创获了不少新的见解，堪称是唐宋词文化学研究的一次新突破。

具体而言，这种突破在以下两个方面表现得尤为突出：

其一，王著第一次对商业文化与(唐宋)词的发展史的动态关系作出了系统、深入的论述。作者的思考是从探寻文学转型的原因开始的："为什么词能在唐诗以后获得如此的成就？而更深层的问题是为什么在此后的文学发展中，诗歌不再是一统文坛的盟主，宋词、元曲、明清小说如雨后春笋，纷纷冲破诗的樊篱，成为一代之文学？"(第1页)在这一宏观思路的指导下，作者经过对词的艺术风貌和审美趣味、创作与消费群体以及文学功能的考察，指出唐宋词"正处在雅文学向俗文学、士大夫文学向平民文学，政教文学向娱乐文学的转化边缘，文学转型的各种迹象在它的身上已经初见端倪"(第6页)，并认为词身上所表现出来的与诗歌审美以及诗教传统相悖离的"异类"特征，正是受到了"异质"文化——商业文化影响的结果："(中国封建)商业经济自南北朝以来不断发展繁荣，到两宋出现了自战国以后的又一次高峰，商业文化也随之勃兴，形成了自身相对独立的文化价值体系，并在整体上对社会生活和文化心理实施其影响。词的发展始终处在商业文化的影响之下，它的孕育、发生、创新、繁荣乃至转型都必须依赖商业发达的城市文化环境。"(第333页)基于这种认识，接下来作者便在书的上编中展开了对商业文化与(唐宋)词的发展史的关系的系统、深入探讨。作者从早期的商业活动对燕乐和曲子词的孕育开始谈起，接着探讨隋唐五代时期商业文化的发展在促成词的发生方面所起的重要推动作用，进而就两宋商业文化力量的崛起及其对宋词的深刻影响问题作了重点分析。在这一番历时性的"词史"描述过程中，作者充分发挥其视野广阔、善于辨析的学术特长而获得了不少新的创见。例如，书中提出的核心观点——商业文化是推动唐宋词演进的主要文化动力之一，新旧两种文化力量的共同作用决定了词的发展走向——就显得极富创新意义，必将引起词学界的热烈反响，引发人们研究诸如明词与更为发达的明代商业文化的关系之类的一系列问题的浓厚兴趣。再如，在探讨词的起源问题时，作者把目光投向了商贸活动比较活跃和开放的南北朝时期，认为此时商业经济的发展已经开始了对社会文化心理和文学创作的影响。而在具体的论述过程中，作者又分别从"北朝文化的特征及其对词乐的影响"以及"南朝文化和文学对唐宋词审美趣味的影响"这两个角度阐明了这一时期的音乐性质以及社会审美心理在孕育燕乐和曲子词方面所起的作用。这一看法虽与时下词学界流行的“词起源于隋、唐之际”的观点有所不同,但确又是言而有据、言之成理的,表现出作者勇于立论的学术精神,相信也定会促使人们对词的起源问题作进一步的深入探讨。

尤其值得注意的是,王著既十分详尽地论证了(唐宋)词的发展与商业文化的发展息息相关的学术命题,但却又并没有夸大商业文化对(唐宋)词的影响,而是强调指出:“唐宋词具有‘异类’文学特征的观点是在承认其仍属于传统文学范畴的前提之下提出的。”(第7页)这充分体现出作者既大胆探索,又严谨求真的科学态度。王著也因此较好地做到了如作者自己所期待的“客观、真实地把握唐宋词在文化史和文学史上的特殊意义”(内容提要)。

其二,王著第一次对唐宋词和文人小说、民间说话、戏曲等文学样式在商业文化影响下所形成的“异类”文学特征以及它们之间的相互关系作了全面探讨。

王著上编纵向论述词史,下编则从横向的角度考察唐宋词的“异类”文学特征以及与其他“异类”文学的关系。关于唐宋词有别于传统诗歌的“异类”文学体貌以及它与小说、说话、戏曲等的关系,研究者已多有论及,但将其置于文化冲突和文学转型的广阔视野下进行考察,并对之作出全面的阐述,则是王著在唐宋词文化学研究领域所作出的又一新贡献。作者从词为艳科、词的合乐性以及词的富贵美等三个侧面论述词的审美特性,又分从词的抒情、娱乐、商业功能等三个角度论述词的社会功能,这两个层面紧密结合的论证确乎能够切实而又全面地揭示商业文化在唐宋词体貌的形成过程中所发挥的巨大影响。而为了进一步凸显唐宋时期商业文化对文学发展的整体影响以及唐宋词在商业文化圈中所起的具体作用,作者又将词与植根于同一文化土壤上的文艺形式——文人小说、民间说话、戏曲——的相互关系作了全面探讨。作者指出,商业文化环境是这几种文艺形式赖以存在的文化基础,商业文化的价值观、道德观和文学观影响了它们的表现内容、思想倾向、审美特征以及传播方式;作为商业文化的一部分,它们之间还以相互补充、相互支持的形式影响着彼此的发展。沿着这一开阔的思路贯穿而下,王著对词与其他几种文艺形式的关系的论述也时有精辟之论,显示出著者扎实的学术功底和独到的学术眼光。限于篇幅,这里仅举作者对词与文人小说的关系的论述为例。在探讨这一问题时,作者先谈词在题材选择及用典方面所受到的小说的影响，继以温庭筠的词与传奇作为个案进行分析，再论苏轼、辛弃疾的词与文人小说的关系，而经过这一番点面结合，多层次、多角度的考察之后得出的两点认识——文人小说“在功能设置、题材选择等方面都作为一种文学传统影响了词的创作”，“在共同的社会文化背景下，这两者在唐（中唐以后）宋时代出现了世俗化、艳情化的共同发展趋势，甚至还互相渗透、互相交叉，出现了叙事性的文人词和夹杂曲子词的传奇体”。（第 251 页）——自然也就具有很强的逻辑说服力了。而书中对词与话本小说、戏曲关系的探讨，也同样使人读后有探骊得珠之感。

不过，书中的某些论述也还让人觉得意犹未尽。比如，王著虽对唐宋词的“异质性”作了全面描述，但唐宋词的“异类”文学体貌本身也是一个不断变化的动态过程，在不同的发展阶段，其程度是有差异的（如词至苏轼以后，它的“异类”特征实际上已在不断减弱），书中对这方面的问题似乎注意不够。但从总体上看，王著仍然不失为近年来在唐宋词文化学研究领域出现的一部自成理论体系和具有突破意义的成功之作。

刘尊明《唐宋词综论》

甘　松

《唐宋词综论》（中国社会科学出版社 2004 年 12 月版，下文简称《综论》），是刘尊明教授最近向学界奉献的新著，也是他近十年来词学研究成果的又一次集中展示，部分内容已在《文学评论》、《文学遗产》、《文艺研究》等重要学术刊物上发表，极富学术含金量。全书分为“审美体验论”、“词学思想论”、“形体艺术论”、“内容题材论”、“创作主体论”、“发展史论”、“传播史论”、“学术史论”八章，内容涉及词体、词人、词作、词史、词学史等词学研究诸多领域，视野开阔、方法新颖，宏观与微观互相结合，考据与理论互相倚重，具有鲜明的学术个性。笔者认为其学术个性及学术创新集中体现在两大方面：一是研究视野的开放与拓新；二是研究方法的多元与综合。

首先说研究视野的开放与拓新。《综论》在前人时贤研究的基础上力图采用新视角切入问题情景或开拓唐宋词研究新领域，“人所易言，我寡言之，人所难言，我易言之”，着意填补学术空白，多所创获，令人耳目一新，予人启迪。下面略举数端。

一是对词的形体艺术及审美特性的关注和体悟。词本为合乐的综合艺术样式，具有独特的艺术魅力。因词乐失传，词的音律和音谱也随之亡失，后人作词律、词谱用以指导填词和探究词的文字格式。数以千计的唐宋词调中蕴藏着的丰富词学信息尚有待学者发掘，而唐宋词的美学研究也还有待深入展开。“唐宋金曲《浣溪沙》初探”一节，对唐宋词中使用频率最高的“金曲”《浣溪沙》的创作繁盛情况、体性特征及其艺术魅力进行了探讨，作者分析指出：轻灵与婉转的曲调曲体、整饬与变化的形体结构、画龙点睛的对偶句式等体性特征使得《浣溪沙》备受唐宋词人的青睐，成为唐宋词调之冠。“宋代词体福唐体考辨”一节，就“福唐体”这一独特词体的命名、始创时间进行了探讨，并对福唐体与“骚体”、福唐体与散曲中的“独木桥体”的关系和渊源予以辨析。在“审美体验论”一章三节中，作者以敏锐独到的体悟分别对唐宋词的形体美、音乐美、阴柔美进行了艺术分析和体认，尤其是论“形体美”一节，发人所未发，具有学术开创性。

二是对创作主体及内容题材的新发掘与新探讨。对词学研究的重点、热点词人，《综论》往往独辟蹊径，采用新的视角予以观照和体认。如南唐后主李煜是唐五代最为杰出的一位帝王词人，其人其词的研究成果可谓多矣，而李煜与佛教的关系问题却没有引起学界应有的重视和探讨。“李煜与佛教关系考述”一节，分析李煜名号中的佛教意味，追溯李煜家族信佛的深远传统，钩稽李煜佞佛的主要事迹，探讨佛教对其人生思想和文学创作所产生的影响和作用，弥补了李煜研究的一个薄弱环节。对一直受到学界忽视的词人，《综论》则钩稽史料，力图还原其历史面目。如康与之在宋代词坛上具有一定影响力，也是颇受历代词话、词选关注的词人，而进入20世纪以后，康与之却没有受到词学研究者的应有重视。“宋南渡词人康与之的悲喜人生”一节，对康与之的人生与人品进行较为详细的考证，生动展示了康与之在人生舞台上上演的一出悲喜交替的人生“百戏”，对宋代二三流词人的个案研究做出了较重要的拓展。《综论》在内容题材研究方面也有新的开拓。爱情词、咏物词、咏史词等一些唐宋词题材类型往往为研究者所熟识和乐道，但数以万计的唐宋词中还存有一些重要的题材类型，可能由于观念上的原因，不少学者认为它们没有什么研究价值。其实不然，如唐宋词中有为数不少的宫廷词和寿词，一直处于研究的缺席状态。《综论》更新观念，采用文化学方法，对唐五代的宫廷词和宋代的寿词进行了探讨和研究，不仅拓展了唐宋词内容题材研究的领域，而且加深了人们对唐宋词创作实际和词史发展的认识和理解。

三是对词史、词学史的描述与反思。词史包括词的创作发展史，词的传播接受史。古典文学传播接受研究方兴未艾，词学领域的传播接受研究更是有待全面深入的开展。《综论》直接切入唐宋词史研究中的薄弱环节，如"宋初的词坛岑寂及其原因探析"一节，针对宋帝国统一宇内之后，词的创作却由先前的渐趋繁兴而陡然转向岑寂的奇异现象，分析指出：武将从文的风气，崇经尚武的北文化的尊宠地位，词被视为"亡国之音"的文化心理，以及擅长词艺的江南士子在宋初科举中深受歧视的人生遭遇等文化因素的并行和交错作用是造成这一现象的直接原因。这一结论深化了人们对宋初词史及文化史的认识。"传播史论"一章三节，对温庭筠、周邦彦、李清照三位著名词人的千年传播史进行了钩稽和考察，揭示出词人作品传播史的个性特征，丰富和深化了人们对这三位词人在千年词史上的地位和影响的认识及理解。"学术史论"一章四节，对20世纪李煜、柳永、苏轼、秦观四大词人的研究状况进行了回顾和反思，从一个侧面展现了词学研究的百年进程，意在推动新世纪词学研究的健康发展。

再说研究方法的多元与综合。文化观照、定量分析、传播接受等方法，是刘先生近年来研治唐宋词着意探索和实践的三种研究方法，并将其综合使用，融会贯通，取得了可喜的成果。

一是对唐宋词的文化观照。唐宋词创作不仅是一种文学现象，更是一种文化现象。刘先生早在十余年前即出版博士论文《唐五代词的文化观照》一书，这是较早从文化学角度入手系统考察唐宋词的文学文化意义的专著。《综论》"内容题材论"一章从文化学的视野对唐宋词几种特殊的内容题材进行了分类考察，在一定程度上填补了学术空白。"唐五代词与道教文化"一节，从现存唐五代词作品中闪现的道教文化的吉光片羽入手，对唐五代的道教歌词和世俗歌词分别进行考察与探索，指出唐五代词的发生发展既受到道教音乐文化的铺垫与推动，而唐五代词中也蕴含着丰富的道教文化内容和信息。囿于研究观念和研究手段，宫廷词和寿词历来鲜有研究。“唐五代宫廷词的文化蕴含”一节，对唐五代宫廷词的内容题材和艺术表现手法进行了深入细致的文化分析，不仅丰富了人们对唐五代社会文化的整体认识，也拓展了对唐五代文人词的观照视野。“宋代寿词的文化内蕴与生命主题”一节，则在分析寿礼与寿辞的历史演进的基础上，探究宋代寿词的文化生成机制，发掘宋代寿词的生命主题，论证和结论都新人耳目而又令人信服。

二是定量分析方法的探索与实践。刘先生在《国学研究的现代化趋势》一文中指出：“我国传统的学术研究多以定性描述为特长，因此有必要加强定量分析法的运用。如果我们能够关注事物的数量关系并科学地运用定量分析的方法，我们不仅能从数量的变化、数据的统计中发现许多前人未曾发现也难以发现的新课题，而且还能为传统学术研究的定性描述提供有力的论证和支持。”（《光明日报》2005 年 4 月 9 日）《综论》正是有意识地通过数据统计和定量分析的方法来发掘新的课题和更为有效地进行词学研究的范本。如刘先生根据检索系统得到的数据，绘制“唐宋十大金曲排行表”，发现《浣溪沙》高居榜首，于是撰写“唐宋金曲《浣溪沙》初探”一文。又如“宋代寿词的文化内蕴与生命主题”这一课题的提出，也得益于数据的统计和发现。数据的收集有时可以依靠某些先进的检索工具，但问题的发现和结论的获得还取决于研究者的敏锐眼光和认知水平。如“学术史论”通过数据统计和定量分析的方法，分别对 20 世纪李煜、柳永、苏轼、秦观四大词人的研究状况进行回顾和反思，文中既有大量的精确数据，更有细密的深入分析，将定量分析和定性分析有机地结合在一起，因此得出的结论也就特别具有说服力。

三是传播接受理论的尝试与运用。近百年来的古代文学史研究，主要是作家作品、文学流派和文学思潮的研究，随着文学社会学、传播学和接受美学等理论的深入，人们对文学创作过程和文学价值的实现过程有了新的认识。近年来运用传播接受理论进行古代文学研究俨然成为“热门”，而刘先生是较早在唐宋词研究领域引入和运用这一研究方法的学者。《综论》“传播史论”一章三节，其中“从传播看周邦彦的词史地位”一节，分别从“宋代歌妓的演唱传播——显示周词的当行本色”、“清真词集的编刻传播——突出了周词的文学成就”、“历代选本的编选传播——凝定了周词的历史地位”三个部分，来探讨清真词的传播方式及其词史地位，既动态地描述了清真词的传播历程，也深刻地揭示了清真词的历史地位。其他二节，考察温庭筠、李清照词的传播，皆注重从歌唱传播、词集传播、选本传播这几个方面来进行梳理与描述，已形成了一个较稳定成熟且行之有效的研究思路和研究格局。《综论》在考察唐宋词传播史个案的基础上，还注意总结出一些带规律性的认识，对整个古代文学的传播接受研究都具有一定的启示意义。

《综论》往往将多种方法有机结合在一起，综合运用，以便更为有效地发现和解决学术问题。如“宋代寿词的文化内蕴与生命主体”一节，把定量分析和文化观照结合起来，数据统计用于发现和提出问题，文化观照用以深入分析和解决问题。又如“传播史论”在研究词人传播史的同时，运用定量分析的方法，绘制各种图表，提供大量的数据信息，为科学立论提供可靠依据。

刘先生在《综论》后记中写道：“从 20 世纪 90 年代后期以来，我对唐宋词的研究除了注重文化学的观照之外，也努力从多元的视角来进行综合考察和探讨。既有对唐宋词审美特性的新颖体悟，也有对唐宋词形体艺术的全新分析，还有对唐宋词人词学思想的细致探讨；既有属于传统研究方法范围的对创作主体生平事迹和思想性格的考证，也有从文化学的视野对唐宋词几种特殊的内容题材的分类考察；既有对唐宋词发展史的局部勾勒，也有对唐宋词传播接受史的个案梳理以及学术史的定量分析与描述。……‘综论’也许给人有‘散’或‘杂’的嫌疑，但它却真实地体现了我致力于对唐宋词做多元观照与综合考察的学术追求。”刘先生既承继了前辈学者求实求真的学风，又具备了深厚的理论素养与大胆、敏锐的创造性思维，充分发挥了这一代学人的学术优势，做到在求实中求新，而这种求新、开拓意识在全书中随处可见。

《综论》所提供的学术观点与学术方法，对词学研究乃至整个古代文学研究都是不无启示作用和借鉴意义的。

王兆鹏《词学史料学》

林　夕

中华书局最近出版了王兆鹏教授撰写的《词学史料学》，这是《中国古典文学史料研究丛书》系列中的一册。词学界同仁近年对词学史料研究空前重视，成果累累，早就需要一部集大成的系统论著，此书及时出版，顿慰饥渴。快读一过，目为之明，耳为之聪，惬意之情难以抑止，略述所见，就教高明。

史料和史料学

"必也正名乎"，看来我们有必要首先谈谈"史料"和"史料学"的关系。"史料"一词远古文献中未见，可知的只是明董复表所编《弇州史料》一书。《四库提要》说："是书皆采掇《王世贞文集·说部》中有关朝野纪载者，裒合成书，无所考正。非集非史，四库中无类可归，约略近似，姑存其目于传记中，实则古无此例也。"

后世所使用的就是史料的字面意义，即可以用来研究史实、撰写史书的材料。广义地讲，可以是文字记载，也可以是口头传述；可以是有形质的实物，也可以是风土、人情、制度、习俗等社会现象：只要有助于揭示和分析历史事实，都可以叫做史料。从这个意义讲，它跟《论语·八佾》所说的"文献不足故也，足则吾能征之矣"的"文献"，在很大的程度上是重合的——王大隆先生的《文献学讲义》说文献指一切历史性的材料。史料一词罕见使用，也许原因就在这里。不过在今天，史料和文献似乎各行其道，史料附庸于"史"，文献则逐渐偏义于"文"，似乎逐渐远离了它的宽泛的含义。

我们再看"史料"和"史料学"的关系。汉语说的某某学中的"一学"字，作为词缀，含义相当于西文的“-logy”，某某学即关于某某的科学或学问。某某和某某学本质是不同的东西，词典学是研究词典的学问，并不是词典，语言学也不是语言，这是一目了然的。

然而有些领域并不都这么畛域分明，判然二物，史料和史料学就是一个例子。按说“史料学”是关于史料的学问，它应该研究史料的性质和特点，包括搜集、整理和利用史料的知识和方法——这里不涉及史料学和史学的关系这个理论问题。从这个角度看，《弇州史料》只是汇集具体的史料，打个或许并不恰当的比方，类似“史”的长编。这是地道的史料，不是史料学。进一步，可以把有关资料按照某种原则分门别类，作系统全面的介绍。再进一步，还可以夹叙夹议，不仅仅“裒合成编”，而是对有关资料有所考证、分析和评价。这就逐渐越过了纯粹汇集史料的范围，而走向对史料的批判研究领域。最终就是通过对史料的研究，归纳和总结关于史料的性质和应用的一般原理、原则和系统的理论，总体研究史料的性质，而不是具体列举资料。在这个从具体到逐步抽象概括的发展过程中，史料和史料学的界限也就逐渐模糊起来。

在史料学研究充分发展起来时，史料学本身也会有各种分支。像陈高华、陈智超等先生的《中国古代史史料学》前言所说：“史料学就是研究史料的搜集、鉴别和运用的科学，是历史科学的一个分支。史料学可大体区分为两类：一类研究搜集、鉴别和运用史料的一般规律和方法，可称为史料学通论；另一类研究某一历史时期或某一史学领域史料的来源、价值和利用，可称为具体的史料学。”前者在一些学科中称为总论，后者则称分论。《词学史料学》显然是分论之一，论述词学领域的史料学问题。

研究一个课题的史料学，必须具备关于课题的三方面的知识。第一是课题的本体性质，这决定着对象的结构组成和所有可能涉及的因素。第二是课题的各个方面的发展历程，只有了解历史才谈得上辨认史料和搜集史料。第三是历史上已经对课题作过的研究工作，这些研究工作本身就是史料，而更重要的是，它们在史料搜集、整理和研究方面都会给我们提供宝贵的实践经验，不论成功还是失败，都是我们借鉴的范例，也是学科理论建设的基础。此外，当然还要有自己对课题的实际研究工作的经验和心得。至于驾驭资料的能力和分析问题的理论水平则是学者的功力所在，自然毋庸多说。

以这些认识为背景来看《词学史料学》，我们不难发现，它很好地总结了迄今为止的重要词学资料和研究成果，全书有简明实用的分类体系，有浩瀚的资料范围，有综括的宏观眼光，有精细的微观分析，取得的成绩不能不令人赞叹。

体系简明

开宗明义，《词学史料学》首先论述词学研究的对象和范围。在追溯“词学”一语的起源和含义，列举各家看法之后，把词学研究概括为词体、词人、词集、词论、词史、词学史六个领域。作者对每一个领域都作了简单的说明，但是书中只分章论述前四个项目，词史和词学史没有专章论述。这是因为“词史和词学史的研究，古代没有系统的资料”，散见的资料附丽于词论。

这里值得注意，因为这意味着此书所说的史料主要是古代的系统论述，还有晚近属于传统范畴的论著。对于这些资料而言，此书的分类系统以传统为基点，以简明实用为宗旨，随宜处理，不失为明智之举。因为要掌握传统资料，入门途径是传统的分类体系，首先“温故”，“知新”是下一步的事情。如果用并无定型的现代多维分析法，一部传统的词话就要分割为几个项目，在史料学的萌芽阶段，大家还没有共识的前提下，恐怕作者和读者都有无所措手之苦。想当年商务印书馆出版的《万有文库》把中外书籍统一按现代学科分类，熟悉中国传统文化的学人就曾感到不便。

当然，在称许从传统出发有简明实用意义时，词学工作者还是不能不考虑，一个学科一旦发展起来，随着宏观和微观视野的开拓，研究范围势必趋向多元化和专门化，有必要进行归纳和总结，建立学科分支的层次结构。目前词学和词学研究的多视角发展方向已经涉及社会和人的各种因素和参数，大大超出传统的观察范围和论著体例，这就有必要建立系统的理论框架。否则在总结现代的词学文献时，就没有现成的系统框架可以使用。从目前的情况看，这还是词学研究中的一个有待发展的领域。

资料浩瀚

《词学史料学》收集的资料十分完备，特别是 20 世纪以前的词学专著，搜罗殆尽。论“词人”一章，从年谱传记到石刻、文集，重要的资料来源都在其中。“词集”章，详尽地列举有助词学研究的历代书目，历代重要的别集和总集都有详细的论述。“词论”章，不仅详细列举各种词话，而且涉及可能有史料价值的其他文献，包括文集索引、藏书目录，特别指出地方志中可能有词论资料。

《词学史料学》处理每一个研究方向时不仅力求资料完备，而且对版本给予特别的关注，一丝不苟，这是此书的一大特点。论述词家别集、选集、总集时，不遗余力地列举不同的版本，有竭泽而渔之概，给人留下深刻的印象。

广收大陆以外地区的论著，也是此书的一个特色。学术研究的大忌是信息不灵，由于以往学界交往不多，大陆学者对海外论著往往所知寥寥，出现过作为心得重复发表已有的研究结论的事例，这是相当尴尬的事情。《词学史料学》提供了许多重要的境外出版物，在我们作专题研究时，能参考一下书中列举的资料，可以减少明显的失考和遗珠之憾。

宏观视野

《词学史料学》对词体、词人、词集、词论每一部分都有全面的论述，视野广阔，这显然得力于作者在多年的研究工作中取得的丰富经验和心得，足以开拓读者的眼界。

“词人”一章包括了可能涉及传记资料的各个方面，特别是对近年时有意外发现的谱牒、方志和石刻，给予充分注意。作者善于引用典型的案例，举《晏氏家谱》可确定晏几道生卒不明的难题、《张氏宗谱》可确定张元干的世系和卒年，作为谱牒具有重要价值的例证，具有巨大的感染力。

“词集”一章对历代书目作了重点论述，不仅一一列举可供参考的书目，而且详细分析书目的多方面的价值，看似平淡无奇，其实是寝馈于中的有得之言。所引《郎园读书志》对王沂孙词集的长篇跋语，也是一个很好的案例。

20 世纪 80 年代以来，中国内地兴起工具书出版热，开始是大量的文学作品鉴赏辞典，继而是某一课题或某一领域的知识辞书。这些书在普及词学知识和唤起更多的词学爱好者方面具有不可忽视的功绩，虽然不像论文专著那样富有创见，但是也不乏学者的研究心得，特别是工具书提供的资料索引或目录，对学术研究也有很大的帮助。但是这些辞书出版得很多，容易被人忽略,《词学史料学》一一著录,提供了足够的信息。

近十年来电子技术和网络事业飞速发展,给予学术研究巨大的帮助。电子文史资料库正在迅速发展之中,包含海量文献的大型资料库相继面世,其强大的检索功能瞬息即可遍览《四库全书》,人力依靠“腹笥”万难企及,对学术研究助益不可估量。大量的网络资源富有学术价值,查询资料、检索文献易如反掌。这些新兴的治学利器和文献资源的价值,并不是尽人皆知,更不是人人都深知熟稔,《词学史料学》一一作出介绍,引起学界更多的注意,这也是值得称道之处。

微观分析

《词学史料学》不仅以著录文献周详、版本分析细致给人深刻的印象,对一些资料的具体论述以及随文列出的资料目录和表格,也体现了作者在微观分析方面作出的巨大努力。

第三章介绍历代书目时,通过对历代公私目录和题跋所作的彻查,列出一百多种有价值的资料,一一著明版本,便于查寻。作者对这些书目已经做了充分研究,书中不时由书目中引述资料作为考证的根据。

第四章介绍词集丛编时,列出《明清七大词集丛刊所收宋人词作数量及其他丛编所收词集一览表》、《宋刻〈百家词〉与吴讷〈百家词〉所收词集比较表》,为《明词汇刊》按词集作者姓氏音序重新编日,提供了许多方便。

作者对所述资料往往有细致的论述,对宋元明重要词家别集的各种版本都予详细著录,而且时有个人考索所得。例如,比较少岳山人跋语异文(156和159页),对张炎词集不同版本细致地梳理源流、清点数目和比较异同(235页),比较张翥词集高兴牧跋跟《藏园群书题记》所引张鸣珂跋之相似,诸如此类细微之处颇见功夫。“词选的价值”一节,举例典型,富有启发,读起来有手挥目送之感。

《词学史料学》对史料的运用和词学研究方式也有系统的论述,在叙述词别集时,有一节专门论述词别集的整理与研究,首先说明怎样考察和选择版本,继而总结词学前辈的研究成果,分项举例论述词文校勘方式,说明讹误的来由,而且重点阐述词作辨伪的方法,对历代词集的笺注工作也有简明扼要的总结。这些论述周详全面,举例典型,要言不烦,金针度人,对读者富有指导意义。

百尺竿头

我们称许《词学史料学》是功力深厚的佳作,这并不意味着它尽善尽美,无可吹求。凡是做过文献研究的人,共同的感受是,“书囊无底”,工夫下得越大,见识越多,越有绠短汲深之叹。

第一,一个人总不可能把几千种资料都研究透彻,有些资料限于条件,也不能目验。这就不能不依靠书目,也不能不依靠第二手资料。但是目前各馆的藏书卡片和目录,都不可尽信。加以目录版本学工作没有得到足够的重视,时下论著中涉及此道时多有差错,作为依据,难免出现失误。例如《词学史料学》在称道湖南叶氏旧藏的《玉笥山人词集》多有佳胜之后,惋惜此书不知下落。其实此书现藏湖南省图书馆,但是《中国古籍善本书目》未载。这里不能不附说一句,以笔者的点滴见闻而言,各地图书馆藏善本溢出《中国古籍善本书目》者,可说是比比皆是;相反,也有些书虽在目中,却已杳然。

再如民国初年有些书籍,出版年代只书干支,不书民国。有些馆藏书目误认作清代刊本,提前一个甲子。稍有不慎,就会传讹。《词学史料学》(382页)和其他著作中所载的同治刻本《闽词徵》就是个例子,其实《闽词徵》刻于民国。

第二,一种资料还会有不同的版本,仅看一种版本不一定能了解它的全部细节。不妨举个例子,《宋诗纪事》朱敦儒名下引宋周密《澄怀录》的一则纪事,龙榆生先生校点《樵歌》复检《榕园丛书》本《澄怀录》不见此则,认为厉鹗见书多,当别有所见。近年邓子勉先生校点《樵歌》时更查阅南京图书馆所藏两部清抄本,一部且有厉鹗校笔,仍无所见,深以为异。《四库全书存目丛书》影印的明抄本面世,才知道这原来是后人抄录此书时附录之文,难怪其他各本大都不载——参看辽宁教育出版社《新世纪万有文库》本《澄怀录》(邓子勉校点)。

文献工作多有歧出,这里略举一二,以见一斑。165页柳永词集“光绪二十七年金陵刻本”,按:此即吴氏石莲庵刻本。174页“清徐积余传钞天一阁旧藏明钞本”，按：实为黄永年教授所藏，已慨付影印。179页“故宫博物院藏残本”，按：此本今藏台北，非单行本，严绳孙（秋水）跋只说文集四十卷、后集六卷，甚至没有说到长短句。187页说《影刊宋金元明本词》本《片玉集》据宋覆刻本，按：实据宋初刻本，《彊村丛书》则据覆刻本。234页《山中白云词》版本有些出入，恐怕源自吴则虞先生校点本的《版本述略》一节。按：康熙龚氏玉玲珑阁刻本版片后归赵氏，印本即宝书堂本，嘉庆九年聚瀛堂印本也是同一副版片，字迹已有漫漶，并非重刻；光绪鲍氏后知不足斋印本则用康熙曹刻版片。239页张穆阳泉山庄刻《遗山先生新乐府》前人论著中颇多异说，《词学史料学》未能明辨，此非三言两语可了，待另文以详。246页末说元刻《中庵先生文集》不知下落，按：此书今在台北。306页说《花间集》陆元大刻本据宋晁谦之本影刊，按：陆本行数已改，并非影刊。310页说《梅苑》有康熙曹寅、乾隆扬州使院二刻，按：曹寅刻本有“楝亭藏本丙戌九月重刻于扬州使院”刊记，一些著录不察，误为乾隆丙戌扬州使院刻，实仅康熙一刻。450页胡元仪的《词旨畅》应删，此书是陆辅之的《词旨》注释本，陈去病订补后径称《词旨》附在《笠泽词徵》之后，又收入《词话丛编》。

另外，词乐部分还可以补充一些乐谱，例如清代的《九宫大成南北词宫谱》和《碎金词谱》（近年刘崇德教授有论著）中的乐谱，虽说是来自曲谱，而非词乐，但是溯源穷流，未必不能窥其消息。

王兆鹏教授治学虚怀若谷，兢兢业业，百尺竿头力争更进一步的精神尤其值得称道。他已经发现书中个别资料尚待核实，有些地方有待修正。例如282页雪衮子应为“雪蓑子”，《淮海新声》和《芳茹园乐府》皆为曲集，非词集。而且对某些资料准备进一步核实，像清初侯文灯的《回雪词》为《全清词》顺康卷所失收（402页），当初就是经过反复核查最后才得到确认，这种披荆斩棘、知难而进的精神相当难能可贵。

邓乔彬《词学廿论》

刘荣平

当代的词学研究，邓乔彬先生是不容忽视的一家，所著《唐宋词美学》、《中国词学批评史》(合著)、《宋词与人生》等已在学界产生广泛影响。今先生把二十余年发表的词学论文都为一编，名曰《词学廿论》(上海古籍出版社2005年6月版)，作为自己重新研究词学的一个新起点。是书包含三个方面的内容：一是宏观的纵览，有论文五篇；二是词人词作研究，有论文十一篇；三是词学理论研究，有论文三篇。另有学术史论文一篇。每个方面的内容都有特色，试分述如下。

一、关于宏观的纵览。这一部分主要用文化批评的方法，将词视为一种文化现象，与社会意识形态进行比照，试图寻绎出词文学中的文化基因，有重建词文学艺术价值的意向。如卓有创见的《论宋词中的"骚"、"辨"之旨》，从"骚"、"辨"之旨的角度看待宋词的历程，认为北宋词"辨"旨渐人，南宋词则"骚"旨渐多，转变的动因即是靖康世变，转变之后的词文学"志""情"难分，意格、品位得以提升，而宋代文人普遍存在的淑世精神、文道合一的理念终于涵盖曾为"艳科"的词苑。这篇文章的成功之处即是始终把握住了社会意识尤其是文人心态的主线，这样就扣住了创作主体的心灵本质。再如《词的由中唐至宋初之变与文化转换》涉及到词学研究中的一个难题。由于词学资料的阙如，我们很难细致地描述中唐至宋初这一段词史，因而谈及"变"的原因的文章不多见。先生以为：由中唐经西蜀、南唐再到宋初，文化上经历了进士文化、雅与俗的宫廷文化、士大夫文化的变迁，每种特质的文化都孕育出相应特质的词。中唐词主抒情，西蜀词偏俗，南唐词不失为雅，而宋初的词落足于情理。提供了新的视角，再如《论南宋风雅词派在词的美学进程中的意义》一文指出：国运、世情、体制、宗尚造成了姜夔、吴文英、周密、王沂孙、张炎等风雅词人的独特面目。这是从文化的复合形态展开论述的。由于王国维、胡适痛诋这一派词人的创作,其独特面目遂被湮没在词史的长河之中。先生经过仔细分析,认为这一派词人的美学追求经历了三个嬗变:一曰从“纯美”的追求到“美”“善”的结合;二曰从意象压倒情致到情致统率意象;三曰从“情胜乎辞”的所得在“知”到“辞胜乎情”的所得在“感”。尤以第三个方面的论述创意颇新。所谓“情胜乎辞”是指南宋的豪放派词人,他们以强烈的主观抒情打动读者,表达自己所感,其目的却重在人知,如辛弃疾表现出激昂排宕慷慨纵横的气势,是要人知其抗金壮志难酬之根。所谓“辞胜乎情”是指南宋的风雅派词人,他们藏情于内,迷离惝恍,难见真意,因而读其词是先要“知”,赏玩既久,就能逐渐为其悠远婉曲之情所感,如姜夔自叹无人赏识之凄苦的感人力量就不低于刘克庄的同类作品。须说明的是此文作于1984年,于先生可谓“少作”,却能得风气转变之先,较早地给风雅派词人以正确的评论,其强烈的立论意识令人钦佩,且文笔优美,读来令人称快。

二、词人词作研究。这一部分讨论了温庭筠、苏轼、秦观、陆游、姜夔、吴文英、周密、张炎、王沂孙、顾贞观的创作。或作全面评析,或作个案研究,或作比较研究,基本上是以讨论词人的创作风格为主调。风格论属本体研究的范畴。20世纪80年代,词学研究开始“向内转”,以研究创作主体、作品本体、接受主体为主要内容,摆脱了以往以政治气候为导向,专以反映论为目的的简单化操作,从一定程度上说,词学研究回归到以人为本的轨道上来。邓先生的词学研究带有鲜明的时代色彩,站在了时代前列。这十一篇论文均是集中精力作穿透式研究后写成的,材料详实,观点鲜明。其中尤以《飞卿词艺术平议》、《秦观“词心”析论》、《驿骑苏秦间——陆游词风格及其成因浅议》、《论姜夔词的清空——姜词艺术析论之一》、《论姜夔词的骚雅——姜词艺术析论之二》、《〈弹指词〉浅尝》最为突出。请约略言之:

温庭筠的词,以色泽绚丽意象绵密向称难懂。邓文认为温词创造意境的独特途径有三:强化诱情因素、倒转主次事物、映衬动静形态;又认为温词组织形象的特殊方法有主于印象、重在直觉、成于联想。如此分析确实找到了解读温词“义有隐幽”的办法,比较切实。秦观有一颗锐感之心,清人冯煦《宋六十一家词选例言》认为:“他人之词,词才也;少游,词心也。得之于内,不可以传。”如何贴切传达出秦观内心的感受,就成了众多研究者讨论的话题。叶嘉莹先生认为秦观有“纤细幽微的诗人的感觉”,并认为“这是秦少游的词心的本质”。(《唐宋词十七讲》第291页)邓先生则进一步揭示出秦观性格中有难以移易的独特性和一往而深的感情,遂造成其特有的词心。其独特性即是“钟情的资质”,其一往而深的感情则体现在爱情词的“将身世之感,打并入艳情”。陆游是宋室南渡后的重要词人,论者多归之为辛派阵营,是基于政治倾向相同而立论,但其词风明显不同于辛派词人,四库馆臣认为“驿骑于二家(苏轼、秦观)之间”。邓先生则进一步揭示出陆游继承苏轼“以诗为词”的传统,因而有“近雅”的一面,又揭示出承继秦观“纤丽”的风格而有“冶荡”的另一面,其原因即在于陆游一面对“缘情”潜势力的顺从,另又出入江西诗法别创词格,但终因“以其所长(诗)格力于所短(词)”,未能造就自己独特的艺术风格。姜夔词,张炎《词源》以为“不惟清空,又且骚雅”,对于清空、骚雅,论者多歧说。邓先生以为,论清空要从分析意境着手。意的方面,姜词呈现出清虚的特色,境的方面呈现空的特色,二方面的有机结合,就是空灵浑涵。何以能得清空?这就与创作主体的出入宇宙人生有关,亦同审美情趣有关。至于骚雅,邓先生认为其义是立意要言天下大事、王政兴废,其规讽之旨和忠怨之辞要以“比兴”出之。姜夔虽一介布衣,但很受道学家的影响,又以作诗的标准衡量作词,故其词与“温柔敦厚”、“思无邪”等诗教密切相关,所以姜夔作词是将所擅长的“缘情”、“体物”向言志靠拢,形成完整而统一的艺术形式,所凭借的主要艺术手段就是比兴。顾贞观,是清代最有特色的词人之一,生前所负时誉与身后之评存在较大反差,邓先生敏锐地发现这一问题,却无意轩轾,盖世换文移,宗风屡变,难免不夹杂着批评家个人的好恶,因而不详论也罢。但顾氏自信其词必传,这就需要仔细考量,是否有必传之缘由。通过研究,邓先生认为顾贞观主张作词要抒写性灵,他的创作完全实现了他的主张,这就是必传之缘由。在前有浙派力主淳雅,后有常派力主比兴寄托,顾词一时遭到冷遇,终因独创而流芳后世。

三、关于词学理论研究。这一部分讨论了清代著名词学批评家刘熙载、况周颐、王国维的词学理论,均是用力之作。其中《传统词学批评的终结与新变——论王国维的〈人间词话〉》用力尤深。王国维《人间词话》是一部以论词为主的艺术批评著作,饱受争议,誉之者奉为诗学宝典,贬之者则说不过是王氏的“待焚之作”,能够公正而全面评价是书已属不易,对其在中国文学批评史上的地位与贡献作出恰当的评价则是难上加难了。邓先生的核心观点是:《人间词话》是传统词学批评的终结与新变。这一观点容或有商,但其研究的途径与方法则多给人以启示。可以加以总结：一、在王国维全部论著中，吸收、改造，舍弃了叔本华哪些哲学思想，一一指明；二、相对中国传统文论，《人间词话》吸收改造了哪些理论，给中国传统诗学带来什么质变，有明确交代；三、王国维论词思想特别是境界说前后有变化，有动态的把握；四、王国维的艺术哲学观时有矛盾抵牾之处，不能简单地归结为立论不够成熟，而是要置于他的矛盾心态中解释，这一矛盾即是王国维所说的“可爱者不可信，可信者不可爱”，王国维是清醒地看到自己这一矛盾的，研究者不能不看到。

邓先生在看到其门生杨伯岭的博士论文《晚清词学思想的建构》（安徽大学出版社 2004 年版）后，对自己的词学理论研究作了反思，在《自序》中说：“我在读到他关于况周颐的论述时，是深为其对‘重拙大’的新见而折服的，这就不仅仅是‘起予之叹’了。而他将梁启超的论词思想视作传统词体观的终结，虽作‘体’的限定，而实际上是否定了我将王国维作为传统词学终结与新变的意见，虽说梁之说多在于‘外’，而王说才入于‘内’，但就现代性而言，梁似乎更在王之上，更应具有‘终结与新变’的资格。”表现出虚怀若谷，从善如流的风度。依笔者拙见，伯岭对“重拙大”的解说青出于蓝而胜于蓝，但对传统词体观的终结者的定位似可商榷。这实是一个较大的问题，应有更多的讨论切磋之后再下结论方为妥当。王国维给传统词学带来新变应勿庸置疑，在他以前，尚无人引进域外哲学理论，建立崭新的美学批评范式。所谓终结应是对传统的批评理念与批评形式的彻底否定或最大更新。关于梁启超，谢桃坊先生说：“梁启超在我国新旧文化交替之际，第一个以严格意义上的社会学批评方式来探讨宋词的社会意义，一反传统的偏见而高度地评价了辛弃疾及宋代豪放词的思想成就和艺术成就，开启了现代词学的社会批评的倾向。”（《梁启超与近代词学研究》，《文学评论》1993 年 5 期）刘石先生更认为“在这一意义而言，梁启超在词学史上应是中国近代词学的光辉终结者，也为现代词学的发展导夫先路。”（《梁启超的词学研究》，《文学遗产》2003 年第 1 期）从转型意义的角度看，梁启超的终结作用体现在批评理念与批评方法方面。至于伯岭所说梁乃“传统词体观的终结”，可能比较注重梁主张词体应该发挥“改造国民之品质”的作用，也是着眼于批评理念与批评方法的，因而有一定的道理，但不必说成是“词体观的终结”。体有体制、体要、体貌之分。体制指格局规制，体要指题材及内容，体貌指艺术形象。（何文汇《杂体诗释例》1～4 页，香港中文大学出版社 1986 年版）关于词体，吴世昌词体结构论成于 20 世纪40年代，颇重词的叙事性。施议对先生说：“王国维之创建境界说，对于中国词学史（包括批评史）而言，主要在新变，而非终结。”基于这一认识，施先生将本色论、境界说、结构论并列为词学批评模式的三个阶段，并说：“这（指词体结构论）是土生土长而又能够贯通中外之批评模式，亦走出误区之一重要凭借。”（《吴世昌与词体结构论》，《文学遗产》2002年第1期），因而从词体的角度看，吴世昌更应具有传统词体观的终结意味，只是他不属于晚清民初范围。

陈学广《词学散步》

洪豆豆　刘尊明

《词学散步》是陈学广先生最近推出的一部词学研究著作。作为一位文艺理论研究者，陈先生一直对唐宋词和词学有着深深的喜爱之情，并把它作为个人的学术兴趣之一。

陈先生自言：这本著作命名为《词学散步》，是受到宗白华先生《美学散步》一书的启发。宗先生在《美学散步》的“小言”中，曾开宗明义地阐明了他的“散步观”：“散步是自由自在、无拘无束的行动，它的弱点是没有计划，没有系统。看重逻辑统一性的人会轻视它，讨厌它，但是西方建立逻辑学的大师亚里士多德的学派却唤做‘散步学派’，可见散步和逻辑并不是绝对不相容的。……散步的时候可以偶尔在路旁折到一枝鲜花，也可以在路上拾起别人弃之不顾而自己感到兴趣的燕石。无论鲜花或燕石，不必珍视，也不必丢掉，放在桌上可以做散步后的回念。”这本书就正是陈先生在词学研究方面“散步后的回念”，有着“散步”时独具的那种“行到水穷处，坐看云起时”的自在与自得。

作为一名文艺理论专家，陈先生进行词学研究时，也不自觉地带入文艺理论视角，这本书中很多地方熠熠生辉，大概就是作者本专业和词学碰撞产生的火花，值得词学研究者们进一步探讨。全书结构富于逻辑思辨性，主要分为三个部分：词论研究、作家研究以及作品赏析。作者先总论再分述，最后以具体篇目的赏析作结，注重个体研究和整体研究的融会，采取点面结合的视角，把个人对于词学的一得之见呈现在读者面前。

词论研究部分基本上是遵循词史的发展规律以其自身演进为序，主要分成“词为艳科”、“以诗为词”、“词别是一家”、“尊体雅化”、“稼轩风、体”等独立成篇而又内具联系的五大部分。作者首先谈到的是“词为艳科”这一不可避免的问题。陈先生对这个问题作了很长时间的思考，早在1999年就在《求是学刊》上发表了《论“词为艳科”的词学观念》一文，文中主要谈到“花间派”词体观念对词体的“艳科”性质所具有的决定性意义，而这种性质又正是词“缘情而绮靡”的体性特征。五年后，作者在本书中虽仍采用此文为首章，但他对“词为艳科”观念的认识有了进一步深化。那就是，将之与宋型文化联系起来，采用文化观照这一新手法对其进行重新诠释：“‘宋型文化’的主要特征是‘娱心’”，“词的兴盛折射出宋代享乐型的社会文化心理和精神气候”。词论研究的第二部分和第三部分虽然分章论述，但实际上表达了作者同样的观念。“以诗为词”拓展了词的题材，提高了词的品格，但是在强调词、诗同一性时忽略其差异性，这样无异取消词体的艺术独立性。而李清照“词别是一家”的本体观念就是对苏轼“以诗为词”的一种反拨。他认为，李清照敏锐地沿着“声诗并著”的总纲从“声”与“诗”两方面进行论述，旨在为词建立一套严格的标准和规范，并从中发现词体形式功能的特别之处——“主情致”。在谈到“尊体雅化”问题时，作者上溯宋初，指出宋初文人为词对“闲雅”的推崇，下及曾慥对雅词这一概念进行的明确界定，之后《乐府指迷》、《词源》对宋代雅词和雅化观念做出总结。在最后一节“稼轩风、体”中，作者主要把眼光放在“稼轩风”和“稼轩体”这两个名词的论辩上。虽然两者都指称稼轩词的风格，但是在指称时却侧重于风格的不同层面。近年来，虽已有学者撰文论及这一问题，但就辛词研究现状来看，作者认为对它们有再讨论的必要和余地。经过论述，作者得出结论：“体”偏重于审美对象的形式外观，“风”偏重于审美对象内在的生气和精神力量，它们分别代表了宋人观照稼轩词风格的两种不同视角。

既然本书名之曰《词学散步》，散步是随心而往、信步而走的，那么作者在书中只谈那些他“自己感到兴趣的燕石”就不足为怪了，即使予读者片锦、碎玉之憾，亦不足为惜。第二辑的作家研究正是这种心态下的产物，陈先生于此辑中关注的是宋代妇女词，李清照作为宋乃至所有女词人之翘楚，尤其受到重视，全辑有五分之四篇幅论述她。其中，两首《临江仙》的考辨新人耳目，堪称本书一大亮点。它们是《临江仙》“庭院深深深几许”地点辨，《临江仙》“云窗雾阁春迟”作者辨，文献资料翔实，论辨逻辑严密。特别是《临江仙》“云窗雾阁春迟”一首，历来置于李词存疑作品之列，其作者史有李清照、魏夫人二说，王仲闻在《李清照集校注》中所持观点和王鹏运相同，以为伪作矣，乃“借前《临江仙》词模拟为之者”。陈先生首先驳斥王鹏运“模拟说”，再解释为何曾慥《乐府雅词》亦未收此词，最后从“易安体”风格入手，以为这首词符合李清照词的内在规律，言之凿凿，论有确据，使人不得不为之信服。

陈先生对李清照的青睐，在作品赏析中更是显而易见。以数量论，陈先生选词有南宋、北宋之分，其中北宋词十六首，李清照词有半数之多；南宋词十七首，李清照词四首，占选词总数的四分之一。以所选篇目论，既有《如梦令》“常记溪亭日暮”、《一剪梅》“红藕香残玉簟秋”、《凤凰台上忆吹箫》“香冷金猊”、《渔家傲》“天接云涛连晓雾”、《武陵春》“风住尘香花已尽”、《声声慢》“寻寻觅觅”这样读者耳熟能详的经典之作，也有诸如《念奴娇》“萧条庭院”、《清平乐》“年年雪里”等有特色的篇章。在具体赏析过程中，陈先生立意求新，务去陈言，使读者面对经典，而有焕然一新之感，道前人所未道，言前人所未言。李清照词之外，所选词作以风格特色论，大体以婉约词居多，而豪放词仅居一隅，这或许与陈先生本人的审美趋向有关。虽然豪放词数量不多，但大都是名噪一时的好词，不仅代表个体作家的创作水平，也很好呈现了宋词的整体艺术成就。

《词学散步》是一次很好、很成功的“散步”。那些对初学者而言很深奥的理论问题，被深入浅出地呈现出来，不以其深使人望而却步。以水为喻，它不是那种一眼就见底的小溪，让人丧失进一步探询的欲望；它是一潭幽幽的湖水，水色清澈而深邃，清澈处诱人探询，深邃处发人深省。历来，词学研究书籍因其专深，不被大众读者接受；普及词学知识的非研究类书籍，以其浅泛而为专业研究者所鄙弃。面对这种窘境，本书正可谓做到了文兼二美，而无二弊，两类读者都能在书中找到自己的兴奋点，实属难能可贵。

蒋哲伦《词别是一家》

胡光波

蒋哲伦教授从事古典文学教学四十余年，学术研究则以宋词为中心，并向前后拓展。其所以情注于词，既源于她早年性之所近的吟咏，又与后来亲炙词学家胡云翼，受其学术熏染有关。款步入词苑后，蒋先生逐渐认识到物象各所宜，阴阳成文章，针对词体独有之质性，以确立个人的研究路径。鉴于其师偏重豪放派，她转而关注婉约词家，力图揭示易安不及申论的“词别是一家”之义，从阅读感受切入，与词人心灵冥会神契，虽不废古人论说，但只作参验，不为所蔽。职是之故，她的文章读来活脱生鲜，而少理论的灰暗色调。

蒋先生治词从编校、选注、辑佚、钩沉始，蓄之既久，方成文章。她本人谦称无构建理论的宏志，但亦能由点及面，纵括词史，且力图寻求论说的突破。难能可贵的是，她以评赏为中心，却并不忽视资料建设，为了解唐宋词之全貌，与学生东搜西讨，合编成收书近千种的《唐宋词书录》。这部五十多万字的著述，细列各书目录，详实的备考则融多年心得，对后学有纵鹰发踪之用。

而今，蒋先生为回顾学术历程，从既有文章中选出三十一篇，编为论集《词别是一家》(上海社会科学院出版社 2005 年版)。在整理成编时，作者为尊重历史，篇末均标示发表时地，文中因各种原因被删节的文字，尽量恢复原样；个别文章因故搁置，也分别注明写作因缘。该书虽为各期论文的辑录，但也注意理论与历史的统一：全书共分七组，起首为词学综论，结末缀以短章佚文补遗，中间编排略以词史为线索，每组选文多寡不一，而皆以内容相近者归类，情文并茂的赏评穿插于餍心人理的说解之中，读来饶有兴味。作者《后记》自称其文多属“随想随录，东鳞西爪”，但又说“其中确有个人的一得之见在”，这种学术自信，与她长期寝馈于词，爱恋不舍，融注个人的生命体验，而非视为稻粱之具有关。从内容设置看，本书主要有以下方面：辨析词的体式特性与传统正变，对“别是一家”做延展性阐释；不为豪放与婉约之争所惑，恢复东坡词的原相本质；编辑清真词集和选本，反思历代研究的经验；对柳永慢词、石林词的历史作用，予以专评；从易安漱玉词和吴藻苹香词，发掘女性词的价值。

“词别是一家”之说，出自李清照《论词》，本书以之命名，自有其用意。易安原作，以唐歌者轶事开首，暗示词之为体，务须配合燕乐，曼声阐缓，适于绮情艳思，与诗之言志迥异。这一“词本位”意识为蒋先生所接受，并加发明，贯穿全书，而集中体现在开首三篇词学综论性文字中。这一组文章长达四万余字，表现了作者20世纪90年代初期的理论思考。第一篇《词别是一家——论词的体性及其由来》，援引史料，分述“曲子”、“诗余”和“长短句”的得名缘由，然后综合归纳，指出词的三大要素——娱乐性、抒情性、长短句的形成，恰与这三个名称有关，缘此而终能发挥词的体式优势，并与诗分道扬镳，成为韵文一宗。第二篇《论领字及其与词体建构之关系》，就前者略涉的词中“领字”功能，从词乐声腔需求、领字形态、句中位置着眼，细述其领起提挈、承上启下的各类句法职能，再说明领字对文气意脉的影响，指出领字直接关乎词的意境创造，常常一字之妙，全篇为之改观。第三篇《“意内言外”与词学正变观》，就常州词派“意内言外”说，对诗与词的统绪进行辨析，指出词的变体是诗的正宗，诗的别调则是词的主流，后代的诗词纷争，即在对此二律背反认识的不足，而常州派的“意内言外”说，则针对传统词学正变观的征候，虽有套用比兴的失足，但其“专寄托不出”的提法，又淡化了寄托，表明局限于传统正变观，这一死结终难解开。从上述三文，可见作者的治学特点，即稳实的结论从确凿的史料而出，不以空洞的架空分析作态，也非抓住一点作臆想猜测。这一为词正名、立体的思想，经作者系统发挥，成为她后来主编《中国诗学史·词学卷》的灵魂所在。

词以缘情立体，但非必以“缘情”为宗尚，这是蒋先生论词的体性而具有史家通识之所在。北宋苏轼以不世之才，横空出世，其词不屑于沿袭他人，而尽洗香泽，弃脱婉转，勇迈三军，气凌寰宇，虽与婉约圭臬不侔，但仍为后人激赏。《论东坡词的主体意识》及相关论文，对苏轼的创辟做了准确评析。苏词的主体意识，指作者有意识把个体精神、生活感受、理想情趣等，借词作而呈示于世，有“我与我周旋”的狂傲。回顾词史，晚唐五代词作者的形象微露端倪，个性风格已显，但主体意识较弱，而宋初词承袭前人，虽有少数作品张扬自我，但多侑酒佐欢，应歌悦众。蒋先生认为，苏词的主体意识体现在：具有按捺不住的表现欲，把自己的人生感受和其时士大夫的焦渴烦闷，借词和盘而出，复杂的心态与作者儒道双修有关；傲睨千古，狂放不羁，振笔摅意，以情驱志，以此开豪放一派。联系此文发表的年代，其时豪放婉约纷争不休，论者"各以所长，相轻所短"，作者承认词以婉约立体，而又能充分肯定豪放词的开拓作用，故其见解愈发令人注意。

当然，就词人词作的个案研究而言，蒋先生对清真词费时最长，用力最巨，成果最突出，因此本书所收文章亦最多。早先，作者曾受施蛰存先生之邀编《周邦彦集》，底本用郑文焯清真词校本，并添上佚诗、佚文、集评、遗事等，给研究者提供了方便。后来，为满足不同层次读者的阅读要求，又编注笺释《周邦彦词选》（刘坎龙参编）、《周邦彦选集》，关于周氏的系列文章，均在编注过程中逐渐形成。本组文章有清真词专论、清真（词）与淮海词风比较、清真词欣赏、王国维论清真、清真词研究述略等，所论互有参差，而其中内容最丰、理论最强的无疑是《周邦彦论——〈周邦彦选集〉前言》。该文长达一万八千言，融清真年谱和学述于一体，把清真一生划为四期，历举其行迹宦情，说明其创作思想的内因外况，有知人论世之便，而所提供的原始史料，也肃清了一些学人面壁悬猜、对清真妄加指责或有意拔高，指出他不过是一介文士，才华内充而秉性软弱，命运不济故情多幽怨，值得同情而不必求全责备。清真的诗文创作，学界注意甚少，本文则以专节考订其佚存状况，并就其代表作一一加以评述，惜此部分用力似仍感不足。对清真词的评论是文章重点，文中将其分为男女恋情、羁旅愁思、咏物咏节序三类，对其艺术特色如精通音律、长于炼字，其慢词章法意境出新，意象天成，意蕴锋敛等各加论析，并以"浑厚和雅"概括其总体风格，而以"沉郁顿挫"描述其主体风格，鉴别精细。基于上述看法，作者断言清真词在词史发展上属于乐人词、诗人词之后的词人词，即既顺应词进入文坛后的雅化趋向，而又坚持、发扬了词的缘情体性，难怪一些论者以清真为词之正宗和集大成。

两宋之际的叶梦得，富于经济才干，中年遭贬，而晚年复起，其词受陶、苏影响，呈清旷放逸之风，善于化用古词，驱遣典册，但因存词较少，论者较少，蒋先生把石林词放在南渡初词坛看待，发现他与当时的三派都有差异：早期的婉约之风中经苏轼影响，趋于豪迈雄放，仍不失东坡的清旷飘逸，其词是苏词与辛词过渡的梁津，故应受重视。因此，她在注目婉约词的同时，腾出手研究石林词，写下《〈石林词〉和南渡前后词风的转变》，对其生平述说、作品分析，总结其理论成就，并在余暇整理其词，现已写就《石林词笺注》，目前仍在修订，相信其能推动石林词的研究。

由于历史文化的原因，古代女性词人较少，而李清照、朱淑真、吴藻等人，天资聪慧，锦心绣口，其人不能有为于世，则移情于词，其作熠熠发光，明艳映人，岂让须眉！但囿于传统偏见，一些论者每加忽视，选本仅缀其末，时评也多泥于生活小节，曲意推衍诬说。蒋先生则对易安词情有所感，意有所通，喜其语新意隽，婉丽多姿，推为闺秀词之首。对其后的杰出女词人亦关注有加，写了好几篇专论：《嗣响易安学近苏辛——清代女词人吴藻简论》、《苹香词三首析例》和《顾春和她的〈醉翁操〉》等，其中吴藻简论是继胡云翼《词学小丛书一吴藻词》之后，对该作家最全面最系统的论述。吴氏乃嘉庆时钱塘人，父夫均为商人，但她不落流俗，情趣高雅，擅曲工词，既受其时浙西派、常州派词影响，又能广纳众流，不存门户之见，其词在当时闺秀中确为翘楚。蒋先生对吴词的分析，能从沉闷压抑的时代环境入手，指出吴词抒写深闺寂寞之情，不仅是其个人追求幸福的企望，也充满人生的忧郁和时代的忧患，其清风朗月的胸襟和悲天悯人的情怀，使其打破闺门的局限，还对被侮辱被损害的女性，一掬莹莹之泪；其天生独秀的才华，使其不仅画作超拔，而且大量题画词，以词补画，成为画作不可缺少的内容，其风格雄健奔放，表现出洒脱不羁的个性，还能把身世融入画作，再借词以明志，而联想的丰富，趣味的奇妙，更使其词平添了几分深意。蒋先生认为，吴藻词上承易安之风，近习江浙民歌风调，在疏畅流利中，其圆融明快更其突出，而言意境则入乎易安，出乎易安，超乎易安，令人伤其世而感其情，慕其人而歆其风。

《词别是一家》虽仅二十余万字，但其中的斑斑点点，都是作者多年苦苦追索的足迹，都默然昭示出作者的精神——以敻远之思，涵咏古典，才能性灵通真，及高入深。读完本书，我感受最深的是，流荡在释读论评之中的一股激情，它使我深深体会到：沉醉于深厚的中国文学传统，可平息现代人精神的纷扰不休；而妩媚多姿的诗词，可抚慰现代人伤痕累累的心灵。

沈家庄《宋词的文化定位》

郁玉英

20世纪宋词研究取得了丰硕的成果，尤其是近二十年来更取得了令人欣喜的进展。词籍整理笺校，词人、词风、词史、词论等等方面的阐释都成就斐然。然而学术研究之路永无止境，宋词研究中还有许多值得深入探讨的问题。就宋词的文化学研究而言，如词作为中国近古文化成熟时期的一个有代表性的语码符号，其本质和繁盛的文化依据究竟是什么？绮罗香泽的“侧艳”之词的文化价值何在？两宋词史上词风的嬗变的内在文化动因又是什么，是什么规律支配这一切文化表象？对诸如此类的问题进行系统的论证研究是一件极有意义的事情。这直接关系到我们对宋词的科学认识。沈家庄先生新近出版的《宋词的文化定位》(湖南人民出版社 2005 年版)从文化学的视角综合宋代政治、经济、宗教、民俗等，对上述问题进行了深入而全面的探讨，辩证地还原了宋词的历史风貌，实乃宋词文化学研究的重要进展，是沈家庄先生对词学研究又一份有益的贡献。

沈家庄先生在对传统词学和当代词学研究作宏观梳理和总结的基础上，指出宋词的定位和如何定位的问题是宋词研究的一个盲点——长期以来传统的儒教思维定势左右了对宋词的价值判断，因而主张重新审视传统定位，将宋词定位放在整个宋代文化的大坐标系中进行研究，以作为文化主体的人之心路历程、价值取向、观念形态为立足点，在新的参照系统和价值系统上对宋词进行新的评价和话语界定，从而揭示宋词作为一代之文学所代表的宋代的文化个性特征和文化价值功能。同时，从文化学的角度揭橥了两宋词史演变的潜在规律及其内在动因。作者通过宋词作为“时代新声”乃是宋代庶族文化构型和平民文化的产物这个维度为切入点，揭示了北宋词“私”、“俗”、“邪”、“野”的文化特征及其作为“时代新声”借助各种不同题材的词章所承载的作家个体平等、心性自由等人文觉醒的文化价值和诸种文化功能——言情功能、游戏功能、社交和信息传媒等实用功能以及将世俗生活审美化的功能等。进而论证宋代“大文化传统(精英文化)”与“小文化传统(通俗文化)”的相互交融渗透、分流对立对宋词流变的影响并由此揭示出宋室由北而南所导致的宋词的诗化历程——主流文化的回归和雅化——勾勒出一条未为人道着的、清晰的宋代文化学词史。

上述种种发前人所未发之言,为词学研究开辟了一个新的视域,充分显示了作者宏通的视野、敏锐的眼光和睿博的思智。

《宋词的文化定位》全书共七章、三十余万字。第一章中,沈先生首先对传统词学系统和当代词学研究状况作了精简的系统的回眸与分析,之后提出了宋词研究的新构想——文化定位。通过对宋人于词的肯定与否定的观照,指出传统诗教的拘囿是人们不能对宋词作出客观的、历史的定位的主要原因,而要使按照宋人的观念理解宋词成为可能,只有将宋词置于产生它的社会文化环境、风俗人情、审美时尚中考察和探究才能得以实现。由此沈先生立足于文化学并借鉴人类学的观点,对中国社会文化之转型及宋代文化特质提出了独到新颖的见解——始于中唐到宋代基本定型的宋型文化之主要特征是:1. 庶族文化构型;2. 主流文化的儒释道合流及世俗化倾向;3. 平民文化兴起。这表明宋代精英文化向通俗文化靠拢,通俗文化向精英文化渗透,两者之间趋于融合。而宋词则是这两者耦合渗透的中介,并体现出浓厚的平民文化特色——这正是宋词的时代本质和文化价值所在。

值得注意的是,这个强调庶族文化构型在宋词定位中的意义之观点不仅新颖独到而且深中宋词文化之的。正如书中所分析的,新登上历史舞台的庶族政治势力的文化个体表现出的诸如“轻”“俗”、“怪”、“奇”、“浮艳”等新的文化观念和“奔竞为务”、“露才扬己”、“矜能”、“凌人”、“投刺”、“驱驰”等新进士的行为,是宋代士子“庶族文化构型”的外在表征,而“时代新声”的宋词所表现的便是此种庶族士子文化个体之内在文化—心理结构的真实世界。它影响着儒释道主流文化向世俗化倾向的偏斜,并使得宋词的审美好尚、价值向度趋向平民化成为可能。这从文化的深层揭示了宋词的本质,给了宋词一个合理准确的文化定位。可见,立足于“庶族文化构型”发掘宋词的文化价值不可不谓是宋词文化研究的深具慧质的一个崭新开拓。

在本书第二章中,沈家庄先生通过翔实的大量史料分析宋代自上而下的世俗化享乐之风;通过宋代帝王的平民文化观念,宋代制度文化中"保民"、"重民"、"养民"的开明政策和宋代宫廷音乐改革等社会潮流,论证宋代庶族文化构型如何对宋代官僚士人及平民百姓的文化观念产生影响,进而揭示出正是这种世俗化的文化思潮决定着宋词的发展和繁荣;而宋人平民化、世俗化的文化观念则直接确定了宋词"俗"、"私"、"邪"、"野"的审美特征,并折射出宋人新型文化观——对金钱和富贵的价值、自由与享乐的价值、才子词人的独立人格价值的认同。以大量历史材料证明作为"新声"的宋词的下层世俗文化价值属性。正是宋词的这一世俗化平民化的文化价值属性决定了它对传统的、以上层精英文化意识形态为主的文学价值观念的悖逆,由此沈家庄先生又导出了一个全新的关于中国古代文学发展流变的理论构架——"上层精英文化与下层世俗文化两种文艺价值观的分流与调和",并以此为主题进入第三章的探讨。在第三章中作者指出这两种文艺价值观的分流与调和反映在文学艺术上则是在文学价值判断上的区别,即儒教"以道制欲"和世俗文学"以欲破道"之间的分离融合并起伏消长的演变。宋词的繁荣正是这两种文学观念互动中后者渐渐胜过前者的结果,是宋人对传统文化价值悖论的反思和扬弃。随着宋词作者群体对传统儒教诗文的政治教化功能的回避,宋词在反映社会文化生活时反映出勃勃生机,发挥着迥然不同于以往诗文的角色功能——言情功能、游戏功能、社交和信息传媒的实用功能以及将世俗生活审美化的功能,等等。这反映出新的文化语境下宋人对文学作为人学的本质认同,是对封建时代道统和文统的调节与反拨。在对两种文艺观点的互动及其对宋词功能的影响之论述过程中,作者运用文学、文化学、美学的有关理论作了有力的论证,主要通过艳情词和都市词的分析使宋词独特的审美特征和角色功能得到了合理的文化学解释。精英文化和世俗文化两种文艺观的调和分流的理论是本书继"庶族文化构型"之后的又一个亮点。

第四和第五两章中,沈家庄先生则以宋词为本位,结合文学、社会学、心理学的方法,分析作为"时代新声"的宋词除前述极为常见的艳情和都市人文题材之外的其他不同题材类型作品所具有的世俗化、人性化、生活化和情趣化的艺术风貌。在妇女题材的词中,沈先生通过寄内词、悼亡词、妓情词分析了男性世界对女性人性价值的肯定,通过以魏夫人、李清照和朱淑真为代表的女性词人群体的崛起论证了女性个体独立意识的觉醒和对自我价值的肯定,并认为这是宋型文化中平民意识的兴起所造成的对全社会妇女观念改变的结果，在本质上是文学中人文关怀的增强，是文明的进步之表现。分析羁旅行役词则通过和唐诗中同类题材进行比较后指出宋代的羁旅行役词在内容和主题上发生了根本性的变化，这类词中往往表现出或对红粉佳人的思念，或乡关之思，或出尘恬退之想，重在表现个体价值的失落和超越。题咏节庆词在宋词中的普泛化表明宋人情趣中心向世俗化和个人家庭的偏移，而宋人对寿词的情有独钟则反映出宋人对个体生命的世俗关怀。此外，就中国古典诗歌中习见的咏物题材而言，沈先生认为宋代咏物词无论是缀风月弄花草而流连物色的纯咏物，还是摄魂夺魄而言有寄托的或是描形写境传情述意的咏物词，实际上是在对象化审美的过程中实现自我拯救。全书至此完成了在宋代庶族文化构型的坐标系中对宋词的全方位的文化观照——宋词承晚唐五代之余绪，主要表现艳情、别情、恋情、友情、亲情、生死情及民风民俗，以深度的人文关怀动摇了封建礼教对人性的压抑，彰显着宋词文化价值。宋词世俗化、平民化的文化特征之本来面目及其所以然的文化动因得到合理的还原与阐释，且视角独特，给人启发。

在接下来的第六章中，作者承上已论述的两种文艺观的分流与融合，提出了本书第三个重要的创见。作者认为两宋文士身兼文化精英及庶族文化个体的矛盾，以及由于宋室南渡而导致的时风和世风的变化引起的文学创作观念的变化，因而造成词深度诗化的特点，具体表现在以下两方面：言志抒情的雄风和骚雅清空的意趣。宋词从此由世俗文化向主流文化悄然回归，从而完成了两宋词史的文化学建构。

作者以东坡词的诗化问题为切入点，通过对苏轼“词似诗”的内涵与外延的分析，揭橥出东坡词的实质乃在于士大夫气质与世俗文化态度的复合，而这代表着大多数宋代士人的文化选择。庶族文化构型促成了宋代文人生活和审美情趣的平民化，但这并没有消解他们的政治责任感和家国意识。“文变染乎世情”，公元1126年的靖康之变使文士们从温柔富贵乡中惊醒，他们于词中慷慨言志抒情，关注国事，语言直白，多议论，表现出迥异于北宋词的主流文化倾向。与源出东坡的辛派词人的忧国忧民、义愤填膺的外向型审美倾向异趣，南宋词之诗化的另一体现则是源自秦观、周邦彦的以姜夔为代表的骚雅词派的出现，他们以旁观者的身份在词中关注着个人情感生活和生存状况并抒发着黍离之悲，怨悱而不乱，形式华美软媚。而这是社会历史发展规律下世俗文化与精英文化由离而合的必然，体现了宋词自身的发展规律。

全书至此形成了一个系统的文化学词史观。

本书第七章为结论，指出了宋词对中国文学历史文化走向的意义和影响。其一表现为文体学的意义，宋词从传统诗歌体式中演变而来，带着“俗”的生命特质，在宋型文化的土壤中与传统诗学分流，形成自己独特风貌，然后又在时代的变幻和传统力量的感召下向主流文化回归走上诗化之路，而把世俗的、平民的文学传统交给了元曲和明清小说，形成了一个完整的异彩纷呈的词学系统。其二则表现为其人文深度对后世文学的影响。宋词的世俗化特征和对人情、人之价值的人文关怀是宋词真正耀眼之处。而这份人文关怀影响着元杂剧及明清小说的创作，作者据此理出一条从中唐至宋、元、明、清的个性解放与人性觉醒对文学创造产生直接影响的线索。人文关怀，不仅是宋词得以准确定位的根本，不仅对于整个中国文学史的观照具有重要意义，而且当中也揭示出人类文明进步的某些基本规律。最后的结语再次展现作者高瞻远瞩的宏大视野和敏锐的学术眼光。

综观沈家庄先生所著《宋词的文化定位》一书，既有宏观的定位，又见细节的考订，不空谈泛论，言必有据，文风可谓严谨踏实。书中提出的“庶族文化构型”、“两种文艺价值观的分流与融合”和“宋词诗化之两途——词向主流文化回归和雅化”的学术观点不仅切中宋词的要害处，而且为宋词的文化学批评开拓了新的领地，甚至对整个古代文学研究都有重要的借鉴意义。可以说，本书为当代词学的文化批评树立了新的范式，的的确确是文化学视域下词学研究的一重要进展。故严迪昌先生说它“具有开拓性和前沿性，表现出作者宏通的研究视角与文化学素养，是一部应答词学界急切期待的具有创新意义的力作”。黄天骥先生也认为《宋词的文化定位》一书乃“高屋建瓴地审视宋词及其有关的文化现象”，而且“立论的精警，材料的翔实，文字的优雅，思路的开阔……确实是一部站在宋词研究的前沿，具有开拓意义的著作”（见《宋词的文化定位·序》）。

路成文《宋代咏物词史论》

李 珺

词学研究，渐成显学。如何推陈出新有所创获是每位研究者关注和思考的问题。路成文《宋代咏物词史论》(商务印书馆 2005 年 12 月版)一书以咏物词为切入点进行专题研究，特点鲜明，创获颇丰。

该书是迄今为止大陆学人第一部深入系统讨论宋代咏物词的专著。诚如作者后记中所言："咏物词是宋词中的一种重要题材类型，同时也是我国古代咏物文学的重要组成部分。在宋代词史上，咏物词名家辈出，名作如林，堪称是宋词中的精华……实为我国古代咏物文学的最高代表。与宋代咏物词的高度成就相比，学术界对于咏物词的研究还显得比较薄弱，缺乏必要的理论建树和宏观的史的建构，缺少深入系统的文化分析与阐释。"以前的学者对咏物词也有关注，如咏茶、咏花、咏月等词作，但多以单篇论文呈现，本书以"史论"为着眼点对整个宋代咏物词发展演进作清晰梳理，颇具有开创之功。

该书分为绪论、正文和附录三部分。绪论为中国古代咏物文学概览；正文分为九章，分别对唐五代北宋前期、苏轼及其苏门文人、周邦彦、南渡词人、辛弃疾、姜夔、史达祖、吴文英和南宋遗民词人详加论述；附录对学术界尚存争议的南宋遗民词人唱和创作的咏物词专集——《乐府补题》进行了新的考索和推论。

正文部分的每一章，作者均以"突破一创作姿态一情志内涵一表现技法"为结构来做详尽的梳理和深入系统的研究，"通过对审美理想的嬗替和创作范式的演进的揭示，立体呈现宋代咏物词发展演进的历史轨迹"(第 57 页)，层次清晰，条理分明。以第三章周邦彦咏物词论为例，第一节指出清真的咏物词由于创作主体的深层次介入，对"物"的绝对主体发出了挑战，其词中的主客体之间表现出双向交流的特征，作者将这种创作姿态称为"双向交流式”,并以其代表作《六丑·蔷薇谢后作》为例加以论述;第二节论周邦彦咏物慢词的运思方式与结构特征,作者先以柳永《望远行》咏雪和苏轼《水龙吟》咏笛为例,说明北宋咏物慢词在很长的时间内都具有拟古的倾向,再以清真咏物杰作《花犯·梅花》为例,分析其错综复杂、腾挪跳跃的结构特点和以心理流程为线索的运思方式;第三节讲周邦彦咏物词在表现手法上的突破,并结合词作加以分析:其一,在表现吟咏对象时将传统的拟人手法与审美移情作用相结合而成“拟情”的表现手法,丰富了咏物词的艺术表现手段;其二,对对象物的表现由静态观照发展为动态呈现;其三,援画法人咏物词;其四,在咏物词创作上作了新的尝试,将咏物诗中“禁体物”的表现手法借鉴到咏物词中,为咏物词的发展开辟了广阔的前景。

在笔者看来,作者研究咏物词的最大创新之处在于在对大量作家作品认真体认的基础上,借鉴王兆鹏教授引进的西方科学哲学中的“范式”理论,创造性地从创作范式的角度入手进行梳理和考察,从而揭示出宋代咏物词的发展演进历程。比如论咏物词的创作姿态,作者认为唐五代北宋前期多取“旁观式”,东坡兼有“旁观式”和“潜人式”,清真进而为“双向交流式”,稼轩开创“俯瞰式”,白石在清真咏物词的基础上,进一步发展为“交融互渗式”,史达祖采取“凝情静观式”,梦窗则呈以幻化的创作心理特征。

本书体现出鲜明的“史”“论”意识。本书以“史论”为标题,全书紧扣论题而展开,“将宋代咏物词置于中国古代咏物文学之发展演进的大背景下,在唐宋词史演进的框架中来建构宋代咏物词的发展演进轨迹”(《后记》)。作者虽然题为“宋代咏物词”,但不是开门见山,直接就讲宋代的咏物词,而是从介绍中国古代咏物文学着笔,首先定义咏物、咏物体和咏物词,接着简论先秦咏物之作和汉魏六朝咏物赋,然后介绍咏物诗。这样,读者对咏物文学的来龙去脉、发展源流和历史演变有了一定了解,作者才导出自己将要论述的主题——咏物词。但作者又没有立即进行宋代咏物词的探讨,而是先对唐五代文人咏物词和敦煌民间咏物词的审美特征、创作范式等加以体认,对咏物词寻根溯源。之后,宋代咏物词史论的帷幕才渐次拉开。同样,在分析具体作家作品时,作者并没有就事论事,而是将之放入文学史的大背景之中进行阐述,将微观研究与宏观研究结合起来,以历史发展为线索,对其历史地位给予充分肯定,指出其在咏物文学“史”上的流变。如“苏轼在宋代咏物词史上继往开来”(第 87 页);“朱敦儒是南渡时期著名词人,同时也是南渡时期最重要的咏物词家之一"(第126页);"辛弃疾咏物词已经大大超越了东坡咏物范式的基本规范,在宋代咏物词中如异军突起,自树一帜"(第150页)这类表述和论断贯穿全篇,充分体现出作者广博的知识储备和开阔的视野。

本书多种研究方法并存。一是采用对比和类比的研究方法。在比较两种或两种以上同类事物的异同或高下时,对比强调其不同之处,类比则多强调其相近之处。是书将类比和对比的方法运用自如,如李清照和朱敦儒咏物词的比较、苏轼和周邦彦咏物词的比较、姜夔与史达祖咏物词审美理想之异,周邦彦、姜夔与吴文英咏物词在情志内涵方面的比照等等,颇多创获,观点鲜明突出。

二是坚持以点带面、点面结合的研究方法。作者将宋代咏物词的发展演进历程分为北宋前期、北宋中后期、南渡时期和南宋中期以后四个阶段,在文章正文中分九章对具体作家作品加以论述,看似一个个的点,但按"史"的意识贯穿起来,整个宋代咏物词的风貌就展现在了读者面前。同样,如在论述苏门文人咏物词时,作者抓住黄庭坚、李之仪、晁补之、陈师道以及与苏轼和苏门文人过往甚密的晏几道、贺铸的咏物词来分别阐释,使读者得以全面了解当时的状况;在论述南宋遗民词人咏物词时,也是围绕王沂孙、周密、张炎、蒋捷、刘辰翁五人的咏物词以及张炎、沈义父二人的咏物词理论展开的。这种以点带面、点面结合的研究方法既注意了宋代咏物词的整体面貌,又能充分展现个体作家的风采。

三是既继承了传统文献学研究的长处,体现出作者扎实的文献学基本功,又善于吸收西方文艺理论精华。例如在附录中对《乐府补题》这一咏物专著的作词时间、地点、创作来源、深隐情志等一系列问题进行考证时,层层展开,仔细排比,颇见功力。同时,作者根据中国古典文学的实际,合理借鉴西方文论和方法论。如论述咏物诗产生的原因时采用格式塔心理学"异质同构"的理论(第28页);第五章论及走入困境的咏物词时,借鉴美国库恩"科学革命"的原理(第144页);借用英国学者霭理士《性心理学》一书的话语来阐释梦窗咏物词中的隐喻和象征意味(第224页)。传统文献学和西方文艺理论的合理运用,使全书显得深厚扎实,又富有社会时代感。

四是以数据统计、定量分析来说明问题。20世纪90年代,刘尊明、王兆鹏先生提出定量分析的研究方法,在学术界引起较大反响。《宋代咏物词史论》一书充分吸取其优长,在介绍宋代咏物词概貌时,为说明咏物词的发生与词体兴盛基本同步这一事实，作者系统考察了唐五代咏物词的创作情况，将作者、存词数量与咏物词的数目一一列出，仔细排比；为说明咏物词的创作与词史发展演进基本同步，作者从创作数量、创作队伍和创作体式三方面，将咏物词、咏物词作者以及咏物令词和咏物慢词三项在整个宋朝各个时期的数量及所占比重详细列表格明示，并缀以分析；作者在梳理咏物词史的过程中发现在南渡前后至南宋中期辛弃疾步入词坛之前咏物词创作陷入了俗与滥的困境，作者将当时三十九位词人的存词总量、咏物词和咏物名作的情况列表比照。这些表格一目了然，是作者在大量阅读词作、仔细思考、进行详尽考察后方才得出的，增强了论述的说服力。

祝尚书《宋人总集叙录》

王兆鹏

祝尚书先生继《宋人别集叙录》(中华书局 1999 年版)后，又推出其姊妹篇《宋人总集叙录》(中华书局 2004 年版)，对宋代文学文献的历史谓存状况和现有的版本目录资源做了全面系统的清理，实在是厥功甚伟！这两部力作的出版，标志着宋代文学文献研究上了一个新的台阶。

20 世纪 80 年代初，中华书局出版的万曼先生所著《唐集叙录》，对唐代现存别集的版本源流做了全面清理。研究宋代文学的学者，一直期待着有同样的著作来清理宋代文学文献。如今有了祝先生这两部书，至少在文献的版本目录研究方面，宋代文学研究与唐代文学研究有了一比！这是令我们这些研究宋代文学的学人感到自豪和欣慰的。其成功的喜悦不仅属于祝尚书先生本人，也属于整个宋代文学学界。

宋代文学文献的版本目录研究，此前只有宋词做得比较深入。前有先师唐圭璋先生的《宋词四考·宋词版本考》，后有饶宗颐先生的《词集考》，比较完整地梳理出了宋人词集版本目录的历史状貌。但宋人诗文集的版本目录研究，一直都有待清理。诚然，1989年沈治宏先生编纂出版了《现存宋人别集版本目录》(巴蜀书社1989年版)，嗣后沈治宏与刘琳先生又编著了《现存宋人著述总录》(巴蜀书社1995年版)，对宋代文学文献目录做了初步的全面盘点，功不可没。但目录毕竟代替不了版本研究，有了这些目录，我们可以知道宋人有哪些文集和哪些版本，但每种文集版本的流传过程如何，优劣异同如何，就难以知悉了。而祝先生的这两部著作，著录并考述了现存宋人别集、总集的版本源流及其主要传本的优劣得失，使读者对各集历代主要传本的编辑、刊行、流传、收藏概况及沿革历程有了清晰完整的了解。正是在这一学术史进程中，我们说祝先生的这两部著作，将宋代文学文献研究推进了一大步。

需要指出的是，在此学术进程中，还有北京大学严绍璗先生的《日本藏宋人文集善本钩沉》(杭州大学出版社1996年版)和北京大学王岚博士的《宋人文集编刻流传丛考》(江苏古籍出版社2003年版)。严、王二著与祝先生的两部著作各有特色和贡献。比较而言，严先生的著作侧重对流传于日本的宋人文集善本的钩沉叙录，让我们了解到宋人文集在日本的传播情况，王岚的著作侧重于宋人别集版本的个案研究，着重考察了徐铉、张咏等二十八家宋人文集的编刻与流传，旨在求深。而祝先生的出发点是求全，旨在对现存所有的宋人文集版本目录作全面系统的考察研究。有了祝先生的这两部书，我们不用到处爬罗搜集，就可知悉现存宋人有哪些别集，有哪些总集，每种文集有哪些版本，其中哪些版本较完善，极便于我们进行文本研究时取舍选择。

祝先生从事这两部书的写作与研究，已历有年所，参与编纂《全宋文》十几年，让他积累了丰富的第一手宋代文学文献的资料。对宋人文集的版本目录，他不止是熟知了解，许多一般读者无法见到的本子他都查阅目验过，这就保证了他考察得出的结论不是人云亦云，而是有着坚实的版本依据，可信可靠。

我这篇短文，主要目的不是评介《宋人总集叙录》的特点和贡献，而是想说这本书能给我们什么启发。读一本好书，目的不仅仅是学到了什么，还要思考能做什么。特别是对专业研究者来说，读别人的书是为了能写出自己的书。

《宋人总集叙录》，不仅对现存宋人编刻的宋人总集作了全面的考察，还对散佚了的宋人编刻的宋人总集作了系统的清理。因而，有关宋人编刻的宋人总集的版本目录研究，可让来者措手之处已不是很多，最多也只是拾遗补阙而已。不过，元明以来后人编刻的宋人总集，祝著并没有包含在内。所以祝著严格上说是“宋人编刻的宋人总集叙录”。于是，我们还能做也需要做的是“元明以来编刻宋人总集叙录”，还可以做“宋人编刻的前代文集叙录”，以考察宋代编刻了多少种前人文集，元明以来又编刻了哪些宋人文集，据此可了解前代文学在宋代的传播情况以及宋代文学在后代的传播情况、宋人对前代文学的接受情况和后人对宋代文学的接受情况。

除了“宋人总集叙录”，“金元人文集(含别集和总集)叙录”、“明人文集叙录”、“清人文集叙录”也还期待着有人去做。我不了解这类论著是否有人正在撰写，但我知道这些著作绝对有意义有价值，写出来了，是功德无量。我在给《全明词》做辑佚补遗时，很想找一本类似的著作，以查询明代究竟有哪些文集传世，每种文集又有哪些版本，好让我按图索骥，可现在找不到这样的书。我急切地盼望有这样的著作早日问世。

我禁不住在这里要顺便介绍一下复旦大学黄仁生教授的新著《日本现藏稀见元明文集考证与提要》(岳麓书社 2004 年版)。此书以中国内地现藏元明文集为参照，系统考察中国内地没有传存而日本现藏的元明文集的罕见珍籍版本。每种文集，也是详介其版本源流及内容特点。我得一册后如获至宝，从中了解到日本现藏有二十多种罕见明人别集中收有词作，于是抄出书目，托日本友人代为寻检复印，日本友人很快就按所列目录复印传来了二十多种明人别集中收录的数百首词作，这些词都是《全明词》未收之佚词。如果不是黄教授此著，我这一辈子都无法搜集到这些词作。30 年代，周咏先先生曾据文澜阁《四库全书》本辑有《唐宋金元词钩沉》，收录历来词籍未收的唐宋金元词别集三十七种。援其例，我也差不多可编一本《明词钩沉》或《全明词补遗》了，连同大陆所藏明人文集词集中所收词，可补明词四五十家一二千首。如果此书能成，不能不感谢黄仁生教授为我提供的宝贵资料线索。对于黄教授而言，他给我的启示也许出乎他的意料之外。于此可见，一本史料著作的价值是多元的，常常溢出作者写作的意图之外。

我又由此想到，如果以后要编写《元明人文集叙录》之类的著作，最好也能简介一下书的内容，如原书编排次第，每卷所收是何种文体等，使读者不仅知道每种书有哪些版本，也能概略了解其主要内容。祝先生的《叙录》，限于体例，这方面介绍得不多，不无遗憾。特别是罕见书和罕见珍本善本，更有必要对其内容作一简单介绍。

至于《宋人总集叙录》本身，也还可以做点拾遗补阙的工作。写此文时，正好读到卞东波先生的《评祝尚书〈宋人总集叙录〉》(《书品》2005 年第 4 期)，卞文除充分肯定《叙录》的价值之外，对其不周之处作了一些订补，我在这里再作一点补苴。

书中第 325 页提及："台北'中央图书馆'藏有'宋嘉定至景定间临安书棚本《南宋名贤小集》九十五卷六十册'，未见。根据文献，似不可能有如此众多而完整的宋代原椠本，殆即影写宋本欤？"我 2003 年赴台讲学，便中到台湾"国家图书馆"查书，曾查阅过这部《南宋群贤小集》，并全文抄录了书中题朱彝尊手书题记和民国三十五年杨寿祺手跋。据朱、杨二跋，此书确是宋刻本。朱、杨二跋不经见(朱彝尊《曝书亭集》未收，杨跋谓朱跋实非出自朱手)，兹将其原文抄录如下，以便了解这部罕见珍籍的递藏过程：

宋陈思父子编《群贤小集》于宝庆、绍定间，又称《江湖集》。陈氏《书录解题》、马氏《经籍考》止云九卷，《国宝新编》云所刻甚夥。余所见写本多寡不一，然无过如此。今计六十家，外间俱从此本传写者，为全书，刻手精好，古香袭人，是书棚本之佳者。绛云晚年悬价求之不得。续编《群贤小集拾遗》、《高僧诗选》，犹世罕有。《高僧诗》甲集，即《九僧诗》也。余曾见汲古阁影宋写本《九僧诗》一册，毛斧季自为跋语，珍为压库之书。六七百年失传之秘册，余急录一本，今与甲集校之，不独诗数相符，行间行款亦不异，为正四十余字，眉目一爽。内如《白石集》，与今本不同，后附《诗说》。洵知宋刻之佳也！使毛氏父子见之，能不下拜？宋南渡后，山林湮没之士赖此以传，非书林射利之书可比。嘉禾兵火，巍然独存，所谓有神佛护持者，因录其目于后。康熙庚子春仲，彝尊书于梅里之荷花池上。

宋椠宋印《南宋群贤小集》六十家，内中《渔溪诗稿》二卷，《渔溪乙稿》一卷，隔离篇目，分裂为二，而李龏《翦绡集》与《梅花衲》亦列作二家，至于《高僧诗》及《前贤小集拾遗》则皆非一家之言。是名为六十家者，实只五十八种也。自宋迄明，未有藏印，清代则先有曝书亭及楝亭曹氏藏书二家藏印，另有"潘印焕宸"，则未能审定时址者也(潘君藏印三处，为《渔溪诗稿》、《东斋小集》、《梅屋吟》，三印篆法不同)。其最可贵者，《前贤小集》末页之后有"白堤钱听默经眼"及"吴越王孙"二印。听默印鉴世不多见，《藏书(原作诗)纪事》卷七咏钱氏诗云："不须括目用金锦，脚跟题签望不迷。此调书林今绝响，空烦重访白公隄（隄，钱印原作堤）。”其小传云：“萃古斋主人钱景开，名时霁，湖之书估也。寓于苏州，能诗，善鉴别宋元刻板并法帖书画。”又云：“天禄琳琅《盘洲集》毛钞本有白隄钱听默经眼一印。”此书陈氏书棚刻之于前，听默钱君经眼于后，书林佳话永为世珍矣。窃疑钱与荛翁交游甚久，何以荛翁生平未见此书，及读鲍渌饮先生跋语（顾刻巾箱本《南宋群贤小集》目次第八页），知鲍君于乾隆壬辰（三十七年）仲冬曾向钱氏借校，仅三之一，匆匆索去，以售汪君雪礓。不数年，汪客死金阊，所藏尽化云烟，而此书遂不可踪迹矣。在钱君经眼之时，荛翁才十龄，无怪其不得见之也。此书后附朱彝尊氏跋语，及编写目录，其所记录康熙庚子为五十九年，而垞翁则萎谢于康熙四十八年己丑，相去已十一年矣。然所用之纸的系宋制，非钱氏鲜能办此者，亦弥足可贵也。鲍跋又云：“宋刻实六十家，装二十八册。”跋中并无提及垞翁之语，是此书之装成六十册以及垞翁跋语藏印，谓其尽出钱氏之手可也。全书行格款式，凡属陈氏书棚所刻者，其尺度与邓氏影印之毛钞宋本毫无二致，仅板心字数在《竹溪十一稿诗选》上，则邓本略有微误耳。至如《雪蓬稿》末页之缺字，则由于原书纸张之损烂，《芸隐横舟稿》施氏自题云存诗百二十题，今仅七十三题（计诗七十七首），自第十页后即紧接第廿一页（书刻二十一刻作廿一），而《云卧诗集》只有三叶，则邓顾二本皆相符合者也（《臞翁诗集》后附之诗评二叶，书口均作“敖上”，亦与邓本相同）。纸色有白麻纸、黄麻纸、竹纸、粗黄纸等，刻印均非一时，陆续付刊，陆续印刷，十之八九为陈氏书棚刻本，十之一二则非其所刻也。录《方泉诗集》之字大悦目，《学诗初稿》之写刻精妙，与袁寒云氏影印之《友林乙稿》，仿佛若出一手，此二种在邓氏影印之时均将板匡缩小，与棚本相同，我人已无从识别之矣。而亚愚《江浙纪行集句诗》与师孙奉直命工刊行，为邓本之所无，而字体奇古朴质，尤世所未见者也。至若《臞翁诗集》之刻于嘉定八年乙亥，《皇荂曲》刻于淳祐十一年辛亥，二者相去已三十六年矣（按《白石诗说》序首有淳熙丙午之语，较嘉定乙亥尚早三十年，但此乃回忆，非当时也）。然而全书印工均甚精良者，是盖当时宋人集腋而成，非一时一地所有也。七百余年来转移隐见者惟此一书耳。邓君在清季购得清初钞本，即已诧为奇书，袁氏仅藏《友林乙稿》一册（按甲稿已久佚），亦已视若拱璧，引《百宋一廛赋》“跻友林之逸品，俪声价于吉光”二语以自珍异。此则在钱氏经眼之时，早已沧桑三易，今更二经浩劫矣。当其未发见时，决无人尚信世间有此奇书者，乃竟巍然独存于天壤之间，较之二君所藏，莫可比拟矣。今者因张先生溥泉、蒋先生慰堂、徐先生森玉、郑先生西谛之力，将由中央图书馆购而藏之，南渡以后群贤遗著得以登于金匮石室，蔚然巨帙永为国宝，诚盛事也。寿祺自先大父云溪公以来，世业旧书，性质疏散，不识书画碑帖，更不能诗，不足以比钱氏，所见宋元善本甚多，亦无记载可考，惟是志行纯洁，八年之内，始终确认国家之永在，蛰居沪市，虽乡土吴门瞬息可达，当珍物委遗之际，倍蓰之利俯拾即是，立定脚跟，未尝折腰一往，今跋此书，可无愧怍矣。中华民国三十五年十一月吴县杨彭龄寿祺精选明纸，以五日之力，谨书此自跋语于上海之来青阁。”

又第342页谓《典雅词》尚存“十七家十八种”，按，实存二十一种。另三种是姚述尧的《箫台公余词》、倪称《绮川词》和曹冠《燕喜词》，此三种合订，题为《宋人词三种》，有道光四年刘喜海手书题记，今藏台湾“国家图书馆”。王重民《中国善本书提要》认为这三种是《典雅词》的残帙，详见拙著《词学史料学》第104页引录。

编刻总集，本身就是一种传播行为和文学传播方式。因而从文学传播学的角度，可以将《叙录》提供的版本目录资料盘活为古代文学研究的有效资源，借以考察宋人是怎样传播文学的，又传播了哪些文学作品。研究文学传播，不外乎探讨传播主体、传播方式、传播内容、传播观念和传播效果等，即追问是谁、通过什么方式、传播了哪些作品、为什么传播、有何效果。

首先，从宋人编刻文集的过程可以考察宋代文学传播的主体及其传播目的。由《叙录》可知，有出于自娱目的传播词作的词人，如黄大舆编《群贤梅苑》，因为“抱疾山阳”，“于是录唐以来词人才士之作，以为斋居之玩”(第61页)。有地方长官辑录当地文学作品，以承续“因土风而知国俗”的圣人遗意，如南宋严州知州董棻编《严陵集》(第67～68页)。有的是自觉传播作品，让读者体会诗人的用心，如蒲积中编刻《古今岁时杂咏》，“鸠工镵板，以海其传。非惟一披方册而四时节序具在目前，抑亦使学士大夫因以观古今骚人用意工拙，岂小益哉”(第40页)！有的是官员奉旨编选一代文章，“使有补治道”，如吕祖谦奉孝宗之命编选《皇朝文鉴》。有的选录典范之作,以给读者示范“为文之法”,如楼昉编《迂斋先生标注崇古文诀》。自然也有书坊为射利而编刻,如长沙书坊刘氏编《百家词》等。宋代文学的传播者,既有出于商业营利目的的书坊,也有出于政治教化目的的官员官府,还有出于文学创作目的的文士。不一而足。

其次,从宋人传刻的总集名目,我们可以考察宋代哪些作家在当时最受欢迎。总集的编辑印行,是一种选择性的传播,编辑者往往是看准了社会的需求,有广泛的读者,有广阔的市场,才编选以满足社会的消费需求。“南渡以后苏文解禁,上自九重,下迄士庶,咸嗜其文。”(第 89 页引傅增湘《藏园群书经眼录》卷一八)陆游《老学庵笔记》卷八也说:“建炎以来,尚苏氏文章,学者翕然从之。而蜀士尤盛,亦有语曰:‘苏文熟,吃羊肉。苏文生,吃菜羹。’”故而有关苏轼及其父子同门的诗文总集特别多,“坊肆争相编刻以谋锥刀之利,有所谓《三苏文粹》者最为流行”。(第 140 页引《宝礼堂宋本书录·东莱标注三苏文集跋》)据《叙录》提供的资料,可知宋室南渡以后,确有大量的苏文刊本出现。且不说苏轼诗文别集的单刻本数量在宋人别集中独占鳌头,就是苏轼父子及苏门文人诗文合刻、合选的总集就有《重广眉山三苏先生文集》、《三苏先生文粹》、《标题三苏文》、《重广分门三苏先生文粹》一百卷、《重广分门三苏先生文粹》七十卷、《东莱标注三苏文集》、《经进三苏文集事略》、《苏门六君子文粹》和《坡门酬唱集》等。南渡以后,诗文之受欢迎,无过于苏门诸人了。欧阳修也曾是一代文宗,但南渡之后,欧阳修的光芒和影响力逐渐被苏轼所遮蔽,欧阳修早年读苏轼文章后曾感叹:“三十年后,世上人更不道着我也。”(朱弁《曲洧旧闻》卷八)的确不出欧公所料,在他辞世半个世纪后,文章之士追捧的不再是六一居士,而是他的门生东坡居士。所以,南宋没有出现“欧公文粹“或“欧门文粹”之类的总集,而多的是“苏门文粹”。从宋人总集的编刻,我们可以考察当时文坛的热点和好尚。

再次,从总集所选的文章可考知哪些人的作品最受欢迎。选本类的总集,旨在求精,目的是选择推荐精华作品,所谓“使莠稗咸除,菁华毕出”(《四库全书总目·总集类序》)。宋人的文章总集常以“文粹”、“正宗”、“轨范”、“文髓”为书名,无非是说所选录的文章都是精华精粹,可为诗文创作的“轨范”“正宗”。依据《皇朝文鉴》、《古文关键》、《迂斋先生标注崇古文诀》、《妙绝古今文选》、《文髓》、《文章正宗》、《叠山先生批点文章轨范》、《新刊诸儒批点古今文章正印》诸书的选目，可以考察哪些文章在宋人眼里是精粹、是轨范。如果用定量分析的方法，将这些总集所选文章篇目进行统计分析，就不难了解宋人心目中的名篇名作究竟是哪些，与我们今人常常选录的名篇佳作，有何异同，从中可透视古今文学观念和价值标准的变异。

从宋人的总集类别，还可以探讨当时哪种文体最受欢迎。稍稍分类统计一下《叙录》的总集，我们会发现各种文体的总集数量并不平衡。《叙录》大体按总集成书年代的先后排列，当我们将这些总集按文体分成诗文词三类时发现，在全书所录现存宋人八十五种总集中，诗歌类总集占了三十三种，散文类总集（部分总集兼收诗歌）占四十二种，而词类总集只有十种。这个数字表明，宋代传播、宋人阅读最多的还是诗文，而不是词。也许词在宋代主要是通过演唱来传播，人们更多的是听词而不是读词，所以词的总集较少。但不管怎么说，从文学的传播与阅读接受来看，宋代人更看重的还是正统的诗文而不是词。两宋时期，诗文还是最受读者青睐的文学样式。所谓“一代有一代之文学”，“宋词代表着宋代文学的成就”，是我们后人的看法，或者说主要是20世纪以来比较流行的看法。在宋代，词体只是文学的旁系末流。

以上只是举例式的说明版本目录资料可作文学传播与接受研究的资源来利用，充分的开掘与利用还有待来日。我的用意是想说《宋人总集叙录》和《宋人别集叙录》的价值，并不限于传统的文献学范围，对于文学传播与接受的研究，仍有莫大的意义。我敢断言，今后要研究宋代文学的传播，绝不可能绕开祝先生这两部扛鼎之作！

张文利《理禅融会与宋诗研究》

夏旭颉

理学与禅学对宋诗都曾产生过巨大的影响，以“理趣”和“禅趣”入诗，则构成了宋诗创作的一大特色。因此，关于理学与宋诗、禅学与宋诗关系的研究，是宋诗研究中非常重要的课题，多年来受到学者们的重视，出版和发表了一批有分量的论著。相比之下，从理学与禅学交相融会的角度对宋诗做专题探讨，却基本上还是一个未开垦的处女地，迄今为止，研究成果非常少见。张文利博士新近出版的《理禅融会与宋诗研究》（中国社会科学出版社 2004 年版）一书，知难而进，就这一论题首次进行了全面深入的研究，对理学与禅学融合的事实及其对宋代诗学理论和诗歌创作的影响作了系统的梳理。全书引证丰富，视野开阔，是一部具有拓荒意义的学术专著。就笔者所见，该书的特点表现在如下几个方面：

其一，选题角度新颖，开拓了宋诗研究的新领域。从理学与禅学相融合的角度来研究宋诗，基本上还是一个空白。作者对此有着非常清醒的认识，因此全书标举"理禅融会"，"试图从此一角度出发，探讨宋代文化的特质，揭示这种文化特质对宋代诗学理论及宋诗人创作实践的影响"（第 5 页）。这一研究思路既是建立在作者对宋诗研究历史和现状全面把握的基础之上，也显示了相当的学术眼光。因为理学、禅学虽与理禅融会密切相关，但是，后者绝不是前两者的简单相加，而是两种不同的意识形态矛盾、冲突、碰撞、融合的产物。理禅融会的现象促成了宋代文化特质的形成，这种文化特质进而对宋代的文学发生着影响。对于宋文化特质及宋诗理论和实践，唯有从理学和禅学交相融会的角度来解释，"才是比较有说服力的，仅仅以理学或禅学哪一家的学说进行阐释，都会显得捉襟见肘、力不从心"（第 3 页）。作者高屋建瓴、统摄全局的学术眼光，是值得称道的。

其二，立足于文学本位，在许多问题上提出了深刻见解。本书虽然是从文化、哲学的角度出发考察文学现象，但并未停留在抽象的论辩说理上，而是立足于文学本位，以文学本身的客观存在来论证自己的观点，不作空泛的议论。为了说明理学、禅学和诗学之间的联系，书中重点讨论了三个群体：宋代的诗人、理学家、禅学家，而这三个群体往往又是交叉的，许多人既是诗人，同时又出入于理学和禅学之间，如杨亿、欧阳修、黄庭坚、杨万里、朱熹等，这本身就是诗、理、禅交相渗透的生动鲜活的证明。在这种客观事实面前，不消多言，作者的论点就自然凸现出来。书中还用"静观、妙悟、活法、活参"来概括宋诗的艺术思维特征，深入分析了宋诗学在理禅融会的背景下的独特内涵及其与前代诗学的差异，得出了不少新人耳目的结论，如认为苏轼与欧阳修对唐诗的批评，是"宋人用理性的静观态度对待唐人感性激发的诗句的必然结论”(第 135 页);宋人以文字、才学、议论为诗,追求标新立异,押险韵,“是宋人逞弄才华的表现,也是活法说影响宋人的表现”(第 146 页)等等。

其三,思路清晰,结构谨严。本书前两章是从文化和哲学的角度出发,分别介绍宋代的理学和禅学以及两者之间的密切关系,这既为全书内容提出一个大的背景,使后面的内容都在这一大背景下展开,自然得出宋代文化在“理禅融会”的背景下呈现出来的特质。因此,第三章的内容就显得水到渠成。第三章是作者用力最多的重头戏。作者在“理禅融会”的背景下总体论述了宋诗学,从诗歌本质论、艺术思维论、表现论和境界论四个方面对宋代诗学做出阐释,又为后面的内容作好铺垫。第四至第六章,则按时间顺序,逐层深入,分别就北宋前期诗、后期诗和南宋诗,以欧阳修、王安石、黄庭坚、朱熹、杨万里、江西诗派、江湖诗人为重点作了较为系统的讨论。在论述具体问题时,其条理清晰、前后照应的特色仍然明显。例如在第一章第二节谈到南宋诗歌与理学的兴盛时,作者提出:“理学的兴盛与诗歌的中兴恰在同一时期出现,是时间的偶然巧合,还是存在着某种必然的联系?”(第 29 页)在第六章第一节,作者从五个方面分析了南宋前期理学兴盛与诗歌繁荣局面同步出现的原因,明确指出:“文学史的事实证明,南宋理学兴盛与诗歌中兴的同时出现,存在着必然的联系。理学家与文学家的某些相融共通处是主要因素”(第 269 页)。这种谋篇布局,不仅前后呼应、结构谨严,也使全书的观点更加清晰鲜明。

其四,分析问题全面周到,也是本书值得称道的地方。作者以一种全局的、发展的眼光分析宋代文化与诗学现象,既注意到事物横向的联系,又注意到各个问题纵向的发展。如第三章讨论的是理禅融会下的宋诗学,作者在论述理学家和文学家的诗歌本质论时,为了阐明文学与理学相互渗透的关系,不仅详细介绍了理学家们对于“文道关系”、“诗道关系”的阐述,以及宋代诗歌与哲学发生的密切关联,而且注意到随着哲学思想的发展,理学家对这一问题的看法所发生的改变。如周敦颐在道德第一的前提下并不排斥文辞,甚至还肯定优美文辞对道德传播的作用更大,书中提到了所谓“美则爱,爱则传焉”的观点。而二程虽然对周敦颐的思想有所继承,但于文道关系上却表现出重道轻文的倾向,持“作文害道”的文道观,将文与道尖锐地对立起来。到了朱熹,他的文道观于周、程一脉相承,但他在重道轻文的同时,又主张“文道一体”、“诗道一体”,形成了诗道合一的诗学观。作者指出:“诗道合一的诗学观恰是其既是理学家又是文学家的双重身份的一个很好的理论注脚。"(第116页)又如关于朱熹的研究,历代学者都是首先把他当作一个理学家,对他诗中的"理趣"进行分析评说,而本书却论述了朱熹作为一个诗人其诗歌创作表现的另一面,甚至认为在他的有些诗作中能够感受到"超然静寂的佛禅般境界",这种说法令人耳目一新。作者最后指出:"理学家朱熹和诗人朱熹并不是割裂的,然二者于一体之中又不免冲撞矛盾。"(第287页)"因为道德追求与吟风弄月毕竟是两种不同的价值观念取向"、"朱熹首先是一个理学家,同时又喜爱诗歌创作,欲罢不能,遂又成就了一位诗人"(第288页)。作者尽可能地展现历史人物的原生态,有助于读者全面客观地了解其人其诗。这种学术努力,在对其他宋代诗人的论述中也时时可见。

此外,作者还特别注意运用对比的方法突现自己的观点。书中多处进行宋诗与唐诗的对比,以此来说明宋诗在特定的文化背景下所呈现出来的独特面貌,并从"理禅融会"的角度对这种差异作了新的考察与探究。如在谈到宋代诗学理论"妙悟"的时候,就把唐代文人受禅学影响的表现与宋代文人作了对比,并指出了它们的本质区别:"以禅意、禅境入诗,是形成唐代与禅学有关的诗歌的境界多体现空寂静穆的原因所在。禅宗对宋代诗人及其诗歌创作的影响则体现为禅宗的思维方式、话语特征对宋诗的渗透与影响。"(第137页)而在论述"活法理论在宋诗中的应用"时,作者也是以唐代诗人及其诗歌作品为参照,在意象选择、章法结构、句式运用和语言风貌等方面分析总结了宋诗所呈现出来的面貌。如在意象选择方面,作者以李白、杜甫等唐人诗歌为参照对比,指出了宋诗在诗歌意象选择上与唐诗的差异:唐诗多自然意象,意象的组合方式以能激发人的兴会感发为主;宋诗多人文意象,而且其意象涵盖广泛,常涉及唐人较少关注的自然现象和较少涉及的典故和用语等。这样的对比几乎贯穿全书。这种论述手段,在唐诗与宋诗的对比中彰显宋诗新质,在对宋诗新质的分析中阐说宋代文化的特质,从而凸现了理禅融会的文化背景对宋诗的深刻影响。

总之,作者既提出了学界很少关注的一个重要的学术问题,又在缜密严谨、旁征博引的论述中,比较圆满地解答了这一问题,具有很高的学术价值,堪称一部优秀的学术著作。当然,本书在细微之处还有值得商榷的地方,如第三章第一节"宋人的诗歌本质论",分别讨论了"理学家的诗歌本质论"与"文学家的诗歌本质论",依照本书的体例,似乎应该对"禅学家的诗歌本质论"这一问题做些补充论述,方显全面周到。

沈松勤《南宋文人与党争》

刘成国

北宋党争向来是中国史学研究中的一个重点。但遗憾的是,很少有学者按照其间的内在逻辑和历史轨迹,进而研究南宋的党争(或以为南宋仅有宋金和战之争与道学反道学之争,它们不属于党争的范围)。浙江大学沈松勤教授的《北宋文人与党争》已经为中外学术界广泛关注与认同,而他最新推出的《南宋文人与党争》(人民出版社 2005 年版)一书,则以翔实的史料、可信的证据,及时地弥补了这一遗憾,从而在宋代文史研究上展现出了一个新的研究领域。

是书首次对南宋的党争做了较为系统的梳理和重建,将赵宋南渡以后直至灭亡一百三十多年间连绵不断的党争历程,大致分成了三个阶段。一是自建炎至绍兴高宗在位期间的"后新旧党争",在这一阶段里,朋党之争主要是围绕着南宋与金"主战"或"主和"这一焦点问题而展开的。二是从孝宗即位到宁宗开禧的近四十年,这一阶段的朋党之争主要表现为"道学朋党"与"反道学党"之争。三是自宁宗嘉定以后至度宗朝的近六十年,对金、蒙的和战之争又一次成为朋党之争的主要话题。这样,作者便以党争为主线贯穿了整个南宋政治史。继而,作者又分别从"国是之争"、"学术之争"和"用人之争"三个方面,对南宋党争的动力和文化性格作了深入的论述。最后则着眼于党争这一文学生态的描述,对南渡以后文学命运的走向予以了充分的关注,从宏观的角度指出了南宋党争与文学之间的关系主要表现为:一、党争促使了文学群体的重组和再造;二、高压政治孕育了大量的谄诗谀文;三、在朋党之争的恶劣生态环境中士人"重抑其情而祈于自保"的创作心态和以理遣情的创作倾向。

在关于党争与道学的互动关系上，此书颇有创见。关于道学的兴起、发展和演变，一般说来存在着以下两种叙事：第一种是传统的“道统叙事”，第二种是现代哲学叙事。它们的共同特点是“将理学（道学）从宋代的历史脉络中抽离出来”（余英时《朱熹的历史世界》上篇 251 页），认定理学家们讨论的是形而上的心性哲学问题，他们对这一问题的探讨是超越时空、上接孔孟的。第二种叙事虽然承认道学与政治（主要是党争）之间的互动关系，但又总是以一种“革命”式面貌出现，即：掌握了孔、孟千载不传之绝学的道学家，自从发明了“天理”之后，积极地为建立一个合乎理想价值的社会秩序而奋斗，但在政治斗争中屡屡遭受一系列邪恶势力的压制迫害；当然，道学家们因为掌握了终极的真理，所以最终战胜了他们。这种两极对立的叙事模式从《伊洛渊源录》、《道命录》一直延续到清代的《道统录》、《伊洛渊源续录》等等，其直接后果便是将历史标签化，以正邪两方面的斗争粉饰并遮掩住了道学的发展历史。是书则通过翔实的史料梳理，从三个方面呈现出了南宋道学与党争之间错综复杂的关系。首先，道学家们在党争中的角色，他们的行为方式、言论等对党争所起到的推进与激化作用。如两宋之际道学的重要传人杨时在靖康元年（1126）五月强敌压境时，不顾国家生死存亡，却上疏力辩王安石、司马光等新旧党争的是非，重扇北宋后期新旧党争之余焰，致使“和战之说未一”、“诏令轻改，失于事几”，使得北宋在党争交讧中灭亡；又如宋孝宗淳熙年间，道学逐渐兴盛，他们从言行举止上处处标新立异，并且时时以独得孔孟真传自骄，动辄自居于道德、真理之域，表现出强烈的“自我正义化”色彩，时人稍有异己便排斥抨击不遗余力，而且对权力表现出极大的渴望，从而使得朝野上下形成了道学与反道学两大集团，为庆元党禁点燃了导火索。朱熹、吕祖谦、陆九渊、陈亮等学术观点不同的道学人士在政治上形成了一个独特的“道学朋党”，朱熹更重申和发挥了欧阳修“君子有党”的观点，每每以“君子”自居，而斥具有异己政见者为“小人”，从而将政见之争与道德评判混为一谈，加剧了朋党之争。其次，道学在南宋的兴衰嬗替与党争之间的关系。比如在韩侂胄死后，道学人士得到平反昭雪，道学开始重振，这一关键契机是与史弥远清除韩党的党争倾轧密不可分的：“史弥远是陆门之首的‘甬上四先生’之一杨简门人，他一改以往抑制道学的历史，在政治上为道学诸子褒赠赐谥，在学术上宣扬朱熹的《四书集注》，固然表现了一个道学家张扬学术文化的责任感和使命感，……但其张扬道学当非纯粹的学术行为，而是有着鲜明的政治目的，也为其‘尚同之习’左右，即主要出于捞取政治资本，排斥异己、强化其相党势力之需。”史弥远是杨简的学生，杨简是陆九渊的主要传人，由于“朱陆之争”，朱熹对于杨简评骘颇严，有时直以“异端”视之（见《朱子语类》卷一百二十四）。但作为陆门传人的史弥远却大力宣扬朱熹的《四书集注》，这一点单纯从学术史的角度是难以理解的。作者另辟蹊径，曲径通幽，从韩、史相党之争的角度为道学在南宋发展中的一个重要环节做出了合理的诠释。再次，党争与道学家们的学术建构之间的互动。作者指出，道学虽然强调个人的身心修养，但并不是一个与外在世界绝缘的自足系统，它也是随着时代的要求在具体的政治实践——确切地说是在朋党政治的实践中按照自身的需要，不断地调整和推进了若干“内圣外王”的儒家学说。比如胡安国研究《春秋》的一个重要契因便是激于王安石“废绝《春秋》”：“王荆公以《字说》训释经义，自谓千圣一致之妙，而于《春秋》不可以偏傍点画通也，则诋为‘断烂朝报’废之，不列于学官。……公（安国）少留意此经，每曰‘先圣亲手笔削之书，（安石）乃使人主不得闻讲说，学者不得相传习，乱伦灭理，用夷变夏，殆由此乎！’于是潜心刻意，备征先儒，……至年六十一而书始就。”又如，杨时驳斥王安石的“义利之说”谓：“荆公云：‘利者阴也，阴当隐伏；义者阳也，阳当宣著。’此说源流发于董仲舒，然此正王氏心术之蔽，观其所为，虽名为义，实为利。”此后，朱熹、张栻、陆九渊等道学家特重“义利之辨”，实际上也与对王安石变法的反思以及孝宗皇帝对于“财用大计，尤所经心”的趋向息息相关，可以视为北宋新旧党争在理论层面上的延续，乃至真德秀甚至提出“义利之辨大矣，岂特学者治己之所当先，施之天下国家一也。”作者认为，顺着这一思辨路线和心理定势，道学人士只能将目光专注于抽象的主观心性，并由此建立了一个以天理为万物万事之宗的理一分殊的理本体形态。这一形态以极端的排斥货殖功利为特色，将国家正当的功利均视之为应当不断摒弃的“私欲”范畴，从而将传统儒家重德性、轻功利的倾向发挥到了极点。但是，天理在权力世界中的客观标准是什么？它是否具有可操作性？作者对这种理论建构在现实政治世界中的可行性提出了深深的怀疑，指出了它“高谈有余，实用不足”的弊端。这样，书中便以党争为背景，为南宋道学的学术建构提供了一个外缘性的批判解释，其显著特点便是将道学的思辨逻辑还原到具体的历史政治文化背景中，强调政治史与学术史的互动。这一思路与当前道学史的研究迥然有别，而与余英时先生的《朱熹的历史世界》有异曲同工之处。

在下编“南宋党争与文学命运”中，作者则力图在文学与史学之间重新寻找出一个合理的诠释思路，为“文史不分”这一传统理念注入新的内涵，并以此来把握南宋文学的整体命运。这一诠释思路与20世纪80年代以前盛行的机械反映论迥然有异，同时又与近些年来重视古典文学的审美性、文学自足性的研究潮流可谓“背道而驰”。它主要表现为作者试图以创作主体为中介，在政治文化生态（党争）和文学命运之间搭建起一座桥梁，以此来阐释南宋党争和文学的互动关系。作为中介的创作主体，主要指的是作家群体在党争中的宦海沉浮及其思维方式、心态变化等。所谓“文学命运”，从书中的论述来看主要应包括以下几个层面的内涵：首先是文学流派的兴衰与所崇尚的文学典范的转移，如江西诗派对黄庭坚、苏轼词派对苏轼、道学文派的“性理之文”和“鸣道之文”在南宋的兴起；其次，创作主题和创作风气的新变，如谄诗谀文的写作、和陶拟陶主题的泛滥等等；最后是文学批评的理论演变，如朱熹对苏轼诗文的批评等。在这三者之中，作者尤其强调创作主体（参政主体）的中介作用，认为创作主体的多重性、复杂性、劣根性、变异性是南宋文学在党争生态中生成、演变的基本动力之一。比如在下编“高压政治与谄谀之风”这一节中，作者通过对南宋大量文集、史乘、笔记的搜罗，为我们展现出了似曾相识的惊心动魄的一幕，即专制政治对于文学的高压以及在这种高压下文学本身的异化：在“绍兴和议”期间，秦桧为了确保最高“国是”大肆兴造文字狱，使其具有了开放性、多样性和群众性的特征；这种政治高压与专制直接导致了创作主体的心灵畏怯，呈现出集体性的怔忡与失语，士人群体也随之发生了适应性变异，纷纷改弦易辙，投入到对高宗、秦桧的歌功颂德运动中去，从而使得南宋文坛上谄谀之风盛行。作者最终将这一现象的原因归结到“士人对一元化思想模式的习惯性认同与对高压政治的无条件顺从的文化性格”，“是中国传统文化在特定生态环境中的必然显现”，从创作主体上为这一现象寻找到了文化心理根源。

当然，书中也还存在着一些尚需斟酌的问题。如南宋以后的文学批评受党争的影响相当深远，也应当属于南宋文学命运中应有的一层内涵，但下编仅仅将诗文批评分别列于苏轼词派、道学文派之中加以论述，于结构上不无遗憾，如能以“党争与文学批评”独列一章加以论述，似乎更佳。又如书中在第十章中引用王夫之《宋论》中的一段文字来说明南宋参政主体与文学主体的内涵、形态可分为两种：一是“逾其度者”，“操必得之情”；二是“阻其几者”，

"恒留余地以藏身"。然后作者以朱熹对"皇极"的训释和"君子有党论"来印证前者，并以"抑情自保"的主体心态来阐释南宋文学中以排遣情累为特征的创作趋势。后者的论述颇为精辟，但是前一种主体心态在文学创作中是否也有所表现呢？书中仅仅从学术的层面上加以印证。其实，笔者以为这一点在文学中的表现也十分明显。党争催生了大量的时事诗和政治讽喻诗，它们均是直接以党争为主要背景或主题，所谓"不平则鸣"，这些诗歌也不妨视为创作主体"逾其度"的心态在诗文创作中的宣泄和表现。在《北宋文人与党争》中，政治讽喻诗、时事诗是论述的重点之一，而在此书中关于这方面的论述似乎不足，书中是否可以考虑在最后一编中独列一节加以论述呢？比如朱熹等人的死对头姜特立，其《梅山续稿》卷三的《除草》、卷六的《种桃》、《乙卯元宵多雨》等诗就是典型的党争讽喻诗；又如《鹤林玉露》卷六丙集所载赵从道、罗大经两诗反映了道学同情者对庆元党禁的反思，颇为难得；韩侂胄死后太学诸生所做的《函首》诗则反映出当时党争的残酷等等，均是党争的直接印证。其他如杨万里为张浚争配享未成去朝时所赋的诸多诗篇可补书中提出的"清闲主题"；《鹤林玉露》卷一丙编"高宗眷紫岩"一条可视为书中论述朱熹怀党同之心撰《张浚行状》的延伸；《容斋随笔》卷十五所载张子韶祭洪皓之文为"前人未有此格"，可视为秦桧相党的政治高压导致文体"变异"的确证；吕祖谦编选的《宋文鉴》也与道学与孝宗近习的斗争有关等等。以上文学作品、文学现象等均与南宋党争关系密切，可予以进一步的关注。

刘培《北宋初中期辞赋研究》

曹辛华

新世纪初，古典文学研究呈现出一派繁荣景象。如一向为人忽视的赋学研究，不仅有龚克昌、马积高等前辈的拓荒式成果，而且出现了程章灿、许结、周建中、曹明纲等"中坚力量"；又如对曾为"时代文学"观所掩的宋代文学研究，除宋词研究仍显达外，宋诗、宋文的研究也有了长足发展，出现了王水照、莫砺锋、张宏生、杨庆存等专家。又如相对于“时代文学”研究的繁荣，人们对那些“非时代文学”的作家、作品给予了前所未有的关注。如于景祥《骈文史》、赵维江《金元词论》、吴承学《书判研究》、陈飞《唐代试策研究》等均是对“非时代”、“非主流”的文体与作家作品探讨研究的高质量成果。在这样的学术背景下，刘培博士新近著成了《北宋初中期辞赋研究》即是对处于“非时代文学”、“非主流文学”境地的首次突破与深化。又由于是著由台湾万卷楼图书公司出版，大陆不易见到，故大有评介的必要。

首先，刘著既是宋代文学研究的新创获，又是一部填补赋学断代史空白的力作。从当代的宋代文学研究状况来看，宋词研究一直是“热点”，宋诗研究也逐渐热起来，而宋文研究方面虽然也有了长足的发展，但尚不容乐观。台湾学者张高评教授 1997 年曾在《宋代文学研究》前言中呼吁人们关注包括辞赋在内的宋代散文，希望学人多多致力于此。近几年中，如当代著名学者王水照教授也曾继陈寅恪、钱钟书等之后提出宋代文化是中国文化的高度繁荣阶段，并主编了一部新型的《宋代文学通论》，为人们研究宋代文学提供了新视角，其高弟杨庆存博士也著成了《宋代散文史》。而莫砺锋教授、巩本栋教授等则继程千帆先生深研宋代文学精神，在做出不俗的成就的同时，又先后指导了一批博士生深入研究宋代文学。如童强博士《王安石研究》、王秀春博士《欧苏梅研究》、施懿超博士《宋代骈文研究》等均不同程度地深化了宋文研究。尽管如此，宋文研究仍有待于更多学者来拓荒。刘培博士的《北宋初中期辞赋研究》可以说是对作为宋文中特殊文体——辞赋——从宏观与微观、由文学而文化进行深入研究的硕果。又因在此著问世之前，人们对宋代辞赋研究多处于论文式与“包孕”式状态，很少学者把宋代辞赋抽出作为一个专门课题来研究。这就意味着刘著乃是对宋代文学研究特别是宋文研究的“拓荒之作”。

从文体断代史的当代研究状况来看，刘著可谓是继乃师龚克昌教授《汉赋研究》、程章灿教授《魏晋六朝辞赋史》等断代赋史专著后又一部力作。就宋代辞赋研究的成果而言，马积高先生的《赋史》，郭维森、许结等先生《中国词赋发展史》、《历代赋学的批评与理论》等，姜书阁《骈文概论》以及各种韵文史、散文史或文学史著作等，虽对北宋辞赋有或详或简的论述，但无不是局限于“包孕式”断代赋史的层面，并且往往是宏观描述有余而微观透视不足。即使有“微观透视”，却与一般论及宋代辞赋的文章一样，又多局限于宋代辞赋大家，对一般的辞赋文人鲜少重视。刘著作为宋代辞赋这一文体的首部断代史，既改变了宋代辞赋史的“包孕”式研究状态，又改变了宋代辞赋研究史上重“头”略“小”、忽视其“原生态”描述的格局。因此说，其《北宋初中期辞赋研究》在古典文学研究史上，特别是宋代文学研究史与赋学研究史上，都具有开创与突破的意义。

其次，刘著“从政治学术文化背景和辞赋发展演进的历程中，对北宋初中期的辞赋进行研究，讨其源流，抉其特征，尽量全面客观地描述其嬗变之迹，分析促进其发展的各种因素”，（原书《概论》）为人们研究辞赋提供了新的观点与新的方法，进而为辞赋研究的深入提供了范例。

刘著提出了不少独到的见解。如对文赋的特征、形成原因，时贤多有论述，而见仁见智，尚未形成共识。刘著通过排比审察前人成说与考察当时文坛的具体情况和作品，否认了那种以为“文赋是对先秦汉晋古赋的模仿”的说法，认为“文赋的出现主要是中唐以来散体文风向辞赋渗透的结果”（第245页）。对古今学者的共识“散体为文、骈散结合是文赋的基本特征”，他又大胆怀疑，以为“这一标准有失宽泛”。鉴于“赋的文体特征往往与表达的内容、风格密切联系”，他认为“从内容上看，北宋的文赋有两种不同的走向”：“一路由宋初议论之文发展而来”，另一路是“以散文语势来抒情写志，抒发深邃的人生感悟”（第245～246页）。由此第一次给出了文赋新概念，即：“宋代文赋是以散体语势为行文风格，以议论治乱、心性修养和抒发人生感悟为内容的一种赋体。它的语言浅显平易，追求理趣韵致。”（同前）值得注意的是，作者还提出了“散体美文化文赋”这一新论断。“美文”这一术语，自梁启超《美文及其历史》一书中标榜以来，其外延始终没有定限，刘著有将赋列为“美文”之意。尽管他未明言，却道出了文赋的“美文”实质。这对于人们体认文赋的文体特征及其成因有着启迪作用。

刘著发掘并考察了一批一向为人忽略的辞赋家。如宋初的赋家王曾、朱昂、释智圆、赵湘等，宋中期的王令、郭祥正、二刘、蒋堂等，作者均给予了初步评价。其中对郭祥正“骚体赋”的论定，还可为解读当代学者莫砺锋教授提出的北宋诗坛上“郭祥正现象”（当时诗多名大，后世地位却不高）提供了一个新的思路。另外，刘著还对北宋初中期为诗词之名气所掩的大家的赋作进行了首次描述。如王禹偁、晏殊、宋祁、梅尧臣、范仲淹、王安石等作家，或以诗著，或以词显，他们的赋作却少有论及。刘著用了不少篇幅予以评论。这有利于人们了解他们的文学“全貌”。

刘著还善于采用“文学—文化学”的方法来研究辞赋。“文学—文化学”研究方法是当代词学家吴熊和等一再提倡的，其高足李剑亮、沈松勤、沈家庄等亦分别以《唐宋词与歌妓制度》、《唐宋词社会文化学研究》等予以推扬。而赋学研究中，除许结教授所著通代赋史有采用外，刘博士是较早将它运用于断代赋史中且尤精者。如作者在讨论北宋辞赋“众体兼备、平易畅达”的特征形成原因时，即从科举、读书、学术等方面来解释；而于“《事类赋》简论”一节中，作者从宋人学习“汉晋赋艺辑事比类的传统”、“宋初文化建设逐渐发展的结果”以及文学与学术的纠结等方面进行论述，使“赋—文化”二者联姻，既揭示了赋体创作的文化成因，也显示了宋赋的“文化”厚度。而第二章第七节“北宋中期的理学思潮与辞赋创作”则较为全面地揭示了理学与辞赋的互动关系。作者将理学影响下的辞赋作品分为“抒发承圣情怀”、“宣扬理学教义”、“反映内省体验”等三类予以论述，并探讨了“理学的思维模式对辞赋艺术表现的影响”。

考据与批评相结合的研究方法，是刘著的又一“长技”。与通常论著的先考后论不同，作者常将考据化为批评的一部分，并且常以考据为基础来展开批评。如论范仲淹的辞赋创作，作者先考证了范氏作品的数量及其类别，然后通过与宋初中期律赋名家田锡、王禹偁、文彦博、宋祁等进行比较，由此得出了范氏与人不同之处——首先在重视律赋。不但如此，作者又通过考察范仲淹的文学见解及其《赋林衡鉴序》，揭示了范氏的律赋观的价值。书中将考察赋家身世、著述与批评其作品思想、艺术等糅在一起的例子，不胜枚举。刘著这种研究方法，是立足于文学本位，目的是让文献为文学服务，避免了以考代论的不足。

伍晓蔓《江西宗派研究》

郑永晓

黄庭坚和江西诗派研究正逐渐变成一门显学，研究的深度和广度均有长足的进步。但从学科建构与发展的角度而言，似尚有不尽完善和亟待开掘补遗之处。比如至今未见黄庭坚全部诗歌作品的今注今译本、未见江西诗派众多诗人作品的今人整理本，除黄、陈等少数作家外，《江西宗派图》所列二十余位作家的生平和作品基本上很少有人涉及，甚至有关《江西宗派图》写作时间这样重大的学术问题也还没有经过充分讨论而取得共识。所以，当笔者见到伍晓蔓博士这部《江西宗派研究》后，便爱不释手，感觉此书确乎属于近年来江西诗派研究中难得的佳作，其搜集材料之广泛，考察问题之精细、阐述观点之严密，均足令人称道。因而忍不住把自己阅读此书后的一点感想写在此处，以就教于晓蔓博士和学界同仁。

在广泛掌握研究对象相关材料的基础上，能够发现有价值而前人尚未解决或者未能完全解决的问题，是学术研究能否取得成功的必要前提。面对江西诗派这样一个在宋代文学史上占有重要地位，涉及很多方面的研究对象，本书作者目光敏锐地将研究焦点锁定在江西诗派的形成过程和诗派成员的诗风特点和文学成就上，亦即以吕本中《江西宗派图》为中心，进行追本穷源的考索，显示出作者既具有纵览全局又能够把握焦点、难点问题的能力，因为这正是江西诗派研究中最薄弱、最亟待解决的环节，一门学术研究抑或一个具体研究对象，如果溯源工作没有做好，则遑论其他？作者以《江西宗派图》为中心，并将书名定为《江西宗派研究》，应该说是很有眼光的。正是围绕这一薄弱环节，作者或拾遗补缺，填补学术空白，或在前人基础上力求有所突破，最终取得了可观的成就。

比如，关于吕本中写定《江西宗派图》的时间问题，《艇斋诗话》、《陵阳先生室中语》和《能改斋漫录》都有记载，莫砺锋、谢思炜、黄宝华先生先后提出了崇宁一、二年说，政和元年说和绍兴三年说。作者经过缜密的推论，首先判定“少时戏作”说优于绍兴三年说，进而在谢思炜先生相关观点的基础上，断定《宗派图》是大观末期、政和初年的产物。莫砺锋、黄宝华先生的观点提出后，在学术界都有相当的反响，但谢思炜先生发表于上个世纪80年代中期的观点应者寥寥。此书作者别具慧眼，从对“江西诸人”这样一些易于为人忽略的名词和文学现象入手，在对江西宗派产生的历史环境、江西宗派的命名标准，以及山谷后学诗人群体的具体情况进行具体分析的基础上，认定谢思炜先生的观点大致不误。笔者对此颇有同感，以为在现有材料的局限下，这一提法最接近事实。首先，“少时戏作”之说不宜轻易否定。因为范季随、曾季貍均与吕本中有交往，他们得之吕本中本人的信息必然具有相当程度的可靠性。但是所谓“少时”是一个非常宽泛的概念，吕本中出生于元丰七年(1084)，崇宁元年(1102)十九岁，固然可谓“少时”，但此时的吕本中似尚不具备写作《宗派图》的能力和条件。从图中所列成员来看，基本上可以分为两大类，一是黄庭坚的学生，二是吕本中的交游。其中如高荷谒见黄庭坚在建中靖国元年末，二人诗歌唱和多在崇宁元年。高荷等人的诗名在当时不大，是凭借了黄庭坚的揄扬才为人所知。从他被视为黄庭坚的学生直至被收入《宗派图》，其间总应该需要一个过程。很难令人相信，这边高荷等人刚刚谒见了黄庭坚，那边旋即被收入图中。《宗派图》中的二谢、汪革、饶节等吕本中的交游，虽然初次与吕相识的时间难以考证，但大致应在崇宁元年以后。据《宋史》吕好问本传，“崇宁初，治党事，好问以元祐子弟坐废。两监东岳庙，司扬州仪曹。时蔡卞为帅，欲扳附善类，待好问特异。好问以礼自持，卞不得亲。”而蔡卞知扬州正是崇宁元年。《宋宰辅编年录》卷十一崇宁元年在记述“七月戊子，蔡京右仆射”后云：“自京为相，即召知扬州蔡卞为中太一宫使兼侍读。”吕家在学术思想上与二程的洛学关系密切，吕希哲曾师事程颐，而吕本中亦从杨时、游酢等人问学。因而崇宁年间的吕希哲俨然成为旧党领袖，所以饶节、汪革、谢逸等才不远千里投奔吕希哲问学，并得与吕本中结识。然而，吕本中不大可能在刚结识这些人不久，就把他们收入《宗派图》中。总之，判定崇宁元年或二年为吕氏写作《宗派图》的时间似难以成立。

但是，七八年以后，将近而立之年的吕本中则完全具备了写作《宗派图》的条件。此时的吕本中因才华出众，颇受谢逸等人推崇，隐然被推为文坛领袖。《吕紫微师友杂志》云:“政和初,无逸至京师省试,尝寄予书,极相推重,以为当今之世,主海内文盟者惟吾弟一人而已。”可见政和初年吕本中已在当时年轻一代士子中颇具领袖风范,使他有可能在新旧党争依然炽烈的环境下,从文学和政治两方面的考虑出发,把旧党圈子中的诗人以某种形式聚拢在一起,构建一个不仅在文学上,而且在政治上也具有一定影响力的派系组织。谢思炜先生在其《吕本中与〈江西宗派图〉》(载《文学遗产》1985年第3期)一文中曾专门讨论《宗派图》与政局的关系,所论颇有见地。另外,吕本中的交游在居于淮、泗一带时仅限于谢逸、汪革、饶节等少数诗人,而在大观以后,才认识了另外一些他后来收进《宗派图》的诗人。如晁冲之,《师友杂志》云:“晁冲之叔用,文元之后,少颖悟绝人,其为诗文悉有法度。大观后予至京师,始与游,相与如兄弟也。”晁冲之、谢薖二人所以被收入《宗派图》中,原因当然可能有多种,但他们与吕本中在大观年间结识无疑是一个很重要的原因。陆游《吕居仁集序》云:“公自少时既承家学,心体而身履之,几三十年,愈赜学愈进,因以其暇尽交天下名士。其讲习探讨,磨砻浸灌,不极其源不止。故其诗文汪洋闳肆,兼备众体,间出新意,愈奇而愈浑厚,震耀耳目,而不失高古,一时学士宗焉。”(《渭南文集》卷十四)从陆游的言辞中亦可看出,显然他也认为吕本中至三十岁左右时,诗文成就已比较突出,又广交天下名士,初步具备了领袖文坛的资历。

从这些因素来看,笔者以为《宗派图》作于吕本中二十岁以前的可能性不大。《陵阳先生室中语》虽然明确记载少时所作,但韩驹一句“居仁却如此说”是很耐人寻味的,显然韩驹认为所谓“少时戏作”是吕本中的托辞。韩驹与吕本中关系密切,以他们之间的熟知程度,不会不知道吕本中此图的写作时间。综合上述考虑,吕本中写作此图应该在大观元年以后。但是,其时间也不可能如吴曾所记载的那样晚到绍兴三年。宋高宗即位后褒扬元祐学术,《宗派图》的影响日益扩大,但图中所列部分成员的身份和在文坛的地位、角色与大观、政和年间相比已经发生了较大变化,如高荷晚年为童贯客,不为时论所许;如徐俯受黄庭坚沾溉在朝中受到重用。因而《宗派图》到绍兴南渡以后已显得颇多疵瑕,令吕本中感到难堪和不快,故只好以“少时戏作”搪塞。因此,笔者十分赞同伍晓蔓博士的判断,即《江西宗派图》作于大观末期和政和初年,既非十八九岁时的“戏作”,也并非如吴曾所记作于吕本中三十九岁时的绍兴三年。这一时间的确立,也有助于解释《宗派图》所列成员名单的取舍标准问题。

该书在探讨江西宗派形成、力图再现当时诗坛的历史情境方面也颇多新见。作者首先从理学渊源、佛学修养、诗学传承等方面对江西宗派的群体特征作了精当的把握和阐述,又对江西诸人组成的几个地域小群体的形成作了独到的分析,认定南昌诗人、临川诗人、黄冈诗人和开封诗人等群体经过互动和王直方、吕本中等人的整合,终于编织成江西宗派这样一个网络。很多此前不为人注意,看似互不联系的资料,经过作者细心的辨识和钩稽,便推导出若干审慎而严密的学术观点。比如元祐三年左右,徐俯、潘大临等同赋洪炎倦壳轩,是这一诗人群体的初次融合。其后经过数次唱和或其他形式的来往,逐步形成了以南昌—临川—建昌—星子诗人为核心的具有地缘特征的“江西诗人”这一群体。而绍圣以后,吕本中、汪革、饶节等在吕希哲周围砥砺节操,则从文化心理和诗学范式上继承山谷,在元祐党禁的时代,这两条地下师友渊源的线索,便有团结更多山谷后学,走向融合的需要。这些分析深切详明,精微透辟,清晰地概括了江西宗派建构的基本脉络,显示了作者在深度把握微观的基础上,具有较强的归纳、推理和宏观分析能力。

江西宗派的形成过程既已得到清晰的阐述,作者进而对《宗派图》中所列二十余位诗人的生平进行详细的勾勒,对其作品的特点和艺术成就予以客观公正的评述,这是此书的又一重要贡献。江西诗派虽然影响深远,然就单个个体而言,其中多数诗人的成就不是很高,生平资料也存留不多,对他们的事迹和作品进行较为深人的研究有相当的难度。该书作者迎难而上,从基本文献人手,从详细阅读所有现存的江西诸人的诗歌作品人手,披沙拣金,追踪问迹,逐一对山谷四甥、临川四友、南康诗人、开封诗人以及不属于这些小群体的韩驹、吕本中等做了精当的阐述与分析。每一条材料的整理,每一个细微观点的提出,都经过了对以往学术观点的细密梳理和相关材料的重新解读,博观而约取,闳通而谨严。对少数资料奇缺的诗人的分析,表面看似寻常话语,却实在是作者尽其所能钩稽材料而得出的平实之论,其穿穴爬梳、筚路蓝缕之功值得肯定。兼之作者灵心善感,体验人微,善于从作品中体察古人的心灵活动和创作心态,对诗人及其作品的分析很能抓住关键点和要害,因此具有很强的说服力。比如对于分别仅存作品八首和九首的林敏功和林敏修兄弟,作者不仅根据相关资料详细罗列了他们的生平,而且通过对他们作品的比较发现林敏功诗诚挚敦厚,而其弟之作则往往流露出桀骜不平之气,各具独特的美感。类似这样的审美把握是很准确的。

黄庭坚和江西诗派研究涉及面很广，笔者虽然仔细拜读了伍晓蔓博士的大作，但限于篇幅，仍感难以把此书的精彩之处一一道出。总体感觉是作者既具有较好的文献功夫，学风扎实，又兼锐感灵思，擅长对文学作品进行审美分析。笔者不想按照一般书评的写作程式硬要罗列一些此书的不足，作者还很年轻，正是属于后生可畏的一辈，假以时日，笔者相信她在文学研究领域必将取得更大的成就。

张国风《太平广记版本考述》

宁稼雨

版本研究是古代小说研究的重要方面，它既是古代小说研究的基础工程，同时本身也是古代典籍文献学研究的一个重要方面。尽管近年来古代小说的版本研究已经取得了令人瞩目的成就，但张国风先生的新著《太平广记版本考述》（中华书局 2004 年 5 月版，以下简称《考述》），还是把古代小说版本研究提高到一个新的水平。作者前后历时 12 年，收集了国内外所有能够收集到的资料，梳理了目前所见的《太平广记》的重要版本，分析了《太平广记》成书的背景、通行本存在的诸多问题、《太平广记》版本演变过程，总结了引书的复杂情况，整理了《太平广记》中的篇目，收集了相当数量的佚文和异文，成为《太平广记》版本研究的集大成者。

一、研究视野的扩大和研究方法的创新

按照我的理解，古代小说版本的研究大致应该包括两个方面：一是具体作品的版本校勘整理，二是有关版本问题的专门论著。在关于小说版本问题

的专门论著中，又大致分为三种情况，一是专题性论文，二是具体专书的版本研究著作，三是包括众多小说版本综合研究著作。在有关具体专书的版本研究著作中，以四大名著较为引人注目，其中以《红楼梦》尤为火暴。相比之下，《太平广记》虽然与小说关系甚密，但由于它是一部小说类书，所以很难像《红楼梦》那样，引起专业学者以外的关注。据我所知，在国风教授大著之前，有关《太平广记》文献方面研究的论著不多。建国前邓嗣禹先生曾为燕京引得处编纂的《太平广记引得》写过序言（1933），陆曼炎《中国七大典籍考》（1938）、郭伯恭《宋四大书考》（1940）中也包括《太平广记》。建国后有关《太平广记》的著作好像只有程毅中先生为春风文艺出版社《插图本中国文学小丛书》中所写的《太平广记》（1999）。这些著作虽为《太平广记》专书，但却都不是有关该书版本的专书。

是《太平广记》的版本没有研究价值？显然不是。我个人以为，就小说版本研究的学术价值而言，《太平广记》的版本研究超过了任何一部具体作品。理由很简单，《太平广记》虽然也是一部书，但这部书所涵盖的是宋代之前中国所有小说的基本全貌。对它的版本研究，实际上已经远远超出了一本书的版本研究，而是涉及到整个中国早期小说的整体面貌的文献原貌把握问题。具体来说，因为书中既包括众多的单篇传奇作品，也收有大量的小说集中的散篇故事。对《太平广记》的具体深入研究，必然会涉及到书中包括的四百多种小说作品的版本问题。正是由于这个原因，我们有理由对张国风先生《考述》一书表示深深的敬佩和极高的赞扬。

该书研究方法上的一个突出特色，就是把版本问题的学术研究与版本整理的实际工作结合起来。以往的专书版本研究往往集中在对一部书的校勘上，校勘完成后该书的前言就是一篇版本研究论文。由于校勘记有其特定的体例，所以有些问题不便展开。而采用著作的方式则免除了这方面的局限，可以把问题谈深谈透。而且，校勘记以条为单位，各自独立，难免有见树木不见森林之感。《考述》采用著作的方式，可以把许多散见的校勘问题集中在一起分析讨论，有的甚至用表格来显示，从而使本来分散孤立的校勘现象集中展示，一目了然。除书后“资料附录”外，书中各章节后总共有十六个“附录”文件，堪称这种新体例、新创举的突出表现。这些文件对于人们全面了解《太平广记》版本校勘中的有关问题有着森林和树木同时见到的重要价值。

二、新版本材料的发现和利用

作为《考述》的一大学术亮点，是新版本材料的发现和使用。正因为这些材料的发现和使用，使得该书在《太平广记》的版本认识方面超出前人一大步，并为《太平广记》及唐人小说的校勘整理提供了坚实的文献基础。

目前学界通行的版本为汪绍楹先生校勘整理的中华书局排印本(1959年人民文学版，1961年中华书局据以重印)。该本以谈恺刻本为底本，用明代沈氏野竹斋抄本校勘，并参酌了明代许自昌刻本和清黄晟刻本。此本虽然校勘精良，并自出版以来即成为学界普遍认同的权威版本，但因为过于拘泥于谈刻本，对其他版本的有价值之处吸收较少，并出现一些遗漏。从改革开放以来，在汪校通行本的基础上对《太平广记》进行校补已经成为学界有识之士的强烈呼声(参见程毅中《太平广记》)。

《考述》的重要学术价值就在于不仅广泛采用已知汪校本未能充分利用的重要版本，如清陈鳣校宋本、明野竹斋抄本等，而且还从海外广为搜寻，从海外找到若干前所未知的重要版本，如台湾大学所藏清孙潜校宋本、韩国各地所藏《〈太平广记〉详节》、《太平通载》诸本。这些资料的共同价值，就是间接地包含多处谈恺刻本遗留并悬而未决的宋本原貌。利用这些材料，《考述》作者解决了许多重要的学术问题。

一是在很大程度上廓清了《太平广记》版本问题中的一些重要悬案——卷一四一和卷一五〇的残缺问题。今人所见《太平广记》各本的卷一四一并非宋本原貌。谈刻本系将卷一四二卷分为两部分，变成一四一、一四二卷。以前因为缺乏材料，所以无法确定其原貌究竟如何。《考述》作者充分利用各种版本中与宋本相关的材料，得知陈鳣和孙潜所依据的宋抄本已经没有卷一四一，说明该卷可能在北宋或南渡之际已经遗失。尤其是陈鳣校宋本所保留的宋本总目录为判断后来刻本如何以移花接木方式组合成卷一四一的来龙去脉提供了非常有价值的根据。

二是发现了许多以前通行本未收的宋本佚文和异文。《考述》作者在参考台湾学者严一萍《太平广记校勘记》和卢锦堂《太平广记引书考》的基础上，考查出谈刻本及通行本没有收入的数十条佚文异文，并鉴定出这些佚文异文相互之间的异同情况，为了解认识《太平广记》原书的真实情况并进一步进行正确的校勘工作，提供了坚实有力的根据。

三、考证分析的细致深入

只有珍本秘笈，还不是学术研究，尤其是版本考证的全部。珍贵文献材料的价值更应该体现在它在整个学术研究链条中的重要关联作用。这就需要在掌握材料的基础上，对相关对象的学术背景有相当的了解，进而准确地判断和分析出珍贵文献材料的价值所在，并借以深入揭示出某种学术问题的真实面貌和内在关联。除此之外，还应包括在所谓旧材料中发现新价值，并与新材料相互参证，解决新问题。这些也正是《考述》一书的重要特色。

作者很善于娴熟地将新旧材料相互比较，找出新的问题线索，或纠正成说，或将有关学术问题的研究逐步深入。比如清代黄晟的槐荫草堂本和《四库全书》本，都是常见并为学者所熟悉的本子，但以前没有人注意到二者之间的关系。由于《四库提要》宣称四库本系据谈刻本，所以人们对此深信不疑（如邓嗣禹《太平广记引得序》就沿袭馆臣旧说）。但《考述》的作者不囿成说，经过仔细的比对和考证，认为四库本的缮录底本就是黄晟刻于乾隆二十年（1755）的槐荫草堂本。理由有二：一是槐荫草堂本中有别于他本的异文，几乎全为四库本所照搬；二是在诸本版本歧异现象比较集中的七卷（二六一、二六二、二六三、二六四、二六五、二六九、二七〇）文字中，唯有槐荫草堂本和四库本两者的文字最为接近。尽管这些还未必可成定论，但作者这种对成说的大胆怀疑精神和细致深入的考证工作具有很强的说服力，给人留下深刻的印象。它至少给人们继续深入探讨四库本的缮录底本问题提供了思路上和方法上极有价值的启示。不仅如此，作者还谨慎地将自己研究的四库本严格地限制在文渊阁本之中，从而排除了四库本之间由于缮录歧异造成的版本差异。这种严谨的治学态度和扎实细致的考证功夫是值得学界赞扬并倡导的。

总之，经过《考述》一书的辛勤爬梳，《太平广记》一书的版本问题已经在原有基础上提高了一大截，取得了突破性的进展，是《太平广记》乃至中国古代小说版本研究的重大收获。相信在该书的影响和推动作用下，《太平广记》和中国古代小说版本研究会取得更大的成就。

王水照、朱刚《苏轼评传》

崔海正　冯　莹

不少学者认为，中国封建文明发展至赵宋一朝，已达到顶峰阶段。若要论及宋代文化，苏轼是无论如何不可能绕开的。正因为如此，苏轼研究一直是学术界的热点，论著颇丰，其中也不乏为苏轼立传者，影响较大的要数林语堂先生的《苏东坡传》、曾枣庄先生的《苏轼评传》以及王水照先生与其弟子崔铭博士的《苏轼传——智者在苦难中的超越》，可谓各有千秋。随着研究的继续深入和研究方法的不断更新，苏轼研究的诸多新成果又不断涌现出来，王水照先生与其另一位弟子朱刚博士合著的《苏轼评传》即是一部颇富新意的著作。

本书作为匡亚明先生主编的《中国思想家评传丛书》的一种，由南京大学出版社于 2004 年 9 月出版。匡老在书《序》中指出："评价思想和评价业绩，两者不应偏废。而不断在实践中丰富和深化的思想活力则是经常起主导作用的因素，强调这个因素，引起人们的正视和反思，正是我们的主旨和目的。"该著要遵循这一主旨，又要对已有的苏轼传记有所超越，就必须打破以往诸如以时间为线索分阶段介绍苏轼生平活动尤其是侧重评价其文学成就的老路，进而选择一个新颖而又有深度的视角，找到一条合理的途径，将其"难点"变为一大"看点"。应该说，聪明的作者做到了这一点。由此，笔者以为，本书最大的特色是从中国思想史发展流变的视角来审视苏轼，换言之，是在从一个思想者的角度追踪这位文化巨人丰富的精神景观，考察其文化史意义及价值所在。思想者的苏轼作为本书的传主，因而苏轼思想的内在层次和波澜也就外化为本书的结构和纹理，甚至每一章节和标题都与中国古代思想发展史有着深刻的联系，这使本书超越以往传记的某些局限，极大地拓展了人们的视野。也正因为如此，作者得以援思想史研究的诸多方法人书，于前人耕耘之处仍多有精深和另出手眼之论。研究苏轼的思想，并非始自王、朱两位先生，也不是一个新鲜的话题，但却很少见能溯流而上、以历史的手法和思想史研究视角进行的综合的、客观的梳理和讨论。以前的论述要么散落在哲学、史学、文学研究的各个领域，要么作为其他研究的附庸，而在本书中终于旗帜鲜明而又体系严密地蔚为大观了。

全书共分七个部分，包括导言“产生巨人的时代”和六个章次，分别是：“吾生如寄耳：家世与生平”；“究天人之际：苏轼的哲学”；“通古今之变：苏轼的史学”；“立朝大节：苏轼的政治态度”；“文艺成就与美学思想”；“人生思考和文化性格”。书后附有苏轼年表、人名索引和文献索引以便查找。作者的思路非常明晰：即以产生文化巨人的有宋一代（又尤以党派之争、政治变革、学术源流及其关系为重）兼以对苏轼影响颇深的蜀地文化和家学渊源为背景，又不无必要地勾勒其人生轨迹与出处大节，然后重点论述其哲学和史学思想，并以此为支柱辐射苏轼的政治态度、美学思想等各个方面。最后一章既是总结，又是深化和升华，对苏轼一生作了精辟的概括。此等布置，谓之全方位、多侧面，一点也不为过。

孟子说：“观水有术，必观其澜”（《孟子·尽心上》）。同样，从思想的波澜处，才能更好地见微知著，抓住思想史的流动脉络，进而掌握其演变规律，这就要求作者具有高深的学识和对于复杂事物化繁为简的能力，以便找到牵一发而动全身的关捩点。如哲学部分最为庞杂和无头绪，作者却只以五个话题引领出来，即：对“道”的解释；从“道”到“善”；对“性善”论的驳斥；“自然之道”与“自然之性”；“性命自得”的逻辑结构。通过对这五个问题的解析，几乎把北宋哲学所涉及的重要问题都给涵盖住了，连同王安石、程颐等其他几位重要哲人的论述在内，通过作者的点拨和归纳，不但不觉得有芜乱之感，反倒觉得条理井然，纲举目张，清晰而又深刻地呈现在眼前了。

诚然，像苏轼这样一位纵恣三教、出入古今的学者，其学术的博庞性和深刻性是不难想见的，这使得苏轼思想的研究较之其他先贤更不易于把握啊。作者敏锐地意识到这一点，把苏轼定位于“一个依托于大地的学者”。是啊，他是扎根于我们民族文化土壤，广泛吸收各种养料而终于在宦海沉浮中崛起的一株常青树，它的旷世之才最终转化成“洞达而坚定的人生智慧”，并恩泽后人。研究苏轼和他的学说，可以更深入地了解中国的文人和文化；反过来，从历史和整个民族心态的深度和广度入手，作者才得以游刃有余地剖析苏轼这样的思想巨匠，以及与他同时代的伟大的宋儒们。如果说苏学是泰山顶上的一处绝景，而作者则像是老练的导游，不仅熟谙每一处景观，带领我们走上一条通往岱顶的捷径，而且拨云见雾，为我们剔除行进道路上的各种伪迹和陷阱。正是本着这种宏大的眼光，该著提出了许多新颖的见解。这里仅举几例。比如：在世人印象中，宋代哲学是“北宋五子”的天下，即宋代的学术和哲学一直是由程朱理学控制的。作者不客气地指出，造成这种假相的原因，是当时与苏学相对立的道学家们动了手脚：“后来，程学后裔中出现了像朱熹这样的大家，学问渊博，文章也好，使得程学勃兴。他做了大量的尊程贬苏的文字，经过了一番努力，才把北宋‘道’学的历史改写为他那派哲学的源流史，不但王安石不见了，连苏轼也被清洗。”（第 162 页）作者重新清理了宋代思想学术交替的线索，认为：“真实的历史应该是：欧阳修之后，流行‘新学’，其对立面为‘元祐之学’，南渡之后压过了‘新学’；而在‘元祐之学’中，先是以苏学为主，经一个世纪有余，才转变到程朱理学为正统。”（第 163 页）并进而提出“苏轼哲学应该被补入我国的哲学史”（第 164 页）。这一看法是颇有见地和具有开创意义的；再如通过对东坡史学思想的绎述，基本上廓清了苏轼历史观的整体构架，“并试图判断：苏氏史学与程朱理学的历史观异趣，而为南宋浙东史学的先驱”（第 316 页）。持论有创见，态度却相当审慎。又如，作者指出“在中国审美文化的各领域，都在苏轼身上体现出一种转折”，以文学而论，“可以苏轼为界，将宋代的文学史划分为前后两个阶段。前一个阶段是杜诗韩文的继承者从民间兴起，逐步取得它在庙堂上之成功的时期；后一个阶段，则是欧苏文和苏黄诗的范式在民间的延续和反响”（第 529 页）。此一论断似前所未见，足以引起我们对宋代文学史的深度省思。在谈及苏轼的人生思考和文化性格时，作者断言：在诸多领域，苏轼创建的业绩尚不能独领风骚，但就整体成就来说，“这样的‘全才’恐怕是极少见的，其人生内涵的丰富性几乎无与伦比”，“苏轼的意义可以与我们民族的文化性格的铸造者孔子和庄生相匹敌，而且，由于苏轼的出现，才基本上完成了民族文化性格的铸造：用更超拔的人生领悟，将孔、庄两种人生态度统一于一种人生模式。毫无疑问，苏轼的人生模式是体现我们民族文化性格的最典型之模式”。这类高超的见解还可举出不少，凡此种种，都显示出该著极具前瞻性和创新性的学术姿态。

高明而独到的悟解是建立在丰富的史料和深厚的学养之基础上的。由于作者对古代文化和传主所处的特定历史情境相当熟悉，故在引用苏轼自己著述的同时又征引了大量同时期人物与之交往或对之评价的材料，其内容涉及经济、政治、文化甚至医药、军事、科技和日常生活的诸多方面；对于一般较少进入学者视野的材料，如碑刻，也进行了一定的研究。由于思想本身具有不确定性和理解差异性，加之对象距今又如此遥远，故而作者在选材上显示出一定的“张力”。但学术毕竟不是写小说，本着求真务实的态度，作者严格地把持着材料的“秩序”。首先，坚持“无一事无来历”的史学精神。对书中所涉及的史实，几乎都举出文献出处，至于一些文学或哲学术语，也经常是从历史演变的角度，娓娓历数其源流，精细入微地爬梳和讲解。其次，即使对已被“公认”的记载，作者也坚持谨慎和存疑的态度。如苏轼曾在《苏延评(序)行状》中叙述过：伯父苏涣对于蜀地文风、士风的开启作用。作者通过细心检讨史料，在一份至今还未被人重视的嘉庆《眉州属志》(卷二)中提及的南宋雁塔碑的碑文中发现了线索，配合其他材料，找到了更合乎情理的说法，从而证明了苏轼兄弟对苏涣“中第之事的标榜，是过于夸张的”(第 50 页)。这样做的根本目的还在于寻找培育苏轼的眉山文化的本来状态和真实情况。仅从此例，就可以看出作者对史料的辨别和扬弃能力，以及不唯古、不盲从的科学而严谨的态度。

写评传不同于写传记，因为这不但要为传主立“传”，还要对其进行评判，这就涉及到评价标准的问题。有人说“方法是对象的相似物”，此话极有道理。苏轼是产生于中国古代的文化巨人，对他的理解和评价也应该立足于中国。因此本书在论及宋代哲学核心问题的时候，针对冯友兰先生依据西方哲学的某些理念来看待道学的问题，提出了自己的意见，认为“应该根据中国哲学史的实际情形”进行判断(第 175 页)。从中我们可以窥见作者写作本书的立足点乃是本土文化。正是这个立场，使得本书在评判苏轼及思想时更为“地道”和科学。而在作者与传主的关系问题上，作者基本采取了平等的态度。一方面，既不过分主观地介入和夸大，即让传主和史实说话；另一方面，本着客观的态度，作者也以当代人的眼光指出了苏轼思想中复杂的矛盾、焦虑甚至迷茫，毕竟再伟大的人也有他所处的那个时代的局限性。比如苏轼的人格魅力一直为知识分子所敬仰，他对待逆境“一蓑烟雨任平生”的旷达，向为人们所称道，但是他的这种旷达并不是一如既往、与生俱来的。书中认为苏轼早期那种“狂士”的抗世傲世情结，是随着后来涉世渐深几经磨难的命运洗礼之后，逐渐转变为“保持自我真率本性的旷达”。这实际上是把苏轼当作一个完整的人来研究，复原了他应有的光彩、深邃与伟大，也复原了他必然具有的困惑与痛苦，这才是一个真实的苏轼。

当然，作为一部全方位、综合性研究的著作，是不可能“毕其功于一役”的，因而，本书也有后人可以继续深探和拓展的空间。比如，个别新说提供依据尚可增强，某些独见亦有待学界取得共识。众所周知，王水照先生是当代最为著名的古代文学研究专家之一，而于苏轼用力尤勤，成果卓特。但他在写作本书时，诚如《后记》中所言，却并不满足于简单复述以前的论断；其弟子朱刚博士，见闻较广，学业扎实，然则面对苏轼这样一个复杂的文化巨人，却只好在艰难的写作实践中，使自己对课题的把握尽快接近恩师的水平。不管怎样，师生二人同心协力，历经七载，终于完成了这部五十余万字的大著，文字之中充满了学者特有的严谨、精辟和幽默，新见妙悟所在多有，时时闪跃出智慧的灵光。谓其在苏轼研究特别是传记类著述中，本书是学术含量最高的一部，当不算过誉。作者预言，全方位研究苏轼，“尤其是从思想方面去加以把握，将是今后苏轼研究的发展动向，甚至可能成为苏轼研究史上的一次新潮”(第 629 页)。但愿此书的梓行，能够成为引领“苏海”澜涛的惊雷。

张惠民、张进《士气文心：苏轼文化人格与文艺思想》

张文利

著名苏轼研究专家王水照先生曾经说：“苏轼是我国文化史上一位罕见的全才，是人类知识和才华发展到某方面极限的化身。”(王水照《苏轼研究·自序》)对于这样一位全面发展的文化奇才，研究者历来都投以极大的热情与兴趣，研究成果层出不穷。浩渺深邃的苏海珍材异宝，琳琅满目，令人目不暇接。张惠民、张进两位学者合著的《士气文心：苏轼文化人格与文艺思想》(人民文学出版社 2004 年版)一书，为蓬勃兴盛的苏轼研究又添一部令人振奋的新作。

近世国学大师王国维先生最为推崇的中国古代伟大诗人有四位，分别是：屈原、陶渊明、杜甫、苏轼。他在《文学小言》中说："此四子者若无文学之天才，其人格亦自足千古。故无高尚伟大之人格，而有高尚伟大文章者，殆未之有也。"自古以来，中国文人的文学与他们的人格总是被紧密地联系在一起，诚如张惠民先生在本书后记中所言："文品出于人品，文章表现人格。"正是基于对文人人品与文品之间密切关联的认识，本书作者慧眼匠心，抓住"文化人格"和"文艺思想"两个方面，即所谓"士气文心"，以此为纲领，对苏轼的人品和文学进行深入细致的全面的剖析解读。就此而言，本书的研究命意和起点高屋建瓴，颇具高瞻远瞩的学术战略眼光。

全书共二十章。前十章阐释苏轼的文化人格。第一章从苏轼对儒道佛思想的吸收融合入手，拈出冯友兰先生所谓的"天地境界"来概括苏轼的文化人格，指出这是"以天地胸怀来处理人间事务"的至高至大的人格境界，这个定位既是对苏轼文化人格准确而精到的评价，也确立了全书阐述苏轼文化人格和文艺思想的理论基点。"首章标其目"，从全书结构看，开宗明义，作者的基本立场鲜明地呈现在读者面前。接下来分别从人格理想、独立品格、人生智慧、深情哲思、骨肉亲情等几个方面，凸现苏轼的崇高人格境界。后十章论说苏轼的文艺思想，分别从审美理想、审美心态、文艺创造的自由境界、文艺辩证思想、诗学思想、词学观等方面进行阐述，又以李清照与苏轼审美观的比较和苏轼的咏物之作作为个案，在比较研究和细致的文本分析中具体展现苏轼的文艺思想。最后两章考察了苏轼的书法艺术理想和文人画理论，探讨苏轼文艺思想在不同的艺术表现形式中的体现，从而指出贯穿于不同艺术形式之中的苏轼的基本文艺思想，也展现了苏轼这个全能的艺术人才多方面的艺术建树。全书各章节既各自独立，又互相联系，"作者善于把分散的、甚至片断的思想资料，依其内在理路审慎地进行梳理、鉴别，努力揭示出其实际存在的'潜体系'"（王水照"序言"）。

本书给人印象最深的一点是，作者对于研究对象倾注了真诚的情感。作者把苏轼不仅是看作学术研究的对象，更是作为跨越时空，与自己灵交神会的知音和人格典范来看，竭力本着理解之同情去观照他、把握他，字里行间时时流露出对这位伟大的历史人物的温情与敬意。第四章第二节论说苏轼与王安石的关系，引《邵氏闻见录》卷十二记载的苏轼移任汝州，过金陵，拜访王安石，与王安石之间的一段对话为证，以见苏、王二人之品格与关系。作者对引证的这段材料作了细致绵密的分析，说明苏轼与王安石虽然政见不同，但都是坦坦荡荡的正人君子，其变法主张都出于为国为民的公心，而吕惠卿之类的小人，则心存险恶，为一己之利益得失，挟私怨以待公事。王安石因与吕惠卿的师生关系，对其不设防备，遭其谗言陷害，事过许久之后，犹心有余悸，"尚畏惠卿"。作者最后写道："子瞻之'戏言'与介甫之'笑而不言'，正说明二人心照不宣，看似轻松，而实际上却是以惨重的代价换来的共识。"(119 页)这种细密解读，似乎超出了文本本身，实则道出了文本无法诉诸语言表象而蕴含其中的深沉感慨。唯有读者以兰心蕙质，对阅读对象抱着深刻的理解之同情，才能体会出其中况味。同章第四节对苏轼与章惇关系的分析也是入情入理，丝丝相扣。从岐下相处甚欢，到苏轼患难时章惇居高临下的怜悯，从章惇与元祐大臣的交恶，到绍圣时期章惇对苏轼等元祐臣子的极端的仇恨报复，乃至苏轼海外归来闻知章惇远贬雷州而投书开慰其母嘱托其子，条分缕析，清晰明了。作者在引用《宋稗类钞》中的一条史料后评说道："以罪之轻重而定贬地之美恶，尚有一理，而因人之推其命好而必欲蹈恶地以试之，则已见章惇之刻毒冷酷。而以二苏山谷之贬，配其字之偏旁，则把一个人的政治性惩罚系之于文字游戏，其心态已极度扭曲而无人性，以政治之磨难为刻骨之恶作剧，玩弄他人命运时的那种随意性与幸灾乐祸的心态，千载之下如闻其奸诈阴险之狞笑。"(130 页)此段文字，作者对苏轼等人多舛命运的深刻同情，对章惇之类奸佞小人的强烈憎恶跃然笔端，溢出纸外，表达了鲜明的爱憎立场。因为作者对研究对象强烈的感情投入，全书充满浓郁的感情色彩，使得一部具有很高的学术含金量的研究专著，同时也是饱含浓厚的人文观照情怀的精神读本。把严肃的学术著作写成如此深情的面貌，这恰恰是人文社会科学研究者应该追求的目标。本书在这方面为我们提供了一个很好的范例。

本书的第二个特点是，精辟的新见时出，令人神清目爽。一般都认为儒家思想之于苏轼的主要是"有补于世"、"有为而作"的用世精神，即"兼济"。本书第一章第二节论及这个问题时指出，"苏轼对于儒家处世态度的接受，贵在无论穷达皆能存独善之心而又行兼济之志"(12 页)。"苏轼不独能于穷时独善其身，亦能行兼济之志"(15 页)。"白氏(笔者按：指白居易)以为既然不能兼济天下救疗生民，即须独善其身自濯其缨。而苏轼则将独善与兼济同步，与其态度自是迥然不同"(15 页)。这些论点的提出，代表了苏轼研究领域的一种新的声音，学术探索的勇气值得肯定。又如认为宋代的三教融合，“积极倡导三教合流互补以作为中国文化的主干，倒是突出地体现在以苏轼为代表的蜀学”(33 页)。使长期以来被目之为“杂学”的蜀学面目更为清晰。尤可注意的一点是，本书密切关注当代学术研究的新语境，注意吸纳新的理论为本书搭建全新的阐释话语平台。第三章第二节论述苏轼文化人格的“自我实现与性格丰富性”，就完全采用了美国人本主义心理学家马斯洛的人格理论作为立论平台，从十五个方面论述苏轼身上体现出的“自我实现者”的“积极特征”，从全新的视角阐释了苏轼文化人格的丰富性与积极性。

本书的第三个特点是，作者对材料的占有翔实丰富，以丰赡的材料有力地支持论点，从而使全书具有不容辩驳的说服力。第二章第四节作者认为，“苏轼倡仁爱孝敬，一生践履最为杰出”(72 页)。为支持这一观点，作者指出苏轼不独事亲至孝，“而且将孝敬仁爱之心推及更多的人”。以下列举他遵父嘱，以礼葬姑；让荫官的机会给早亡伯父之孙；对乳母如同生母，生养死葬；在密州储米收养弃儿；在黄州投书拯救女婴；在杭州疏浚西湖、修治六井，造福一方；在惠州收葬暴骨、助修两桥等；在儋州，还屋与卖屋者之母。由这些事例中，读者看到，苏轼的仁爱孝敬，从时间上看，自少年到老年，贯穿于他的一生；从地点上看，无论是在家乡，还是为宦各地，或者是在贬谪之所，他都一以贯之；从对象上看，从父母亲友到黎民百姓，甚至生病的囚犯，他均一视同仁。通过这些具体翔实的材料，读者对苏轼的仁爱孝敬感受至深。事实胜于雄辩，书中像这样的段落比比皆是，全书因此具有很强的说服力和感染力。

本书的第四个特点是，作者十分注意行文的起承转合，前后照应。如第四章第二节阐说苏轼与王安石的关系，最后一段为：“苏、王经过数年的针锋相对，最终走到了一起，且以其政治家学问家的风度与襟怀，彼此获得了很高的敬意。可叹的是，苏轼对新法之利的认识，化解了他与王安石之间的矛盾，又导致了他与司马光的严重分歧。”(121 页)既总结了第二节的内容，又自然引出第三节“苏轼与司马光”。第三节最后一段结尾几句是：“苏轼对司马光生前不附随死后不挟怨，正是出于对士君子人格的维护与履践。但是，就是因为他不肯随温随荆，苏轼又先后遭受旧党与新党的更为严酷的迫害，以至一贬再贬，直至天涯海角。这恐怕是司马温公本人也始料未及的。对苏轼迫害最狠毒的是他在岐下的好友、后来做了宰相的章惇。”(126 页)于是自然过渡到第四节“苏轼与章惇、林希”。这样绵密的行文，使上下文衔接自然，一气呵成，文势十分流利通畅。

另外，本书的写作也不同于一般的分章合著，而是熔两位作者的观点、材料、文字于一炉，从而使每一章节都集合了两人的智慧，这也是一个显著的特点。

毋庸讳言，本书也存在一些不足之处。首先，在章节的安排上，第五章“善处忧患的人生智慧”和第六章“贬逐投荒中的精神升华”，都是就苏轼如何应对人生逆境而言，两章内容有相通之处，如能合并为一章，则章节形式上更为凝练，内容上亦见纵横捭阖之大气与圆融。其次，第三章第二节以马斯洛的人格理论分析苏轼文化人格的丰富性和积极性，如能先集中引出马斯洛人格理论的主要观点，使读者对此理论本身有一个总体认识，然后再分条缕析则更为清晰。并且，完全以马斯洛所谓“自我实现者”都具有的十五个方面的“积极特征”，与苏轼一一对应，也显得生硬了些。再次，个别地方材料的征引还可斟酌。第四章第一节叙述苏轼与陈希亮父子的关系，引邵博《邵氏闻见后录》、苏轼《客位假寐》诗、《凌虚台记》文，以证苏轼与陈希亮关系之不睦。但据孔凡礼《苏轼年谱》，英宗治平元年冬，陈希亮招饮凌虚台，苏轼赋《凌虚台》诗，“前嫌已释”。笔者以为，此条材料应增补收入，以见在陈希亮生前，苏轼已与其重修于好，以免读者误以为苏轼与陈希亮之怨直到陈公离世犹结而未解。如此一来，亦可证施宿《东坡先生年谱》所谓黄州时期，“人谓慥必修怨”，意即陈希亮之子陈慥会结怨苏轼，恐为空中语耳。另外，本书如能将引文出处以脚注的形式注出，且标明页码，可能更符合大多数读者的阅读习惯和当下学术规范的要求。当然，以上仅为笔者个人的一管之见，且白璧微瑕，无损于本书的学术品质，作者或可在修订再版时聊作参考。

林语堂先生在他的《苏东坡传·序》中说：“我若说一提到苏东坡，在中国总会引起人亲切敬佩的微笑，也许这话最能概括苏东坡的一切了。”“一千年来，为什么中国历代都有那么多人热爱这位大诗人，我极力想分析出这种缘故，……那就是，苏东坡自有其迷人的魔力。”这些话虽然朴素，但却实实在在道出了苏轼之于每一个中国人的意义。可以说，苏轼留给我们的，不仅是杰出的文学成就，还有他崇高的人格魅力。苏轼的“士气文心”，将永远鞭策着每一个中国人尤其是中国的文人。从这个意义上讲，本书无疑起到了导引我们深刻地认识苏轼并且反躬自省的积极作用。

张剑《晁说之研究》

刘成国

近几年来，随着家族视角的引入，宋代的家族文学逐渐成为一个比较热门的话题，尤其是北宋著名的文学世家——晁氏家族，受到了许多研究者的关注。在近期涌现出来的论文、专著及硕博论文等系列成果中，张剑先生的《晁说之研究》(学苑出版社 2005 年版)是一部厚实的个案专著。尽管在此之前，已经出现过数篇讨论晁说之的某个方面——或学术或生平的论文，但《晁说之研究》却是首部对晁说之这位北宋学术史、文学史上比较重要的学者兼文人的生平、学术、思想等进行全面而系统地考察的专著。在《宋元学案》中，全祖望为晁说之单独列了“景迂学案”，但现在流行的绝大多数学术史、文学史专著，却均罕有提及晁说之的。就此而言，是书的确如作者在前言中所宣称，“有了某种填补宋代学术史、文学史、史学史空白”的作用。实际上，只有在这种细致的个案研究的基础上，我们才能对宋代文化史、文学史作出更加严谨的论断，避免一些大而无当或者是从某种先入之见而切入的宏观叙事。只见树木不见森林，诚然不免为一曲之学；但若无一株株具体而微的“树木”，又何来“森林”可言？

此书共分六章，另附晁说之的诗文选萃及《晁氏家乘》中的《科第授职》，从世系、年谱、个性、学术、诗歌、散文等六个方面对晁说之进行了较为全面的观照。世系部分追溯了说之的家庭世系。年谱部分对说之的生平作了详实的考证，基本上勾勒出了说之生平的主要事迹和交游情况，并对部分作品作了系年。尤其是对说之生平中的几个重要问题，如其出生地应在开封，罢中书舍人与其封驳太多有关等，均作了有力的考辨，足以解前人之惑。第三章分析了说之徘徊于出世与入世之间的心态，以及富有理想主义气质的刚烈个性。第四章以《易》学为重点，考察了说之的求实尊古学术观，以及说之“非孟”的公案，基本上勾画出了说之的学术建构和贡献，即疑经、超越汉宋的对峙直面经典、改定《周易》提升了象数派的地位等；说之“非孟”既是有激于王安石而发，也是基于自己的学理建构等。第五、六两章则从主题、意象、诗体、诗学观、艺术手法、思想内涵等全方位地论述了说之的诗歌与散文创作成就。其中对说之各体诗歌的艺术评析、散文表现上善用遮诠手法、以尊古为特色的诗学观及独特的贬陶论等等，均极富新意，独具慧眼，足以让人对文学史上一直被忽略的晁说之的文学创作刮目相看。最后所附的《晁氏家乘》是现存晁氏家谱中最早的一种，对于晁氏家族研究而言具有极高的文献价值，系作者辛勤搜得，也为同行研究者提供了极大的方便。

当然，作为首部晁说之个案，书中也有一些地方值得推敲。从全书结构来看，第一章世系部分对说之的家族世系作了详细的考证，这自是属于家族研究的常规范式。但从具体内容来看，这一部分考证对于说之的生平、学术和创作而言，实无太大关系；何况其中有些部分前人已经有所考证了。所以，这一部分似乎稍嫌累赘。作为个案研究，在年谱中把谱主的家族世系作一简明扼要的交代便足够了，不必另立一章。书中还附录了晁说之的诗文选萃，并加以简明的笺释。其实，这一部分也完全可以纳入到年谱中。因为这些诗文都是可以明确系年的，且多有本事可考，正是年谱编纂中的应有内容。就各章的写作来看，第二、五、六章相当充实而精彩，第四章“学术”具有开拓性，但广度与深度稍嫌不足，比如《儒言》是说之的重要著作，理应以适当篇幅专门予以讨论。第三章“个性”最为薄弱，与其他几章颇不相称。书中以“耿直”、“刚烈”来描述说之的个性尚可，但以“白发丹心”与“青嵩碧颍”来指称说之徘徊于出世与入世之间的矛盾心态，以及“儒家理想主义气质”等描述性词汇，则似乎是太过宽泛了——这些词汇可以随便运用到许多宋代士人的身上。至于书中指出说之“借了佛家空观的力量，获得金刚无畏的勇力，以出世的精神来做入世的事业”，则似乎应当属于思想与心态的层面了。本章与其以“个性”这一难以把握分疏且缺乏解释力的心理学术语，倒不如直接讨论说之的思想与心态更为妥当些。

另外，书中对说之所处的政治文化生态着眼稍嫌不足，对某些作品的阐发重点停留在技巧和审美的层面，而忽略了对其产生背景和内涵的关注。说之属于典型的“元祐后学”，他的一生主要是在党争连绵不断的神宗、哲宗、徽宗、钦宗四朝度过的。从少时起，他便耳闻目染着众多旧党父执对新法新学的抨击，学术上又先后出于司马光、邵雍之门，他人生中的几次重大转折无一不与新旧两党之间的对垒相关。这一切其实都反映在他的学术和文学中。比如，说之的许多著名的学术观点其实都是有的放矢，以经学研究来缘饰政见，如《儒言》中的"南北之学"条暗含熙丰党争中的地域因素，"周公"条斥责王安石的君臣观，"先王"条针对王安石以三代之治来缘饰新法，"忍"条驳斥《尚书新义》中对"忍"的解释等等，表面上是在谈论经学问题，实际上都指向现实的政治问题，抨击新党的诸多措施。书中对此也不无提及，倘若能再进一步结合当时的党争背景抉发其政治内涵，则更佳。又如堪称说之第一大文且对其人生产生重要影响的《元符三年应诏封事》，书中在笺释时仅引清康熙的赞语，这就有些平泛。有许多问题还有待于解释，比如，为什么说之敢于在此时上书？文章的写作与徽宗上台初的政局有何关联？文中提及的十点建议有无现实的针对性？这些建议是说之自己的观点还是旧党普遍的意见？文章表达上的"直言"与"策略"的统一体现在哪里？为什么这篇文章会给说之带来灭顶之灾？这些问题，倘若能较多的关注一下作品产生的背景，或许能有更深的发现。又如所附《感事》一诗，末两句"怪来高论空无验，可是岐公作宰衡"，对"岐公"的注释也稍嫌不足，未能将诗中的讽刺意味揭橥出来。由此也可以看到，此书在作出开拓性贡献的同时，也还留有不少可供进一步深入研究的余地。

又及，张剑先生曾来信告知钟振振先生为《晁说之研究》所做的一则订误，希望借此机会刊出以俾人知，今录如下：

拙著第 180 页释《斩将》"缚虎何堪责，骑猪尚不胜"时望文生义，将之释为"这些边将别说杀敌缚虎，连猪都不能驾驭"。后承钟振振先生赐函方知"骑猪"一典，见于唐孟棨《本事诗·嘲戏第七》第三则：

> 则天朝，左司郎中张元一滑稽善谑。时西戎犯边，则天欲诸武立功，因行封爵，命武懿宗统兵以御之。寇未入塞，懿宗始逾邠郊，畏懦而遁。懿宗短陋，元一嘲之曰："长弓短度箭，蜀马临高骗。去贼七百里，隈墙独自战。忽然逢着贼，骑猪向南窜。"则天闻之，初未悟，曰："懿宗无马邪？何故骑猪？"元一解之曰："骑猪者，是夹豕走也。"则天乃大笑。

钟先生并云："原典未作解释，但意甚显豁，我的理解：'豕'谐音'屎'，即'夹屎'逃窜。俗谓'吓得拉了一裤裆屎'是也。"此语甚是，说之诗中用"骑猪"典非此一处，如其《恨契诗》云："如或骑猪归，铁甲遮羞愧。"《又和西捷》云："自顾腐儒何所补，骑猪难在虎狼中。"皆可作此解。总之，学养所限，致有此误,可羞可愧。晁说之研究可发之覆多多,剔幽抉藏,尚俟高明。

朱丽霞《清代辛稼轩接受史》

萧晓阳

清代词学研究是一个正在开拓的学术领域,虽有钱仲联先生《梦苕庵论集》论词之篇、严迪昌《清词史》、张宏生《清代词学的建构》及吴宏一《清代词学四论》等著作问世,但清词研究在深度与广度上均有进一步拓展的余地,朱丽霞博士精心结撰之作《清代辛稼轩接受史》(齐鲁书社 2005 年版)就是这一领域里的新收获。辛弃疾及辛词的影响研究一直是词学研究领域中的重要论题,对稼轩词在清代的影响却缺乏深入细致的梳理。《清代辛稼轩接受史》将词史、词论与作品结合起来研究,以辛稼轩为主要考察对象,论述了有清一代词的创作史与词学思想史,论著中探讨清词创作精神时所采取的地域文化视角、梳理词学思想发展线索时使用的隐喻式描绘、建构词学体系时对文献的灵活运用都显示了作者湛深的学养与敏锐的观察力。作者通过对流派的探讨与词人心理的把握来显现以沉郁与慷慨为主调的清词精神,以此描绘出清代辛稼轩接受的面貌,再现了清代词学思想的历程,成为沟通宋词与清词研究的梁津。

一、地域文化的视角

《清代辛稼轩接受史》主要以地域文化的视角来阐释清代辛稼轩接受的根据。作者试图从地域文化中找到辛稼轩影响的文化根源,并以此为出发点,从地域文化的关系中来论述一代词与词学思想的变化。作者从文化的角度探索了"稼轩风"发生的地域文化基础与渊源,并在传播意义上阐明了地域文化对辛稼轩接受思想的影响。

在清代稼轩接受的思想渊源上,《清代辛稼轩接受史》提出了山左词人的“稼轩风”是清初辛稼轩接受的直接渊源。论著第三章《清初山左词人与稼轩精神的追寻》中指出:“‘稼轩风’成为清初词坛‘文学发生学’的渊源。”(第107页)“稼轩风”包括三个方面的涵义:对稼轩人格精神的追寻、对稼轩词史地位的探视、对稼轩风内涵的诠释,山左词人对稼轩人格精神在文化层面的继承又是其核心。认为山左词人的稼轩“精神”是客观存在的,并以潜在的形式存在于词人的无意识之中。而稼轩精神作为一种无意识的存在自然是山左文化精神的一个重要的方面。作者认定,稼轩词有浓郁的忧患意识,这是稼轩词的精神内涵(第67页)。清初词人“家国文物之感,蕴发无端,笑啼非假”(第67页引叶恭绰语),与稼轩词的精神相通。作者以为,清代词坛早期与晚期都好尚沉郁与慷慨之气,与辛词的精神相通,稼轩风自然在很大程度上成了清代词坛与词学思想的主潮。辛稼轩词作中固然体现了其精神,但是山左词人与其他地域的交往,特别是与江南词人的唱和对此风的形成起到了推波助澜的作用。从文化的角度看,对山左词人“稼轩风”的重视,实际上可以追溯到齐鲁文化中“稼轩风”的内涵及对稼轩人格的阐释。

在地域文化与稼轩接受的关系上,以源于山左的“稼轩风”为参照来论述清代稼轩接受中的思想变化。作者不仅以地域论清初“稼轩风”的生成,而且以地域为视角对各流派的精神进行了阐述,并将它们与山左文化相互比较。由于立足点为“稼轩风”,作为山左文化中的重要精神的“稼轩风”也就成为论述中的坐标与参照物。《清代辛稼轩接受史》从清初到近代之际,叙述都是以地域文化作为重心,分阶段地陈述,依次经历了从遗民词到百家腾跃,从阳羡词派、广陵词坛到浙西而至于常州的变化历程。论遗民词重在南方,“百家腾跃”则分地域阐述,形成了一个以地域为主、兼及流派的论著格局。虽然地域文化的影响在《下编:词论中的稼轩接受》中并非主线,作者在总体上遵循史的一般写法,以时间先后为顺序,以词学思想的变迁为线索展开论述,但是阐述词学思想变迁时仍然多从地域文化角度发论,论乾隆盛朝则述浙派,说嘉道词坛则举常州,正如作者在绪论中所说:“本书有时为了条理清晰,便又打破时代之囿,将一个流派对于稼轩之‘态度’进行连续‘探索’。如浙西词派崇尚姜、张而排斥苏、辛,在论述中便不再以本书总的叙述框架为依据而是从此词派的产生到兴盛到衰亡的整个过程中,对稼轩之接受作纵向的梳理。”(第

19页)由于作者能从文化层次立论,所论及的流派便有了更深厚的文化基础。虽然论的是流派,但在作者建构的思想体系中仍属地域文化的范畴。在论及广陵词坛时并不忘王渔洋渊源所自:“尽管他不并倡导豪放词风,却并没有影响他利用其词坛声望而对稼轩所作的文化认同。”(第239页)这种格局只有在论及近代以来的词学思想尤其是世纪之交的稼轩接受研究时才被打破。地域文化在论著中的重要性是不言而喻的。

《清代辛稼轩接受史》所选取的地域文化视角为全书立论确定了一个支点,作者就是在山左词人与江左词坛为中心的地域文化体系中展开论述的,由此形成了以浙西派时期为稼轩接受低谷的“两次起伏跌宕”(第240页)的史学构想。尽管有人以为:“任何史学的编撰原则都不可能具有绝对价值,因为任何有关史学的基本观念反过来又都建立在视角的基础上。”([加]伊娃·库什纳《文学的历史结构》,见《问题与观点》,[加]马克·昂热诺等主编,史忠义、田庆生译,百花文艺出版社2000年版,第17页),但反过来说,只要有自己独特的视角,任何史学的编撰都是有价值的。《清代辛稼轩接受史》的价值首先在其地域文化视角中得到了体现。

二、隐喻模式的史论

《清代辛稼轩接受史》虽以辛稼轩接受为论题,但涉及整个清代词学思想的演变,作者对一代词学思想转变的原因作了深入细致的探讨,实际上是一部清代词学思想史。上编对词人创作中辛稼轩接受的描绘是对时代心史一个侧面的叙述,下编对词论中辛稼轩接受的叙述则重在描绘词学思想演变历程,其背后隐含着作者对时代精神的领悟。其实要深入了解辛稼轩在清代的接受史,对整个词学思想史的把握是其前提,甚至在撰写清代辛稼轩接受史过程中也必须勾勒出清代词学思想史。“整体的每一部分就是整体本身,每一个样本即等于整个的种。”([德]恩斯特·卡西尔《语言与神话》,于晓等译,三联书店1992年版,第109页)只有把握辛稼轩接受对清代词学思想史的意义,才能准确地对它进行定位。正因为如此,《清代辛稼轩接受史》虽然以辛稼轩研究为典型,但实际上是对清代词学思想隐喻式的论述。

《清代辛稼轩接受史》隐喻模式的史论首先表现为以辛稼轩接受史为主

线描述有清一代词学思想史。以前的清词与词学史研究重在对清词与词论作总体的勾勒，如《清词史》与《清代词学的建构》力图建立总的框架与梳理清词发展的线索；《清代辛稼轩接受史》则通过细节的刻画与描绘来显现清词与词学的精神，目的不在于展现宏观图景，而是从稼轩词在清代的影响这一特例切入主题，对词学史作隐喻式的论述。有清一代"能够成就文学大业而且在精神上能够与清人相通者则唯有稼轩"（第 38 页），故以辛稼轩为典型可以很自然地切入词史的全景描绘。从作者的论述中可以看出其开阔的视野，评述清代辛词接受之盛时已经勾画出词学史的轮廓："无论是以抒写黍离麦秀之悲、陵谷沧桑之变为长的云间词派，还是以沉雄俊爽、豪迈奔放之风称异的阳羡词派；无论是抒写个人情怀、风格幽隽清绮的浙西词派，还是重比兴寄托、追求淳厚之美的常州词派，或是个性词家如项鸿祚、蒋春霖，总之，无论是豪放词家，还是婉约词家，无不受到稼轩词风之沾溉。"（第 45 页）上编《创作中的清代辛稼轩接受》，其实即是词人的创作心史。词人在创作中流露的是自己的感情，辛词为之提供了一个典范。词人的心理状态通过对辛词接受这一重要的文学现象可以勾勒出来。因为每个时代、每个词人都以自己的方式去接受，由此可以领悟到一代词学思想的变迁。下编《词论中的稼轩接受》分为五个阶段："词人交会之际"自遗民创作、山左词人以至于江左、阳羡派兴起，稼轩精神高扬；乾隆盛朝浙西崇尚姜、张，辛词被边缘化；嘉道间常州词派崛起，稼轩从边缘回归到词坛中心；同光时期整理国故中对稼轩的理性思索；世纪之交西学影响下的词学思想中辛稼轩接受的转型。《词论中的稼轩接受》所划分的五个阶段其实也是清代词学思想发展的五个阶段。如果说对时代特征的叙述中更多的是包含史的观念的话，那么，对具体词人接受（指对辛词的接受）的描绘是史的落实，也是对其心理特征的细微分析。如借宋琬词风来论述辛词的影响，先论清初之时，次及地域莱阳，再述词人交游，而及于对词风与词境的探讨，具有严密的逻辑性，同时又以此阐明了山左词坛对江南词风的沾溉，在细微之处显得深刻，这正是《清代辛稼轩接受史》区别于以往词学史论之处。从辛稼轩接受的角度来写，缩小了论述的范围，使论述建构在对特定材料的精密分析之上。在此基础上，对清代词学思想进行了概括："清代词学理论批评的历史进程，就是一个不断正统化的历史进程。"（第 243 页）体现了作者对一代词学思想的深刻思索。

尤为重要的是，《清代辛稼轩接受史》近代部分隐喻式的论述勾画出了近代词学思想的轨迹。文中论近代分为《同光词坛与稼轩接受》、《世纪之交词学转型中的稼轩接受》两章，其中同光词坛举谢章铤、谭献、陈廷焯之词论，又专论晚清四大家与文廷式之词，述一时词坛之盛："黄遵宪、康有为之雄奇俊发，樊增祥、易顺鼎之瑰丽精严，王闿运、章炳麟之高文藻思，李慈铭、俞樾之典雅精切，皆为近代诗词之英华。"（第 394 页）虽为论述当时对稼轩之接受，实为同光词坛的全景描绘。至于论述世纪之交的词学转型，则举王国维的审美批评与梁启超的社会批评，颇多精辟之论："王国维的词论标志着古典词论向现代词论的转型"（第 503 页）；"梁启超第一个在严格意义上以社会批评方式探讨宋词的社会意义。"（第 544 页）将梁启超的词学研究视为中国近代词学的光辉终结，为《清代辛稼轩接受史》的精到之笔。此章分析词论在近代的转型，勾画出了近代词论思想的轨迹。

《清代辛稼轩接受史》所开创的隐喻模式的史论，小中见大，在词学史研究中有其独特性。其中关于近代，特别是世纪之交词学转型的论述是对近代词学思想史的补充。

三、联珠合璧的建构

《清代辛稼轩接受史》在行文中还有一个显著特点，大量引征文献，有朴学实征之风。论著对材料的取舍用心良苦，善于借用前人之论来表达自己的观点，是一部材料翔实的描述式文学史著作。袁行霈先生在《中国文学史·总绪论》中曾说："文学史著作既然是'史'，就要靠描述，要将过去惯用的评价式语言换成描述式语言。"（高等教育出版社 1999 年版）作者在论述中以描述为主，文中也使用他人的评价式语言，对文学的概貌所作的总括，也是一种基于客观事实之上的描述。作者将前人的评述稍加点染，化为我之言语，造就了联珠合璧的建构。

联珠合璧的构思之妙，一方面在于旧文献中引入了新思维。《清代辛稼轩接受史》在关键之处，基本观点并不力求异于前人，而是将前人之论纳入自己的体系。将旧文献放在特定的背景中来审视，以此为轮廓，勾画出了清代词学思想的演进过程。如以谢章铤《赌棋山庄词话》中"国朝则铁板铜琶与晓风残月齐驱并驾，亦复异曲同工"之语说"乾隆末期，词坛之姜、张独尊的局面被打破了”(第312页),一语道破乾隆盛朝词学发展的趋势,可谓洞悉词学思想的转变。论及近代,分析述王国维《人间词话》中“南宋只爱稼轩一人”时,将叶嘉莹所谓“既有诗的美,也有词的美,这是诗化之词最好的一类作品”,转换为“‘诗的美’与‘词的美’相融合即是王氏所欣赏的最佳词‘境’”(第506页),使自己的观点言之成理。这种构思之妙,还在于将文献意义加以引申,化为我之言论,有以石攻玉之效。如引汪辟疆论诗学之语“有清一代诗学,至道咸始极其变,至于同光乃极其盛”,而称“词学与诗学同,也经历了由变至盛的过程”(第322页)。虽源于前人之论,亦能发前人所未发。

笔者以为,《清代辛稼轩接受史》以其地域文化的视角、隐喻模式的史论、联珠合璧的写法建构了词学研究史的新范式。当然,《清代辛稼轩接受史》也不无缺憾,上编论创作中的辛稼轩接受主要以清初为主,对近代没有展开论述;下编的词论接受史则没有论及南社。这都给辛词的研究留下了进一步拓展的空间。

田玉琪《徘徊于七宝楼台——吴文英词研究》

晏选军

在吴文英出生前后的一段时间里,南宋中兴四大诗人以及词坛巨擘辛弃疾、姜夔等相继谢世,诗坛词坛一时趋于沉寂。吴文英以其鲜明的独创性,承时特起,戛戛独造,有如一颗划破漫漫长空的寒星,为正处于衰落之际的宋代词坛留下了一抹异彩。虽然对梦窗词的评价历来褒贬不一,争议颇多,但其词对当时和后世词坛均产生了较大的影响,是不可否认的。不过,由于吴文英生平资料信息大都随着时间的推移而微隐难考,或付之阙如,加上他的作品绵密典丽,遣词立意幽邃迷离,研究者往往难于索解,故颇费踌躇,正如夏承焘先生在《杨铁夫〈梦窗词全集笺释〉序》中所说："宋词以梦窗为最难治，其才秀人微，行事不彰，一也；隐辞幽思，陈义多歧，二也。"

可喜的是，近年来，吴文英词已经引起了学者们浓厚的研究兴趣，发表的成果也日渐丰厚，新见时出。然而，我们也应该看到，由于每一位研究者的兴趣、视角、侧重点各不相同，这就使现有的研究成果中，还缺乏一种基础性的、对其人其词进行全面解析考察的系统之作。田玉琪先生知难而进，旁搜远绍，积数年潜研之功，以一部厚重的《徘徊于七宝楼台——吴文英词研究》（中华书局2004年版，下简称《徘徊》），适时弥补了学界的这种缺憾。

在吸收、借鉴前贤时彦的研究成果基础之上，能不为习说成见所拘囿，立论富于创新。通观《徘徊》，书中独到精辟的见解时时可见，显示了作者扎实的学术功底和勇于凸现问题的胆识。至少在如下几个方面，我们可以发现作者的深切用心及其在学术领域的开拓精神。

首先，考虑到梦窗其人其词研究的现状，《徘徊》并没有面面俱到，而是力争体现出自己独特的研究特点。比如第一章对吴文英生平中几个问题的探讨，都颇有新意。论者特别注意挖掘梦窗词所体现的作为一个活生生的个人所抒发的生命真实。一方面是无可挽回的时代颓势，一方面是词人人生坎坷多舛的命运，二者纠结在一起，促使敏感的词人在创作中自觉或者不自觉的表露出浓重的恐惧色彩。而总是充满着对现实人生的强烈关注和执著的词人，又在灵魂深处希望摆脱这种恐惧，于是选择了梦幻。作者在详细疏解了梦窗词中的这两种情绪取向之后，精辟地指出："吴文英词中的梦幻意识，不是令词人摆脱恐惧的良方，相反又催化了其恐惧的心理。我们说，吴文英的恐惧心理和梦幻意识，正是词人热爱生活、关心国家命运的很好说明。面对惨淡的国运，多舛的人生，词人并没有选择消极的逃避。""在吴文英充满梦幻和恐惧的词作中，一方面我们看到了词人的'预言'——一个王朝很快就要灭亡的命运，另一方面是他对国家民族的热爱、对友情的珍视、对爱情的执著——对生活中一切美好事物的依恋和追求。"应该说，这样的结论是令人信服的，在很大程度上廓清了以往的研究者多以吴文英为逃避现实、消极遁世典型的迷雾，尽量还原了作为词人吴文英的历史面貌。

其次，《徘徊》的另外一个亮点，是在方法论的层面上，也给我们不少的启发，这又在第二、三两章中得到了最为集中的体现。论者科学借鉴语言风格学和数理统计分析的方法，沉潜玩味，采用拆解"七宝楼台"的方式，对吴文英词的艺术风格作分类的、定量的研究，努力为我们演示出吴词构建“七宝楼台”浑融境界的具体途辙。与偏重感性和直观把握的研究方式相比，这种方法既有继承传统的一面，同时又提供了新的观察和切入视角，故所论颇多创获。作者首先选择单音节词进行词频统计，在此基础上，进一步从语法、修辞、用典、结构和声律等多个层面展开更加具体的阐释和论证，提供一种对其风格直接感知的方式方法，以便更好地展示出“七宝楼台”的全貌和精髓所在。尤其可贵的是，《徘徊》并没有仅仅满足于单纯的对梦窗词字词章句和音韵格律的梳理，而且还能充分利用词中透露出的文学史信息，作为复原当时词坛风貌的一个重要信息源，将统计结果与温庭筠、柳永、周邦彦、姜夔、史达祖等人的词进行横向、纵向的比照，辨析各位词人表现出来的情感差异，从中发掘出唐宋以降婉约词风的嬗变轨迹。如其中关于诸家词人“俗艳”、“香艳”、“冷艳”、“哀艳”的异同区别，其体贴之深切，辨析之精微，读后真令人顿生并剪哀梨的爽豁之感。又如语法风格部分分析吴文英词不用或少用领字句法后，作者循此推演，将领字在两宋时期存在的状况作了描述，进而指出：“如果说豪放词的一些词作不用领字很多时候并不影响词意的理解，吴文英将这种句法带入传统的婉约词中情况就大不一样了。和周邦彦、史达祖等人的词比较起来，吴词这种句法增加了理解的难度，确实减少了流畅，增加了滞、涩之感。但如果跳出传统的观念，我们又不能不承认吴文英词这种句法是对传统婉约词的发展。对词这种‘挺异’的句法，反复诵读，会感到一种浑厚之力和劲健之美。”像这些典型的例子，均很好地体现了作者对宋词艺术风格的娴熟把握，非对构建“七宝楼台”的过程有深刻理解，不能道此。而在对梦窗词用典的分析过程中，作者通过对梦窗词用典的全面梳理，进而对其词风格形成原因的探讨，也有重要启发意义。

再者，《徘徊》一书专门辟出一章（第四章）的篇幅，首次在学术界系统清理了吴文英词的接受史，为宋词乃至整个词学研究提供了一个新的有益的参考坐标。作者阅读、剖析了大量的文献资料，以时间为线索，从梦窗词的流传情况、时人的评价、对时人创作的影响等三个方面重新加以审视。在论述的过程中，从吴文英词的流传情况和地位影响两个层面、两个角度来内在有机地建立框架。通过细致的清理考察后指出，梦窗词地位的升降浮沉，一方面固然受到吴词本身风格特点的制约，但更与当时词学的批评建构的趋向密不可分。数百年来的吴文英词接受史，也是反映我国词学批评的一面镜子，其中既有可供借鉴之处，也有一些令我们反省的地方。在一定意义上来说，吴文英词在词史上的命运也是南宋雅词地位在中国词坛上变化的一个缩影。在此应该承认，由于受篇幅和资料的限制，作者在论述梦窗词对时人创作的影响方面较为薄弱，且在框架结构上多少偏离了自己在总论中设想的基本轨道，但自宋末至近代梦窗词的接受史还是较为清晰地勾勒出来了。作者并没有对自己的研究对象作不适当的夸大拔高，而是根据中国词学发展的实际，把文献中不同记载和不同说法都条列出来，出之以客观而谨慎的分析考察，故其形态描述和结论的得出皆持之有据，言之成理，应该是基本符合史实的，也是可以信从的。

《徘徊》虽系吴文英的研究专著，但由于作者搜集资料较为赅备，且综合运用了多种学科的方法，描述论证中始终紧扣作品与史料，不为过甚之辞，加之行文流畅晓易，既为一般的读者了解和认知梦窗其人其词提供了便利，又为专门学者从事进一步的研究提供了有益的参考，读后自然会有探骊得珠之感。相信此书的问世，当能引来更多的古典文学研究者和爱好者驻足瞩目于“七宝楼台”的构建和拆解。

刘石《有高楼续稿》

刘彦捷

继《有高楼杂稿》（商务印书馆 2003 年出版）面世之后，刘石先生的又一部学术论文集《有高楼续稿》，2005 年 10 月由凤凰出版社推出。该书与《有高楼杂稿》一脉相承，都是作者部分治学成果的结晶。全书收录论文二十七篇，主题涵盖了从先秦到 20 世纪的漫长时段，论诗词，考史事，剖析学术思想，探讨前人得失，内容相当广泛，然主要集中在中国古典文学和文献学领域，兼及书法篆刻艺术。其中尤以词学论文居多，有关词学的篇章，占全部论文的三分之一左右。书中不少文章，视角独特，立意新颖，长于发掘运用各种文献资料，或大胆质疑通行观点，或对研究对象进行深入探究和全面总结，多是建立在丰富的资料积累和缜密的分析考辨基础上的精心之作。捧读之余，深感该书内容扎实，特色鲜明，是一本难得的好书。

善于发现问题，并熟练运用文献学的方法解决问题，是该书的重要特色。作者既能在人所不疑处发现疑问，又能博采相关资料，进行多方面的审慎分析、严谨考证，这种做法使得该书不仅新见迭出，其结论也信实可靠。例如作者探讨刘禹锡诗句“沉舟侧畔千帆过，病树前头万木春”诗意，先是知人论世，联系刘禹锡刚毅坚强的品格，述及其健朗高峻的诗风，再从刘、白（居易）的一系列唱和诗中找到他一贯豁达乐观的证据，最后又从诗法入手，根据和诗相对于原诗要出新意这一普遍规律，确认二句其实体现了刘氏的开朗襟怀，廓清了历来解读者施于此两句上的消极颓废的迷雾。书中此类例证颇多，如对苏轼词中的几处用事及李清照词涉及的“何逊在扬州”、“贵妃醉脸”二史事的考辨等篇，辨明了学界沿袭多年的误解，还原了历史的本来面目，对学术研究很有裨益。

关注古典文学研究中的焦点问题，是该书的又一特点。在词学方面，词体的正变之争由来已久。《苏轼词“正”“变”之争的是与非》一篇认真探讨了曾引起激烈论争的苏词到底是正体还是变体的问题。通过对词史的论述和分析，作者提出，正体应当是已趋成熟、为创作者广为运用且得到后来者广泛认同的风格，因此婉约一派系词的正体，豪放一派系变体。但“正”“变”并不等同于优劣，变体也可以出色到“极天下之工”，苏词的不“当行”，并不影响我们对它的艺术造诣做出高度评价。这一观点对于消除词学研究中的一大纷争，具有较强的说服力。

该书还用较大篇幅分析总结以往的学术研究成果，为今人的研究提供借鉴。其中有系统论述词和词学发展史的，有逐一介绍 20 世纪以来词籍汇刊的概况的，有对王国维、梁启超、胡适等大师的词学研究思想进行探讨的，有评述胡适的两部文学史著作——《国语文学史》和《白话文学史》的，有剖析“五四”前后国学研究思想的发展变化情况的。以上种种，都能以历史的眼光，辩证地分析所论对象的意义和影响，指出其存在的问题与不足，具有重要参考价值。

该书所涉资料极为广博，偶有小误，亦所难免。174 页称“曹植视文学的地位至高无上，原因是他将文学看成‘经国之大业，不朽之盛事’”，并注此语出自《典论·论文》，其实《典论·论文》的作者是曹丕而非曹植。《胡适的词学研究》一篇中，所引《词选》文字均据初版（见 232 页注），也略显不妥。因为《词选》初版印行时，正值胡适出国，行期匆忙，无暇细加修改，所以初版并非最好的版本。该书所引《词选序》中张叔夏父亲作“琐窗幽”一节，就与后来各版文字稍有出入。然而白璧微瑕，小小疏失自不能掩盖该书的突出成绩。我们期待作者有更多新成果问世。

编者按：王水照主编的《日本宋学研究六人集》（上海古籍出版社 2005 年版），由六位日本中青年学者的论文集所组成，他们是：内山精也、东英寿、保苅佳昭、高津孝、浅见洋二、副岛一郎。他们的论文大都从“宋学”、尤其侧重于宋代文学方面展开，代表日本汉学界富有活力的研究力量，反映了最为切近的学术动态。以下是对他们六部著作的述评。

内山精也《传媒与真相——苏轼及其周围士大夫的文学》

解旬灵

初识内山精也，是在 2002 年南京举办的“第二届宋代文学国际研讨会”上。初次相见的人，听到其纯熟的汉语，根本看不出他是位日本学者。心里的惊叹和佩服，使得我深深地记住了内山精也。2005年春天，内山精也在复旦中文系做了一场题为《两宋士大夫的诗人观》的报告，论断的独到和深刻，论证的精细和严密，无不给在座师生以莫大的启发。数年前的叹服，已然转变成为对其学养、学识和学力的敬仰。

在拜读了他的《传媒与真相——苏轼及其周围士大夫的文学》后，这种敬仰又一次得到了深化。该书的十二篇文章从目录上看，分为三个单元：长文《王安石〈明妃曲〉考——围绕北宋中期士大夫的意识形态》为一个独立单元；关于"乌台诗案"的考证和论述的三篇文章为一个单元；另外的八篇文章采用散点透视的方法，其中四篇谈到苏轼的诗词创作，依次为《苏轼"庐山真面目考"——围绕〈题西林壁〉的表达意图》、《苏轼次韵诗考》、《苏轼次韵词考——以诗词间所呈现的次韵之异同为中心》、《苏轼隐括词考——围绕对陶渊明〈归去来兮词〉的改编》。另外的四篇中，《两宋隐括词考》应该是《苏轼隐括词考——围绕对陶渊明〈归去来兮词〉的改编》一文的相关产物。余下的三篇《宋代八景现象考》、《黄庭坚与王安石——黄庭坚心中的另一个师承关系》、《"李白后身"郭祥正及其"和李诗"》分别是对个别问题的单独探索。正如作者在《后记》中所提到的那样，这十二篇文章内容不统一，甚至难以找出一个共通的题目；但是作者随后所说"揭出'传媒与真相'这样一个象征性的书名，实际上只是一种'苦肉计'，终究还是因为找不到一个短语可以作为贴切概括这十二篇的标题"（页534），这个说法实乃谦辞，全书所选的十二篇文章可以说是作者"二十年间研究成果的全部"（页531），篇篇都是精品；而毫无疑问，关于"乌台诗案"考论文章是该书最有分量的部分，而这部分文章的重点最终就是落在传媒与真相的关系上。

这三篇文章应该是在同一研究课题之下的不同阶段的产物。《〈东坡乌台诗案〉流传考——围绕北宋末至南宋初士大夫间的苏轼文艺作品收集热》一文发表于1996年3月，是作者研究"乌台诗案"的前期文献整理工作结果；而发表于2001年10月的《苏轼文学与传播媒介——试论同时代文学与印刷媒体之间的关系》则是研究工作的副产品。《"东坡乌台诗案"考——北宋后期士大夫社会中的文学与传媒》（一至六节发表于1998年7月，七至十节发表于2000年12月）一文是重中之重，它不仅凝聚了作者多年研究的心血，更是闪烁着作者的思想火花。在《〈东坡乌台诗案〉流传考——围绕北宋末至南宋初士大夫间的苏轼文艺作品收集热》中，作者就已经明确指出"乌台诗案"

是“《诗经》(毛传)以来的传统诗歌观，亦即积极容忍和支持诗歌干预政治的观念，在传播媒体(木版印刷)得以普及的新的社会状态下走向崩溃的标志”(页 140～141)。在对“乌台诗案”的审判记录《乌台诗案》流传过程梳理的基础之上，作者从一个全新的、从来不太被关注的视点出发，“把这一事件与印刷媒体之间发生了深刻关系的事实作为焦点，以此为最大的关键点，重新分析这个事件”，从而形成了《“东坡乌台诗案”考——北宋后期士大夫社会中的文学与传媒》一文。

文章分析出整个“乌台诗案”两条齐头并进的线索，一条是显性的，即为“乌台诗案”的发展形成过程，作者依然是从《乌台诗案》文本入手，考证了事件之首尾，再加以“同时代士大夫之反应”作为旁证，得出了在“乌台诗案”中，由于苏轼诗集被大量印刷、广为流传，在执行新法一派中势必引起恐慌，因而操纵御史台成狱，传播媒介在这次事件中起到了极其重要的作用；另一条线索则是隐性的，就是作者觉察到了“在新法体制下，言论在制度上被压抑，是不可争议的事实”(页 235)，言之者无罪、主文而谲谏等传统诗歌观及其社会效能也在逐渐丧失，诗歌的政治功效不断地被剥离开来。作者如同剥茧抽丝般条分缕析，不断地向最后的结论逼近。最终，作者得出结论“诗歌遭遇了各种传媒之普及的社会现象，以至于具备了前所未有的社会影响力，与此相关，便发生了‘诗案’这一对诗人而言甚为不幸的事件”(页 256)。至此，作者已经完成了对于整个“乌台诗案”的考论，形成了一个“小结裹”；但是，作者又在比较此前发生于熙宁七年郑侠上疏《流民图》及诗作的劝谏成功，和此后发生于元祐二年蔡确的“车盖亭诗案”之后，发现“原来隐含了动摇社会之力量的诗歌，其作用力量显著地弱化了”(页 264)。同时，由于与印刷媒体的普及相伴随的出版业越来越兴盛，“即便假设‘诗案’没有发生，早晚也许会发生别的事件，来切断诗歌与政治间令人怀念的传统”(页 265)。这样，由一个看似偶然的事件出发，经过缜密的思考和审查，作者得出了其表面所涵盖的内在必然规律。因此，作者在前述的“小结裹”之上，又得出了一个关乎中国诗歌发展走向的“大判断”：印刷媒体与同时代作家的关系，不得不以“诗案”这样最坏的形态开始，这是中国诗歌史的不幸，它给中国诗歌的发展带来的损失之大也无法估量(页 265)。

捧读此书，带给我们的并不仅仅是知识上的收获，更多的还有方法上的启示。日本学者治学的谨严和细致是众所周知的，可是如果不去深入地阅读他们的文字，便不能强烈地感受到这种严细的程度之深。在《“东坡乌台诗案”考——北宋后期士大夫社会中的文学与传媒》文后，作者有两个附表，“元丰二年乌台诗案关连年表”和“乌台诗案涉及的作品”，前者具体到每一日，后者落实到每首诗。这其中体现了一种近乎于信仰的治学态度，那就是对于学术的热爱和认真。此外，作者在《〈东坡乌台诗案〉流传考——围绕北宋末至南宋初士大夫间的苏轼文艺作品收集热》一文中有关于“朋九万”一名的考证(页 169)也体现出日本学者对于细节的关怀。

不过，也正是由于太过精细，有些文字略觉艰涩，读起来半点马虎不得，必须眼到心到，有时甚至还需手到，如若不指读，一不小心就会发现自己的思维跟不上了。因此，读得很累，如果能够阅读起来轻松愉快就更好了。当然，这可能是得陇望蜀的非分之想了，本该不提也罢；但是想到，好的表达也是对学术传播的一种积极贡献，也就知无不言、言无不尽了，还请内山先生不必介怀。

东英寿《复古与创新——欧阳修散文与古文复兴》

李俊标

通观东英寿的《复古与创新》，给人印象最深的即是作者严谨、扎实的学风。无论是其对资料的充分占有，还是对文本的细致研读，以及绵密、周详的论证都充分体现了这一点。此书是作者研究欧阳修的论文结集，在展开研究之前就作了大量资料收集工作，编有《欧阳修研究论著目录稿(1945—1986)》、《欧阳修研究论著目录稿Ⅱ(1987—1996)》。而《关于天理本〈欧阳文忠公集〉》、《关于欧阳衡的〈欧阳文忠公全集〉——中华书局〈欧阳修全集〉底本选择的问题点》、《论欧阳修编纂〈居士集〉的意图》三篇文章又可看出作者对于文本研读的细致与深人，以及其娴熟的汉文阅读能力。作者对天理图书馆所藏现今最为完整的宋本《欧阳文忠公集》作了仔细研究，解决了该本的版本问题。在此基础之上，作者又将之与中华书局出版的《欧阳修全集》作了详细对比，揭示出它的版本问题。欧阳修全部作品的收集整理向以南宋周必大本为最优。清嘉庆二十四年(1819)，欧阳修的二十七世孙欧阳衡即以此为蓝本重新编校刊刻了《欧阳文忠公全集》。欧阳衡在《叙略》中即说："自周本出，而当时绵、韶、衢、吉诸刻俱废，藏书家莫不珍而护之。"他的这一刻本也是"于原集次第，罔敢窜乱，冀存其真"。中华书局整理本的点校者以为此本"校刻精审"，故而选此为底本。由此可见，这似乎应是一个善本。然而，东英寿通过研究却发现，欧阳衡本大大变更了周必大本的编纂体例。欧阳衡为了给诗以外的其他作品进行编年，将欧阳修晚年手定的《居士集》的排列次序予以打乱。但他的编年依据仅是"周必大本《居士集》目录的篇名下记载的作品的写作年代"。这些年代是编校者的推定，其本身就难免有误，如对于《书简》部分加注的年代，周必大本的编校者就注道："虽并注岁月，而先后间有差互。"周必大等人编定文集的庆元二年(1196)距欧阳修故去亦不过百余年时间，他们在编纂文集时尚采取非常慎重的态度，仅将自己推定的年代注于题下，而并不打乱所依据的原本次序。因此，在无法确切论定作品先后年代之前，还是应将原来的排列顺序予以保存。欧阳衡的做法，表面上虽整齐划一，但实际上却是造成了更大的混乱。另外，在这篇文章中东英寿君还揭示了欧阳衡本的另一更大错误，即对于周必大本校勘记的大量删节。与后代相比，周必大等人在当时所见到的资料要充分翔实得多。编校者除了周必大，还有"老于儒学"的孙谦益，"博览群书，尤长考证"的丁朝佐等人。从绍熙二年(1191)春到庆元二年夏，共用了整整六年的时间才将全集编校完成，从中可见他们整理该集的态度相当严谨。因此，在整理过程中所写的校勘记具有极重要的价值，对此东英寿在文中进行了详细论证。中华书局点校本虽作了适当修正，但底本选择的错误，使得此点校本存在着无法弥补的缺憾。因中华书局本是现今欧阳修全集的唯一整理本，影响很大，故本书这篇文章的意义颇为重要，可以使广大读者受益匪浅，避免因版本上的问题而给研究工作带来不必要的困惑。

周必大本《居士外集》中保留了一些《居士集》的初稿和删去稿，中华书局整理本也留有这些作品，但对校勘记的删舍使我们无法明了其中的原委。东英寿在《论欧阳修编纂〈居士集〉的意图》一文中，首先通过对天理本所留存校勘记的研究，确定欧阳修在编纂《居士集》时的取舍情况。然后再对修改稿与审定稿、删舍稿与留存稿之间仔细对照，揭示出欧阳修晚年思想的一些发展变化。如此论证，材料充分，结论可靠。

作者这种严谨扎实的实证主义学术精神更鲜明地体现在论证的定量化上。该论文集中收有《从虚词使用看欧阳修古文的特色》一文，在此文中东英寿君选择一些虚词，计算出它们分别在《五代史记》列传、论赞中出现的次数，更为清晰地显示出不同文体的风格特点。又将这种方法运用于《归田录》与《六一诗话》的研究中，由此得出结论："这种不同于以传达事实为条件的列传，又不同于须表达强烈感情的论赞的风格，应该可以视为欧阳修古文的一贯特色。"从中可以看出，论证中定量分析的合理运用，可以使论证的严密与准确性得到很大提高。

正如对《归田录》、《六一诗话》创作时期的论证一样，作者始终着眼于对新方法、新思路的探索，这成为本书又一特色。对于欧阳修编纂的《五代史记》人们多有关注，但对于徐无党注则少有人问津。作者别具只眼以徐无党注为直接的考察对象，写有《关于欧阳修〈五代史记〉的徐无党注》一文，"希望能够提出一个新的研究视点"。而对北宋初期的行卷的详细考察，更体现了作者匠心独具之处。学界一般认为行卷兴盛于科举制度尚未完善的唐代，到了科举制度完全确立的宋代，行卷、公荐等逐渐消亡，无关宏旨。而东英寿在《从行卷看北宋初期的古文复兴》、《北宋初期的古文家与行卷》、《欧阳修的行卷》等文章中则完全撇开成见，实事求是地从大量文献材料出发，通过对科举制度的仔细考察，细致梳理出九项重要制度，然后依次确定它们在北宋的创设时间，从而清晰地展示出宋初科举制度尚未完善的一段漫长时期。从中我们可以看出行卷、公荐对举子登第的重要性。作者更由此拓展开去，将之与北宋的古文复兴结合起来，深入到当时"各种政治势力之间复杂的关系"中，从一个新的视角，而不是仅仅就文学运动的角度去探索北宋古文复兴的深层原因。

欧阳修推动古文复兴的重要作用，研究者往往会追溯到嘉祐二年其主持的科举考试。而东英寿更上溯至庆历新政时期，在《欧阳修的科举改革与古文复兴》一文中，作者考察了欧阳修等改革派的科举改革方案，指出此方案对于古文复兴的深远意义。其中尤其提到作为该方案支柱之一的学校的建设对古文复兴的影响。东英寿并非片面地着眼于学校扩充对古文复兴的积极意义,《“太学体”考——从北宋古文复兴的角度》一文通过太学体又深入考察了大兴学校教育对古文创作带来的消极作用。因欧阳修嘉祐二年主持科举考试时曾大力加以抵斥,故而对于太学体人们耳熟能详,但对它进行深入研究的论文甚少。作者通过论证,将太学体从混淆于西昆体、古文的模糊状态中解脱出来,对它加以清晰的界定,也使人们进一步认清了嘉祐二年贡举的重要意义。

东英寿的创新精神使得每一个问题的论述都很富启发性,从而吸引读者展开进一步的思考。作者认为直到神宗时期,宋代的科举制度才基本确立,时间未免过长(有人认为宋代科举制度于真宗景德年间已经形成)。作者以为糊名制度是导致科举考前活动消失的重要原因,省试和国子监解试分别在景德四年与景祐四年予以实行,故而他着重对在此之前应举的王禹偁与欧阳修的行卷问题展开论述。但也应看到,分别在开宝八年和淳化三年实行的殿试黜落与锁宿制度,都对考前活动起到很大的抑制作用,致使行卷的效果远不如唐代,这或许也是程千帆等前辈不曾顾及宋代行卷的原因之一。另外,《从虚词使用看欧阳修古文的特色》一文中运用统计学知识计算相关系数值来论证《归田录》、《六一诗话》创作时间,未免求之过偏。再者,作者虽敏锐地觉察到庆历贡举改革对后来古文复兴的影响,但我们似可以再上溯至天圣八年的科举考试。对于宋代古文运动至关重要的两个人物欧阳修、石介都于此年登第,而这又与知贡举晏殊的学术思想密切有关。早在天圣五年,晏殊知应天府时即延请范仲淹主持府学,后者又礼聘孙复以学职,“由是四方从学者辐辏”,石介亦曾就学于此地。“其后宋人以文学有声名场屋朝廷者,多其所教也”。可见这一年的科举虽未有大张旗鼓的变动,但于潜移默化中对后来的古文振兴有着深远影响。在《关于欧阳衡的〈欧阳文忠公全集〉》一文中,东英寿以为周必大本《欧阳文忠公集》是“尊重欧阳修死时遗留下的作品集的构成依次来编纂”。并由此对照出欧阳衡本对欧阳修手定《居士集》原来顺序的变动。但稍须注意的是,周必大本对欧阳修手定本也作了一些修改。傅增湘《宋衢州居士集跋》云:“(衢州本居士集)卷十四《永厚陵挽歌辞》,前有‘引状’一百二字,至周本则析置之《外集》卷五中矣,每卷标题为‘六一居士’,且篇目即附本卷,至周本则咸为改易矣。”

正如东英寿在《后记》中所言:“在‘古’的基础上孕育出‘新’,这种‘复古与创新'的精神，对于我自己今后的研究来说，也是巨大的目标。"在继承日本汉学固有之优良传统的同时，作者又力图以新的角度、新的方法对汉学研究作出一己之贡献。因其于继承中铸就坚实基础，故所论往往新意迭呈，颇得"启予"之妙。

保苅佳昭《新兴与传统——苏轼词论述》

田 苗

苏轼堪称宋代文坛巨擘，其诗、词、文皆有不凡成就，一直以来是学术界研究的重点。《新兴与传统——苏轼词论述》是日本学者保苅佳昭关于苏词研究成果的结集。在这部著作中，保苅佳昭聚焦于苏轼词作的研究，既有对苏轼诗词比较的综论，又有苏词的意象分析、编年考订等，从多角度对苏词进行了较为深入的探讨，创获颇丰。

苏词研究的焦点历来集中于苏轼"以诗为词"的开创性及其"豪放"问题的探讨上，注重的是苏轼在词坛的定位与评价等问题。保苅佳昭则将视角转向对苏轼诗词差异性的研究。在《试论苏轼的词和诗之比较》、《"避谤诗寻医"——苏轼关于超然台的词和诗》、《苏轼与苏辙有关的词和诗——再谈苏轼的词和诗之比较》诸篇中，作者将苏轼的诗作与词作相比较，以揭示诗与词对于苏轼创作的不同意义，从而对词体的特征以及苏词的特色有了更为鲜明的认识。作者或是将苏轼同时同地创作的诗词相比较，或是将其不同时期、同一主题的诗词相比较，通过层层缜密的分析，对于苏轼创作诗、词时的不同心态进行了深入探究。在作者看来，词是苏轼表现不能够以他的哲学包括的心情之文学，进而揭示了苏轼诗词出现差异的原因：即"理"与"情"的对立、"传统"与"新兴"的对立。诗是"理"的文学，词是"情"的文学。这已不仅仅是对苏词的观照，更体现出作者对中国古典文学中“诗”与“词”两种体裁的消长变换作出的思考，比以往单纯地以词论词更为深刻。

意象研究是中国古典诗词研究中一个重要的组成部分，不少学者于此特别属意。保苅佳昭对苏词中的意象也有其独特的体认。他通过探赜苏轼词中“狂”、“梦”、“雨”、“多情”等意象，对苏轼的人生观及思想历程进行了细致的勾勒。在关于苏词意象论述中，作者既有量化的客观分析，又有思辨性的主观阐发。如《苏轼词里所咏的“雨”》一篇，作者从苏词所用的八十六个“雨”字中，选取了与苏轼的心情、思想、人生态度有关的二十二个例子，分通判杭州、离杭至密州等地、被谪黄州、离黄以后四个时期考察，注重各个时期苏轼笔下“雨”的差异性。其中既有对离别之情的吟咏，又有对自身处境的表现、对农村生活的憧憬；既有对人生态度的表明，又有对苏辙的思念以及致仕还乡心愿的抒写。特别是第二期将农村生活的新题材积极导入词里，开辟了词的新道路，第三期苏轼为了表明自己的人生态度、思想而写作词，既达到了他个人思想的一个顶点，又使“词”这一文学形式的内容为之一变。作者以精辟细腻的分析，深刻独到的感悟，丰富了苏词研究的学术空间。

关于苏词的编年问题，长期以来是学术界的一个难点，尤其是对于某些缺乏相关背景提示的词作，往往众说纷纭。不少学者在这一领域不断地探索耕耘，仅今人出版的专著就有石声淮、唐玲玲《东坡乐府编年笺注》、薛瑞生《东坡词编年笺证》、邹同庆、王宗堂《苏轼词编年校注》等数种。保苅佳昭既能汲取前人研究的成果，又不拘成说，对一些难于编年或前人有歧见的东坡词编年问题提出了自己独到的见解。如《浣溪沙》(缥缈红妆照浅溪)历来以为是“戊午(元丰八年，1078)送颜梁”之作，虽然据有关资料，苏轼在当时并未有送颜复、梁吉两人的记录，但是也没有更好的编年线索。保苅佳昭通过词中“古台”、“秋水满”等用词，认为其是苏轼知徐州时秋天送人之词。然后通过排查苏轼在徐州秋天的送人记录，发现唯独送梁焘时没有诗词作品，而这首《浣溪沙》所描写的景致与苏辙《雨中陪子瞻同颜复长官送梁焘学士舟行归汶上》诗中的景致相仿，故推断此词乃熙宁十年七月苏轼在徐州送别梁焘时所作。又如《临江仙·夜归临皋》(夜饮东坡醒复醉)，学界一直意见不一，有认为是元丰五年(1082)九月在黄州所作，有认为是元丰六年(1083)四月以前，有认为是作于元丰六年四月。保苅佳昭通过考证苏轼已死的讹传及“挂官服江边，拏舟长啸去”讹传产生的时间，推断此词是元丰六年夏天在黄州所作。诸如此类，作者共对二十七首苏词的编年详加考论，这些结论或是弥补了前人的不足，或是纠正了前人的谬误，或是提供了新颖的思路，使得苏词编年研究的视野更为广阔。

日本汉学研究长期以来形成了自身鲜明的特点，即以实证为基础“狭而深”的学术传统。从研究方法而言，日本学者十分重视对材料的搜集、辨别和整理，长于对文献的考辨。从研究视角而言，很多学者善于从小问题着手，尽可能充分挖掘其学术价值，往往见解深刻。保苅佳昭的著作也体现了这些特点，从书中所列《历代苏轼年谱、词集苏词一览表(修订版)》中，就可以看出作者在尽可能全面地占有原始材料上所下的工夫。而《苏轼和苏过父子与“游斜川”》一篇，作者仅仅抓住苏轼受陶渊明《游斜川》诗影响所作的《江神子》词和《和陶游斜川》诗，通过二者的比较及与陶诗的比较，发现苏轼在晚年不仅仅以陶渊明为精神支柱，而且在心理上比陶渊明更为优越，因其还有一个最好的体谅者，即其子苏过。虽然这只是苏轼研究中一个很小的问题，但是却对我们更好地理解苏轼晚年的心态不无裨益，且从另一个侧面揭示了苏过自号“斜川居士”，其集名《斜川集》的原因。又如对《踏莎行》(山秀芙蓉)一首的编年，作者通过查阅相关史料，发现词中“芙蓉”并非植物名，而是与下句溪名“罨画”相对的宜兴县的一座山名，不能作为判断作时的依据。又通过对苏轼买田相关文献的考辨，将词的编年定为元丰八年六月，苏轼未得到知登州之命时在常州所作。

全书出入于文史，将作品研究与作家的生平研究相结合，注重对文献、史料与作品所表现内容的绾合之处进行发掘，显示了作者深厚的文史功底。在《“避谤诗寻医”——苏轼关于超然台的词和诗》一篇中，作者通过研读苏轼关于超然台诗词，发现苏轼在超然台建成之后，有意地避免作诗，即便后来所作的诗也充满了悲哀、孤独之感，并不像词作那样有超然之情。作者进而通过相关史料分析这种差异形成的原因，乃是苏轼因当时“物议”的影响，而暂时不敢作诗，从而对影响苏轼文学创作的“物议”这一事件有了更为深入的认识。又如考证《减字木兰花·送赵令晦之》(春光亭下)一首的编年，通过梳理苏轼与赵晦之三次见面的时间、各自所任的官职等相关史料，而推断出该词作于熙宁八年冬苏轼在密州送别赵晦之时。通过作品提供的线索，对作家的生平仕历进行钩稽考订，同时又善于以相关史料作为研究作品的坚实基础。这种文史结合的方法使得整个研究不仅言之有物，思力沉厚；而且言之有据，真实可信。

该书的另一个特点是，注重对文本的细致阅读。文学研究应当遵循以文学为本位的原则，然而在当今多元化的学术氛围中，这一点常常被忽略。保苅佳昭以严谨的治学态度对所研究的文本洞毫察微，如对《满江红·寄子由》(清颍东流)一首的编年，作者正是注意到"衣上旧痕余苦泪，眉间喜气添黄色"两句只是表明有喜事的预兆，并非已经实现。从而对该词作时的情状有了新的认识，也就是说，当时苏轼已知道即将与苏辙会面，但是还未见到。接着对不同版本的异文进行分析，认为上阕是在回忆熙宁四年九月的颍州之别。而在对下阕的解读中，作者先抓住"一樽酒，黄河侧"数句，通过对描写情状的分析，认为其是回忆熙宁十年二月苏氏兄弟在开封的会面。结句"便与君，池上觅残春，花如雪"则是苏轼对即将到来的会面的憧憬。通过层层的分析，作者将此词的作时定于元丰八年十月，苏轼在登州接到以礼部郎中召还之命时。这种对文本深入细致的解读，确是难能可贵的。

当然，书中的一些观点还有可待商榷之处，如关于某些苏词的编年并不能视为定谳。但是，这并不妨碍该书的学术含量。《新兴与传统——苏轼词论述》一书以作者所关注的苏词研究中一系列重要问题串联而成，运用实证的研究方法发覆探隐、辨疑析难，以其扎实的学术功底，体现了当代日本学者在宋代文学研究中孜孜不倦的努力。

高津孝《科举与诗艺》

侯长生

日本鹿儿岛大学的高津孝教授是宋代文学研究专家，他对于中国宋代文学、中国古籍版本学以及清代考证学都有较深的造诣。《科举与诗艺——宋代文学与士人社会》是他近年来研究宋代文学与科举关系的学术成果的一次总结。

科举制度产生于7世纪初，在中国有着一千三百多年的历史。争取科举及第是古代知识分子最大的愿望，也是他们获取政治地位的重要途径。宋代科举制度为广大的中下层士人提供了进入统治阶层机会，从而有更多的士人参与到科举的行列中来。“说到宋代社会，它是由宋代士大夫这一阶层构成了宋代社会的骨架，即由科举这一选拔机制造就的科举官僚阶层而构成的。”(《论唐宋八大家的成立》)所以，研究宋代科举制度，也就成为全面研究宋代知识分子整体特征的重要组成部分。“宋代文学与士人社会”的副标题明确地揭示了作者研究这个课题的主旨，不是将眼光局限于文学或科举上，而是通过科举与文学的一种互动关系来探索宋代士人群体的特征。

《科举与诗艺》一书从科举入手进入文学，由文学映射出宋代士人的物质世界和精神世界，是一部深入探讨宋代士人社会的著作。它具有以下三方面的特点：首先，选题精当，以小见大。科举与文学的关系纷繁复杂，特别是要从浩如烟海的资料中理出脉络，是非常困难的。但作者能够从中发现沟通文学与科举的一些关键性因素，以之作为研究对象进行深入的思考。如《宋初行卷考》，通过对行卷的产生、发展、消亡的历史考察，说明行卷对科举的依附是有一定的前提条件的，其中“糊名法的实行对行卷是一个致命的打击”，“糊名法的出现使唐代以来持续了近三百年的行卷这一文学的‘场’走向消亡”。条分缕析，论证有根有据。其次，史家眼光，追本溯源。高津孝在《后记》中曾专门说明“笔者在鹿儿岛大学就职，但所属并不是中国文学而是中国史学。为此有机会与专攻中国史的先生们深入交流……笔者的论文中存在着一些社会史或历史性观点，正是上述状况的一种反映。”作者并不专就文学而论文学，更看重的是文学现象背后的动因和动机，对文学进行追本溯源式的研究，而这样的研究必然是一种跨学科研究的模式。如《论唐宋八大家的成立》，作者从明确八家之名的《唐宋八大家文钞》开始进行追溯，说明“八大家的成立”“不仅是文学问题，而是与包括哲学史在内的整个学术史的动向以及宋代社会的结构紧紧联系在一起的”，显然，作者是在用一种历史的眼光来审视文学现象对历史的影响问题。没有泛泛而谈，而是将精力集中于个别的历史阶段或者重点问题上，就某一方面内容作历史的考察。第三，拓宽了科举与文学关系研究领域。宋代诗歌研究中，由于诗歌在科举中作用不如唐代重要，因此对与科举与诗艺关系的研究并不多见。

这本书虽然不是专门就科举与诗歌关系进行研究，但从诗歌通过科举的传播、诗歌与科举用书等方面的研究明显有创新意义，虽然尚有待于进一步深入，但开创之功不可没。如《琉球诗课与试帖诗》指出《琉球试课》与清乾隆年间会试中恢复考试帖诗有关，点明了其科举考试参考书的性质；《明代苏学与科举》也指出“明代的古文选集大多带有科举考试参考书的性质”；在《宋元评点考》中也说吕祖谦的《古文关键》是“供初学者学作文章的教材，也算是科举考试的参考书”。这些不仅揭示了科举制度与书籍的印刷出版之间的某种关系，而且为我们研究科举与文学提供了一个新的视角。

当然，书中有些观点还可以商榷。比如《科举制度与中国文化》一文，其中“悲哀的秀才”一节以文天祥的集杜诗为例，说明这是反映了“科举制度所产生的文化精英的教养范型和感觉”，并且提出质疑“如果同是出自自己的本性和内心，用自己的语言来述说岂不更好”？事实上在中国古代，记诵之学并不是科举制度的共生体，而是一种文化传统。诗歌的遣词用语有着特殊的要求，因此诗文的记诵是基本的学习过程和学习方法，文天祥熟悉杜诗未必是在表现自己的文化精英范型。

日本学者在研究中国古代文学方面的深入细致是有目共睹的，体现出一种严谨的学风和良好的学术规范。高津孝先生的研究再次证实了这一点。从他的一系列研究论文中可以看出，他是一位勤于钻研，不断进取的学者。而这里的每一篇论文都是他潜心研究的结晶，是经过长时间的思考和积累之后取得的丰硕成果。

浅见洋二《距离与想像——中国诗学的唐宋转型》

段继红

浅见洋二的《距离与想像——中国诗学的唐宋转型》一书，选取诗论、诗评、诗文作品或其他丰富多彩的文献资料，以作品和“读者”之间的关系为焦点，以接受理论为研究方法，对处于“唐宋变革”时期的中国“作品是如何被阅读”的诸事实进行了独到的探讨和阐述。论及“风景与绘画之间的关系”、“诗与绘画的关系”、“诗画比较论与同质论”、“山水诗与历史记载、历史学关系的问题”、“诗人的内部世界与诗人所处外部世界、自身与他者间的关系”、“宋代文人的‘著题’论及其源流”等宋代诗学的重要命题，以有力的证据支持唐宋之间“诗学观念上的断层与转型”这一观点。作者受日本“中国学”传统研究的熏陶至深，显然采取了日本京都学派代表人物之一——内藤湖南的宋代文化“转型论”的观点，来考察由唐迄宋这一历史性转变时期文学及文学理论发生变迁的诸多历史事实。又加之作者曾在哈佛大学接受西方学术方法之训练，极自然地将传统考据学与新视角、新理论的研究模式导入研究中，以西方接受学和阐释学的理论分析宋代文人的情感意识与诗歌模式的构成变化。以新的眼光整理旧材料，因此看问题的角度与立论的方式颇具新意，在看似对时代、体裁漫不经心的资料采征中，力图梳理和辨析一系列深入人心却常因司空见惯而缺乏详查的问题。这种方法正如作者借用法国诗人洛特阿蒙的诗句“像一架缝纫机与一把雨伞在解剖台上偶然相遇”那样，他将宋代文学转型中产生的距离和断层用深入的挖掘和飞翔的想像进行了弥合和补充。

全书由十六篇相对独立又相互关联的论文组成，作者试图通过一系列诗学观念的梳理和辨析证实中国诗学之宋代转型的论点。在《天开图画的谱系

——中国诗中的风景与绘画》一文中，作者以唐宋时期的诗歌为材料，敏感地观察到诗人常通过绘画的框架，在与绘画映像的相似性上来把握自然风景的特点，由绘画中的“真”与“假”人手，追踪六朝、初唐、盛唐及宋在山水诗、画蔚然兴起的背景下文人“风景如画”、“以真为假”的自然观、风景观之形成过程，并对其中呈现出的自然观的特质进行了细致入微的分析。再以《闺房中的山水以及潇湘——晚唐五代词中的风景与绘画》为个案，以晚唐五代至宋代闺情诗词中将自然风景视为绘画、以绘画中的山水代替自然风景的情形来印证“以真为假”的风景观。指出由于女性生存方式的局限，其活动场所多在闺房，所以表现闺怨的主题空间也往往局促于狭窄封闭的范围之内，触目之处无非屏风、帏帐、香炉、绣榻、珠帘，其中“屏风”则成为阻隔女性通往外部世界的屏障，而画屏上的山水却又奇妙地充当了沟通外界、放飞想像、寄托情感的出口。于是，潇湘——这一传统闺怨主题中传达离愁别恨、身世飘零的意味深长的元素就频繁地出现于闺房中的画屏之上，并与女主人公有着深刻的、内在的精神联系，这表明绘画中的山水亦起着支撑词的主题的重要作用。作者列举了大量涉及此类内容的作品，用以说明在山水画崛起、兴盛的情形下，宋代文人在绘画的“假”风景中寻找到了在“真”山水中所不能获得的审美趣味和精神家园。

在《关于“诗中有画”与“宛然在目”——中国的诗歌与绘画》、《“诗中有画”与“著壁成绘”——中国的诗歌与绘画》等一系列论文中，作者就此类传统诗学的基本命题做了一番推源溯流，从总体上考察了在诗与绘画关系日益密切的宋代，诗画理论的比较论、同质论的关系、成因及特质，并从大量的诗歌及诗话中，梳理出自六朝及唐“诗中有画”、“画中有诗”的理论绵延至宋得以确立的线索。指出这一理论的出现意味着这样一种诗学观念的形成，即诗歌和绘画有着相同的“宛然在目”的映像媒体功能以及对对象世界的描写、再现功能，可以超越遥远的时空将映像传送到读者的手中，这无疑是对传统诗学理论的重新考订和补充。

在历史学迅猛发展的宋代，新的“文学历史学”亦应运而生，“诗史”之说体现了时人将诗作为一种历史记载来把握的诗学观念，浅见洋二在审慎辨析“诗史”涵义及上溯“诗史”一说源头的同时，通过对宋代大量出现的年谱与有意识将诗文集以编年形式进行编纂的情况考察，提出了宋代诗歌的阐释和接受过程中所表现出来的历史主义倾向，即章学诚所言，“文集”可成为“家史”、

“国史”乃至“一代之史”。作者指出，在宋代，人们的确通过这种新诞生的“文学的历史眼光”，发现并创造了新的文集样式和诗人形象，并且使后来的读者可以按着诗人的经历、创作年代的顺序来阅读作品，循其创作内容和风格变化的轨迹，更深入地理解诗人生活时代的“时事”与“出处”的交错点所产生出来的诗人的“意”，更加到位地将读者带入诗人创作的语境之中。

浅见洋二在他的研究中十分强调古代文学作品接受过程中文本与语境的关系，他对于身处“断层”此岸的我们是否与“断层”彼岸的人们阅读方法相同这一问题充满疑虑，他认为在过去的时代极有可能存在某种远远超越我们理解的、比“绘画性的映像”更为震撼人心、用语言表达会显得苍白无力的东西。由于文本是一种不得不遇到各种各样阅读的存在，并且是由于诸多阅读角度的不同而避免不了动摇不定的存在，作品甚至被称为“空言”，即使作者的意图也无法控制作品的意义，正如福柯所认为的，语言具有多重意义和开放性，可以在不同的语境中获得不同的意义。脆弱而不确定的文学作品需要语境的支持，因此作者指出最好的阅读方法，莫过于以历史主义的阐释意向，把陌生的文本放在它所由产生的历史上下文中去反复揣摸，用心灵去体验、用想像去弥补，达到“宛然在目”、“得意忘荃”、“意会神通”的境界。

浅见洋二在一系列诗学的或与诗学相关的命题研究中，立足于对中国诗学史的总体把握和对批评术语的特有敏感，既有文学史的观点，又有关于题材和表现技巧之开拓方面的探讨，还有社会政治、文人生活和艺术观念的研究，清理了诗史发展的脉络，最终指向横亘于“唐”与“宋”之间存在的诗学理论的转型与“断层”的这一命题。他的研究是踏实而细致入微的，善于选取细小常见而又未曾为人说透的问题，不仅角度新，而且考释文献细腻缜密，在已经硕果累累的宋学研究的领域仍能有所开掘，这当然得力于他的勤搜原始资料，关注文学史现象，努力发掘历史的遗迹，以期复现文学史的原生态的态度，还与其掌握了新的研究方法有关，在很大程度上，对于诗的现代诠释是他汉学研究的一种策略，这种源自当代视角的勾勒使得他更容易在貌似陈旧的史料里点化出思想的光彩，令人颇获启迪。

·新著选评·

副岛一郎《气与士风——唐宋古文的进程与背景》

慈 波

“学古道则欲兼通其辞”的唐宋古文运动并不仅仅是单纯的文学现象，而与唐宋社会转型时期的经济、思想、文化以至社会风气、文人精神风貌密切相关。和单一文学层面的研究不同，副岛一郎的《气与士风——唐宋古文的进程与背景》紧扣中唐至宋这一时期对“气”的推尚与士人精神风貌的嬗变，在宋型文化形成这一大的文化背景下对此展开观照，对古文运动的演进与背景进行了透辟的阐释，是一部有新意与深度的著作。

作者有意识地从物质、经济层面的巨大变化切入，阐释了这一文化转型的必然性。在《唐代中期的货币论》中，作者指出，随着经济的发展与国家权力机制的变迁，铸造货币作为君主权力源泉的地位日益得到重视，对铸造货币的管理也成为国家经营的中心，这在《通典》中得到了集中的体现，正是这种货币观念促进了中央集权的社会新秩序的形成。而唐代众多古文家还具有财务官僚的身份，他们的思考方式对古文创作的影响不容忽视。《〈通典〉的史学与柳宗元》一文对此有深入的探讨。作为中唐出色的财务官僚，《通典》是杜佑财务方面经验与思想的结晶。他充分认识到经济发展对于国家运营的核心意义，秉持这一信念，《通典》采用了通史体裁，意图究明古今制度演变中所蕴涵的穷通之理。在杜佑看来，历史的进展不取决于天意，也与命运无关，只有经济才是推动社会与文化前进的客观动力。副岛一郎以柳宗元的《封建论》为例，细致比较了柳宗元与杜佑的史学观，进而发现两者在思想的根本态度上是相同的。而《通典》的通史观与啖助、赵匡的《春秋》学颇为一致，赵匡也强调通晓穷通之理；柳宗元、刘禹锡、萧颖士等古文家则与杜佑、陆淳、赵匡等人有着复杂而较为密切的师友关系，他们在思想上有共通之处。这样，通史、《春秋》学与古文就得到了沟通。对穷通之理的强调必然导致新兴的价值判断，促进表现人的个性的文学的产生。这篇文章揭示了杜佑与古文家之间的关系，抉出了史学与古文之间的内在联系，体现了对文学现象的深层把握。

作者还从思想文化角度对唐宋转型进行了探讨，对古文演进的深层背景作了揭示。《从"礼乐"到"仁义"》一文注意到中唐古文家大力提倡仁义的问题，考察了社会文化由礼乐向仁义转化的原因。作者指出在门阀社会中家庭观念极为重要，古礼尤其是丧服备受重视。而唐代科举制度的推行，打破了依靠门第入仕的途径，由丧服缩结起来的宗族关系开始破裂；庶族经济地位的上升，入仕机会的增加，从社会基础方面减小了士庶的差别，这样士族借以维持其特殊地位的礼制的影响力必然旁落，从而导致唐代丧服学急速衰落。礼作为世界秩序的象征，其意义在中唐社会也受到质疑。以杜佑《通典》为代表，这一时期的思潮排除了礼乐在经世原理中的中心位置，否定了天人相应的思想，也否定了礼乐与治乱的关系。杜佑和他周围诸多古文家以庶族兴起所导致的新的社会秩序为基础，确定了仁义的中心地位。而阐明仁义的古文近乎成为古文家或儒者的生存方式。对仁义的选择不仅仅是文艺上的思潮，更是对士人生活内在规范的追求，反映了古文演进过程中的深层文化动因。《宋初的易学者与古文家》则试图通过对宋初易学的考察，揭示易学对于理学的意义，并进而为发掘易学与古文思想之间的关系提供合理的阐释空间。作者指出五代宋初的易学深受道教的影响，以陈抟为代表的易学家，其思想就是道教学说与以经世为目的的易学的结合。而宋代士大夫人格精神中对经世的执著，对尘世欲念的恬淡，都和易学家有着相通的地方。宋初对于易学人才的重视也很引人注目。除去对陈抟、王昭素等著名易学家的关注，官僚中易学修养精深的大有人在。太平兴国八年的科举就颇有象征意义，在及第的二百多人中，王禹偁、姚铉、曾致尧、崔遵度、李建中等人都既擅古文、又精易学，对后世亦有重大影响，这表明政权对此类人才有切实的需要。宋初的易学具有经世的实践性特征，易学家们自觉地顺应君主权力加强的趋势，在理论层次上将君尊臣卑的秩序与天地之气联系起来，为皇权强化提供了理论依据。有意思的是，易学家周围往往聚集着古文家，两个集团存在某种程度的重合。王禹偁一派古文家多有易学修养，受此影响他们论文多重视"气"的作用,古文风格雄健畅达;而柳开一派则恰恰相反,他们似乎也并未认识到"气"对古文的意义。可以说宋代易学演变当中有古文思想的存在,冯元、穆修之后,每隔二三十年,古文与易学就获得近乎同步的进展。易学的发展和新的社会秩序的建立相联系,而古文思想的演进也是这一进程当中的重要环节。

在古文典范的确立方面,副岛一郎选取柳宗元,阐释了宋人对其文学与思想的接受。《宋人眼里的柳宗元》分柳文风格及影响、柳宗元的政治思想两个方面对此作了剖析。作者认为,宋初对韩柳的评价都相当高,并无轩轾;伴随穆修对柳集的整理,宋人对其古文全貌也有了新的认识,柳文还对当时简古与晦涩的文风产生了一定的影响;而苏轼对柳诗的推重促进了宋人对柳文的学习,古文选本的风行更推动了柳文作为典范的确立。宋文中的"精"、"深"、"简"等特征成为柳文影响的标志。在政治评判方面,宋人的观念颇有分歧,但逐渐分化为两种倾向:讲功利、重有为者以肯定为主;重理学、辨名分者偏于批评。而柳宗元的民本思想与有为精神对宋人影响至深,《宋人与柳宗元的思想》对此作了进一步的阐发。柳宗元的《春秋》学追求经世致用,发明义理,不拘囿于章句训诂,这影响到宋儒的疑古思想与自由精神;其《非国语》批判了传统的社会秩序,否定了礼乐的教化功能,与宋代儒学主流不合,因此引起激烈的反响;而他的《封建论》以民本思想为立场,对封建与郡县制的得失作出了体制上的评价,影响了宋儒对儒家思想与政治体制的讨论。尽管功利派与理学派对柳宗元思想的接受各有侧重,但是柳的理性精神影响深远。作者的这些研讨从思想层面剖析了宋人对柳文的接受,拓展了古文演进的内涵。

在唐宋古文的发展脉络中,"气"占有重要地位,作者对此作了重点探讨。在《唐宋古文中的"气"论与"雄健"之风》中,作者指出,"雄健"作为文学批评范畴的大量出现是在中唐以后,这种现象与古文观念的演变有很大联系。中唐以后,"风骨"渐不为人提及,而"气"则日益凸现出其重要性。古文家所提倡的"气",超越了六朝时期所指作者才性、气质以及文章气势等内涵,而是与仁义道德相关联的、具有普泛性的"天地之气"。这种观念受道家思想影响,但更反映了社会转型时期的时代要求。强调古文以"道"为内容,以"气"为主干,必然会导致对动态、发展、流动的古文风格的推崇,"雄健"正是这一文学思潮下的产物。《宋初的古文和士风》一文则从人格类型角度探讨了古文发展与“气”的关系。作者选取徐铉、柳开、王禹偁、张咏等作家及其集团作为考察重点，探讨了他们的人格类型与文章创作之间的关系。作者发现柳开一派作为宋代古文的先驱影响不够深广，不仅有其古文晦涩难懂、艺术价值不高的因素，更与他们的人格精神有关。他们性格矫激、自负，不被世人理解，却又刻意追求社会的承认，因而往往故意用曲折难晓的文章以求耸动视听，这与宋型文化的主体精神是不吻合的。而以张咏、王禹偁等为代表的宋代文人，他们性情刚直，气骨铮铮，守义笃行，崇尚节气。这不仅仅是个人修养与品质的问题，更是一种具有时代性与社会性的普遍存在，体现了典型的宋代士风。宋代古文平易畅达的风格就是他们尚“气”的追求下的必然结果。古文不仅反映了文学观念的进化，也与时代精神、士人风貌密不可分。在这个意义上可以说，宋代古文是宋型文化的表征。

这部著作视角独到，观点新颖，提出了很多有价值的命题。如从气与士风的角度探讨古文演进的内部动因，探讨古文发展的社会基础、思想根源等等，都突破了古文研究的格套，令人耳目一新。从研究方法来看，作者注重将文学现象与哲学、史学甚至经济学相结合，在唐宋转型的广阔文化背景下对古文演进进行观照，气度宽宏。由于视角的多样化，对问题的剖析更见深度，有力地避免了单就文学而谈文学的不足，所得出的结论更接近古文演进的本真。可以说，这部书在融通研究方面作出了艰辛而有益的尝试，对古文运动进程的剖析、对其背景的揭示都深具卓识；其研究的细致与深入，更为进一步探究唐宋古文自身的嬗变轨迹与发展规律奠定了坚实的基础。

漫论“杨氏风格”

——杨海明的词学研究述评

崔海正

研究主体同研究对象一样,大概也需要定期或不定期地进行“盘点”,通过对主体自身的查验,以便更好地调整与研究对象之间的关系,并为其他研究者提供某种借鉴——在词学领域,研究主体自然指词学家们。这其中,有久经沙场的“老帅”,有身历百战的“将军”,有血气方刚的“新人”,他们有不同的学术背景和研究经历,有不同的研究路数和独到贡献——不管怎样,他们都以自己的光彩辉耀在词学王国的天空。而当我仰望那美丽的星空之时,杨海明这颗“明星”竟让人如此迷恋,一种难以拒绝的诱惑最终“锁定”了笔者的视线。

这并非出于偶然,不少人都说:在“新时期”以来颇有成就的新一代学者中,杨海明是最富有个性的词学家之一。

一

杨海明的学术个性究竟呈现出何等面目,这也许是一个不算神秘却也不易“求解”的难题。不妨让我们先从他的研究范围和研究方式说起。

就实际情况而言,有的词学家除重点研讨词体文学之外,还兼及诗、文等其他体裁甚或其他专业;有的专治某一代之词(如宋词、清词),有的面对整个词史，将历代词作为自己的审视对象，等等。而杨海明，则专注于唐宋词研究。说他“专注”，并不绝对排斥在特殊境况中他可能写点别的什么，但其“专一性”确实相当明显，这只需开列一下他的主要论著的名单即可得到印证：《唐宋词风格论》（上海社会科学院出版社1986年版）、《唐宋词史》（江苏古籍出版社1987年版）、《唐宋词论稿》（浙江古籍出版社1998年版）、《唐宋词纵横谈》（苏州大学出版社1994年版）、《唐宋词美学》（江苏教育出版社1998年版）、《唐宋词与人生》（河北人民出版社2002年版）等。自然，由于唐五代词与宋词的情况有所不同（如相对于宋词来说，唐五代词人词作数量较少等），如果从“量化”的角度着眼，谓其研究“重心”在宋词也未尝不可。但杨海明将唐宋词一并揽入怀中，截取从词之源头到词之繁盛的一段作为自己终生的课题，此一关系学术成败的选择在当初未必十分简单。这自然与他的学词经历有关，个中缘由或有其二：一是基于对唐宋词的“认知”而对其产生的一种无限“亲昵”之情和浓烈兴致，比如在《唐宋词史》的《序论》和“余论”中，他就深情地盛称唐宋词是“在‘三唐’以后”中国古老诗歌的“根盘”上“杈出”的“另一棵异枝奇株，并在它上面绽开了无数的秀花丽葩”，其“令人惊叹的出色成就，标志着我国古典诗歌的发展，已经进到了一种充分成熟的境地；它所提供的‘词境’，堪称是古代韵文中最美的意境之一”，同时，“在唐宋词中，我们可以窥见自己这个民族的部分审美心理——而且是一种比较‘深层’的审美心理。这也足以帮助我们了解整个中国古代文学的某些‘民族性格’”[①]。在《论唐五代词》一文中，他同样动情地“重复”着一个文学史实：“唐五代词是宋词的先导”，“经历了唐五代这一发轫阶段，词就来到了两宋的广袤土壤上”，终于万花盛开，“成了代表一代文学的标志”[②]。由此可证，唐宋词在杨海明那里已成为不可分割的整体，这片绚烂的艺苑如此勾魂摄魄，简直成了让人无比留恋的观览“胜地”。二是他有充分的自信，认定自己在唐宋词这片美不胜收的园地上徜徉，不仅可以领略无数的风景，也一定有寻觅不尽的宝藏。他在《唐宋词纵横谈·前言》中说过：“唐诗宋词真是一个永远说不完的话题！任你古人说、今人说、国人说、洋人说、正说反说、横说竖说，可永远也说不尽它们的绰约风姿和无穷魅力。”是啊，唐宋词（尤其是宋词）已经被“说”了很多很多，在一般人看来，值得可说的差不多已经说完了，重复的论题、重复的话语也已堆满了不少“库房”，几乎没什么剩余的空间了，可杨海明却要在这里继续“说”下去！此又可证：他坚信自己的学术智慧能在这片土地上有所斩获，可以而且应该打造出与众不同的新“开发区”。

然而，尽管“兴趣”非常重要，若要达到既定的目标，还须找到一条特别适合自己前行的路径，就像火车借助铁轨、汽车凭借高速公路才能奔驰一样；或者说，工欲善其事，必先利其器，要想“自由”地驰骋于唐宋词坛，掌中必得握有一把得心应手的“武器”——对杨海明来讲，这就是“评说（论）”。

“评说”者何？这里也应说明两层意思：其一，从研究体系的角度看，我们可以把研究对象分为若干层次、门类、科目等，而在研究者一方，按通常的说法，则是你主要从事理论性研究还是实证性研究，显然，杨海明属于前者。他不是不做考证之事，比如他曾考辨过蒋捷的事迹、王沂孙的生卒年、张炎的家世等，但数量很少，更多的时候，他是将必要的考辨“镶嵌”在评说之中[3]或者是在评说的过程中“巧妙”地利用已有的考证成果[4]；他不是不关心资料研究，而是不专门去做诸如资料的整理、辑录这类工作，事实上，他在评说任何一个问题时，都要视其情况调遣一切可用的资料。其二，他不是殚精竭虑地“评说”关于词的理论（一般所谓词学理论）——尽管他也曾“鸟瞰”宋代的词论，探析过王灼及胡仔的词学观点——而是拿自己新拥有的“理论”和材料去“评说”当年出现在唐宋词坛上的词人们（个体词人与词人群落）的生活与创作，唐宋词文本所涵容的丰富意蕴、所提供的审美感受、所达到的艺术境界以及唐宋词的历史足迹，还有那种种有意味的词学现象……

这需要悟性，需要机智，需要别出手眼。因为，唐宋词这片土地毕竟不是有待开垦的处女地了，千百年来，这里确乎布满了“探宝”者的脚印，如果没有特具的“功夫”与“眼力”，即使不会空手而归，也恐怕仅能捡拾到吉光片羽。而杨海明的“投资”却收到了丰厚的回报，上面开列的书单就“包装”着他以妙悟睿智开发出来的一件件“珍宝”。别人没说过的，他说了（如关于唐宋词的“活性效应”、其所浸染的“南国情味”等），别人仅提个“话头”的，他说得更深更广了（如关于唐宋词的“词境”、“词心”等），别人说得不全面、不具体的，他说得更周到、更细致了（如关于唐宋词“美学”诸问题），别人说过几遍的，他用自己的方式加以“改造”，说得新意扑面、更有趣味了（如关于唐宋词流变史）——总之，他以主要诉诸“评说”的话语方式获得了令人羡慕的成功！

二

如果说上面还只是杨海明学术个性的“表层”现象，那么，更核心的则是他的“评说”具有“自是一家”的独特风格，姑且称之为“杨氏风格”。

人们似乎不太注意评论家的学术风格。提到风格，最先想到的往往是诗人、小说家等作家的风格，或者诗歌、小说等作品的风格。在一些人的印象中，学术论文好像长着同一副“面孔”：逻辑的说明，枯燥的议论，严肃而又斯文；它们的作者仿佛都是正襟危坐、不苟言笑的“老夫子”。实际上，包括评论家在内的优秀学者也都有不同于他人的个体学术风格，假若参照人所共知的关于风格的一般性含义，我们也可以这样说：学术风格是学者在用特定的语言揭示研究对象本质的同时，表现自己精神个性的形式和方法，是相对稳定的整体性风貌特征。如同杰出的作家一样，学术风格的形成也标志着一位学者的学术研究达到了成熟的境地。据此，本文试从以下几个方面对“杨氏风格”进行必要的探讨。

首先，在唐宋词研究中，杨海明始终“诚信”地充当着“嫁接古今”的角色。如果说得更明白一点，就是：把古代的东西给以当代性解说，其释说又力求其“真”，从而卓有成效地与古人和今人沟通。这里，首要的不是方法问题，而是立足点问题。他在《唐宋词史》第七章第一节中，即曾借评论吊古咏史类词作表达“其‘立足点’却正在现实社会”的观点；其后又在《试论人生意蕴是唐宋词的“第一生命力”》的论文中说：“文学创作固然是为人生，文学研究也同样应该为人生——尤其是立足于现实人生。”[5]这就说得更清楚了：对于唐宋词研究，他是从“立足于现实”（社会、人生）的基点去进行考量和阐释的，其目的在于使当代人从中获得有益的“滋养”。事实上，他的有关唐宋词研究的全部成果，可以说都体现着这样一种精神：立足于“今”而“贯通古今”，其落脚点仍在于“今”。对此，为节省篇幅，可不必从杨氏论著中引述过多的文字材料加以证明，而只需从中摘引几个标题，或许即能得到此种印象。比如《唐宋词史》中的“‘爱情意识’在文学领域里掀起的‘第三次浪潮’”、“词从贵族的‘文艺沙龙’引向了市井坊曲”、“被时代所召唤回来的‘男子汉风格’：辛派爱国词”；《唐宋词美学》中的“音乐加美女：词所活跃其中的文化场圈”、“以情动人：唐宋词所营建的言情文学‘特区’”、“‘优化组合’的声律美”等，这些小标题所释放出来的当代文化气氛及其融通古今的话语“场景”色彩，会一下子缩短读者与唐宋词的距离；而若细读其论述，这种印象就更加强烈。之所以如此，根据笔者的理解，则是杨海明并非仅仅带着当代人的“意识”和“眼光”走向历史，在研究对象跟前顶礼膜拜一番，然后凭借经验性材料，重复或者“修补”一下前人的结论，于是便宣布大功告成、万事大吉了；他是在穿越时光的隧道并据其所需将研究对象仔细考察之后，又将其“拉回”到现实之中——即将唐宋词投放到当今的文化环境中——加以审视，这样，研究者的“当代意识”由于受到现时文化因素的支持进一步强化，而传统与历史也没有被割断，在二者的碰撞中，研究者智慧的火花就有可能烛照别人未曾发现的底蕴，看到前所未有的奇观。杨海明能够在唐宋词研究领域新意迭出，这大概是一个相当重要的因素。打个不算十分恰当的比方，一般人只买个“单程票”，走的是“单行线”；杨海明却买了个“往返票”，走了一个“来回”：这也许正是杨氏学术思想的核心，是他在理论和实践上的高明之处。因为，正由于这种“往返”，他才能将传统的与当代的文化精神进行“嫁接”，使自已的研究涉足当今的社会生活，成为当代文化体系长链上的一个环扣，从而具有了更强的生机与活力；也因为如此，他的学术思维也就更富于“开放性”和“建设性”，并为未来研究的新发现敞开了无限的可能性世界。这一点说起来容易，却不是人人都能做得到的。也许有人不以为然，或者简单地断言为“古为今用”——对于这个庞大的命题，此处很难似乎也没有必要作全面论述，因为我们谈的是“立足点”而不是“古为今用”，尽管这两者之间确有关系。不过这里想说明的一点是，世上恐怕没有绝对纯粹的“为研究而研究”，任何一个时代的学术探讨，对于那个时代（“今”）来说，实质上都存在着（包含了）“古为今用”的因素，只是其“用”的对象、范围、方式及具体情形有所不同而已。明白此点，或可在某种程度上避免对杨海明“立足于今”的唐宋词研究的所谓“功利性”的责难。

与上一点相联系，杨海明“神游”古今，对唐宋词这个“古董”的当代评说是否“失真”了呢？没有。因为，如果你“立足于古”、“为古而古”地进行所谓研究，反倒可能因“身在此山中”而目迷五色，难识“庐山真面目”；同时，相对而言，词文学尤其重“真”，古人在其他文体或场合中不敢说、不想说、不便说的东西，都可以放在“词”里说，而杨氏又敢于大胆地用当代人的识见去揭示它们，故能使其复现“原形”。克罗齐有一句人所熟知的名言：在某种意义上，“一切真历史都是当代史”[6]，此话曾经获得广泛的回响。一方面，历史是已经过去了的“存在”，它含纳着每一特定时空中所应含纳的一切信息。然而，历史本身并没有标注真实与非真实的概念，因此，后来者叙述历史，则必须尊重它，因为它是客观的、实在的；但另一方面，这种对历史信息的“重述”是有所选择的，必须得到当代生活的“测试”和认可，这又是不可避免的。在这个结合点上，有价值的历史材料才得以“复活”并延续自己的生命。杨海明很好地把握了这一点，不论是对于唐宋词的流程和风格，还是对于唐宋词的美学面貌和人生咏叹，抑或两宋社会的文化“背景”和词坛上的奇特现象，以及个体词人和众多作品，他都在史料的“铁证”中“发掘”储存着活力的“遗传基因”，并赋予它们应有的生命形式——或古朴，或时尚，或冷艳，或热烈，或柔情万种，或壮怀难酬，可谓风姿各异，活灵活现。他真实地“再造”了唐宋的“形象”，并与之“交流”和“对话”，又将其深植于当代读者的心目中。不过，他没有为了哗众取宠而任意“打扮”历史，也无意为了抢占现时的“市场份额”而“戏说”唐宋词。为此，我们还可引述克罗齐的几句话：“一个人重新整理一部书的可靠的本文，解释已被遗忘的文字和风俗，研究一个艺术家的生活情况，完成一切工作，使艺术作品的品质和本来的色调复活，他是不应受到鄙视和嘲笑的”[7]——是的，杨海明的“诚信”应该受到尊重：他拒斥时下花里胡哨的“假古董”。

其次，杨海明的评论是“艺术化”的。一般学术文章，多喜欢抽象思辨，议论煌煌，铁面说理，这当然无可厚非，但却也不容易让人“接近”。杨海明走的是另一条路。读他的学术论著，犹如欣赏一出富有情趣的影视剧，又像是在观看一场酣畅淋漓的世界杯足球赛或者 NBA 篮球比赛，滋味无穷，从不觉得累。对此，又可分为几点来看：

一是“艺术创作式”的文风。概括地说，就是评论文字写得好像文艺作品。如《唐宋词史》论述几乎家喻户晓的岳飞《满江红》（怒发冲冠）词的价值和“接受史”时说，虽然有人认为该词不一定是岳飞所作，但它早已和民族英雄的名字紧连在一起。千载之下，凛凛“生气”，“我们也就径直把它作为岳飞的《易水歌》来读了”，而它“在后此八百余年的抗日战争中，犹曾广泛流唱于黄河流域的万山丛中、大江南北的青纱帐里；它伴随着砍向侵略者头上的大刀，飞扬在中华民族辽阔的杀敌场上，不愧是一支激励民族正气的悲壮之歌”[8]。这种评说极易调动起人们“积淀”的记忆，感发当代读者很多关于历史的艺术联想。又如同书论苏轼词，为摆脱以往谈及苏词必出以“以诗为词”或笼统曰“改革”的老套——因为这“交不了卷”，于是杨氏抬出了“词的充分‘士大夫化’”这一命题。然而，“士大夫化”并非凭空而来，在此之前，“社会化”倾向已在悄然行进，“士大夫化”正是这一倾向的产物：词的历史脉络是决不会被作者忽略的。而更为“艺术”的是，他是“从苏轼的词中，来‘观照’这一位士大夫文人的‘自我形象’，并以之先来‘反窥’其词在思想内容方面的‘士大夫化’”。不过，这还只是问题的“一半”，而另“一半”，作者“独立思考”的结果，则是苏轼“开创了一种士大夫式的‘新天下耳目’的新型词风”，其核心乃是“词如其人”，这又是与他的人格形象相表里的。最后，作者借用元好问《论诗绝句》评陈子昂之语“论功若准平吴例，合着黄金铸子昂”，而将“子昂”改为“老坡”。因为假如元氏“要写《论词绝句》的话，那定也会提出为东坡立金像的‘建议’的——他在《遗山自题乐府引》中就说过：‘乐府以来，东坡为第一。’”[9]你看，尽管由于苏轼其人其词非常复杂，评价中歧见甚多，不易下笔；也尽管人们差不多像熟悉岳飞一样熟悉苏公，对陈陈相因之说已不再感到兴趣，但由于作者能够“合理”地另起“炉灶”，从而“除旧布新”，又能以具体可感的形象进行“艺术性”描述，读者还是不会轻易“释卷”的。

二是“狡黠”的文笔。杨海明为人诚实、厚道，而用笔却相当“圆滑”、机巧。此又可分为两点叙说，其一是笔姿夭娇，诡秘多变。仍从《唐宋词史》中随手摘引一小段：“在宋朝女词人中，大家熟知的大致仅是李清照和朱淑真两人。但朱熹却说过：‘本朝妇人能文，只有李易安与魏夫人。’（《朱子语类》卷一四〇）此话后被沈雄改成：‘本朝妇人能词者，唯有李易安、魏夫人二人而已。’（《古今词话·词话》上卷）不过这一‘篡改’，倒也并未导致大错，从魏夫人现存的十四首词中就可看出：她确是‘能词’的。”[10]一百多字的一段话，却包含了：人们对宋代女词人的认知情况，两位先贤对魏夫人的评价及其同异关系，魏夫人现存词作数量，作者的基本观点等，且不仅抑扬互用、笔如游龙，而又内含些许机趣。其二是笔法灵巧，能“举重若轻”，最突出的是爱以“（生活）经验”说理论。理论，不管其难度如何，总是“形而上”的，不具体的，有时甚至很“玄乎”，不好理解。杨氏论著中很少“正面”去解释某种理论。比如关于“距离美”的问题，你花费不少力气直接去讲这一美学问题，也不一定讲得清楚，他却这样来说：“西湖畔的茶馆，如果你身入其间，但觉得杯盘狼藉、人声嘈杂，并不见得如何‘雅致’；而如果你隔着湖光波影，远远望去，但见一抹柳阴中掩映出小楼飞阁，便会觉得分外优雅……这中间，就是‘距离’在起着作用。而在这种种‘距离’之中，时间距离又是最为奇妙的‘感情发酵剂’……比如人在晚年时，忽睹儿时的普通玩物都会倍觉亲切和倍感惆怅，就是一个典型的例子。”[11]这样一来，一个复杂的理论问题就变成了很容易感知的日常生活经验，正所谓“深者反浅”了。又如关于“词不达意”即“言意”关系中的这一命题，杨著中写到："当你尝到佳肴美馔时，往往只会发出'味道好极了'的赞叹；但若问你，到底好到什么程度（具体如鳊鱼与鲫鱼的鲜味究竟有何差异）时，则人们大约除了靠比喻或几个空泛的形容词来作勉强的回答之外，就只好用'悠然心会，妙处难与君说'（张孝祥《念奴娇·过洞庭》）之类话头来作搪塞了。而类似的情况同样也发生在诗词中。"[12]古今经常讨论、用理性语言很难准确表达的一个理论问题，他同样用"经验性"材料相当轻松地作了解读，可谓"四两拨千斤"，且不禁令人哑然失笑。杨氏用笔之"诙诡"，于上可见一斑。另外，这里还应提及的是，杨著中还大量运用"比喻"和"比较"之法来化繁为简，或使"难题"豁然明晰。当然，别人论著中也用，只是杨氏用的数量更多，"花样"更多，更有"意思"，于是也成为文笔特"狡猾"的表达手段。比如他以科学家所言宇宙中的"黑洞"比喻人心（人情）之复杂难测及词之言情"深度"的新拓展[13]，以"硬包装"比喻词的体式外观，"软包装"比喻词的语言风格[14]；比如拿晏殊本人的词与诗比较，感到皆有"富贵而闲雅"的气度，又与冯延巳词比较，则虽同属"酒席文学"，但晏词较冯词在新的时代方向上又有了"延伸"和"提高"[15]。他又常将比喻与比较纠结而用，比如谈到令词与慢词的章法结构时说："令词就像小孩，其讨人喜欢处主要在其'面容'是否天真烂漫……至于慢词长调，则好比由孩童长成了青年人，其可爱处除其面貌娟秀聪慧外，'身段'、'体魄'也就成了一个显眼的条件。"[16]这就具体而形象地道出了各自的"特点"。由于此事易于理解，杨著中所在多有，不再多赘。

三是遣词用语的"艺术化"。谈到语言问题，较为复杂。简单说来，因为杨海明似乎把"研究"视同"创作"，在学术文章中融入了相当多的"文艺"因素，故有关唐宋词的"评论"语言（原本是关于文学的评论）颇有"文学性"的风致和"艺术性"的趣味。其主要的表现，一则是他善于把理性的、议论的语言同感性的、"煽情"的语言交织起来，酿造出一种"有色有味"的气氛，读者会很容易被这种气氛"罩住"，既能从中得到"美"的刺激，又能"自然地"体悟到作者所讲的"道理"。如其关于"男子而作闺音"的述说[17]，"对于唐宋词史的'反思'"[18]等，都有此种效果。稍微具体一点，如评论唐宋词的"南国情味"：是"'烟水迷离'帮助造就了词境的柔美性"，是"'斜桥红袖'帮助造就了词情的香艳性"，是"'江南小气'帮助造就了词风的软弱性"——这"甜蜜、柔媚、温馨、香弱的'南国情味'，就如此地构成了唐宋（婉约）词的'词魂'"[19]。浸染于这样的语言氛围之中，我们大概不会无动于衷吧！二则是他善于把优雅的语言和浅俗的语言结合起来，达到所谓“雅俗共赏”。杨著语言的雅致自不必说，而所谓“俗”（“俗”本是个大题目，这里只是从语言角度说），并非平庸、陈俗、恶滥，而是那些依然“活着”的俗言俚语、笑话（故事），更多的是那虽然浅白却又并不缺乏“深度”的语言。文雅与朴拙相融通，却也显出别一种妙趣，有时简直“以一当十”。比如说到怀乡情结：“唐宋词人同样也表现得十分诚挚。俗语说：‘在家千日好，出门一时难’，又说：‘金窝银窝不如家里草窝’。这就道出了人们恋家和恋乡的普遍性人生体验。”[20] 再如引用《新齐谐》中“沙弥思老虎”的故事性语言来说明男女情爱确为人类之本能[21]；又如谈古今人生状况“是万变不离其宗和不断得到‘复制’的。例如，从个人的物质生活而言，无论哪个朝代的人，其实都在为衣、食、住、行而奔忙，分解到最后，也不外是饮食男女、吃喝拉撒睡”[22]。这类“真理”，经他用“白话”一说，几令人出一身冷汗，难道说没有“感染力”和“震撼性”吗？杨著中对具体词作的艺术分析就更不用说了。同时，杨氏文中还时而出现“此语怎讲”这种“说书人”（为吸引听众）常用的语辞唤醒下文，并吸引读者。所以，从上面的情况我们可以大致看到，杨海明在使用语言上不会故弄玄虚——即使对前人的“玄虚”之语，他也会给你解说得明明白白；他不会装腔作势，搬弄一般人难懂的洋人或他人的语汇和概念来吓唬人；他不会平平板板、呆滞钝笨，该用的词汇，招之即来。要之，他的语言朴素而又漂亮，潇洒而不轻佻，可读性极强。杨氏曾这样夸赞过唐宋词的语言：“如对整个古典文学的语言进行一次‘选美大赛’的话，其中的翘楚恐怕就非唐宋词莫属。”[23] 仿照此话的意思，我们是否可以这样说：在当今词学界，杨海明是少见而高明的“语言魔术师”之一。

四是使用“标志性”符号。杨氏论著中，除了正常使用的标点符号之外，尤其爱用引号即“”及括号即()这两种符号，特别是引号用的更多。为方便起见，笔者仅统计了杨氏几部著作中的目录标题使用引号以及其中某一节文字使用括号的情况，其中：《唐宋词史》目录有 12 章，40 节次，144 个句子，使用引号 124 次；《唐宋词纵横谈》目录含 26 篇文章，正、副标题共 52 个即 52 句子，使用引号 38 次；《唐宋词美学》目录有 4 章，18 节次，231 个句子，使用引号 158 次。又，《唐宋词史》第一章第一节约一万两千余字，句数计一千两百个左右，使用括号 79 次；《唐宋词美学》第一章第一节约近万字，句数计 1 千个左右，使用括号 50 次；《唐宋词与人生》上编第一专题有 6 千余字，句数计 60 个左右，使用括号 35 次。这些统计数字虽不一定十分精确，且引号中的词语有极少数重复者，括号中的文字有少数常规性的注明出处者，但仍可以看出，这两个符号的运用频率之高还是相当明显的。此可分别举几个例子并简要说明其作用(即从上述著作的目录或节次中摘引，因为使用引号的例句出自目录，不便再一一注明页码)。如用引号者：

辛氏身世的“不凡”和“不偶”：“英雄豪杰”与“隐士狂者”(《唐宋词史》目录)。

梦窗词中的“绵绵长恨”和“恋爱心理”(同上)。

“合金钢”中的“新元素”——谈唐宋词中的“言理”和“理趣”(《唐宋词纵横谈》目录)。

尺幅之内的“多味”意绪——谈词中的“复合”型情感(同上)。

“冷美人”与“热美人”——谈苏轼《洞仙歌》兼及他对词风的“雅化”(同上)。

词之柔美风格的形成与音乐的“胎教”和“扶携”有关(《唐宋词美学》目录)。

或为了突出，或为了强调；或因改造旧说、化俗为新，或因自设名词、概念，标新立异；或有一种替代作用，或另含有某些寓意等，反正在常规之外大量应用的引号，往往使原本普通的语词起了变化(甚至是“质”的变化)，而具有一种别样的意趣。又如用括号者：

在他们看来(事实也正如此)，南国的一个主要特点就在于多水。(《唐宋词史》第13～15页)

前代诗歌中，大凡(仅是‘大凡’而已!)在抒写“风云之气”和“丈夫之志”时，多以北国的高山峻岭作为背景。(同上书，第15页)

音乐给人以听觉(声)的快感，美女又给人以视觉(色相、光彩)的愉悦。(《唐宋词美学》第1页)

它们都用人生的背面(荒坟野草)来反照出人生(其正面是功名富贵，热闹非凡)之总属虚空。(《唐宋词与人生》第33页)

如何做好这个梦，以及同床(同一个时代)而异梦的情况，却又人各有殊。(同上书，第34页)

括号中的话，有时是加重语气、限定语意，更多的则是对文意进一步解释、说明、补充、引申，其目的在于使“正文”更加流畅、圆转，而要表达的意思却更为充实、丰满、灵动了。如此看来，这两个符号就像高等级快车道上提醒行人的各种指示牌一样，确实已成为杨氏行文中的一个个“闪光点”（当然，如果不必用而过多使用，也会有负面作用），在某种程度上甚至可以说它已成为辨识杨著的一个标记；而且它与上面提到的几点糅合在一起，使其独特的艺术评论增色生辉。

复次，“圆照”的态度和全面的方法。这是杨海明在谈到“文学形象”的问题时自己说的话[29]。圆照，佛学术语，出自《圆觉经》，大意是圆满融通，无缺无碍。就具体语境而言，杨氏之语具有直接的针对性（或者说局限性），但从方法论的角度看，此言显然具有普适性，故此处加以借用，说明杨氏在唐宋词研究方法上值得关注的两个方面：其一是研究方法的综合性运用，其二是圆通无碍的辩证思维方法。

先说前者。吴调公先生在杨著《唐宋词论稿》的《序言》中谈到杨海明的“治学之道”时，说他“既能汲取新潮，体现面向现代的文艺科学的新精神，又能承传和完善乾嘉方法”。所谓乾嘉方法，指传统的考据方法。吴先生如是说，盖因此著所收数十篇论文，按一般说法可分为理论研究与考辨两种类型（前者居大多数），吴先生认为杨氏这些评论文章能“抓住‘词境’的总关捩”，把握“‘词境’所包含的各种内涵”并给以“宏观”的阐释；至于“微观”的考证，在不同程度也都与“词境有关”，且又“兼具内外证的考辨的”。也就是说，杨海明关于唐宋词的评论，既能抓其要害，又力辟新径，发他人所未发；考辨文字既注重“求真务实”，又写得灵便而不泥板，这都透露出他对当时文艺新思潮的吸纳。不过，笔者想要进一步申明的是，在20世纪80年代初期，当所谓新观念、新方法汇为一股浪潮启开封闭之门向我们涌来的时候（其实，此类“浪潮”在20世纪30年代前后即曾出现过，只是由于众所周知的原因未能承续下来），古代文学研究界并未表现出多少兴趣，坦率地说，不少学人甚至采取了不屑一顾的态度；当我们的“领地”不断受到强力冲击的情况下，有人开始在论著中引进某些“新概念”，却又被认为此种文风不宜提倡（当然，其中也确有生搬硬套的现象）；当这股潮流进一步高涨，在某些学科已成燎原之势，形势对古代文学研究越来越严峻之时，有人试图以新的理念和方法对古代文学的一些问题重新审视，尽管这些论著在运用中有不足或不当之处，但毕竟是可喜的现象。遗憾的是，这种尝试往往因各种理由遭到拒斥。有的学者还主张只有回到“考据”才是“正轨”。尔后，为打破古代文学研究的沉闷与僵化局面，有识之士发起了对于古代文学的宏观性探讨，但争论仍在继续。经过一段时间的“交锋”和不断地“磨合”，古代文学研究才逐渐融人了新的研究格局。通过以上的简单回顾，可知古代文学（包括词学）研究在观念与方法的“蜕变”上是走过一段坎坷之路的。其实，所谓新方法并非完全排斥传统方法，相反，它应该而且必然要吸取传统方法的合理因素；它是一种开放性的、多样化的方法，除了以往惯用的社会学、考据学方法之外，亦可适当引进如美学、心理学、文化学、民俗学等各门学科的研究成果，用多向的多维联系的思维方式对研究对象进行多视点、多侧面的观照，进行综合的、立体的研究，打破在研究方法上独家经营的“专利”，没有什么坏处。事实也证明，古代文学研究之所以有今天的实绩，是伴随着其研究论著从“热衷”生搬一些新出现的名词概念，到中与外、古与今各种研究方法的碰撞、融合，再到在开放型观念引领下综合运用有效方法解决各类论题的艰难过程的。所以，说了这么多，意在和读者及同行们一起再回忆（因为大家都比较熟悉）或翻阅一下杨海明写于20世纪80年代之初的《唐宋词论稿》中的文章，说他是最早解放观念迎接新方法挑战、并在实践上做得比较成功的一位学者，当不是无稽之谈。而他在唐宋词研究领域的得风气之先，对整个古代文学研究意识与方法的变革，无疑起到了助推作用。同时还应指出，在此后若干年内，杨海明更加得心应手地“驾驭”着综合性方法的工具，从词史、风格、美学、人生哲学不同视点推出了一部又一部专门著作，令世人刮目相看。

次说后者。杨海明的论著还给人一个很突出的印象，就是大到一部书的架构，小到一个具体问题的论说，都显得左右逢源，滴水不漏，游刃有余。这除了熟稔词学资料及深厚的艺术功力之外，辩证思维恐怕是一个最主要的因素。他能把历时性描述和共时性比较、动态地观察与静态地分析、纵向的梳理同横断面的剖视以及“花开两朵，各表一枝”的合而又分或分而又合，非常“到位”地结合起来，让你很难找到他的破绽。比如专著《唐宋词美学》从词的登场说起，接着从士人的心理需求出发谈唐宋词所提供的审美新感受；然后又从词体特擅表达的“人情”之美讲到它的形式及风格之美等，主体客体，方方面面，一丝一缕，层层剖析。然而这主要还是针对占词场大半个舞台的所谓“本色”柔婉词而言的，词中另类所谓“变体”的刚气之词决不应被舍弃，于是最后给以补足。全书论述新颖、丰满、全面，且不仅始终贯穿了“诗词比较”的线索，还将词史的纵深感与对唐宋词在横向层面上的美学感悟融通起来，使读者饱览了颇富“主体感”的唐宋词美学。又如关于“词代诗兴”的问题，他首先引用了前人三条有代表性的看法，但认为王国维之说虽然“比较通达”，却也存有“缺陷”，而另两种“虽然是错误的意见中，却也还包含着一定的合理因素”，于是他“加以科学地‘改造’和利用，吸取上述三种意见中的有益成分”，得出了自己的三点认识[㉔]。对前人成果及其正、误的态度与方法，于此可见。这里，还可以前面提到过的《唐宋词史》第一章第一节《对于唐宋词的“整体观”》为例来多说几句：既然是整体观，作者便尽可能“全方位”地从唐宋词的文体特色（较之诗文，虽有短处，却有优长）、抒情特色（虽然悲忧，却极美丽）、地域与风格特色（虽则‘软弱’，却另具价值）等几个侧面进行缕述评说，但概略的“鸟瞰”毕竟不是十分精确的定量分析，“‘整体’只能牢笼着‘局部’而并不意味着它能包囊所有的‘局部’”，故而必有“例外”现象。文中对三点“例外”加以说明后写道：“尽管如此，这些‘例外’的现象却并不能从根本上动摇我们对唐宋词的那种‘整体观’”。行文至此本可“打住”，但作者却意犹未尽，篇终引证陆机《文赋》曾提出过的“文体风格论”，并以同韵脚的“词婉约而感伤”的类似句式对其作了巧妙的补充。当然，“这或许会产生‘以偏概全’的嫌疑，但从总体上来说却又‘可以成立’”[㉕]。你看，在这严谨而细密的逻辑、周至而不片面的思考以及极富智略而决不“油滑”的辩证思维方法所编织成的文字面前，你就是想找个“茬”儿，那“漏洞”能容易找吗？

杨氏的研究风格大致如上。不过，也还要声明一句：因为我们无法同时进行叙述，才不得不把想说的东西“割裂”成大大小小的“方面”和“条条”——实际上，它们是难以剥离地相融相依在一起，共同形成一种“合力”（就像糯米、赤豆、莲子等带着各自的风味融合在一起做成甜美的八宝粥那样），否则就不会有什么独特的“杨氏风格”。这种道理，也就不需要多费笔墨了！

三

以上姑算“横说”，那么，杨海明在唐宋词研究领域已经做了些什么，其大体过程如何，自然会成为一种期待。下面我们拟对此作一番“走马观花”式的勾勒。

大略而言，杨氏的词学研究经历了一个从“外围”挺向“纵深”的过程。这一过程可分为三个阶段，第一阶段不妨称之为试探性的“四面出击”阶段，大约是从他走上词学研究之路到1986年之前的一段时间。此时期他主要以近乎"疯狂"的热情写作各类论文，后结集为《唐宋词论稿》。此书虽出版于1988年，却集中了作者最早的一批研究成果。他在写于1986年农历10月的《后记》中说："从事唐宋词的研究，是在1978年考取唐圭璋先生的研究生后的事"，从开始写作论文"直至如今，不意竟积有五六十篇之多"；又谓本书乃从中"挑选若干"，其所收三十余篇文章，基本是在"1981年至1986年间发表过的论文（曾加修改）"，而按其内容可分为四类：一是"对唐宋词的宏观性思考与探索"，二是"对作家（群）和作品的评论与研究"，三是"词论研究"，四是"考证性的"。同时，这期间（1984年）他还在毕业论文的基础上完成了专著《张炎词研究》的初稿（此书1989年由齐鲁书社出版），唐先生于1985年初为之作《序》时，称其不少问题"填补张炎研究中之空白"。所以，根据作者的自白并结合我们的体察，此一阶段的基本状况似可提示如下几点：其一，由于特殊的历史境遇，出生于1942年的杨海明，像许多同龄人一样，真正进入学术"殿堂"的时间较晚；然此前生活阅历的积累，教师职业对原有文学（诗词）知识的加固及文笔的磨砺，社会人生浮沉中对事物认知和判断力水平的提升等，却也为其学术研究铺垫了基础。其二，作为词学宗师唐圭璋先生的门下，经唐先生及其他名师的点拨、指教，久已积聚的对唐宋词研究的渴望像烈焰般喷发出来，"加以他的好学深思，所以学习时已崭露头角。毕业后数年间，对词学研究更是突飞猛进，成果累累"，数量之"惊人"和质量之"上乘"，甚至"已闪示出这一个大手笔的端倪的光辉了"[2]。可以说，杨海明初登词学"圣坛"便来了个非同寻常的"亮相"。其三，虽则杨海明表现出了多方探求的强烈意识和敏锐的艺术感悟能力以及词学观念与方法的开放性和多样化趋势，但总的看，他似乎还在自己与研究对象之间进行"双向选择"，换言之，他好像还在评论、考证、词学理论之间徘徊，"火力点"比较分散，整体水平尚未臻于完全成熟之境。因此，他必须继续向前迈进，以充分展示自己的魅力和个性风貌。

第二阶段是"多棱面"烛照、探究唐宋词，并把自己的研究推向巅峰的阶段，大约在1986年稍前写作《唐宋词风格论》到20世纪末这段时间。杨海明也曾较"具体"地谈到这个时期的研究情况："作为一名唐宋词的喜爱者和研究者，我对它的阅读兴趣和研究重心，自然也会随着时间的推移而不断产生变化，"在分别对《唐宋词风格论》、《唐宋词史》、《唐宋词美学》、《唐宋词纵横谈》进行“简介”后接着说:“且不管上述诸书的优劣得失如何,它们就都可证明:对于唐宋词这样一份优秀和丰厚的文学遗产,大可进行多角度和多层面的研究与发掘”[㉘]。这就十分清楚地说明了他对研究客体的多方“关照”。不过,值得注意的是:第一,此时他完成了从主要写作单篇论文到把握大型论题、创制高水平著作的过渡(《唐宋词纵横谈》可算是系列论文的结集)。第二,他的一系列重要著作的问世,可证其在认识客观对象的同时也在不断地认识自己并调整与客体的关系,也就是说,研究的实践已让他将主要精力转移到对于唐宋词的“评说(论)”上来(虽然此时也有其他类型的著述和文章)——从另一角度看(如本文开始时所言),这其实也是他特别擅长的“本领”和最为得意的“工具”。第三,我们还发现,这一阶段的前期(即20世纪80年代中后期),紧紧“胶合”着前一阶段威猛的势头。杨海明词学论著的发表与出版尤为密集(比如自1986年至1989年即连续出版4部著作,发表多篇论文,表明他处于特别“亢奋”的研究状态之中。时当年富力强,他以超常的意志品质和昂扬的进取精神应对整个学术思潮变革的挑战(也是机遇),并由此催生了其“代表性”著作《唐宋词史》的降临。自然,前此梓行的《唐宋词风格论》与后此面世的《唐宋词美学》等论著也曾获得广泛的好评,尤其是前者,跳出社会学的旧框架,超越传统的词风词派论,专从风格角度展示唐宋词的美学风貌及其衍变,在特定背景下,以其开拓性的探讨颇受学界嘉许[㉙]。然而,应该说这还是一个过渡,紧跟着出场的《唐宋词史》才是他迈越“顶峰”的辉煌之作。关于这部书,人们普遍熟悉,说的也已经不少了,比如它广阔的历史文化视野,比如全方位、多层面的体系建构方式以及新颖的理论创造,比如说它满足了长期以来人们对一部“真正”词史的渴盼,等等,这里似无必要再引证那些具体的评论。不过需要强调的是,在此书之前杨海明关于唐宋词的不少精彩见解或者提出的一些重要论题,基本上都在本书中得到了进一步的阐扬与展现;而在此后发表、出版的论著中,又往往是该著中某些命题和观点的更加深入的掘进或“放大”,独特的杨氏评论风格在这部著作中得到了淋漓尽致的体现;同时,人们公认,尽管此后也有数种词史类著述问世,但它至今仍难以超越,不可代替。

第三阶段是“挺向纵深”——“为人生”(应用)而研究的阶段,大约在1998年前后于《文史知识》等报刊发表唐宋词人关于人生感悟的文章开始,直到本世纪初的这段时间,其标志自然是专著《唐宋词与人生》的出版。

在介绍第二阶段的研究情况时，我们曾引证杨海明在《唐宋词与人生·余论》中说过的一段话，其实，在那段话之后他还接着说道："直到写毕上面这些著作以后，我总隐隐约约地觉得自己对于唐宋词的研究，似乎还欠缺了什么。或者换句话说，自己虽然对于唐宋词作过一番'横说竖说'的评论，但对它的真正底蕴却仍有感悟不深和言之不透的感觉"。他在"经过一番细思之后方始悟到"："从一定意义上说，唐宋词就是唐宋词人用词的形式所写就的一部大型的'人生百科全书'；而对后代读者来说，也仍可当作一部人生教科书来阅读。"而在该书《自序》中，他又说过如下的话："词学研究可以和应该有很多很多工作要做，但若丢弃或遗忘了研究'词与人生'的课题，就好比打仗老打外围战而不向纵深挺进那样，未免令人深感遗憾与不足。"这就是说，在杨海明看来，他此前关于唐宋词的研究，尚未深探其"膏肓"；而唐宋词之所以弥久不衰、与历代读者进行跨时代"交流"的秘密，即在于它深含的"人生意蕴"：这也便是他写作《唐宋词与人生》的契机。

关于这部论著的意义和价值——为省事起见——此处打算转述邓红梅教授评价该著的主要意见。她以为，此书"对唐宋词中流淌着的'温热的生命暖流'和保存着的'鲜活的人生百味'进行十分全面与细致的还原揭示"，从而以其"活性效应""参与当代人的人生体味和人生感悟"，给今人以"思想启示"，这正是"唐宋词的真正价值和魅力所在"；尤其重要的是，在当今的学术环境中，它"将我们已经断裂的学术传统重新弥合，重新重视文学研究的文学价值"，"将'为人生'的研究上升到前所未有的高度"，映现出杨氏特有的"独立精神"和"独往勇气"[9]。笔者表示赞同。不过，这里还想说明，该著昭示了杨海明学术道路上又一次重要的并非大转折的重心大转移。谓其"并非大转折"，是说他研究唐宋词的"大方向"没有改变，依然在这条轨道上特立独行；谓其"重心大转移"，是说他对唐宋词作了一番"多棱面"观察和"究问"后（这是完全需要的），又渐有所悟地潜入了研究对象的"腹地"。如果把唐宋词比作一座秀峭的高山，他在遍览此山风光并进行"巅峰体验"之后，又沉潜至"谷底"体悟"相看两不厌"之神理；换言之，由主要审察外物"本体"到主要悟解物我之关系。因此，虽则他说以往研究重心也在不断变化，但这次确与之有所不同，说是"重心大转移"，即为此意。此其一。其二，这一"大转移"具有重要意义，它是研究的深入，亦是研究的走向普及，矛盾而又统一。虽然历代的词学批评对人生问题有所诠释，"但却基本未能跳出以政治和道德评判为主的批评模式，更未能注目于唐宋词对后世读者的思想文化影响。”[3]因而，这不仅再次表明了杨海明词学研究中贯穿始终的面向现实及辩证思维之原则精神，更需注意的是，他开始了跨出“学院派”高墙深宅而走向大庭广众的“社会化”实践的又一段旅程，这其实是他的一种强烈的社会责任感的体现，同时也是在为学术研究寻求突破之路。果然，他在2004年5月于西安召开的“第三届唐宋诗词国际学术研讨会”上的一次“即兴式”发言中便正式提出了“应用词学”的概念，指出：词学研究的路子越走越窄，其中一个重要原因是忽略了一般老百姓和青年学生的现状与需求。唐宋词研究应面向大众，关注现实人生，实现研究与接受的互动，满足广大群众对“真、善、美”的渴求与人文关怀[2]，这一具有“领航”意味的建议，值得人们深长思之。

以上对杨海明三个研究阶段的划分，只能说“大致如此”，至于各段时间之起讫，更是这样。本来，涉及词史、词人创作、学者研究中的分期问题，应该有较为明确的时间断限，可笔者总觉得，时间越是具体，却往往并不科学；同时又容易给“粗心”的读者一个“误导”：似乎这类学术性质的分期会在某年某月截然分开，而实际情况并非如此。所以，这里对杨氏唐宋词研究的几个阶段，虽有时间线索，却又是粗线条的。

总之，经过“横说竖说”，读者也许对这位词学专家已经有个比较清晰的印象了。而在结束本文之前，笔者还想“画蛇添足”：杨海明独特的研究个性，几令我们不看论著之署名也能判断是否出自其手——尽管他那淳朴无华、从不雕饰的外表与其才情横出的文笔似乎有着明显的反差——这的确是学人所渴望的境界。当然，个性是学不来的，然正如文章开头所言，他至少会给我们某些启迪。如今，杨海明已过“耳顺”之年，每天清晨，他在校园里与花草、树木“对话”；而在唐宋词的世界里，他又用自己的“网络”与古人和今人娓娓而谈。他健康而快乐，没有“杜鹃啼血”式的伤哀，因此，展开在他面前的仍然是无尽的跋涉与创造，我们祝福他一路好运！

（附记：本文写作前后，未与杨海明先生沟通、交流，不妥之处，请杨先生及其他专家、读者批评指教）

①杨海明《唐宋词史》，江苏古籍出版社1987年版，第1、553、554页。

②杨海明《论唐五代词》，见《唐宋词论稿》，浙江古籍出版社1998年版，第85、96页。

③如关于赵鼎贬谪事,见《说赵鼎的词》,《唐宋词论稿》第176页;"词为艳科"语源考,见《唐宋词美学》,第127页。

④如关于柳永的生卒年,见《唐宋词史》第242页。

⑤《文学评论》2000年第1期。

⑥克罗齐《历史学的理论和实际》,傅任敢译,商务印书馆1997年4月版,第2页。

⑦克罗齐《美学原理》,朱光潜译,外国文学出版社1983年11月版,第139页。

⑧《唐宋词史》,第410页。

⑨《唐宋词史》,第282～318页。

⑩《唐宋词史》,第224页。

⑪《唐宋词史》,第215页。

⑫《唐宋词美学》,江苏教育出版社1998年版,第235页。

⑬《唐宋词美学》,江苏教育出版社1998年版,第121页。

⑭《唐宋词美学》,江苏教育出版社1998年版,第153页。

⑮《唐宋词史》,第191、195页。

⑯《唐宋词史》,第349页。

⑰《唐宋词纵横谈》,苏州大学出版社1994年版,第1～12页。

⑱《唐宋词史》,第552～557页。

⑲《试论唐宋词所浸染的"南国情味"》,见《唐宋词论稿》第39～50页。

⑳《唐宋词美学》,第31页。

㉑《唐宋词美学》,第87页。

㉒《唐宋词与人生》,河北人民出版社2002年版,第10页。

㉓《唐宋词美学》,第193页。

㉔《试论唐宋词所浸染的"南国情味"》,见《唐宋词论稿》第37页。

㉕《"词境"——向着抒情的深度开掘》,见《唐宋词论稿》第2页。

㉖《唐宋词史》,第3～19页。

㉗吴调公《唐宋词论稿·序言》,第2～3页。

㉘《唐宋词与人生》,第428页。

㉙见唐圭璋为《唐宋词风格论》所作《序》、刘扬忠《新中国五十年的词史研究和编撰》,《文学遗产》2000年第6期以及有关书评。

㉚见《宋代文学研究年鉴(2002—2003)》,武汉出版社2005年版,第257～259页。

㉛《唐宋词与人生》,河北人民出版社,第19页。

㉜参见温若芬、何芸《中国唐宋诗词第三届国际学术研讨会会议综述》,《第三届唐宋诗词国际学术研讨会论文集》,中国社会出版社2004年版,第461～462页。

2004—2005年宋代文学研究著作目录索引

刘　学

一　词

两宋词史　史仲文著　北京:中国社会出版社　2005
南宋词史　陶尔夫,刘敬圻著　哈尔滨:黑龙江人民出版社　2005
北宋词史　陶尔夫,诸葛忆兵著　杭州:浙江人民出版社　2005
宋词大辞典　王兆鹏,刘尊明主编　南京:凤凰出版社　2004
全宋词鉴赏辞典　贺新辉主编　北京:中国妇女出版社　2004
宋词三百首鉴赏辞典　傅德岷主编　武汉:湖北辞书出版社　2005
唐宋词鉴赏辞典　傅德岷,卢晋主编　武汉:湖北辞书出版社　2005
唐宋词汇评·两宋卷　吴熊和主编　杭州:浙江教育出版社　2004
唐宋词欣赏　夏承焘著　杭州:浙江古籍出版社　2004
唐宋词社会文化学研究　沈松勤著　杭州:浙江大学出版社　2004
唐宋词与商业文化关系研究　王晓骊著　北京:中国社会科学出版社　2004
唐宋词美学　邓乔彬著　济南:齐鲁书社　2004
唐宋词流派研究　余传棚著　武汉:武汉大学出版社　2004

唐宋词史的还原与建构　王兆鹏著　武汉:湖北人民出版社　2005
唐宋词综论　刘尊明著　北京:中国社会科学出版社　2005
唐宋士风与词风研究:以白居易、苏轼为中心　张再林著　北京:人民文学出版社　2005
唐宋词抒情美探幽　吴小英著　杭州:浙江大学出版社　2005
唐宋词研究与欣赏　庆振轩著　兰州:兰州大学出版社　2005
《宋史·乐志》研究　李方元著　上海:上海音乐学院出版社　2004
宋代节序词研究与欣赏　易蓉,陈扬燕编著　北京:中国农业出版社　2004
宋代咏物词史论　路成文著　北京:商务印书馆　2005
一往情深深几许:宋词的文化逻辑　仲冬梅著　上海师范大学博士后报告　2005
宋词与唐诗之对应研究　王伟勇著　台北:文史哲出版社　2004
宋词与民俗　黄杰著　北京:商务印书馆　2005
宋词的文化定位　沈家庄著　长沙:湖南人民出版社　2005
宋词感悟　勾承益编著　成都:巴蜀书社　2005
南宋名家词讲录　叶嘉莹著　天津:天津古籍出版社　2005
倾听词心　高建中著　银川:宁夏人民出版社　2004
唐诗宋词研究　冷成金著　北京:中国人民大学出版社　2005
唐诗宋词百话　李剑冰著　上海:汉语大词典出版社　2004
唐宋词名篇鉴赏　天人主编　呼和浩特:内蒙古人民出版社　2004
唐宋词名篇导读　谭新红,王兆鹏著　武汉:长江文艺出版社　2005
唐宋词与传播　龙建国　南昌:百花洲文艺出版社　2004
动漫版唐宋词一百首　肖利编　上海:上海古籍出版社　2004
名家读唐宋词　西渡编　北京:中国计划出版社　2005
最爱唐宋词(汉英对照·影画版)　许渊冲选译　北京:中国对外翻译出版公司　2006
唐圭璋推荐唐宋词　唐圭璋选,钟振振注释　扬州:广陵书社　2004
唐诗宋词名句锤炼口才实用法与举例　卢孟来编著　广州:广东经济出版社　2004
唐诗宋词精选　秦南编选　南京:江苏文艺出版社　2004
唐诗宋词梦寻:126 首唐诗宋词把握引人 50 处终生难忘的胜景　指南针七

人特工队采写　珠海:珠海出版社　2004
唐宋词选释　俞平伯选注　西安:陕西师范大学出版社　2005
唐宋词选释　俞平伯选注　北京:人民文学出版社　2005
唐宋人选唐宋词　本社编,唐圭璋等校点　上海:上海古籍出版社　2004
唐宋词三百首　徐庆宜选析　广州:广东高等教育出版社　2004
唐宋词三百首　韦坚译注　西宁:青海人民出版社　2004
宋词精粹解读　蔡义江编著　北京:中华书局　2004
宋词导读　王晶冰,谢岫岚著　太原:希望出版社　2004
宋词名篇　陈果安译注　长沙:中南大学出版社　2004
宋词二十讲　闵泽平著　北京:新世界出版社　2005
宋词赏析　沈祖棻著　西安:陕西师范大学出版社　2005
晓风残月:宋词赏析　段立超编著　长春:吉林文史出版社　2004
情天真有返魂香:宋词阅读笔记　洪亮著　济南:济南出版社　2005
宋词地图　姚颖,彭程著　北京:企业管理出版社　2004
宋词之旅　李元洛著　武汉:长江文艺出版社　2005
宋词(图文版)　冯国超主编　北京:中国文史出版社,光明日报出版社　2004
宋词三百首　上彊村民编,张海明译注　西宁:青海人民出版社　2004
宋词三百首　上彊村民原编,司徒博文译注　北京:当代世界出版社　2005
宋词三百首　曾晓峰评析　武汉:湖北辞书出版社　2004
宋词三百首　(清)朱祖谋编　北京:华夏出版社　2004
宋词三百首　郭竹平译注　北京:中国社会科学出版社　2004
宋词三百首　朱祖谋编,武玉成,顾丛龙注　北京:人民文学出版社　2004
宋词三百首　朗石,孔择凡编,胡志明工作室绘　上海:上海人民美术出版社　2004
宋词三百首　钟雷主编　哈尔滨:哈尔滨出版社　2004
宋词三百首　王东生,王占英主编　呼和浩特:内蒙古人民出版社　2005
宋词三百首　上彊村民编　西安:三秦出版社　2005
宋词三百首　张家林主编　北京:人民日报出版社　2005
宋词三百　陈渔,夏雨虹主编　长春:吉林人民出版社　2005
宋词三百首(唐诗·宋词·元曲)　纪江红主编,龚勋,孟惠恩编撰　北京:北

京出版社　2005
宋词三百首详析　郭伯勋编著　北京：中华书局　2005
宋词三百首赏译　范晓燕编著　长沙：湖南人民出版社　2005
宋词三百首译析　李淼译注　长春：吉林文史出版社　2005
宋词三百首精华赏析　孟庆文主编　海口：南海出版公司　2004
宋词三百首注评　王兆鹏，黄崇浩注评　南京：凤凰出版社　2005
宋词三百首笺注　上彊村民编，唐圭璋选注　北京：人民文学出版社　2005
宋词三百首精选导读　编者不详　西安：陕西旅游出版社　2004
宋词三百首　郭竹平译注，冷杰配画　北京：中国社会科学出版社　2004
汉英对照宋词三百首　许渊冲译　北京：高等教育出版社　2004
宋词绝唱100首(插图本)　洪波编著　上海：上海大学出版社　2005
宋词百阕　杨敏如选释　北京：中国青年出版社　2004
宋词灯谜　林春增编著　北京：学苑出版社　2005
历代词选　程郁缀选注　北京：人民文学出版社　2004
两宋词作　范松义选注　北京：中国社会出版社　2005
图画宋词　(明)汪氏编，李知之注析　长沙：岳麓书社　2005
名家品诗坊·宋词　夏承焘等编著　上海：上海辞书出版社　2004
众里寻他千百度：宋词全彩古画版　冯国超主编　台北：咏春图书文化事业有限公司　2004
白话宋词三百首　上彊村民编，李之亮译注　长沙：岳麓书社　2005
精选宋词与宋画(英汉对照)　许渊冲译词　北京：五洲传播出版社　2005
名家书画宋词精萃　迟乃义主编　北京：中华书局　2004
一生要会背诵的100首唐诗宋词　赵亚虎编著　北京：时事出版社　2005
云中谁寄锦书来：宋代合集　王国钦编著　郑州：河南文艺出版社　2005
玉盘珠响：唐宋词精品赏析　邱崇丙编著　北京：中国社会出版社　2004
宋词，我的忧郁抗体：120首可以疗伤止郁的唐宋词句　陈籽伶，星佑编著　长沙：岳麓书社　2004
唐诗·宋词·元曲　陈亚美选编　北京：中国文联出版社　2004
绝妙好词　(宋)周密编，廖承良校注　长沙：岳麓书社　2005
东瓯词徵　薛钟斗编辑，余振棠校补　上海：上海社会科学院出版社　2004
胡云翼选词：词选·宋词选　胡云翼著，刘永翔、李露蕾编　上海：华东师范

二　诗

西昆体与宋型诗建构　傅蓉蓉　上海:文汇出版社　2004
理禅融会与宋诗研究　张文利著　北京:中国社会科学出版社　2004
文化视域中的北宋熙丰诗坛　马东瑶著　北京大学博士后报告　2004
胡云翼说诗:唐诗研究·宋诗研究·明诗研究　胡云翼著,刘永翔、李露蕾编　上海:华东师范大学出版社　2004
江西诗派诸家考论　韦海英著　北京:北京大学出版社　2005
江西宗派研究　伍晓蔓著　成都:巴蜀书社　2005
山东作家与北宋诗文革新运动　李善奎著　济南:山东文艺出版社　2004
北宋居士诗研究　昝红霞著,赵仁珪指导　北京师范大学博士论文　2004
北宋馆阁翰苑与诗坛研究　陈元锋著　北京:中华书局　2005
南宋的学术发展与诗歌流变　孔妮妮著,王水照指导　复旦大学博士论文　2004
两宋文化与诗词发展论略　刘乃昌著　济南:山东大学出版社　2005
唐宋文化与诗词论稿　陈忻著　重庆出版社　2004
唐宋诗词文化解读　蔡镇楚,龙宿莽著　北京:北京图书馆出版社　2004
宋代古音学与吴棫《诗补音》研究　张民权著　北京:商务印书馆　2005
宋诗纪事补订　钱钟书补订　北京:生活·读书·新知三联书店　2005
宋诗选注　钱钟书选注　北京:人民文学出版社　2005
宋诗选　张鸣选注　北京:人民文学出版社　2004
宋诗三百首评注　刘乃昌选注　济南:齐鲁书社　2004
宋诗三百首(配图本)　龚祖培编　成都:天地出版社　2004
宋诗三百首译析　喻朝刚,周航编著　长春:吉林文史出版社　2005
宋诗名句钢笔行书字帖　徐梅书,《写字》编辑部编　上海:百家出版社　2005
宋代诗苑揽胜　黄为之,杨廷治编著　北京:华语教学出版社　2004
宋黄庭坚寒山子庞居士诗卷　上海书画出版社编　上海:上海书画出版社　2004
宋本周昙《咏史诗》研究　赵望秦著　北京:中国社会科学出版社　2005
全宋诗订补　陈新等补正　郑州:大象出版社　2005
辽金元绝句选　刘达科选注　北京:中华书局　2004
辽金元诗选评　刘达科注评　西安:三秦出版社　2004

唐宋诗歌导读　王晓纯主编，李世英著　北京：中国社会出版社　2005
唐宋诗举要　高步瀛选注　台北：里仁书局　2004
唐宋诗选　管士光，杜贵晨选注　西安：太白文艺出版社　2004
唐宋诗鉴赏辞典　傅德岷，卢晋主编　武汉：崇文书局　2005
唐宋诗词名句鉴赏　铁生兰译注　西宁：青海人民出版社　2004
唐宋诗词名篇精解　栾睿著　乌鲁木齐：新疆大学出版社　2005
唐宋诗词里的春天　古爱瑛编，阿莲绘　郑州：海燕出版社　2005
唐宋诗词里的冬天　古爱瑛编，李建强绘　郑州：海燕出版社　2005
唐宋诗词里的秋天　古爱瑛编，孙合卿绘　郑州：海燕出版社　2005
唐宋诗词里的夏天　古爱瑛编，张森，王铁成绘　郑州：海燕出版社　2005
唐宋诗词选修读本　严雯婧编著　上海：汉语大辞典出版社　2005
名家品诗坊·宋诗　缪钺等编著　上海：上海辞书出版社　2004
名家读宋元明清诗　西渡选编　北京：中国计划出版社　2005
禅诗精选　姜子夫主编　北京：大众文艺出版社　2004
古典诗词流行读　字解文说工作室编　昆明：云南教育出版社　2004
国学经典·诗　谢佩媛，李永田主编，杨小亮编著　北京：北京出版社　2004
诗学与美学的感悟：张晶自选集　北京：北京广播学院出版社　2004
诗词读写丛话　张中行著　北京：中华书局　2005
诗词联书信集　杨拔尤著　湘州：湘州农业学校印刷厂　2004
诗词曲新论　张惠民著　汕头大学出版社　2005
诗词曲语辞例释　王锳著　北京：中华书局　2005
历代诗词名句鉴赏　游光中主编　成都：四川辞书出版社　2005
中华诗词鉴赏辞典　傅德岷主编　武汉：崇文书局　2005
长江流域诗词史论　蔡靖泉著　武汉：湖北教育出版社　2005
中国古代诗法纲要　易闻晓著　济南：齐鲁书社　2005
中国古典诗歌要籍丛谈　王学泰编著　天津：天津古籍出版社　2004
中国古代诗歌艺术精神　李达五著　重庆：重庆出版社　2004
流霞回风：中国古典诗歌散论　孙明君著　昆明：云南人民出版社　2004
万川之月：中国山水诗的心灵境界　胡晓明著　北京：北京大学出版社　2005
和谐吟：诗词选粹　韩洪奎选　香港：天马出版有限公司　2005

诗词自话　邓云乡著　石家庄:河北教育出版社　2004
格律诗学要领　何瑞麟著　香港:当代文艺出版社　2004
诗律　郭芹纳著　北京:商务印书馆　2004
诗情词境堪吟哦:古典诗词学习例说　何庆善著　合肥:安徽大学出版社　2004
诗情画意的安徽　余恕诚,周啸天,丁放著　合肥:安徽大学出版社　2005
周振甫讲古代诗词　周振甫著　南京:江苏教育出版社　2005
古诗词中的逻辑　彭漪涟著　北京:北京大学出版社　2005
古典诗学的文化观照　莫砺锋著　北京:中华书局　2005

三　文

元祐散文研究　丁恩全,庆振轩,刘明钧主编　兰州:兰州大学出版社　2005
宋四六论稿　施懿超著,巩本栋指导　南京大学博士论文　2004
南宋理学大家古文研究　闵泽平著,熊礼汇指导　武汉大学博士论文　2005
中国文学史(三):唐宋文学史　荆立民著　西安:太白文艺出版社　2004
唐宋八大家与佛教　刘金柱著　北京:人民出版社　2004
唐宋文选　宋绪连等选注　西安:太白文艺出版社　2004
唐宋诗文选　杨宪益,戴乃迭译　北京:外文出版社　2005
唐宋赋学研究　詹杭伦著　北京:中国社会科学出版社　2004
唐宋散文八大家　赖新明译注　广州:广州出版社　2004
唐宋散文八大家　刘道英译注　西宁:青海人民出版社　2004
唐宋八大家文化文章学　周楚汉著　成都:巴蜀书社　2004
唐宋八大家散文鉴赏辞典　吕晴飞主编　北京:中国妇女出版社　2004
唐宋八大家文集　金锋主编　北京:九州出版社　2004
唐宋散文导读　熊礼汇,闵泽平主编　武汉:长江文艺出版社　2005
唐宋散文名篇　陈果安译注　长沙:中南大学出版社　2004
唐宋散文选修读本　王冉冉,腾芸编著　上海:汉语大辞典出版社　2005
宋代蜀文辑存　傅增湘编　北京:北京图书馆出版社　2005
文选双字类要(再造善本)　(宋)苏易简撰　北京:北京图书馆出版社　2004

名家赏文坊·唐宋文　王运熙等编著　上海:上海辞书出版社　2004
诗赋文体源流新探　韩高年著　成都:巴蜀书社　2004
赋体文学的文化阐释　许结著　北京:中华书局　2005

四　小说、戏曲

唐宋笔记小说释译　沈履伟注译　天津:天津古籍出版社　2004
唐宋小说选　胡大雷,曹鸿庆,黄文魁选注　西安:太白文艺出版社　2004
宋元明清短篇白话小说选　王定璋选注　西安:太白文艺出版社　2004
宋代文言小说研究　赵章超著　重庆:重庆出版社　2004
宋代文言小说创作与时代思想文化　余丹著,李时人指导　上海师范大学博士论文　2005
宋元小说简史　萧相恺著　太原:山西人民出版社　2005
入世精神与纂述人事:宋代志怪传奇的发展与变化　许军著,刘勇强指导　北京大学博士论文　2004
虚实空间的移转与流动:宋元话本小说的空间探讨　金明求著　台北:大安出版社　2004
话本小说简史　张兵著　太原:山西人民出版社　2005
宋元南戏考论续编　俞为民著　北京:中华书局　2004
宋元戏曲史疏证　王国维撰,马美信疏证　上海:复旦大学出版社　2004
宋金戏剧史稿　薛瑞兆著　北京:三联书店　2005

五　总论及其他

北宋新学与文学　方笑一著,刘永翔指导　华东师范大学博士论文　2004
南宋文人与党争　沈松勤著　北京:人民出版社　2005
南宋江湖文人研究　张春媚著,王兆鹏指导　武汉大学博士论文　2005
南宋四洪研究　李菁著,王兆鹏指导　武汉大学博士论文　2005
宋代巴蜀文学通论　祝尚书著　成都:巴蜀书社　2005
宋代江南路文学研究　王祥著,王水照指导　复旦大学博士论文　2004

宋代河南地区诗词用韵研究　谢洁瑕著,鲁国尧指导　南京大学博士论文　2005

宋代昭德晁氏家族研究　何新所著,莫砺锋指导　南京大学博士论文　2004

宋代晁氏家族与文学　张剑著,陶文鹏指导　中国社会科学院博士论文　2004

宋代晁氏家族及其文献研究　刘焕阳著　济南:齐鲁书社　2004

宋代眉山苏氏家族研究　马斗成著　北京:中国社会科学出版社　2005

宋代四川家族与学术论集　邹重华,粟品孝主编　成都:四川大学出版社　2005

宋型文化与宋代美学精神　刘方著　成都:巴蜀书社　2004

宋元音乐文学研究　修海林,孙克强,赵为民主编　开封:河南大学出版社　2004

宋代词话与传播　张彩霞著,刘扬忠指导　中国社会科学院博士论文　2004

女性·审美·文化:宋代女性文学研究　舒红霞著　北京:人民出版社　2004

庆历士风与文学　李强著,洪本健指导　华东师范大学博士论文　2005

苏门六君子研究　马东瑶著　北京:北京大学出版社　2005

《高僧传》研究　黄先炳著,张宏生指导　南京大学博士论文　2005

第三届宋代文学国际研讨会论文集　张廷杰编　银川:宁夏人民出版社　2005

遨游在中古文化的场域:六朝唐宋学术研讨会论文集　台湾大学中文系,成功大学中文系"六朝唐宋学术研讨会"编辑小组编辑　台北:里仁书局　2004

古史文存:隋唐宋辽金元卷　中国社会科学院历史所编　北京:社会科学文献出版社　2004

观看,叙述,审美:唐宋题画文学论集　衣若芬著　台北:中央研究院中国文哲研究所　2004

唐宋历史文献研究丛稿　梁太济著　上海:上海古籍出版社　2004

唐宋文史论丛及其他　傅璇琮著　郑州:大象出版社　2004

史统、道统、文统:论唐宋时期文学观念的转变　罗立刚著　上海:东方出版中心　2005

文化建构文学史纲:魏晋到北宋　林继中著　北京:北京大学出版社　2005
行走在宋代的城市:宋代城市风情图记　伊永文著　北京:中华书局　2005
宋:西风凋碧树　赵益著　西安:陕西师范大学出版社　2004
宋代思想学术史论稿　范立舟著　澳门:澳亚周刊出版有限公司　2004
宋代文学研究年鉴(2002—2003)　刘扬忠,王兆鹏,刘尊明主编　武汉:武汉出版社　2005
宋代文学研究丛刊(第九期)　张高评主编　台北:德威国际文化事业有限公司　2004
宋代文学研究丛刊(第十期)　张高评主编　高雄:丽文文化事业股份有限公司　2005
宋人总集叙录　祝尚书著　北京:中华书局　2004
宋人著录金文丛刊初编　中华书局编辑部　北京:中华书局　2005
历代别集序跋综录:汉—宋代卷　钱仲联主编　南京:江苏教育出版社　2005
历朝学案拾遗　梁启超,王恩洋等撰　北京:北京图书馆出版社　2004
中国诗话珍本丛书　蔡镇楚编　北京:北京图书馆出版社　2004
中国文学家大辞典·宋代卷　祝尚书主编　北京:中华书局　2004
中国古代文学通论·宋代卷　刘扬忠主编　沈阳:辽宁人民出版社　2005
中国古代文学通论·辽金元卷　张晶主编　沈阳:辽宁人民出版社　2005
辽金元三史乐志研究　王福利著　上海:上海音乐学院出版社　2005
辽金诗学思想研究　张晶著　沈阳:辽海出版社　2004
辽金元文学史案　刘明今著　上海:上海古籍出版社　2004
辽金元文学论稿　张晶著　北京:北京广播学院出版社　2004
辽金元名人年谱　本社古籍影印编辑室　北京:北京图书馆出版社　2005
金代文学家年谱　王庆生编著　南京:凤凰出版社　2005
多面折射的光影:叶嘉莹自选集　天津:南开大学出版社　2004

六　作家作品

柳永及其词之论衡　杜若鸿著　杭州:浙江大学出版社　2004

柳永词新释辑评　顾之京，姚守梅，耿小博编著　北京：中国书店　2005
柳永词　王兆鹏，姚蓉评注　北京：人民文学出版社　2005
范仲淹全集　（清）范能某编集，薛正兴校点　南京：凤凰出版社　2004
欧阳修诗词文选评　黄进德撰　上海：上海古籍出版社　2004
人生自是有情痴：欧阳修作品赏析　陈晓芬选析　台北：德威国际文化事业有限公司　2004
六一风神：唐宋八大家之欧阳修散文集　堵军主编　延吉：延边人民出版社　2004
复古与创新：欧阳修散文与古文复兴　（日）东英寿著，王振宇，李莉等译　上海：上海古籍出版社　2005
六一诗话　（宋）欧阳修撰，曾抗美整理　济南：山东画报出版社　2004
曾巩研究　李俊标著，莫砺锋指导　南京大学博士论文　2004
知古明道：唐宋八大家之曾巩散文集　堵军主编　延吉：延边人民出版社　2004
似水流年：唐宋八大家之苏洵散文集　堵军主编　延吉：延边人民出版社　2004
北宋临川王氏家族及文学考论：以王安石为中心　汤江浩著　北京：人民文学出版社　2005
王荆公文集笺注　李之亮笺注　成都：巴蜀书社　2005
王安石与佛教　张煜著，陈允吉指导　上海：复旦大学博士论文　2004
王安石集　（宋）王安石著，魏晓虹解评　太原：山西古籍出版社　2004
空山鸟语：唐宋八大家之王安石散文集　堵军主编　延吉：延边人民出版社　2004
中国苏轼研究　中国人民大学中文系主编　北京：学苑出版社　2004
苏轼与登州　臧伟腾，周恩惠编著　天津：天津大学出版社　2004
东坡与佛教　黄学明著，张伯伟指导　南京大学博士论文　2004
读苏杂识　武守志著　兰州：敦煌文艺出版社　2004
苏轼文学论集　刘乃昌著　济南：齐鲁书社　2004
中国古典诗词精品赏读·苏轼　董森，杨哲编著　北京：五洲传播出版社　2005
浪迹东坡路　史良昭著　北京：中华书局　2004

苏轼诗词文选评　王水照，朱刚撰　上海：上海古籍出版社　2004
插图本中国诗词经典：当代著名学者诠释古代经典名作·苏轼　杨义，郭晓鸿选注、译评　长沙：岳麓书社　2005
苏轼词　刘石评注　北京：人民文学出版社　2005
苏轼选集　刘乃昌选注　济南：齐鲁书社　2005
万斛泉源：唐宋八大家之苏轼散文集　堵军主编　延吉：延边人民出版社　2004
秋水织锦：唐宋八大家之苏辙散文集　堵军主编　延吉：延边人民出版社　2004
秦观集　王醒评注　太原：山西古籍出版社　2004
张耒学术文化思想与创作　湛芬著　成都：巴蜀书社　2004
青琐高议　（宋）刘斧撰辑，王友怀，王晓勇注　西安：三秦出版社　2004
朱敦儒集　洪永铿编著　杭州：浙江大学出版社　2005
李清照全集评注　徐北文主编　济南：济南出版社　2005
李清照诗词注评　吴惠娟编　上海：上海古籍出版社　2005
中国古典诗词精品赏读·李清照　赵晓辉编著　北京：五洲传播出版社　2005
李清照词　陈祖美评注　北京：人民文学出版社　2005
渔隐丛话前集（再造善本）　（宋）胡仔辑　北京：北京图书馆出版社　2004
云庄四六余话（再造善本）　（宋）扬囦道撰　北京：北京图书馆出版社　2004
韵语阳秋（再造善本）　（宋）葛立方撰　北京：北京图书馆出版社　2004
湖海新闻夷坚续志前集（再造善本）　（宋）洪迈　北京：北京图书馆出版社　2005
宋代藏书家尤袤研究　蔡文晋著　台北：花木兰文化工作坊　2005
剑南诗稿校注　钱仲联校注　上海：上海古籍出版社　2005
朱熹故事精选　黄胜料等编著　福州：福建教育出版社　2004
朱熹诗经诠释美学研究　邹其昌著　北京：商务印书馆　2004
朱熹的历史世界：宋代士大夫政治文化的研究　余英时著　北京：三联书店　2004
朱熹与江西文化研究　周建华　南昌：百花洲文艺出版社　2004
增注东莱吕成公古文关键（中华再造善本丛书）　（宋）吕祖谦辑，（宋）蔡文子

注　北京:北京图书馆出版社　2004
辛弃疾资料汇编　辛更儒编　北京:中华书局　2005
中国古典诗词精品赏读·辛弃疾　刘中昧编著　北京:五洲传播出版社　2005
清代辛稼轩接受史　朱丽霞著　济南:齐鲁书社　2005
辛弃疾词　刘扬忠评注　北京:人民文学出版社　2005
辛弃疾集　王增斌,王丽解评　太原:山西古籍出版社　2004
中国抒情传统的转变:姜夔与南宋词　(美)林顺夫著,张宏生译　上海古籍出版社　2005
姜夔词　韩经太,王维若评注　北京:人民文学出版社　2005
程史　(宋)岳珂撰,吴敏霞校注　西安:三秦出版社　2004
刘克庄研究　王述尧著,王水照指导　复旦大学博士论文　2004
刘克庄与中国诗学　王明见著　成都:巴蜀书社　2004
元好问集　李正民等评注　太原:山西古籍出版社　2004
元好问全集(增订本)　姚奠中主编　太原:山西古籍出版社　2004
乐府指迷:词源、词旨　陈晓芬,方智范整理　济南:山东画报出版社　2004
梦窗词研究　钱鸿瑛著　上海:上海古籍出版社　2005
徘徊于七宝楼台:吴文英词研究　田玉琪著　北京:中华书局　2004
刘辰翁评点研究　张静著,莫砺锋指导　南京大学博士论文　2004
宋代の词论:张炎《词源》　词源研究会编著　福冈:中国书店　2004

2004—2005年宋代文学研究论文目录索引

武　姗

一　总论

宋代文人的自我形象与“老病维摩”　张海沙　求索　2004.3
宋代作家成名的捷径:名流印可　王兆鹏　中州学刊　2005.2
宋朝的邸报与时政　游彪　中州学刊　2004.6
宋朝以后文人士大夫的梅花情结　陈爱平　江汉论坛　2005.5
宋初诗文革新运动的官学背景　马茂军　求实　2005增刊
宋初文坛的冲突与对话:南文北进与北道南移　张兴武　文学遗产　2004.3
宋代版本学家知见名录　李明杰　图书馆研究与工作　2004.4
宋代道教和朝鲜时期的文学表现　(韩)张都圭　西南民族大学学报　2005.2
宋代皇权对国史修纂的全面干预　王盛恩　河南科技大学学报　2004.4
宋代家训与宋代文学家庭　王毅　聊城大学学报　2005.3
宋代诗文别集的编辑与出版:宋代文学的书册传播研究之一　王兆鹏　华中科技大学学报　2004.1

宋代市井题材风俗画和宋代的文艺商品化　戴璐　贵州大学学报　2004.4
宋代文论家对《庄子》的接受　张爱民　广西社会科学　2005.5
宋代文学家与《庄子》　张爱民　德州学院学报　2005.3
宋代文人审美心理的主要形态　沈金浩　广东教育学院学报　2005.4
宋代文学与当代文化　樊星　华中科技大学学报　2004.5
宋代科举制度下的社会心态　祝尚书　文史哲　2004.2
宋室南渡与文化版图的重组:以宋代文人及其文学活动为切入点　钱建状,李本红　江淮论坛　2005.6
宋夏文化交流与西夏的文学创作　张廷杰　文学遗产　2005.4
宋辽夏鼎立格局下的北宋文学进程　赵维江　民族文学研究　2004.3
宋金俗文学交流若干事实的文学史意义　杨万里　殷都学刊　2005.4
宋人对李白的评价与时代典范的抉择　袁晓薇　安徽教育学院学报　2004.1
宋人学杜论略　吴中胜　江西社会科学　2004.3
宋元人对理学文弊的批判和理学文学观的演变　查洪德　殷都学刊　2004.1
两宋俗乐盛因初探　江燕　苏州科技学院学报　2004.4
晚宋士大夫隐逸之风述论:晚宋士风研究之二　喻学忠　重庆师范大学学报　2005.2
北宋几种文学批评形式中的唐诗研究　胡建次　湖南科技大学学报　2005.1
北宋诗文革新运动中文道观的变化　周斌　船山学刊　2005.2
北宋末山谷后学的双重整合与《江西宗派图》　伍晓蔓　文学遗产　2005.4
唐宋贬谪江西地域的文士考略　廖文华,陈小芒　赣南师范学院学报　2005.5
唐宋贬谪文人与江西文学　陈小芒　江西社会科学　2004.8
唐宋间"四书"的升格过程　王铭　咸阳师范学院学报　2004.5
唐宋间儒学的转型及其提供的思考　徐洪兴　中华文化论坛　2005.1
唐宋女性文学探析　陈文　西南民族大学学报　2005.7
唐宋人的诗词之辨　孙克强　中州学刊　2005.5
唐宋诗词鉴赏教学点滴体会　王长福　福建教育学院学报　2004.11

唐宋诗词中的"茱萸"考 夏松凉 宁波职业技术学院学报 2004.6
唐宋牡丹诗词与牡丹文化 王毓容，郑厚权 连云港师范高等专科学校学报 2005.3
唐宋诗词中海的审美意象探析 纪玉洪，呼双双 青岛大学师范学院学报 2004.1
唐宋时期的正史乐志及其文本传统 李方元 中国音乐 2004.4
唐宋时期中日文化交流中的"汉籍回流"现象 张静，邢战国 洛阳师范学院学报 2004.6
唐宋题壁诗词的思想价值 刘洪生 湛江海洋大学学报 2005.2
唐宋文人的游历与人文山水名胜的形成 莫道才 湖南文理学院学报 2004.5
唐宋文人对佛道思想的"实用心态"及其对词的影响 张再林 温州师范学院学报 2005.3
论唐宋文人对陶渊明文化解读之异同 李红霞 江汉论坛 2004.3
论"专升本"唐宋文学"专题化"教学改革中三个关系的处理 刘振娅 广西教育学院学报 2004.3
关于唐宋文人爱情悲剧的思考 付兴林 延安大学学报 2004.6
20世纪辽金文学研究存在的问题与不足 李正民，裴兴荣 晋阳学刊 2004.3
第三届中国辽金文学学术研讨会综述 赵维江，何志军 民族文学研究 2005.3
辽金文学研究的现状与未来：北京广播学院张晶教授访谈 诸葛忆兵 光明日报 2004.4
"辽金文学研究态势"笔谈 1. 对弱势学科与方法论的思考 邓绍基 学术研究 2005.3
"辽金文学研究态势"笔谈 2. 辽金文学研究的回顾与前瞻 张晶 学术研究 2005.3
"辽金文学研究态势"笔谈 3. 金代文学文献研究的成就及不足 薛瑞兆 学术研究 2005.3
"辽金文学研究态势"笔谈 4. 辽金文学研究与宋元文学研究 胡传志 学术研究 2005.3

报 2005.2
浅论中国古典诗词的中和之美 胡云芳 武警指挥学院学报 2004.4
诗词的语言艺术:试说语用场 徐思益 语言与翻译 2004.2
诗词技法例说 刘静松,刘雄 渝西学院学报 2004.1
诗词曲异,各臻其妙:三首捣寄征衣诗词曲比较 杨景龙 名作欣赏 2005.12
诗风词骨曲尽情:浅谈古诗词的含蓄美 冬梅,纪蕻 牡丹江大学学报 2005.3
浅谈古诗词鉴赏技巧 马先勇 湖北大学成人教育学院学报 2004.6
略论中国古诗词中"水"与"愁"的关系 王先荣 石河子大学学报 2004.3
使翻译成为美术之一种:林语堂英译中国古典诗词赏析 董晖 西安外国语学院学报 2004.1
想像力与古典诗词教学:古代文学教学与创新思维培养研究论文之三 张丽 西华师范大学学报 2004.1
心灵与自然的融合:古典诗词中黄昏意象赏析 张芳 齐齐哈尔大学学报 2004.1
新时期《中国古代文学史》史观及研究任务之比较:以宋代文学部分为例 李欣、钱敏 江汉大学学报 2004.6
言意关系与古典诗词层味 邱美琼、胡建次 洛阳师范学院学报 2005.3
杨柳依依总是怨离愁:古诗词中杨柳的离别意蕴琐谈 董淑华 辽宁工学院学报 2005.1
液体的月光:中国古典诗歌中月光表达之管见 (日)橘英范著;姜波,林怡译 福州大学学报 2004.2
由浪漫到平实:从文人关注视野与生活情趣的转变看宋代文学的理性精神 田耕宇 西南民族大学学报 2005.11
昭君诗词曲中典型意象的文化意蕴 李小凤 烟台大学学报 2005.3
笛子类的意象在北宋诗词名篇中的作用 刘新文 唐山学院学报 2004.3
选本批评与古人的文学史观念 樊宝英 文学评论 2005.2
河东狮吼考源 冯国栋 中国典籍与文化 2005.4
河汾诸老探赜 刘达科 江苏大学学报 2005.1
古代别离诗词中流水与愁情的缩结 周艳菊 株洲师范高等专科学校学报

2004.3
古代诗词用典的美学意义　孙玉华　江苏工业学院学报　2005.2
古典诗词赏析　黄国彬　名作欣赏　2004.2
古典诗词中的离别原型——杨柳意象　谢晓霞　语文学刊　2005.7
古典诗词中的对立统一现象　李兰　重庆广播电视大学学报　2004.2
古诗词跳脱手法初探　李娓　西安联合大学学报　2004.1
古诗词中典故的翻译　顾正阳　上海大学学报　2004.1
古诗词传统动作意象摭谈　黎扬　牡丹江师范学院学报　2004.5
古诗词意象中的语符审美　朱晓慧　前沿　2005.12
古诗词中探寻美　曾宏　佳木斯大学社会科学学报　2004.4
怀古诗词的文化心态和美学特征　郭春萍　求索　2005.8
怀古诗词之古今二元模式及其深层意蕴　王松涛　哈尔滨学院学报　2005.8
简论中国诗词中的意境　肖莉　黄河科技大学学报　2004.3
激活古典诗词的灵魂："诗词鉴赏"教学谈　孙民　沈阳教育学院学报　2005.4
管窥古典诗词教学中的几个问题　王立峰，霍景素　河北大学成人教育学院学报　2004.1
惊奇的审美功能及其在中国古典诗词中的呈现　张晶　文学遗产　2004.3
枕上的诗情——论古代瓷枕诗词　申家仁　九江学院学报　2005.2
中国大陆地区宋代文学研究近况定量分析(2002－2003)　刘学　贵州社会科学　2005.4
中国古代诗词中莲荷意象的评述　成其昌　社科纵横　2005.2
中国古典画论中的文学思想：以宋代为例　滕志朋　山西师大学报　2005.3
中国古典诗词新月意象探微　朱恒　江西教育学院学报　2005.1
中国古代诗词中梅花的蕴涵　黄群　淮南师范学院学报　2005.4
中国古典诗词中的叹逝主题　左其福　衡阳师范学院学报　2004.5
中国古典文学作品中的雁意象　付春明　湖南科技学院学报　2005.12
中国古典诗词中的"陌生化"和"期待视野"问题　胡烨，王晓岗　辽宁师专学报　2004.1
中国古代字母之学的兴起与唐宋时期的字母之学　邓文彬　西南民族大学

学报 2004.10

中国古典诗词中的数字文化及其翻译的策略取向 叶巧莉 华中师范大学研究生学报 2004.1

中国古典诗词及其英译语篇特征对比 李长忠 徐州师范大学学报 2004.6

中国唐宋诗词第三届国际学术研讨会召开 刘锋焘、张晓宁 中国韵文学刊 2004.3

中国唐宋诗词与日本和歌意境的“实”与“虚” 陈忻 文学评论 2004.1

20世纪以来古典诗词月亮意象研究综述 刘怀荣,宋巧芸 聊城大学学报 2005.3

谈中国古典诗词的鉴赏 胥厚林 黔东南民族师范高等专科学校学报 2004.4

文学阅读的治疗效应浅谈 王兆鹏 人民政协报 2004.7.12

梅花意蕴流变探微 孔英民 南宁师范高等专科学校学报 2005.2

宋代妇女女性意识的觉醒:读《女性审美文化:宋代女性文学研究》 赵连稳 中华女子学院学报 2004.6

《宋代咏梅文学研究》评介 阎福玲 江海学刊 2004.1

由科举进入文学:评高津孝《科举与课艺:宋代文学与士人社会》 卞东波 博览群书 2005.12

独特的视角,精深的论述:评张智华《南宋的诗文选本研究》 程国赋 北京师范大学学报 2004.1

山下有风:戴仁柱教授的著作《十三世纪中国的政治与文化危机》散论 马佳 昭乌达蒙族师专学报 2004.1

二 诗

《全宋诗》、《全宋文》重出及失收的郭祥正诗文 毛建军 新乡师范高等专科学校学报 2005.3

《全宋诗》补遗100首 胡可先 中国韵文学刊 2005.2

《全宋诗》订补疏失续举 张如安 中国典籍与文化 2005.3

《全宋诗》失收宋人三小集　杨洪升　图书馆杂志　2004.3
《全宋诗》拾零　程毅忠　书品　2004.1
《全宋诗》拾零　王星　湖北师范学院学报　2005.6
《全宋诗》疏失举正　尹楚兵　学术研究　2005.7
《全宋诗》误收唐诗考　胡可先　中国典籍与文化　2005.3
《全宋诗》校读札记　田范芬　船山学刊　2004.3
《全宋诗》校勘举隅　丁治民　长春师范学院学报　2004.5
《全宋诗》札记(二)　陈庆元　中国韵文学刊　2004.2
补《全宋诗》81 首:新补《全宋诗》之一　彭国忠　华东师范大学学报　2005.2
对《全宋诗补榷正》的几点辨正　李裕民　北京大学学报　2005.2
按《凡例》补遗,何错之有?——答张如安、傅璇琮先生兼谈《全宋诗》的补订　房日晰,房向莉　新疆师范大学学报　2005.4
宣城地方文献中的宋佚诗:《全宋诗》补辑　汤华泉　安徽师范大学学报　2004.6
《宋诗选注》的一段荣辱升沉　王水照　万象　2005.6
《宋诗选注》删落左纬之因及其他:初读《钱钟书手稿集》　王水照　文学遗产　2005.3
读《宋诗选注》献疑　高列过　阜阳师范学院学报　2005.3
也谈钱钟书先生与《全宋诗》:以《钱钟书先生未刊稿〈宋诗纪事补正〉摘抄一文为例　高明峰　西华师范大学学报　2004.2
《围城》与宋诗　李先秀　海南广播电视大学学报　2005.2
《容安馆札记》论宋诗初学记　王水照　文汇报　2004.7
《二十四诗品》产生于宋代的一则新材料　董运来　文献　2004.4
《二十四诗品》的另一传本:《枝指生书宋人品诗韵语集》考辨　查屏球　南京师范大学文学院学报　2004.4
《乐府诗集》在宋代的流传　尚丽新　中国典籍与文化　2004.3
《乐府诗集》版本述略　尚丽新　西北师范大学学报　2004.3
地域视野中的江西诗派　王祥　沈阳师范大学学报　2004.3
江湖派研究中的疑误举例　费君清　绍兴文理学院学报　2004.5
江湖诗派盛于南宋之原因探究　李琳　乐山师范学院学报　2004.4

三 词

20世纪80年代唐宋词研究的宏观视野与学术品格　张幼良　江汉论坛　2004.5

20世纪90年代唐宋词研究的文化视角　张幼良　贵州社会科学　2005.4

20世纪唐宋词选述论　毛建军　武警学院学报　2004.2

胡适与20世纪的中国词学　陈水云　南阳师范学院学报　2005.5

叶嘉莹词学研究的“兴发感动”说　邓乔彬　中国韵文学刊　2005.1

“词学”与“词学思想史”　徐安琪　中国韵文学刊　2005.1

词学研究的现状与对策——武汉大学王兆鹏教授访谈　谭新红　光明日报　2004.1.14

背靠遗产,面向当代:杨海明教授词学访谈录　王晓骊　南阳师范学院学报　2005.1

关于词学研究的若干随想　杨海明　中国韵文学刊　2005.4

九十年代以来古典词学研究的八大领域　邱美琼,胡建次　阜阳师范学院学报　2005.1

宋词“女性化”倾向之成因　刘月琴　太原师范学院学报　2004.2

宋词词境中的意象质感:兼与唐诗意象质感比较　朱晓慧　福建工程学院学报　2005.3

宋词词派批评　刘贵华　安徽广播电视大学学报　2005.3

宋词的尴尬　郝志洁　青年思想家　2004.1

宋词的口头传播方式初探——以歌妓唱词为中心　王兆鹏　文学遗产　2004.6

宋词的流派问题　谢桃坊　古典文学知识　2005.2

宋词的质性　许兴宝　广播电视大学学报　2004.4

宋词联章现象探讨　刘华民　盐城师范学院学报　2005.1

宋词流派论争之我见　孟祥娟　北华大学学报　2004.3

宋词诠释中的“醒世”说　李剑亮　浙江教育学院学报　2005.5

宋词散论　郑德开　楚雄师范学院学报　2004.6

宋代元夕词探微　陈海娟　淮海工学院学报　2004.3
宋代元宵词兴盛原因探析　罗迪英　四川教育学院学报　2005.3
宋代杂体词综论　刘华民　常熟高专学报　2004.1
金代河朔词人群体述论　刘扬忠　学术研究　2005.4
宋金"十大曲(乐)"笺说　张鸣　文学遗产　2004.1
金代全真词与元代散曲的俳体　吴国富　中国道教　2005.3
论金代大定、明昌词的田园牧歌情调　胡梅仙　湖北民族学院学报　2005.1
论金元道教词中的"姹女"　左洪涛　宁波大学学报　2005.3
谈金代词人的群体划分　李艺　语文学刊　2004.6
宋诗的助力与词作的广泛传播:北宋前期词繁荣的一个重要标志　董希平　南都学坛　2004.5
宋室南渡初期的政局变化与词坛风气　钱建状　厦门大学学报　2004.3
宋室南渡后的"崇苏热"与词学命运　沈松勤　文学评论　2005.2
宋遗民词人的悲剧性生命体验　丁楹　渝西学院学报　2005.4
宋元之际江西遗民词的艺术风貌　谢皓烨、龚志刚　赣南师范学院学报　2004.5
宋元人佚词21首　彭国忠　南阳师范学院学报　2005.1
两宋词坛的东坡论　周逸树　赣南师范学院学报　2004.1
两宋隐括词考　(日)内山精也著,朱刚译　学术研究　2005.1
两宋所传词集版本考之四　王兆鹏　(台)文与哲　2004.4
两宋所传词集版本考之三　王兆鹏　(台)宋代文学研究丛刊第九期　2004.7
悲剧性和解:北宋词的生存策略　蓢伯象　社会科学战线　2005.5
词在北宋传播的历史文化环境　王小荣　河北大学学报　2005.2
北宋词"悲剧性和解"现象论　蓢伯象　学术论坛　2005.1
北宋词的悲剧美学特质　蓢伯象　青海师范大学学报　2004.6
北宋词坛上的两束奇葩:魏玩与朱淑真词论　王辉斌　湖北民族学院学报　2005.6
北宋中后期艳情词论　蒋晓城,张幼良　常熟高专学报　2004.1
北宋前期词新题材的主体性　廖泓泉　内蒙古大学学报　2004.2
南北宋婉约词不同的表现形态及其成因　陈忻　中国文学研究　2005.2

南宋词"雅正"说辨　张春义　西南交通大学学报　2004.3
南宋词与理学关系刍议　张春义　中国地质大学学报　2004.1
南宋的雅词理论　王开春　安徽教育学院学报　2005.1
南宋选词范式研究　薛泉　河南师范大学学报　2004.1
南宋雅词之探　赵瑾　开封大学学报　2005.1
尊体意识与南宋词选之兴盛　薛泉　求索　2005.11
唐诗宋词为什么美?　冷成金　解放日报　2004.10.1
唐宋词的音乐性概谈　刘大先　华夏文化　2004.1
唐宋词调之冠——《浣溪沙》初探　白静,刘尊明　湖北大学学报　2004.2
唐宋词分派研究述评　王辉斌　山东师范大学学报　2004.1
唐宋词论中的楚辞话语　李青　苏州大学学报　2005.4
唐宋词男权倾向初探　刘晓珍　河南师范大学学报　2004.3
唐宋词释"懒":兼谈稼轩之"懒"　路成文　南阳师范学院学报　2005.2
唐宋词抒情形象的嬗变　王细芝　惠州学院学报　2005.4
唐宋词学二题　陈良运　思想战线　2004.5
唐宋词意象的符号学探究　辛衍君　苏州大学学报　2005.1
唐宋词的历史文化阐释论纲　张再林　广西大学学报　2005.6
唐宋士人的"中隐"文化心态及其对词的影响　张再林　青海师专学报　2004.6
唐宋艳情词浅探　黄红日　丽水学院学报　2005.3
唐宋儒家思想的衍变与词史流程　张再林　经济与社会发展　2004.3
试论唐宋词中女性形象特征　哈嘉莹　廊坊师范学院学报　2005.2
略论北宋词的发展历程　赵晓兰　成都理工大学学报　2004.4
略论南宋中兴词的"词史"特质　王福美　中国社会科学院研究生院学报　2005.3
略论宋词的伤春意象　邝文　华南师范大学学报　2004.6
略论宋代湖北词体创作不振的原因　陆业龙,李勇　理论月刊　2004.1
略论孙光宪词对北宋词坛的影响　成松柳,严可　长沙理工大学学报　2005.3
略谈宋词中的"颜色字"　张映梦　汉字文化　2005.3
略论"以文为词"　李静　北京大学学报　2005.2

论唐宋词与燕乐之关系　胡遂,习毅　湖南大学学报　2004.6
论唐宋词的繁荣与音乐进退之二律背反关系　潘雁飞　湖南科技学院学报　2005.9
论"温柔敦厚"诗教与宋词的崇雅倾向　单芳　甘肃广播电视大学学报　2005.2
论"以诗为词"的词学意义　余意　阴山学刊　2005.5
论《词论》鼓吹慢词的思想指向及意义　朱连华、王永环　社科纵横　2005.2
论《绝妙好词》对词学思想的影响　刘荣平　厦门大学学报　2005.2
论北宋词的悲剧载体功能:兼论北宋词的悲剧美学特质　翦伯象　贵州社会科学　2005.1
论北宋后期词的返初现象　程鸿　集宁师专学报　2004.1
论汴京的词学背景功能　翦伯象　河南大学学报　2005.2
论传播媒介对词学研究的影响　朱惠国　华东师范大学学报　2005.2
论词的叙事性　张海鸥　中国社会科学　2004.2
论词在宋代的地域性接受　杨金梅　中国矿业大学学报　2004.1
论地域文化对宋词创作的影响　刘影　湖南工业职业技术学院学报　2005.1
论敦煌曲子词的民间性与通俗性　陆琼　郑州轻工业学院学报　2005.2
论歌妓在宋词发展中的作用　陈中林、徐胜利　平原大学学报　2005.4
论金元时期全真教词兴盛的原因　左洪涛　新疆大学学报　2004.1
论南宋寿词的分型及特征:兼论祝寿文学的历史演进　李红霞　深圳大学学报　2005.3
论南宋婉约词之"瘦"　刘春霞　阴山学刊　2004.4
论南宋遗民词审美意象形态的特色　郭艳华　西北第二民族学院学报　2004.2
论宋词的生命意义　潘春红　公安海警高等专科学校学报　2004.3
论宋词对前代文人小说的受容　王晓骊　阴山学刊　2004.3
论宋词对戏曲的影响　王晓骊　淮海工学院学报　2004.1
论宋词本体的多元特征　沈松勤　南开学报　2005.6
论宋代词学的"骚雅"　郭锋　济南大学学报　2005.3
论宋代"以诗人词"现象及其发展与成因　胡敏　南昌大学学报　2004.5

论宋代歌妓词的创作　陈中林、徐胜利　十堰职业技术学院学报　2005.2
论宋代农村词的创作心态和艺术特色　尚继武　前沿　2005.7
论宋代元夕谀颂词　陈海娟　连云港师范高等专科学校学报　2004.4
论宋末元初江西词人群　刘荣平　集美大学学报　2004.2
论宋人词体观念的建构　王昊　中国文化研究　2004.夏
论宋人汤词与熟水词　黄杰　浙江大学学报　2005.6
论宋儒人格塑造背景下词人的重新定位　董希平　南京师范大学文学院学报　2004.4
论宋元之际江西遗民词的内容特质　谢皓烨　南昌大学学报　2004.4
论宋元之际江西遗民词人群的群体特征　谢皓烨　求索　2004.3
论唐宋词题材的雅化　颜震　黔东南民族师范高等专科学校学报　2005.1
论唐宋婉约词真挚深细的抒情形态　周健自　黔南民族师范学院学报　2005.1
论唐宋艳情词的女性美　蒋晓城　广西社会科学　2005.2
论五代、两宋词的南方化历程　杨金梅　学术探索　2004.7
论早期应制应歌词的词史意义　木斋　江海学刊　2005.3
论词的文体风格　吴松山　广东行政学院学报　2004.1
论词律的演进与词体的诗化　许伯卿　中国韵文学刊　2004.1
论江湖词派的词学理论　郭锋　新疆大学学报　2004.2
论宋代词学的“清空”　郭锋　西北师大学报　2004.3
论著名词作的共生性　李晓婉　西南民族大学学报　2004.7
试论宋代元宵词的情感意蕴及时代特征　张荣东，逯雪梅　西南交通大学学报　2004.3
试论唐宋词中“归家”意蕴对前代作品的传承与变异　杨海明　中国文学研究　2004.1
试论唐宋词中名句的生成奥秘及其他　杨海明　社会科学战线　2005.2
试谈唐宋闲逸词　段钟嵘　承德民族师专学报　2005.1
从《名儒草堂诗余》看江西词派　许春燕　南昌大学学报　2004.4
从朝廷近臣词看南宋乾淳词坛的雅化之路：以曾觌、张抡词的创作为例　李静　齐齐哈尔大学学报　2005.2
从歌妓词看宋代文士的审美情趣　彭洁莹　乐山师范学院学报　2005.9

从女性感悟角度解开“词别是一家”之谜　孟庆琰　邢台学院学报　2004.1
从前期词活动看女性的附庸处境　刘小莉　宝鸡文理学院学报　2004.3
从诗词的离合看唐宋词的演进　王兆鹏　中国社会科学　2005.1
从隐括修辞看宋词与诗合流的文体演变轨迹　孙虹　福建师范大学学报　2004.6
从文化学角度解读南宋寿词的勃兴　李红霞　江淮论坛　2004.3;江西社会科学　2004.5
从五首名家名词浅析园林意象的嬗变　罗燕萍　古典文学知识　2005.2
“麟吐玉书”传说与《全宋词》误注　吴宗海　学术研究　2004.6
“落红”与“幽月”:浅议宋词中的言“愁”意象　陈宁宁　山东农业大学学报　2004.1
“拾遗补阙”仍有“阙”:《增订注释全宋词》部分失误揭示　许兴宝　阴山学刊　2004.6
《增订注释全宋词》订补示例　吴宗海　浙江传媒学院学报　2004.1
《花庵词选》与《绝妙好词》比较　曹秀兰　安徽教育学院学报　2004.1
《全宋词》注天文错误举例　吴宗海　学术研究　2004.9
《莺啼序》词调新考　左洪涛　中国韵文学刊　2005.4
“八脚词”与宋代文章学　吴承学　中山大学学报　2005.4
“肥”唐诗与“瘦”宋词:也说诗词之别　苏利海　学术论丛　2004.2
“家”被“放逐”:试论“家意识”在宋词中隐去　黄艳红　黎明职业大学学报　2005.3
《花间》与《草堂》在明代的接受比较　丁建东　枣庄学院学报　2005.6
《词综》与《乐府补题》的关系:兼论浙西词派咏物词的演变　于翠玲　西北大学学报　2005.2
清代宋词学初探　曹明升　江淮论坛　2005.5
清人评点宋词探微　曹明升　郑州大学学报　2005.3
清人选宋词探赜　曹明升　山西师大学报　2005.6
汴京的词学史地位　蒴伯象　中州学刊　2005.2
临安三词人咏物词创作心态管窥　许芳红　淮阴师范学院学报　2005.4
不可忽略的功能性:浅谈唐宋词凸显的社会文化功能　张振萍　无锡商业职业技术学院学报　2005.1

民族大学学报　2004.8
说"骚体词"　殷光熹　文史知识　2005.3
谈宋词中的伤春主题　许轫　语文学刊　2005.11
性爱心理与词体的兴起　诸葛忆兵　文学评论　2004.3
外面的世界很精彩:论"外"字所表现的宋词世界　王德明　广西师范大学学报　2005.2
文化视野下的南宋观潮词　谭钟琪　中南民族大学学报　2005.3
析词新天地:论唐宋词析词　金志仁　南通大学学报　2005.1
小议词的"本色"　余意　南京师范大学文学院学报　2004.3
辛派词人论略　诸葛忆兵　华中科技大学学报　2004.5
新生代唐宋词研究述评　张幼良　山东大学学报　2005.1;山东师范大学学报　2005.1
艳情·闲情·性情:唐宋词文人化的一条情感线索　金国正　延安大学学报　2004.4
也说词"别是一家"　傅毓民　唐都学刊　2005.5
阴阳变调词中的女性角色:谈唐宋男词人的女性书写　(马来西亚)潘碧华　河南科技大学学报　2004.1
音乐与辞章:宋词的两种传播方式　杨金梅　贵州文史丛刊　2005.2
隐括:宋词独特的创作方法　徐胜利　鄂州大学学报　2005.4
游戏在规则之间:解读唐宋词审美愉悦　刘梅　达县师范高等专科学校学报　2005.6
娱宾遣兴的词体观念与宋人词选的兴盛　薛泉　安徽教育学院学报　2004.1
再现唐诗宋词中的意美原则的典范:读许渊冲英译《唐宋词一百五十首》　丁小凤　池州师专学报　2004.1
在宋词中"汤词"不宜混作"茶词":关于沈松勤《两宋饮茶风俗与茶词》一文几个问题的商榷　刘学忠　阜阳师范学院学报　2005.2
禅宗与词的主体化走向　刘晓珍　北京教育学院学报　2004.3
中国词学史上的三座里程碑　施议对　学术研究　2004.8
中国古代词体文学批评的发展及其审美特征　胡建次　新疆大学学报　2005.3

中国古代词选的承传　邱美琼、胡建次　宁夏社会科学　2005.6
中国古典词学批评中的词趣论　胡建次　文艺理论研究　2005.5
自我放逐与游戏人间:略论宋代艳情词的成因及分类　任俊华　甘肃高师学报　2004.6
自由的抗争:宋代元宵词的文化解读　余敏芳　语文学刊　2004.4
简论古代词论批评的特点　刘贵华　甘肃联合大学学报　2005.2
古代词史与词学史说略　刘石　古典文学知识　2004.5
古代词学批评理论初探　刘贵华　广西社会科学　2005.12
居士佛教与居士词论略　东方乔　文学遗产　2005.6
从词牌看道教对诗词的影响　左洪　中国道教　2004.3
“词味”论析要　陶礼天　文学评论　2005.3
词体之“要眇宜修”论　张家梅　广西社会科学　2004.1
词源于梁陈新曲论考　郑家治,周邦君　西华大学学报　2004.1
词的起源:一个凝重的文化命题　周桂峰　新疆大学学报　2005.1
词的由中唐至宋初之变与文化转换　邓乔彬　文史哲　2004.4
词境理论　刘贵华　中国韵文学刊　2005.1
词乐关系新论　习毅　社会科学论坛　2004.5
词体功能论　刘贵华　吉林广播电视大学学报　2005.2
词学困惑与词体美学特质的认识　钟锦,李欣　西北大学学报　2005.4
词亦“可以群”:论宋代南渡唱和词　何春环　西南师范大学学报　2005.3
词中小剧,对话传神　陶文鹏　古典文学知识　2005.6
词本事与词诠释之关系及其评论　李剑亮　南京师范大学文学院学报　2004.4
词的“婉约”与“豪放”成因论　刘守文　晋中师范高等专科学校学报　2004.2
词的审美嬗变　刘毅青　惠州学院学报　2004.4
词为宋代“一代之文学”说质疑　欧明俊　中国韵文学刊　2005.4
词学创作理念论　刘贵华　学术探索　2004.12
词异于诗的本质特征　邓程　中国韵文学刊　2004.1
词学理论研究和鉴赏分析的有机融合:《唐宋词论》评介　刘崇学　西部论坛　2004.2

词艺术研究的一部力作:评介祁光禄先生的《词艺术研究》　辛华　读书时报　2005.5

词学研究的集大成之作:评王兆鹏教授新著《词学史料学》　刘荣平　中国图书评论　2005.4

喜看词学史料研究佳作:《词学史料学》　林夕　古籍整理出版情况简报　2004.11

以"工具"带动"思想"研究——《词学史料学》读后　陈水云　书品　2005.2

链接词学研究的古典与现代——读《词学史料学》　孙晓辉　人民政协报·学术家园　2005.6.27

论古代文学的"地域研究"与"流派研究":兼评邱昌员《历代江西词人论稿》　李时人　赣南师范学院学报　2005.1

评《唐宋词汇评》　宋红　博览群书　2005.12

持论公允,洋洋大观:《中国词史》简评　徐同林　中国图书评论　2004.5

音乐文学与律词问题:读洛地《律词之唱,歌永言的演化》　谢桃坊　浙江艺术职业学院学报　2005.4

评杨海明教授著《唐宋词与人生》　陈庆元　江海学刊　2005.5

女性词研究的新突破:读邓红梅《女性词史》　田金霞　聊城大学学报　2004.6

四　文

宋代《左传》学概述　俞樟华、林怡　古籍整理研究学刊　2005.1

宋代散文与文学传统　刘锋焘　忻州师范学院学报　2004.1

宋代文论视野中的"趣"　胡建次　南昌大学学报　2004.4

宋六家"人情"观念及其散文走向　陈晓芬　华东师范大学学报　2004.2

宋四六的文体特征与发展轨迹　王友胜　中国文学研究　2004.1

宋四六话的兴起与骈文理论的演进　莫山洪　广西社会科学　2004.8

宋四六研究略述　施懿超　文学遗产　2004.2

宋刻宋人四六集考略　施懿超　南京师范大学文学院学报　2005.3

北宋初年的行卷风尚和古文复兴　王乃宁　学术月刊　2004.12

北宋学术一元化暗流与实用文学观:以古文家为中心　方笑一　文艺理论研究　2004.3

北宋中期的理学思潮与辞赋创作　刘培　文艺研究　2005.6

论理学思潮对北宋中期辞赋的影响　刘培　山东社会科学　2005.8

北宋后期的党争和辞赋创作　刘培　北京大学学报　2005.6

北宋后期的科举改革与辞赋创作　刘培　四川大学学报　2005.2

流丽稳贴又典重得体的李刘四六文　施懿超　青海社会科学　2004.6

论北宋的典礼赋　刘培　宁夏社会科学　2005.3

论北宋中期辞赋的淑世精神　刘培　西北师大学报　2004.6

论北宋后期辞赋的特征　刘培　文学遗产　2005.5

论北宋后期辞赋与文人的文化生活　刘培　晋阳学刊　2005.3

论北宋咏物赋的借物言理　林天祥　北京化工大学学报　2004.3

论宋初辞赋的特征　刘培　江海学刊　2004.2

论宋初颂美讽喻赋的新变　刘培　文史哲　2004.6

论宋代文赋　曾枣庄　四川大学学报　2004.1

论金元之际庙学碑记文的文化内涵　陶然　浙江大学学报　2004.5

说理与感悟:论北宋文赋的两种走向　刘培　南京师范大学文学院学报　2005.2

《四六膏馥》与南宋四六文的社会日用倾向　杨忠　北京大学学报　2005.3

《文苑英华》诏制部分材料来源考略　唐雯　北方论丛　2005.6

唐宋古文运动比较谈　王维国　攀登　2005.4

唐宋散文概观　陈才智　沈阳工程学院学报　2005.4

唐宋散文摇曳生辉的形态美　胡明珠　合肥学院学报　2005.4

唐宋时期三峡地区的志记、咏记、游记与历史旅游景观研究　李小波、吴其付　中国地方志　2004.10

唐宋时文考论　罗时进,刘鹏　文艺理论研究　2004.4

南宋古文评点缘起发覆——兼论古文评点的文章学意义　祝尚书　四川大学学报　2005.4

推举“唐宋八大家”的重要动力　黄强,章晓力　扬州大学学报　2004.1

从柳宗元、欧阳修、苏轼看唐宋山水散文的发展　陈晓兰　温州师范学院学报　2004.3

苏门四学士散文特征论　金振华　苏州大学学报　2004.4
蜀学派文学家与《庄子》　张爱民　兰州学刊　2005.3
文赋的形成　刘培　齐鲁学刊　2004.1
《东坡外集·蔡使君传》即《南史·蔡道恭传》辨　力之　黄冈师范学院学报　2004.1
《统万城铭》的文学价值　郭延龄、黄黎苏、黄济深　榆林学院学报　2004.1
一空依傍，自铸伟词：评刘培《北宋初中期辞赋研究》　郭锋　济南大学学报　2005.5

五　小说

宋传奇的市民化特征　毛淑敏　河南师范大学学报　2004.4
宋大曲以歌舞演故事探略　钟涛　青海师范大学学报　2004.4
宋话本爱情婚恋题材小说中男性形象探析　尹楚兵　江南大学学报　2004.4
宋人"说话"四家数管窥　李亦辉　陕西教育学院学报　2004.1
宋元"讲史"运用诗词韵文对白话小说发展的贡献　孙步忠　赣南师范学院学报　2004.1
宋元话本预测术与社会生活论略　赵章超　新疆大学学报　2005.1
宋元明"疯僧戏秦"故事流变研究　李琳　沈阳师范大学学报　2004.4
宋元女性话本小说中女性形象分析　刘莲英　燕山大学学报　2004.3
宋元小说话本志疑　傅成洲　云南民族大学学报　2004.5
宋元小说家话本的叙事艺术探绎　纪德君　社会科学研究　2004.1
北宋"说三分"起源新考　胡小伟　文学遗产　2004.4
南宋江西小说述论　邱昌员　赣南师范学院学报　2005.4
唐宋传奇中的游历仙境主题　李永平　西南民族大学学报　2005.1
唐宋小说因革轩轾论　凌郁之，李最欣　苏州科技学院学报　2004.6
金代的"说话"艺术与话本小说的发展　王昊　北方论丛　2004.3
论宋代文言小说中的果报题材　余丹　安徽教育学院学报　2004.4
论宋代文言小说中女性形象演变的文学史意义　许军　云南社会科学

增斌　厦门教育学院学报　2005.2
就《碾玉观音》看宋时期的词语变化　甘静　山东省经济干部管理学院学报　2004.5
“何立入冥”故事流变研究　李琳　渤海大学学报　2004.5
“话本”词义的演变及其与白话小说关系考论　许并生　明清小说研究　2004.2
“虚构”中的事实：宋笔记小说中的“熙宁兴学”　李屏　湖南师范大学教育科学学报　2004.4
从松树精故事系统看道教对文学创作的影响　吴光正　武汉大学学报　2004.3
话本小说结构体制演进之考察　胡莲玉　江海学刊　2004.6
话本小说中入话的发展及其原因　李亚峰　辽宁教育行政学院学报　2004.11
开拓宋代史料的视野与《三言》、《二拍》　王曾瑜　四川大学学报　2005.1
科名前定：宋代科举制度下的社会心态——兼论对宋人志怪小说创作的影响　祝尚书　文史哲　2004.2
为市井细民写心：论宋元小说话本的写实精神　宋华燕　达县师范高等专科学校学报　2004.4
小议宋话本《西山一窟鬼》之“入话”　钟振振　文学遗产　2004.2
李存孝形象与五代史故事的传播：兼论古代通俗小说的文人化　楼含松　浙江大学学报　2005.4
略谈古代通俗小说中诗词之弊端　牛贵琥　厦门教育学院学报　2005.2
杨家将故事的产生与嬗变　裴效维　徐州师范大学学报　2005.1
旖旎萧瑟话情理：宋人解读《莺莺传》　丁春华　江西广播电视大学学报　2004.3
再读二十回本《三遂平妖传》：《宋元小说研究》订补之三　程毅中　文学遗产　2004.6

六　戏曲

宋元戏曲中民俗事象摭要　吴晟　广州大学学报　2005.8

南戏中“义公”形象初探　胡瑜苓　三峡大学学报　2004.1
谐谑与虚拟:试论宋元南戏谐谑表演的审美意义　李双芹　戏曲艺术　2004.2
论诸宫调音乐单位的组合形式　龙建国　江西财经大学学报　2004.2
也谈《刘知远诸宫调》的作期　武润婷　中国典籍与文化　2004.2
《董西厢》“大团圆”结局新探　赵琳　北方论坛　2005.6
苍鹘考辨:唐宋参军戏　曾凡安　贵州文史丛刊　2004.1
“乐昌分镜”母题在宋明“戏曲”文学演绎初探　司徒秀英　华中科技大学学报　2004.3
王学奇《宋金元明清曲辞通释》学术研讨会综述　时俊静　河北师范大学学报　2004.6

七　作家作品

徐铉(916—991)

论徐铉的文学观　金传道　江苏广播电视大学学报　2004.1
试论徐铉入宋前的诗歌创作　杨娟娟　漳州师范学院学报　2004.3

陈抟(?—989)

宋代文化与诗歌的原点:陈抟　马茂军　江西行政学院学报　2005增刊
隐士陈抟及其诗歌研究　周涛　中华文化论坛　2005.1

柳开(946—999)

试论柳开的古文、古道与宋初士风　王祥　北方论丛　2004.1

晁迥(951—1034)

北宋初晁迥在文学与理学发展中的地位　刘焕阳　烟台师范学院学报　2004.2
晁迥年谱简编　李朝军　乐山师范学院学报　2005.8
晁迥与宋初文学　李朝军　四川大学学报　2005.3

王禹偁(954—1001)

论王禹偁的骚人情结　范永锋　商洛师范专科学校学报　2004.1
王禹偁——两宋尊杜第一人　张忠纲　齐鲁学刊　2004.1

林逋(967—1028)

杨亿(974—1020)

柳永(987？—1053?)

柳永艳词中的女性代言与阴性书写　崔玉霞　运城学院学报　2005.6
柳永生平订正　王辉斌　南昌大学学报　2004.5
柳永在中国词学中的地位　李国红　吕梁高等专科学校学报　2004.3
柳永周邦彦姜夔三家词的比较　尹占华　甘肃广播电视大学学报　2004.1
论杜甫与柳永　于年湖　社会科学家　2004.6
论柳永词的“赋法”　张进　陕西广播电视大学学报　2004.3
论柳永词对苏轼的启示和影响　韩珊珊　赣南师范学院学报　2004.4
论柳永词在明代的传播与接受　邓建　江南大学学报　2005.5
论柳永现象　张涤云　南阳师范学院学报　2004.4
论宋代著名词人柳永与周邦彦词的差异　崔景艳　牡丹江师范学院学报　2005.3
论柳永的“宋玉情结”　王丽煌　闽西职业大学学报　2005.4
论柳永羁旅词的抒情主体、抒情方式以及词境的开拓：以温庭筠的闺情令词作参照　吴清伙　长春工业大学学报社科版　2005.4
浅析俚语，寄情悠远：柳词艺术探微　姜明　楚雄师范学院学报　2005.2
浅议柳永艳情词的特征　黄若茜　长春师范学院学报　2004.2
试论柳永、苏轼词的地位和影响　姚薇　辽宁行政学院学报　2004.1
试论柳永词在宋代的传播和接受　余敏先、米学华　淮南师范学院学报　2004.2
试论柳永羁旅词的悲秋情结　谢禧　船山学刊　2004.3
试论宋代词人享乐心理的雅俗分趋：以柳永、苏轼为例　杨海明　湖南文理学院学报　2004.6
略论柳词的俗与雅　丛彬彬　南通工学院学报　2004.1
瘦冷：柳永词的一个文化侧面　贺根民　鄂州大学学报　2004.3
宋代柳永词接受论析　邓建，刘尊明　古典文学知识　2005.3
宋人鄙薄柳永词的原因　李琨　渤海大学学报　2004.4
谈柳永词的雅量高致　韦乔元　南宁师范高等专科学校学报　2004.3
同为赠别诗，情境各不同：约翰·多恩的《别离辞：没伤悲》和柳永的《雨霖铃》的对比　欧荣　浙江万里学院学报　2005.1
虚实相生话羁旅：柳永羁旅行役词的结构分析　杨新平　社科纵横　2004.6
雅词发展中的柳词的类同与利用　吴夏平　贵州社会科学　2005.1

2005.2
试论晏殊词的空幻情结　王丽洁　江西社会科学　2004.3
浅谈晏殊词　单军贵　甘肃高师学报　2005.4
晏殊评说　程安庸　求索　2005.4
冯延巳、晏殊词异同辨　胡淑慧　北京理工大学学报　2005.3

宋祁(998－1061)

试论宋祁的文学思想及其影响　段莉萍　江汉论坛　2004.2
试论宋祁对"西昆派"文学思想的继承和发展　段莉萍　西南民族大学学报　2004.2
雍容闲雅的治平心态的流露:论宋庠、宋祁的辞赋创作　刘培　江西师范大学学报　2005.1
从"红杏枝头春意闹"谈起:兼论读诗与解诗　马良信　湘南学院学报　2004.4

包拯(999－1062)

包公传说中的"神判"情节述论　邵宇　安徽教育学院学报　2004.4

梅尧臣(1002－1060)

梅尧臣的"古淡"论　张自华　湛江师范学院学报　2004.2
梅尧臣与佛教　梁珍明　广西教育学院学报　2005.2
食趣·诗兴·友情:梅尧臣的食鱼诗　熊海英　文史知识　2005.8
论梅尧臣诗对陶渊明的接受　张明华,魏宏灿　广西社会科学　2004.2
宋诗的"开山祖师"——梅尧臣　吴莺莺　合肥学院学报　2005.3

欧阳修(1007－1072)

《集古录》成书年代辨　余敏辉　史学史研究　2004.3
《六一诗话》与宋初诗学　林嵩　河南科技大学学报　2005.1
《六一诗话》遗留问题详述　云国霞,王发国　西南民族大学学报　2005.11
《周易》与欧阳修的文道观　范中胜　河南师范大学学报　2004.3
从滁州诗歌创作看欧阳修中年时期的贬官意识　郭春林　广西社会科学　2005.7
个性的张扬与题材的开拓——论欧阳修词　诸葛忆兵　江苏行政学院学报　2004.3

苏舜钦(1008—1048)

赵抃(1008—1084)

苏洵(1009—1066)

邵雍(1012—1077)

学报　2005.2
论邵雍诗歌的“乐”主题　刘天利　中国韵文学刊　2004.3
邵雍的快乐诗学　张海鸥　中山大学学报　2004.1

周敦颐(1017—1073)

周敦颐《万安香城寺别虔守赵公》之诗题考　赵润金　零陵学院学报　2004.2
“胸怀洒落，如光风霁月”：周敦颐的诗歌与人格　孙慧玲　新余高专学报　2005.4
《爱莲说》的创作地考论及其意蕴　周建华　南昌大学学报　2004.1
《爱莲说》新解　刘文静　长春师范学院学报　2004.5

曾巩(1019—1083)

《永乐大典》所收曾巩佚文考　方艳，李俊标　安庆师范学院学报　2004.5
取法经典，儒雅深醇：曾巩《战国策目录序》析论　黄毓任　名作欣赏　2005.12
曾巩墓志铭之特色及其价值　包忠荣　赣南师范学院学报　2005.4
曾巩的儒释人才观　刘金柱　中国文化研究　2004.1

魏夫人(？—？)

魏夫人的文学作品与宋代贵妇的感情归宿　张名华　河南科技大学学报　2004.3

司马光(1019—1086)

司马光与熙丰时期的洛阳诗坛　马东瑶　中国文化研究　2004.夏
以史为鉴与道德评判：论司马光的咏史诗　王德保，杨晓斌　南昌大学学报　2004.5

王安石(1021—1086)

王安石《诗》说拾遗　邹然　创作评谭　2004.6
王安石的咏史怀古诗　罗家坤　晋阳学刊　2005.4
王安石古诗二十八首浅论　张羽　淮阴师范学院学报　2004.5
王安石先友世交考述　耿纪平　河南大学学报　2005.5
王安石与文献学　吴钢　江西图书馆学刊　2004.4
“王安石研究”的清学地位　童强　江海学刊　2005.3

论王安石的咏史诗　王秼　理论界　2004.6
论王安石的咏物诗　刘成国　中国海洋大学学报　2004.4
论王安石绝句对中晚唐绝句的继承与变化　刘宁　广西师范大学学报　2005.2
论王安石散文的创作历程　刘成国　江西社会科学　2005.6
论王安石晚年的心境、诗境与诗风　聂风云　渭南师范学院学报　2004.4
论王安石晚期思想与诗歌　李春桃　绥化学院学报　2005.1
论王安石议政咏物诗　李唐　北方论丛　2005.2
论王安石与曾谢二氏的世家之交　耿纪平　周口师范学院学报　2005.6
论中国传统政治思维对王安石散文的渗透　李小兰、李伟　江西师范大学学报　2004.6
试论禅宗对王安石晚年诗风转变的影响　林青　福建宗教　2005.5
论荆公体的诗学特点及其诗学渊源　张学君　阜阳师范学院学报　2005.2
心灵深处的痛苦挣扎：王安石晚年绝句解读　高林清　阴山学刊　2004.4
忘形而得神，神明而章成：王安石《游褒禅山记》构思艺术探讨　孙辉　河南广播电视大学学报　2005.4
语篇主题的理解方法初探：兼析王安石《桂枝香·金陵怀古》的语篇主题　罗钱军　阜阳师范学院学报　2005.3
阅读视野嬗变中的王安石《明妃曲》　易淑琼　宁夏大学学报　2005.3
王安石《明妃曲》辨正　闵泽平　天中学刊　2004.1
王安石《离升州作》诗称名辨正　邱美琼　东华理工学院学报　2004.4
走近学术生成的社会知识背景：王安石学术渊源考中的一种转向　杨天保，徐规　江西社会科学　2005.4

沈括(1031—1095)

沈括诗补遗及其他　吴宗海　学术研究　2004.2

王令(1032—1059)

从换韵看王令《梦蝗》诗的情绪变化　陈珊珊　延边大学学报　2004.3
略论王令的奇峭诗风　吴侃民，刘佳宏　河北建筑科技学院学报　2005.2
屈骚传统的复兴与王令的辞赋创作　刘培　湖北大学学报　2005.3

郭祥正(1035—1113)

徘徊在入仕与归隐之间：论郭祥正的骚体创作　刘培　济南大学学报

2005.1

苏轼(1036—1101)

苏轼艺术意境论浅探　石海光　广播电视大学学报　2005.1
苏轼渔父词研究　(韩)赵汇万　新疆师范大学学报　2004.1
苏轼与“词风转变”　曹明升　重庆师范大学学报　2004.4
苏轼与“湖州竹派”　马青云　湖州职业技术学院学报　2005.3
苏轼与禅宗　胡中柱　上海金融学院学报　2004.1
苏轼与道潜交谊述论　杨胜宽　乐山师范学院学报　2005.3
苏轼与杭州诗僧诗文酬唱及其相互影响　范春芽　南昌大学学报　2004.2
苏轼与牡丹　陈平平　南京晓庄学院学报　2004.3
苏轼与齐鲁名士晁补之李格非的交流　刘乃昌　乐山师范学院学报　2005.4
苏轼寓赣诗文及其文化意义　陈小芒　西南民族大学学报　2004.4
苏轼在凤翔的诗歌创作　任永辉　语文学刊　2005.11
苏轼葬郏县上芮里原因臆探　饶学刚　黄冈师范学院学报　2004.1
苏轼作品计数动量词研究　陈颖　乐山师范学院学报　2005.4
苏文贺启受主考二则　张志烈　乐山师范学院学报　2004.11
苏辛词风比较研究　熊绍高　湖北广播电视大学学报　2005.2
东坡词:雅词、范型、非应体——木斋的东坡词研究　万露,库万晓　乐山师范学院学报　2005.4
东坡词的出世倾向浅析　赵维平　河南师范大学学报　2004.5
东坡词的女性审美观照　赵海菱　社会科学辑刊　2004.2
东坡词题序研究　郑园　文史哲　2005.5
东坡词与《世说》精神　林伦才,范义臣　重庆工学院学报　2005.2
东坡词中的时间与梦　郑园　北京大学学报　2004.6
东坡的灵感论　朱靖华　惠州学院学报　2005.1
东坡的中秋　康震　文史知识　2004.10
东坡题画诗的文化解读　张宝石　广西社会科学　2005.1
东坡意象创造论　朱靖华　乐山师范学院学报　2005.9
东坡用典指谬　王胜明　新疆大学学报　2004.3
东坡与赏石　郭建民　领导之友　2004.1
略论苏轼的岭海诗　张建　求索　2004.6
略论苏轼与尹善道　金艺铃　中央民族大学学报　2005.2

论东坡词意象的建构与特色　钟巧灵　湖南师范大学社会科学学报　2005.6
论东坡清峻词中刚柔成分之量化　陈满铭　毕节师范高等专科学校学报　2004.3
论东坡体的形成历程　木斋　乐山师范学院学报　2004.11
论东坡词的人生意蕴　徐定辉　湖北民族学院学报　2005.6
论东坡与朝云的爱情基础:且探东坡的情爱观　张国华　辽宁师专学报　2004.5
论明清散文对苏轼游记的继承　王士君　山东省经济管理干部学院学报　2004.5
论苏东坡的归田情结　邵明珍　文艺理论研究　2004.3
论苏赋　曾枣庄　上海师范大学学报　2005.5
论苏诗散文化意象对纯诗意象的变革　木斋　乐山师范学院学报　2005.8
论苏轼"应物无累"思想的形成　卢毅　咸阳师范学院学报　2004.5
论苏轼"寓意而不留意"书画观的禅门精神　陈中浙　孝感学院学报　2004.5
论苏轼贬谪岭南时期的文化意义　周奎生　郑州航空工业管理学院学报　2004.5
论苏轼出世与入世的矛盾情结　杨汉瑜　重庆石油高等专科学校学报　2004.2
论苏轼词中的时空描写　张连举　西南民族大学学报　2004.8
论苏轼词主体意识的强化　董媛　郑州航空工业管理学院学报　2005.5
论苏轼的"心安"境界及其深层思想结构　曹志平　西北师大学报　2004.4
论苏轼的"夜游"情结　龚红林　孝感学院学报　2005.4
论苏轼的《诗》学观点　张进　乐山师范学院学报　2005.10
论苏轼的自由人格　马银华　聊城大学学报　2004.4
论苏轼人生与艺术的演进　杨胜宽　四川大学学报　2004.2
论苏轼的词学观　张惠民　汕头大学学报　2004.2
论苏轼的词学观　杜宏记　河南大学学报　2005.5
论苏轼的俳谐词　张丽华　阜阳师范学院学报　2004.3
论苏轼的诗性人格　马银华　山西大学学报　2004.4

论苏轼的以学问为词　王文龙　乐山师范学院学报　2005.4
论苏轼对《文心雕龙》文学理论的继承和发展　韩湖初　华南师范大学学报　2005.4
论苏轼杭州游观诗中情感特质　高智　四川教育学院学报　2004.5
论苏轼豪放词在北宋的尴尬　王辉斌　甘肃社会科学　2004.6
论苏轼黄州时期的词　李钟振　中国韵文学刊　2005.2
论苏轼精神　汤克勤、汪平秀　温州大学学报　2004.5
论苏轼两首词的意境复合　刘珊　牡丹江大学学报　2005.1
论苏轼人格境界的庄学渊源　王渭清、杨海明　榆林学院学报　2004.1
论苏轼诗词中的思乡、归隐意蕴　韦卫妮　广西教育学院学报　2005.1
论苏轼诗歌景物描写的绘画美　张连举　湛江海洋大学学报　2004.2
论苏轼文学创作的起萌　孙植　内江师范学院学报　2004.1
论苏轼文学创作与《庄子》之关系　王靖懿　韶关学院学报　2004.10
论苏轼文艺理论中的辩证思想　刘伟鹏　戏剧丛刊　2004.2
论苏轼文艺思想的庄学渊源　王渭清，杨海明　青海师专学报　2004.2
论苏轼咏石诗的文化美学内涵　胡敏　理论月刊　2005.3
论苏轼与王朝云的爱情　邱雯宇　惠州学院学报社科版　2005.1
论张先对苏轼词创作产生影响的基础　谢雪清　广西社会科学　2005.10
梅、欧与苏轼平淡诗美观诠释　张进　唐都学刊　2004.2
梅格即人格，契合两无间：谈苏轼的咏梅词　李锦煜　甘肃高师学报　2004.3
梅须逊雪三分白，雪却输梅一段香：苏轼、贺铸祭妻词对读　陈爱红　张家口职业技术学院学报　2004.1
美丽的苏子词　卓如　安徽电子信息职业技术学院学报　2004.5
千古谁堪伯仲间：词学批评史中的苏辛词比较论　王昊，张秋爽　乐山师范学院学报　2005.3
浅论苏轼黄州词的多元生命情感意向　万露　天中学刊　2005.1
浅说苏轼词"超旷中见忠厚"　林栋梁　黔东南民族师范高等专科学校学报　2004.1
浅析苏轼的"以议论为诗"　陈冬梅　潍坊学院学报　2004.5
试较苏辛词风的异同　钟家莲　牡丹江大学学报　2004.6

乌台诗案与苏诗的传播:漫话“禁书”之七　甄士龙　书品　2004.1
新近发现东坡词考辨补正　饶晓明　乐山师范学院学报　2005.4
行云流水,自然生成:谈苏词的创作风格　胡晓虹　福建商业高等专科学校学报　2005.5
由苏轼诗文看其智慧人生　严军　枣庄学院学报　2005.3
也谈东坡婉约词　徐雪梅　集宁师专学报　2005.3
以苏轼为例:中国哲学语境下的诗画理论　闫海燕　南京师大学报　2004.1
艺文馨百世,风义炳双星:文同和苏轼的友谊　文伯伦　文史杂志　2005.1
亦智亦勇苏东坡:浅析苏东坡的文化性格和人生态度　宋爱荣　哈尔滨学院学报　2004.5
异文化的结晶:莱辛与苏轼诗画异同说　傅怡静　云南师范大学学报　2004.1
意趣,情趣,理趣:苏轼与酒　张崇琛　兰州大学学报　2005.5
意象·典故·情绪:苏轼豪放词情感模式及对辛派词人的影响　华建新　宁波广播电视大学学报　2004.1
悠悠二苏手足情　马斗成　文史知识　2005.5
御史台狱后苏轼多作迦语探　刘金柱　中国监狱学刊　2004.1
照水红蕖细细香:品苏东坡咏荷诗词　邹敏　文史杂志　2004.6
执著人生、超然物外的生命范式:从三个层面观照苏轼诗中的苦乐哲学　王振彦　南阳师范学院学报　2004.11
中国传统文化的经典体现:论中国文人苏东坡　原绍锋　中央社会主义学院学报　2004.4
子在川上曰,逝者如斯夫:论苏轼的时间诠释　贾喜鹏　长治学院学报　2005.1
自得与自适:陶潜与苏轼的心态比较　张陈　涪陵师范学院学报　2004.3
自然率真——论庄子审美思想对苏轼文艺观的影响　赵彩芬　邢台学院学报　2005.4
自由——苏轼词的本质内核　杨罗生　云梦学刊　2004.4
自由的思想与自由的抒写:论苏轼散文的艺术精神　马茂军　江淮论坛　2005.6
最是东坡惊人心　张宗子　书屋　2005.6

论胡适对苏辛词的偏爱　朱惠国　中国韵文学刊　2005.1
柳宗元诗歌接受主流及其嬗变——从另一角度看苏轼"第一读者"的地位和作用　尚永亮、洪迎华　人文杂志　2004.6
尊重历史，理解古人：读《念奴娇·赤壁怀古》新悟　胡文群　培训与研究　2004.1
也谈《念奴娇·赤壁怀古》词的本意：从苏轼谪黄心态说起　闫笑非　绥化师专学报　2004.4
豪放美、和谐美、映衬美：苏轼《念奴娇·赤壁怀古》评析　张立新　昭乌达蒙族师专学报　2004.1
沉郁中的苍凉，旷达中的沉郁：刘禹赐、苏轼诗词《西塞山怀古》《念奴娇·赤壁怀古》赏析　郭海音　语文学刊　2005.2
大而能化伤而不哀：萨都剌《百字令》与苏东坡《念奴娇》对读　宋立民　名作欣赏　2004.10
宣泄情感，展示心灵：论苏轼《定风波》的思想内蕴　竺建新　语文学刊(呼和浩特)　2005.2
无奈的风雨中人：读苏轼的《定风波》　王林晚　宜宾学院学报　2004.5
超然淡泊、寄寓遥深：读苏轼《定风波》　李树则　古典文学知识　2004.1
一蓑烟雨任平生：评苏轼《定风波》　陈可辉　湖南科技学院学报　2005.2
旷达胸襟，恬淡情怀：也谈苏轼《定风波》词　钟云星　重庆社会科学　2005.6
苏轼词《定风波》解析：兼论苏词中的退隐情结　韩文革　华中科技大学学报　2004.3
苏词开篇，红杏报春：解读苏轼《浪淘沙》词　刘尚荣　乐山师范学院学报　2005.8
善处人生的智者心怀：苏轼和他的《水调歌头》"中秋词"　杨景龙　名作欣赏　2004.10
因名求实，知行合一：从《石钟山记》看苏轼的探索精神　马启俊　池州师专学报　2004.2
试论《石钟山记》与"乌台诗案"的联系　魏庆　唐山学院学报　2004.3
心境悠悠，水榭无香：试论苏轼《赤壁赋》的哲学意蕴及人生启示　帅丽梅　乐山师范学院学报　2005.4

《赤壁赋》的叙述模式与中国传统文化思维的关系　邓莹辉　湖北民族学院学报　2004.4

逍遥之乐背后的隐微心曲：苏轼《前赤壁赋》主旨新探　李金松　古典文学知识　2005.1

苏轼《前赤壁赋》新解　詹珊　莆田学院学报　2004.1

苏轼的《前赤壁赋》与阮籍的《达庄论》　张进　文史知识　2005.3

感情澎湃气势磅礴的散文杰作：苏轼《潮州韩文公庙碑》赏析　姜光斗　名作欣赏　2004.8

《超然台记》并不"超然"　冯进　陕西广播电视大学学报　2005.2

《和陶形影神》与东坡晚年之心境　黄敬愚　文史知识　2005.5

苏轼《百步洪》诗文本解读中的几个问题　钟振振　名作欣赏　2005.2

苏轼《和陶诗》的创新价值　杨玲　阜阳师范学院学报　2005.5

苏轼《论语说》三题　杨胜宽　达县师范高等专科学校学报　2005.6

苏轼《琴诗》的佛禅解读　梁银林　文史杂志　2005.1

一曲哀词摧肺肝：读苏轼《江城子·乙卯正月二十日夜记梦》　肖波　名作欣赏　2005.12

浅探苏轼《减字木兰花》中"三意审美阶段"对当代审美的意义　郑晓韵　天府新论　2005.6

情深方能理趣：苏轼《题西林壁》中的哲理美　李建东　名作欣赏　2005.2

《题西林壁》的审美情趣与人生感悟　黎烈南　南阳师范学院学报　2004.5

需"提倡一些文体分类学"：评《新近发现东坡词考辨补正》　曾枣庄　乐山师范学院学报　2005.10

于细微处见文心：评邹同庆、王宗堂《苏轼词编年校注》　薛瑞生　南阳师范学院学报　2004.7

居今识古，写实追虚：评《苏轼研究史稿》及其他　陈晨　红河学院学报　2004.3

晏几道(1038－1110)

长箫一支同心曲，梦里清辉各自明：比较晏几道与纳兰性德"梦"词之异同　吕菲　中国青年政治学院学报　2005.1

晏几道与纳兰性德"梦"词之比较　吕菲　安徽广播电视大学学报　2004.2

皆为古之伤心人：晏几道与秦观词之比较　何旭，钱毓英　成都教育学院学

报　2004.12
伤心人各有怀抱:晏几道、秦观词风比较研究　高峰,戴月舟　南京师范大学文学院学报　2004.3
论晏几道的伤心词境　高峰,戴月舟　怀化学院学报　2004.6
清壮顿挫小山词　钟陵　南京广播电视大学学报　2005.3
当时明月在,曾照彩云归:晏几道《临江仙》赏析　王力坚　名作欣赏　2004.2

苏辙(1039—1112)

论苏辙的辞赋创作　刘培　成都理工大学学报　2005.2
论苏辙晚年诗　朱刚　文学遗产　2005.3
论苏辙的奉使诗　诸葛忆兵　江海学刊　2005.3
浅谈苏辙的养气说　张丽君　集宁师专学报　2004.2
苏辙《栾城集》命名心态试析　段学红　社会科学论坛　2005.3
苏辙佚文二篇:《诗说》、《春秋说》辑考　舒大刚,李冬梅　文学遗产　2004.1
苏辙佚文两篇疏证　顾永新　江西社会科学　2004.7
刘安世《门下侍郎苏公墓志铭》辨正　曾枣庄　中国典籍与文化　2005.4

黄庭坚(1045—1105)

黄庭坚"心"意象中的儒与禅　昝红霞　江苏社会科学　2004.3
黄庭坚"以剧喻诗"辨析　吴晟　文学遗产　2005.3
黄庭坚诗分期评议　张承凤　社会科学研究　2005.4
黄庭坚诗歌在宋代的传播　邱美琼,胡建次　江西教育学院学报　2005.2
黄庭坚诗论札记　熊志庭　中国文学研究　2005.1
黄庭坚诗学观中的理学因素　陈忻　重庆社会科学　2005.2
黄庭坚书学的文人情怀　杨晓萍　文博　2004.4
黄庭坚与鸡毛笔　陈志平　文史知识　2005.9
解读"秦七黄九":黄庭坚与秦观　邓子勉　江苏教育学院学报　2005.1
金末元初文人论黄庭坚　(日)高桥幸吉　民族文学研究　2004.3
李商隐和黄庭坚用典论　陈利娟　新乡师范高等专科学校学报　2005.3
论黄庭坚的人格魅力　文平　湖南科技学院学报　2005.6
论黄庭坚的咏花诗　刘雄　商丘师范学院学报　2004.6

论黄庭坚对韩愈诗歌的接受　谷曙光　安徽师范大学学报　2005.2

论黄庭坚诗的艺术特征：兼与苏轼诗比较　张承凤　西南师范大学学报　2005.4

论黄庭坚诗歌中的自我形象　梅俊道　九江学院学报　2005.2

略论黄庭坚词　熊江鹏　湖南广播电视大学学报　2004.4

漫谈黄庭坚题画诗的文艺评论特点　吴畏　贵州工业大学学报　2004.1

浅析山谷词的语言艺术　王早娟　渭南师范大学学报　2005.3

试论黄庭坚的七绝变体　周金标　江苏广播电视大学学报　2005.2

试论黄庭坚仕途生涯“失败”的原因　卢俊勇，陶青　玉溪师范学院学报　2005.5

自成一家山谷体　郭英德　古典文学知识　2004.1

宋代诗学批评视野中的黄庭坚论　邱美琼，胡建次　九江师专学报　2004.2

20世纪的黄庭坚诗歌研究　叶帮义　中国韵文学刊　2004.1

关于黄山谷学杜的历史争议及重新认识　郑永晓　广州大学学报　2005.8

“点铁成金”、“夺胎换骨”辨：兼论黄庭坚诗学的通变观　马将伟　广播电视大学学报　2004.4

“倔强中见姿态”：黄庭坚《鹧鸪天》鉴赏　俞香顺　名作欣赏　2005.2

开辟校勘学的新天地：读刘尚荣校点《黄庭坚诗集注》　邹同庆　书品　2004.1

随人作计终后人，自成一家始逼真：评钱志熙《黄庭坚诗学体系研究》　张丽华　北京大学学报　2004.3

李之仪(1048—1118)

李之仪小考　付嘉豪　宝鸡文理学院学报　2004.2

略谈李之仪的词　房日晰　古典文学知识　2005.4

苏门意气，花间风情：李之仪词风初探　李婵娟　海南师范学院学报　2004.1

自有一种风格：论李之仪的词学理想　曹志平　德州学院学报　2004.3

李之仪卒年考实　王星，王兆鹏　文学遗产　2005.6

秦观(1049—1100)

秦观“词心”析论　邓乔彬　文学遗产　2004.4

秦观"诗如词"论　梁德林　广西师范学院学报　2005.4
秦观词风格赏析　李艳军　克山师专学报　2004.2
秦观词略论　程建忠　成都大学学报　2005.5
秦观词意象五题　朱晓慧　福建师范大学学报　2005.3
秦观的人才为学观　吴礼丹　巢湖学院学报　2005.3
秦观赋论与诗词创作　张丽华　中国矿业大学学报　2004.3
秦观李清照词之比较　张潆文　长春师范学院学报　2005.4
秦观情感郁结的元祐诗歌　李扬　黑龙江教育学院学报　2005.3
秦观性格试析　程安庸　湛江海洋大学学报　2005.2
北宋词坛的最佳词手——秦观　王兆鹏　古典文学知识　2005.5
论秦观词中色彩的情愁意蕴　孙超　乐山师范学院学报　2005.3
论秦观的伤心词境　高峰,戴月舟　南阳师范学院学报　2005.2
论秦观的诗　尹占华　甘肃理论学刊　2005.1
论秦观后期词凄婉的抒情特色　丘斯迈　理论月刊　2004.5
浅说秦观词中的追忆情结　田恩铭　乐山师范学院学报　2004.6
试论秦观诗研究的文学价值　朱小峰　无锡商业职业技术学院学报　2005.3
水意象与秦观的情感世界　朱晓慧　内蒙古大学学报　2005.6
婉约清丽的秦观词　韩国彩　唐山学院学报　2004.3
也谈"将文人趣味打并入艳情":以文人词为视角看少游词的价值　张兆勇　淮北煤炭师范学院学报　2005.3
"施、沈纤秾,方追秦、柳":论明人施绍莘词与秦观词的异同　高青,邓红梅　中国韵文学刊　2004.4
祖述《花间》的《淮海词》　李冬红　赣南师范学院学报　2005.1
《淮海词》的心灵意蕴和审美特征论略　杨遇青,王娟侠　乐山师范学院学报　2005.1
"隔"与"不隔"的审美分析:兼论少游美成词直觉审美的差异　程安庸　中南大学学报　2005.11
春景、艳情与寄托:从秦观《满庭芳》看以寄托解词的思路　于翠玲　陕西广播电视大学学报　2004.2

贺铸(1052—1125)

贺铸《东山词》词牌改换新名现象探微　解旬灵　南阳师范学院学报　2004.1

真婉丽:贺铸词风格浅论　戴文明　南宁师范高等专科学校学报　2004.1

陈师道(1053—1102)

陈师道与苏轼交谊考论　杨胜宽　乐山师范学院学报　2004.3

论陈师道诗学实践的课题意识　李最欣　湘南学院学报　2004.1

试论陈师道的文学思想　杨玉华　成都大学学报　2004.3

《后山诗话》作者考辨　谷建　海南师范学院学报　2004.2

从黄庭坚等人的艳曲俗词创作看《后山诗话》之"本色"　王松涛　社科纵横　2004.5

悲喜交集的抒情佳作:陈师道《示三子》赏读　张永芳　古典文学知识　2004.3

晁补之(1053—1110)

《晁氏世谱序》的发现及其历史价值　张剑　华南师范大学学报　2004.6

晁补之的辞赋学论略　郭建勋,杨赛　中国文学研究　2004.3

晁补之的诗论及其与苏轼的继承关系　张伟　沈阳师范大学学报　2005.2

晁补之研究述论　张剑　西北师范大学学报　2004.6

论晁补之的七言绝句　陶文鹏　长江学术　2005.1

试论晁补之归隐思想的形成　申素贤　固原师专学报　2005.2

宗骚与慕陶:苏门学士之一晁补之论　杨胜宽　乐山师范学院学报　2005.1

晁冲之(1073—1126)

晁冲之词风论略　张剑　河南教育学院学报　2004.1

晁冲之年谱　张剑　河南教育学院学报　2004.5

论晁冲之诗歌　陶文鹏　河南教育学院学报　2004.1

张耒(1054—1114)

北宋张耒古体诗用韵考　张令吾　语言研究　2004.2

北宋张耒近体诗韵考　张令吾　湛江师范学院学报　2004.5

论张耒的诗　尹占华　西北师大学报　2004.4

周邦彦(1056—1121)

论"凡人当观其趋向之大体":关于词人周邦彦的评论　陈丽君,马成生　苏

州教育学院学报　2005.2
《清真集校注》订补　王兆鹏，周静情　中国韵文学刊　2005.1
极盛中的衰颓：论清真词的艺术生命　马黎丽　黔西南民族师范高等专科学校学报　2004.3
简论清真词的“隐括”唐诗　孙英娜　长春师范学院学报　2004.1
释清真词“以健笔写柔情”　李旭　五邑大学学报　2004.2
论清真艳词的雅俗对举　刘怀堂　安庆师范学院学报　2004.2
论诗、赋、叙事文学在清真词中的渗透及其意义　孟光全　内江师范学院学报　2004.3
论周邦彦词的若干艺术特征　陈志斌　南华大学学报　2004.1
论周邦彦词的主体介入性和感事纪实性　李海容　广播电视大学学报　2005.1
论周邦彦的咏物词　路成文　文学遗产　2004.2
绮语：细读清真　江弱水　读书　2005.5
浅论清真词的集大成　黄桂凤，张万年　保定师范专科学院学报　2005.3
浅论周邦彦词中柳意象的审美特征　赵玮　牡丹江大学学报　2004.6
浅析清真词中的顿挫之姿　胡启文　阜阳师范学院学报　2005.1
琴瑟无端五十弦，一弦一柱思华年：周邦彦寄内系列词编年考证　孙虹　江南大学学报　2005.2
清真词创作简论　范晖　中州学刊　2004.5
训诂与多元文学分析方法的结合：以清真词的解读为例　孟光全　内江师范学院学报　2004增刊
周邦彦并未“流落十年”考辨　薛瑞生　文学遗产　2005.3
周邦彦年青时期荆州、长安词考补正　孙虹　江南大学学报　2004.3
距离与美感：说周邦彦《少年游》　张宏生　古典文学知识　2004.4

晁说之(1059—1129)

晁说之年谱　张剑　淮阴师范学院学报　2004.5
晁说之年谱简编　李朝军　西南交通大学学报　2005.1
论晁说之的诗歌及诗学观　张剑　文学遗产　2004.6
求实与尊古——晁说之学术思想及其意义　张剑　中国文化研究　2004.秋

父系文化批评视野中的李清照论　邱美琼　许昌学院学报　2004.4
关于《永乐大典》所载易安词的真伪问题辨正　徐培均　文学遗产　2005.2
花:李清照自我定位的意象分析　田恩铭　湖北师范学院学报　2005.2
矫健豪放,气象阔大:论李清照诗词中的浪漫主义精神　夏俊华　高等函授学报　2004.4
近二十年李清照研究述评　张强　文学遗产　2004.5
京剧《李清照》再现女词人人格魅力　王晓家　中国文化报　2004.11.20
李清照“愁”词的意蕴　赵美蓉　湖北广播电视大学学报　2004.5
李清照“欲说还休”并非因明诚纳妾:兼答朱靖华先生　姚玉光　黄冈师范学院学报　2005.1
李清照词的艺术特色浅析　马宏杰　濮阳职业技术学院学报　2004.3
李清照词研究文献简论　徐继胜　湖北成人教育学院学报　2005.3
李清照词之画意　黄晋卿　西安石油大学学报　2004.4
李清照词中愁情之分析　刘云霞　南阳师范学院学报　2005.8
李清照词中的“愁”字情结　徐德明,詹先明　南京广播电视大学学报　2005.2
李清照词作女性意识探微　倪丽珊　闽西职业大学学报　2004.2
李清照的审美素质和审美心态　吴功正　苏州科技学院学报　2004.3
李清照里籍考证中的新问题:兼与徐北文先生商榷　邓红梅　东南大学学报　2005.5
李清照前后词风比较谈　魏巍　芜湖师专学报　2005.2
李清照前后期的词作品的差异　张燕萍　龙岩学院学报　2005.2
李清照受惠柳词论　周桂峰　南阳师范学院学报　2004.4
李清照文学创造中主体意识的伸张　詹艾斌　广西社会科学　2005.1
李清照咏花词特色之分析　李先秀　襄樊职业技术学院学报　2005.5
李清照咏物词简析　娇煜煜　陕西广播电视大学学报　2005.3
李清照与辛弃疾词体文学比较　康丽云　宜春学院学报　2005.3
李清照自恋型人格倾向论探　张乃良　榆林学院学报　2004.2
李清照作品相关问题的辨析　吴在庆,吴珊珊　闽江学院学报　2004.6
率性自然的生命状态:李清照解读　郑亚芳　闽江学院学报　2004.4
略论汲古阁未刻本《漱玉词》的文献学价值　朱连华　西华师范大学学报

2004.5

略论李清照与徐灿词之异同　张毅　龙岩师专学报　2005.1

论“别是一家”的李清照词　赵玲玲　广西民族学院学报　2005.4

论《漱玉词》的艺术魅力　杨洁　潍坊学院学报　2005.1

论李清照“别是一家”的词学观　王慧　长春大学学报　2005.1

论李清照创作的女性文学品格　王福美　聊城大学学报　2004.1

论李清照词的多维接受　黄敏　韶关学院学报　2004.8

论李清照词的感伤美　邓树强　克山师专学报　2004.3

论李清照词的美学成就　刘晓峰　经济与社会发展　2004.4

论李清照词的女性特征　康丽云　江西社会科学　2005.6

论李清照词的抒情艺术　郭慧英　船山学刊　2005.2

论李清照词的抒情艺术　多刚　太原教育学院学报　2004 增刊

论李清照词的形象化艺术　张颖华　延安大学学报　2004.6

论李清照词的艺术特征　高明泉　固原师专学报　2004.6

论李清照词之用典　李琳　经济与社会发展　2004.1

论李清照词中“愁”的个性化表达:“梦”的意象　耿蕊　长沙理工大学学报　2004.4

论李清照词中哀婉悲愁的女性世界　薛艳　韶关学院学报　2005.2

论李清照词中的“愁”情和抒情艺术　杜新科　陕西师范大学继续教育学报　2004.4

论李清照的诗　陈进　佳木斯教育学院学报　2004.3

论李清照的文化禀赋　周桂峰　阴山学刊　2004.3

论李清照的咏花词　高磊　江西教育学院学报　2005.3

论李清照后期词“愁”的外化　李红萍　福建广播电视大学学报　2004.3

论李清照前期词的价值取向　张连举　湖北师范学院学报　2005.2

论李清照情感世界的“缺陷”　程安庸　吉首大学学报　2005.2

论易安词的思想价值　王小庆　职大学报　2004.3

论易安词的艺术特色　严澜　平顶山师专学报　2004.4

论易安词中的叠字(句、韵)艺术　黄理红　玉溪师范学院学报　2005.7

论易安词中的怀旧意识　霍霞　商丘职业技术学院学报　2005.4

面影与心魂:论李清照词中的闺阁女性形象　韦依娜　黔东南民族师范高等

专科学校学报　2005.1

磨盘下盛开的奇葩：解析李清照的诗　蒋文华，李广华　山西广播电视大学学报　2004.2

女性审美与李清照词的情感取向　葛丽英　内蒙古师范大学学报　2004.3

女性意识在男权社会背景中抒发：李清照作品中的“自我情结”　陈军　青海社会科学　2005.1

女性自我的觉醒与张扬：论李清照、舒婷创作中的女性意识　余爱春，梁迎春　华北水利水电学院学报　2004.3

品格高洁，词如其人：从李清照的词看其人格魅力　田俊萍　中北大学学报　2005.3

评李清照的词须协律观　张群　江西社会科学　2005.8

浅谈易安词所表现的孤寂情怀　梁洁　语文学刊　2005.10

浅析李清照诗词的思想内容　许孝梅　胜利油田师范专科学校学报　2004.2

浅析易安词的艺术特点　刘永泉，张桂凤　武警学院学报　2005.1

浅议李清照词作艺术成就　胡革　辽宁师专学报　2004.1

以实为虚，浅俗之语发清思：谈李清照词的艺术魅力　李名良　高等函授学报　2005.6

柔肠一寸愁千缕：易安情愁词审美透析　刘燕　语文学刊　2004.4

生当作人杰，死亦为鬼雄：论李清照的思想与性格　张军勤　内蒙古电大学刊　2005.9

生命的律动：李清照词作女性意识探微　倪丽珊　闽西职业大学学报　2004.2

试论李清照词“花”的人生象征意义　许金华　东岳论丛　2005.4

试论李清照词的审美特征　万小丽　大庆高等专科学校学报　2004.6

试论李清照词的言语美　李岚　攀枝花学院学报　2005.5

试论李清照词中愁苦忧怨的情调　徐继东　河南广播电视大学学报　2004.3

试谈李清照女权意识的觉醒　范雨静，王向凤　徐州教育学院学报　2004.2

舒畅惬意的生长空间：解读李清照　郑亚芳　漳州师范学院学报　2004.1

谈李清照词中的“愁”和“泪”　谈云雷　襄樊职业技术学院学报　2004.2

易安词中女性形象的纯情美　伍思范　柳州师专学报　2004.4
英译李清照词二首　岫蓝　云南师范大学学报　2004.2
悠悠千古觅易安:李清照词的抒情艺术浅谈　杨彭荔,陈凤平　榆林学院学报　2005.4
悠悠我心,依依我情:论李清照的词风　高媛　山西煤炭管理干部学院学报　2004.3
春愁·黄花·香醉:浅析李清照词　黄平　钦州师范高等专科学校学报　2005.3
再论李易安词中的愁情　高淑兰,李海兴　吉林师范大学学报　2004.5
中国古典词学批评中的李清照论　邱美琼　集美大学学报　2004.7
卓立千古,别是一家:李清照词简论　王虹,杨保建　陕西广播电视大学学报　2005.2
自是花中第一流:论李清照诗词中的抒情主人公形象　阳建雄　经济与社会发展　2005.4
“明诚纳妾说”不能成立　姚玉光　郑州大学学报　2004.2
李煜及李清照后期词的构思方式及其创作渊源　李放,武怀军　武汉大学学报　2004.5
虚化:词异于诗的本质特征——从李清照的《词论》说开去　邓程　中国韵文学刊　2004.1
“新妇相思”词的经典化进程:李清照《一剪梅》接受史　程晶晶　名作欣赏　2005.6
唯美的愁思:读李清照词《一剪梅》　李瑞卿　名作欣赏　2004.12
纤纤笔意,眷眷浓情:李清照《一剪梅·红藕香残玉簟秋》赏析　王俊芬　语文学刊　2005.8
李清照《一剪梅》作年考辨　诸葛忆兵　文艺研究　2005.6
空灵的意境,淡远的情怀:谈李清照的《一剪梅》　张丽英　内蒙古电大学刊　2004.6
故国之思,亡国之痛:两首《永遇乐》之比较　刘新文,刘赜宇　唐山学院学报　2005.1
一种相思,两处闲愁:《落日熔金》与《燕京元夜》对读　张芙蓉　文史知识　2005.9

一个在苦难中挣扎的灵魂:李清照《武陵春》词欣赏　刘越峰　名作欣赏　2005.2

深广、凄绝两由之:从《虞美人》和《武陵春》看李煜和李清照的愁　林国莉　保山师专学报　2005.1

哀婉凄愁,千古绝唱:李清照《声声慢》赏析　刘骊　湖北经济学院学报　2005.9

蕴蓄深厚,音韵流转:李清照《声声慢》艺术赏析　李晓华　太原教育学院学报　2004增刊

声声泣血,字字言愁:读李清照《声声慢》　赵成　赤峰教育学院学报　2004.4

千年谁解易安"愁":李清照词《声声慢》之"弦泉幽咽"意境赏析　武秋丽　内蒙古民族大学学报　2004.2

李清照再嫁心声的流露:《声声慢·寻寻觅觅》等篇词意索隐　周晴　南都学坛　2005.5

风韵万千才女情:李清照《念奴娇》(萧条庭院)欣赏　綦维　名作欣赏　2004.6

从《打马赋》看李清照的爱国思想　马淑君　浙江工商职业技术学院学报　2004.3

曾几(1084—1166)

论曾几对江西诗派的继承与创新　裴新平,潘祥辉　新余高专学报　2004.6

李弥逊(1085—1153)

宋代苏州诗人李弥逊用韵考　谢洁瑕　语言研究　2005.1

陈与义(1090—1138)

"陈简斋体"论析　巨传友　中国韵文学刊　2004.2

《无住词》漫论　徐兴菊　求索　2004.2

王之道(1093—1169)

《全宋诗·王之道诗》订误　过常职　巢湖学院学报　2005.1

朱淑真(?—?)

《断肠集》的女性自我意识析辨　汤燕君　浙江学刊　2004.3

独留幽怨向黄昏:朱淑真《断肠词》抒情主人公形象　刘晓林　中国文学研究

2004.1

泪不等闲流，挥断五湖秋：《断肠词》是朱淑真情感历程的写照　黄雪琼　广西教育学院学报　2005.1

女子弄文诚无罪：朱淑真词简论　青荣　昌吉学院学报　2004.2

浅析对朱淑真评价中的理学色彩　李淑岩　佳木斯大学社会科学学报　2005.3

人与花心各自香：朱淑真花木诗词中的自我形象　李鸿渊、周妮娜　社会科学论坛　2004.12

萨福与朱淑真之比较　杨晓敏　语文学刊　2005.3

试论朱淑真诗词的忧患意识　李菁　江汉论坛　2005.3

小议朱淑真诗词的创作特色　吕峰　思茅师范高等专科学校学报　2004.1

言为心声与身世考索：以朱淑真"婚外恋"说为例　彭庭松　北京科技大学学报 2004.3；北京航空航天大学学报 2004.3

朱淑真笔下的春景寓意探微　林荣钦　福建师范大学福清分校学报　2005 增刊

朱淑真及其《断肠集》解读　方芳　湖南科技学院学报　2005.3

朱淑真诗词的审美特色　周婷莉　前沿　2005.4

冯时行(1101—1163)

冯时行诗韵研究　胡蓉　重庆三峡学院学报　2004.6

岳飞(1103—1141)

精忠贯日月，情恸满江红：岳飞诗歌艺术分析　由兴波　绥化学院学报　2005.6

论中国古代戏曲中的岳飞戏　母进炎　黔南民族师范学院学报　2004.5

时代之子与时代之声：也谈岳飞的《满江红》　周桂峰　集美大学学报　2004.2

岳飞是铁定的民族英雄：与叶文宪教授商榷　孙果达　探索与争鸣　2004.10

岳飞题材小说戏曲的历史演变　林香娥　西安电子科技大学学报　2004.2

史浩(1106—1194)

关于史浩词与道教关系的若干问题　张如安，周芬　宁波大学学报　2005.3

胡仔(1110—1170)

论《苕溪渔隐丛话》的宋诗史观　聂巧平　文学遗产　2004.3

王十朋(1112—1171)

王十朋的稽山鉴水情缘　周乐丹　绍兴文理学院学报　2004.1

王十朋和他的"会稽三赋"　钱志熙　文史知识　2004.9

新发现的王十朋、朱熹佚文及其文献价值　周洪才　古籍整理研究学刊　2005.3

完颜亮(1122—1161)

论女真帝王海陵完颜亮的诗词艺术　李成　黑龙江民族丛刊　2004.1

俚而实豪，粗中见奇：完颜亮《鹊桥仙·待月》的心理解读　王永　名作欣赏　2005.12

完颜亮及其诗词特点　王通，牛小东　中北大学学报　2005.6

洪迈(1123—1202)

《夷坚志》与"天心法"　刘黎明　西南民族大学学报　2004.3

《夷坚志》佚文小辑　赵章超　文献　2004.4

征求异说，虚益新事：试从《夷坚志》论笔记小说的特点及成因　赖婉琴　广东广播电视大学学报　2004.1

陆游(1125—1209)

陆游词的心态：兼论陆词风格及其在词史上的地位　梁桂芳　新疆师范大学学报　2004.4

陆游的爱国诗歌　周先慎　文史知识　2005.11

陆游的入蜀之行　蒋方　古典文学知识　2005.5

陆游的沈园本事诗说　高利华　文史知识　2005.11

陆游和他的涉商诗　张金花　河北大学学报　2004.6

陆游的爱国思想和人格力量　邹志方　绍兴文理学院学报　2005.6

陆游宦赣诗文论略　陈小芒，李建明　南昌大学学报　2004.6

陆游嘉州诗歌总论　何玉兰　巴蜀史志　2005.2

陆游沈园题壁探研：宋代题壁文化的一个侧面　刘金柱，宋静　河北大学学报　2004.5

陆游诗歌"梦"意象研究　唐启翠　海南师范学院学报　2005.2

陆游诗歌艺术特色浅论　黄连平　深圳大学学报　2005.3
陆游诗歌与日本江户文学:以市河宽斋为中心考察　郝润华　南京政治学院学报　2004.4
陆游诗注辨正　钟振振　浙江大学学报　2004.5
陆游诗注商榷　钟振振　江西社会科学　2004.4
陆游与嘉州　何玉兰　巴蜀史志　2004.5
陆游在蜀“咏梅诗”刍议　何玉兰　内江师范学院学报　2005.3
陆游在台研究述评　张玮仪,邱诗雯　文史知识　2005.11
论陆游“沈园诗词”的审美意蕴　康丽云,涂序才　创作评谭　2005.7
论陆游爱国诗词中的“梦”意象:兼论宋代文人心态　耿蕊　贵州工业大学学报　2004.6
论陆游笔下的北方及相关问题　胡传志　中国韵文学刊　2004.2
论陆游对屈原爱国主义思想的承传　张宏洪　宁波大学学报　2005.5
论陆游诗歌的抒情性　蔡燕　楚雄师范学院学报　2004.6
论陆游诗中的亲情关怀　李汶洁　内江师范学院学报　2005增刊
论陆游在荣州的处境与悲情　李亮伟　西南民族大学学报　2005.6
论屈原对陆游的影响:屈原精神与浙东文化传统研究之二　张宏洪　江汉论坛　2005.3
“归来偶似老渊明”:论陆游对陶渊明的接受过程　徐丹丽　湖北社会科学　2005.2
“陆游出妻唐琬”说质疑　张丛　学习与探索　2004.2
“梦诗”:陆游爱国情怀的另一种表达　陈功,李海玲　玉溪师范学院学报　2005.5
20世纪对陆游和杨万里诗歌研究综述　叶帮义　南京师范大学文学院学报　2004.3
放翁“饭牛”意象诗管窥　施正荣　江苏教育学院学报　2005.2
放翁原具自家真:浅谈陆游词的内容特色　黄连平　中国青年政治学院学报　2005.5
关于陆游生平研究的几个问题:从《陆游评传》谈起　袁美丽　阴山学刊　2004.1
人生安得有如许梦:浅论陆游的纪梦诗　龙剑梅　湖南城市学院学报

2004.5
人在山阴，心系边塞：谈陆游的边塞诗　张忠智，庄桂英　中国韵文学刊　2004.1
市河宽斋与日本的陆游诗歌研究　郝润华，许琰　文史知识　2005.11
试谈陆游诗作对屈原爱国主义思想的继承与发展　谭耕　武警指挥学院学报　2004.10
他山之石，可以攻玉：《陆游集》学习札记　季三华　丽水学院　2004.6
雄秀兼备的放翁山水诗　陶文鹏　文史知识　2005.11
陆游《钗头凤》非为唐琬作补苴　陈祖美　文史知识　2005.11
情深意蕴《钗头凤》，钟爱不渝铭《沈园》　王亚庆　内蒙古电大学刊　2005.1
自留清香在人间：试析陆游的《卜算子·咏梅》　何敏怡　佛山教育学院学报　2004.1
文字因缘非偶然：从陆游的《入蜀记》到范成大的《吴船录》　苏迅　江南论坛　2005.5
试论陆游的《入蜀记》　伍联群　四川师范大学学报　2004.3
读陆游《入蜀记》札记　莫砺锋　文学遗产　2005.3
迟暮，谩凭高怀远，书空独语：陆游《真珠帘·羁游有感》解读　阮忠　名作欣赏　2005.8
“典型情绪”——诗的生命线：陆游《秋夜将晓出篱门迎凉有感》诗别解　张国鹄　名作欣赏　2004.2
中华书局版陆游系列书述评　刘尚荣　书品　2005.1

范成大(1126—1193)

本色的田园诗人：诗中解读范成大　曾玉章　湖北师范学院学报　2004.2
从范成大诗歌看南宋商贸活动与商人生活　张金花　江海学刊　2004.5
范成大《揽辔录》爱国思想探析　张雁　东南大学学报　2004 增刊
范成大初年吟咏之清丽俊逸诗风与豪纵快意的生活　林德龙　上海大学学报　2004.2
范成大田园诗论析　王宝琴　青海师专学报　2004.3
论范成大田园诗的代言体特征　刘蔚　福建论坛　2004.5
论陶渊明、“王孟”、范成大田园诗的异同　黎远方　桂林师范高等专科学校　2004.4

杨万里梅州诗歌考论　张应斌　南昌大学学报　2004.6

杨万里诗歌副词V－AD结构的研究　雷冬平　西南交通大学学报　2005.2

杨万里诗歌接受史及其诗法意义　邱美琼　贵州文史丛刊　2004.1

杨万里诗歌中的疑问句及其表达功能　余莉萍、韩晓光　江西师范大学学报　2004.4

杨万里诗口语词考释　傅毓民　湖北社会科学　2004.12

杨万里主体性诗学刍议　彭维锋　唐都学刊　2005.3

论杨万里的潮州诗歌　张应斌　汕头大学学报　2004.1

缘师杖屦到潮阳:论杨万里的潮州诗歌　张应斌　汕头大学学报　2004.1

陈骙(1128－1203)

宋人陈骙《文则》中的文论思想　郭丹　创作评谭　2004.2

朱熹(1130－1200)

朱熹、周必大关于欧阳修《范公神道碑》的论争　夏汉宁　江西社会科学　2004.3

朱熹《论语集注》与何晏《论语集解》之比较　罗小如　龙阳师专学报　2004.5

朱熹《四书》学的人文信仰特征　朱汉民　求索　2004.10

朱熹《四书》学诠释的二重进路　朱汉民　求索　2004.1

朱熹《四书学》与儒家工夫论　朱汉民　北京大学学报　2005.1

朱熹对《诗经》文学性的深刻体认　檀作文　首都师范大学学报　2004.1

朱熹《诗集传》阐释方法分析　董芬　江苏大学学报　2005.5

朱熹“天生成腔子”说意蕴探析　李士金　南开学报　2005.6

朱熹的诗学观念与诗歌创作　李春桃　兰州学刊　2004.4

朱熹论欧阳修古文创作　夏汉宁　创作评谭　2004.10

朱熹诗中的情愫　金五德　黄山学院学报　2004.4

朱熹史料掇拾　陈爱中　黄山学院学报　2004.4

朱熹文集版本源流考　尹波，郭齐　西南民族大学学报　2004.3

朱熹与吕祖谦的交谊　刘昭仁　黄山学院学报　2004.4

朱熹与辛弃疾交游述考　谢水华　江西社会科学　2004.8

朱熹在江西事迹考(之一)　刘经富　江西社会科学　2004.5
朱子说诗的语言学思想札记　张延成　西南师范大学学报　2005.1
朱子与民间传说　杨星,陈飞　南平师专学报　2005.3
《朱子家礼》对朝鲜民族婚俗的影响　千寿山　北方民族　2004.3
《朱子语类》词语义释　李敏辞　衡阳师范学院学报　2004.4
多重美感,多种境界:读朱熹《观书有感(其一)》　黎烈南,黎皓　名作欣赏　2005.12
论朱熹的美学思想　吴功正　苏州大学学报　2004.5
论朱熹的唐诗批评　田恩铭　陕西师范大学继续教育学报　2005.2
论朱熹诗歌意象与意境　张体云　合肥学院学报　2004.3
论朱熹《诗经》诠释学美学诠释方式　邹其昌　湖南师范大学社会科学学报　2004.1
南宋朱熹、吕祖谦"淫诗说"驳议述评　李家树　河北师范大学学报　2005.1
试论朱熹的鉴赏理论　杨玉华　曲靖师范学院学报　2004.1
"讽诵涵咏"与"叶韵理论":论朱熹《诗经》诠释学美学诠释方式之二　邹其昌　湖北师范学院学报　2005.1
"感物道情"与"兴":朱熹《诗经》诠释学美学核心问题研究　邹其昌　中国美学　2004.1
"诗见得人":朱熹《诗论》的生存论诠释　周瑾　浙江社会科学　2004.2
"以道自任"与"自我正义化":从《朱熹的历史世界》说到北宋士风的另一侧面　刘成国　中国图书评论　2004.3
和谐与矛盾:再议朱熹"淫诗"说　沈艾娥　怀化学院学报　2004.4
简论朱熹赈济救荒的社会福利思想与活动　周茶仙　江西社会科学　2004.8
骈枝吝本:朱子注《论语》一则之阐释　王明真　莱阳农学院学报　2004.4
进退于"理"、"心"之间:宋明《诗经》学发展中的跨越与回缩　苏焘　内蒙古民族大学学报　2005.1
宋大儒朱熹的茶道人生　巩志　农业考古　2004.2
所谓"朱子的社仓"与当代道学社群和政府里的士大夫关系　(美)田浩著,阎琨译　黄山学院学报　2004.4
新本《朱子语类》定误举例　徐规　文献　2004.2

张孝祥(1132—1169)

赵令畤(1134—?)

吕祖谦(1137—1181)

陆九渊(1139—1193)

辛弃疾(1140—1207)

辛弃疾的婉约词摭谈　杨顾伟　商丘职业技术学院学报　2004.4
辛弃疾及其刚柔相济的词作风格初探　颜冰　广东广播电视大学学报　2004.3
辛弃疾人生哲学思想简析　徐启斌　上饶师范学院学报　2004.4
辛弃疾生平三个时期及其词简论　吴在庆,杨莹　厦门教育学院学报　2004.4
辛弃疾诗歌创作与楚辞　黄震云,管亚平　厦门教育学院学报　2004.4
辛弃疾"帅闽"卮见四则　陈祖美　华中科技大学学报　2004.5
辛弃疾谐谑词探析　龙丽,罗丹　湖南工业技术学院学报　2004.4
辛弃疾研究的新趋向:2003年辛弃疾国际学术研讨会三大热点述评　程继红　上饶师范学院学报　2004.1
辛弃疾英雄人格的历史审美阐释　徐定辉　辽宁师范大学学报　2004.2
辛弃疾咏物诗与唐宋诗之流变　张高评　华中科技大学学报　2004.5
辛弃疾与陈亮狱事　王昊　中国典籍与文化　2005.2
辛弃疾与朱熹交游关系考论　王昊　吉林大学社会科学学报　2004.3
辛弃疾词的爱国主义精神　刘晓英　宿州教育学院学报　2004.3
稼轩长短句俗语词邓注疑议　魏耕原　唐都学刊　2005.4
稼轩词版本源流再探索　辛更儒　中国典籍与文化　2005.3
稼轩词与迦陵词　梁鉴江　厦门教育学院学报　2004.4
稼轩词中"西北"语词释说　崔海正　上饶师范学院学报　2004.1
稼轩词中的浩然之气　韩国彩　重庆职业技术学院学报　2005.3
稼轩词作无婉约:关于辛弃疾婉约词作的再认识　詹漪君　南京广播电视大学学报　2005.2
稼轩风在清初的"回归"　陈水云,张清河　厦门教育学院学报　2004.4
稼轩祝寿词简论　闫笑非　北方论丛　2005.3
稼轩壮词略论　叶露　贵州师范大学学报　2004.5
焦虑:英雄情怀与孤独意识的扭结:辛弃疾仕闽期间创作心态探析　胡元翎　厦门教育学院学报　2004.4
解读庆元二年的辛弃疾:兼论稼轩俳谐词　汲军　上饶师范学院学报　2005.5
解析辛弃疾饮酒词中的峰谷现象　谷晓虹　琼州大学学报　2004.3

苦恼的笑:谈辛弃疾的诙谐词风　龙丽,罗丹　湖南工程学院学报　2005.2
略论辛弃疾的角色转换及其心灵负重　易小松　重庆教育学院学报　2004.1
略论辛弃疾的英雄情结及其英雄的词　李静　牡丹江大学学报　2005.2
论陈迦陵对辛稼轩的接受　朱丽霞　山东社会科学　2004.1
论稼轩词的用典　熊笃　社会科学研究　2005.1
论稼轩词的自觉理性显扬:兼论“稼轩体”的艺术特色　朱靖华,刘彩霞　潍坊学院学报　2004.5
论稼轩词气　徐定辉　湖北大学学报　2004.6
论稼轩旅游词　许宗元　上海师范大学学报　2005.3
论稼轩诗　王春庭　漳州师范学院学报　2004.1;九江师专学报　2004.3
论稼轩俗词的曲体特征及其意义　赵义山,彭天发　中国韵文学刊　2005.1
论辛词对苏词的继承与发展　叶新源　赣南师范学院学报　2004.4
论辛派寿词中的抗金情结　刘佳宏,段春杨,李雪兰　江苏工业学院学报　2005.2
论辛弃疾词作的愁情主题及其审美价值　王花菊　教学与管理　2004.15
论辛弃疾的“以文为词”　徐安琪　华中科技大学学报　2004.5
论辛弃疾南归前期词的创作　巩本栋　文学遗产　2004.5
论辛弃疾寿词中的“三国情结”与“桃源情结”　李兵,聂巧平　求索　2004.9
论辛弃疾送别词的抒情风貌及文学意义　尚继武　淮海工学院学报　2004.3
论辛弃疾婉约词的特点与成因　张瑾　陕西广播电视大学学报　2005.3
目断秋霄落雁,醉来时响空弦:论辛弃疾词的思想内容　洪桦　贵州民族学院学报　2005.1
浅论辛弃疾咏花词的写作艺术　杜松柏　广西社会科学　2005.9
试论稼轩词的艺术风格　苏向东　达县师范高等专科学校学报　2004.4
试论稼轩词作的愁情主题　王花菊　武警学院学报　2004.2
试论辛词的屈骚精神　赵海霞　语文学刊　2005.7
试论辛弃疾的英雄意识和悲剧精神　罗家坤　名作欣赏　2005.8
试析稼轩谐戏词的美学特征　汲军,应子康　江西社会科学　2005.4
“酒境诗心”与“酒情仕心”:陶渊明与辛稼轩饮酒诗词比较研究　刘艳　商丘

物无美恶，过则为灾：读辛弃疾《沁园春·将止酒》　李彦青　领导之友　2004.1

稼轩《摸鱼儿·晚春》的诠释历程　朱丽霞　名作欣赏　2004.12

青山"遮不住"什么：读辛弃疾《菩萨蛮·书江西造口壁》　田玉琪　名作欣赏　2005.8

陈亮(1143—1193)

陈亮词论："辛派词"的理论代言　潘文竹　东方论坛　2005.2

陈亮辛弃疾信州之会的交通居住与地理问题的考察　程继红，程国栋　江西社会科学　2005.4

陈亮佚文新辑　束景南，余全介　文献　2005.3

陈亮政论文论略　林凤仪　语文学刊　2004.2

论陈亮词　刘锋焘　陕西师范大学学报　2004.1

豪放横肆过稼轩：陈亮与辛弃疾豪放词风比较　尹祚鹏　语文学刊　2005.11

丘处机(1148—1227)

从道士词向文人词的转变：丘处机词略论　李闻　济宁师范专科学校学报　2004.4

金代全真教诗人丘处机诗歌创作初探　徐翠先　甘肃社会科学　2004.3

丘处机的丝绸之路诗歌创作　宋晓云　新疆师范大学学报　2005.4

论丘处机山水诗的象喻性　徐翠先　文学遗产　2004.2

叶适(1150—1223)

叶适的文学思想　胡雪冈　温州师范学院学报　2004.4

刘过(1154—1206)

南宋"词侠"刘龙洲　王景梅，严寅春　西藏民族学院学报　2005.3

《龙洲词》中的人物形象　张春媚　理论月刊　2005.11

姜夔(1155？—1209)

白石词"隔雾看花"说评议　张炜　唐山学院学报　2004.3

白石词的奇警之句　陶文鹏　古典文学知识　2005.1

白石词与小山曲中梅花意象之比较研究　赵德坤　承德民族师专学报　2005.1

白石有格无情辨　马笑宇　西安石油大学学报　2004.1
白石属对,精美奇妙　陶文鹏　古典文学知识　2005.5
从《白石道人歌曲》看词的审音用字　赵志华,薄克礼　广西社会科学　2004.8
多少梅花样,开遍无人赏:江湖词人姜夔论　解本功　齐鲁学刊　2005.5
法悟并重,自然高妙:论姜夔的诗学思想　邱丽梅　佳木斯大学社会科学学报　2004.6
姜白石词五首品读　吕东亮　名作欣赏　2005.2
姜白石词小札　陈书良　船山学刊　2005.3
姜夔词的创作与其雅士形象的角色认同　李静　牡丹江师范学院学报　2005.1
姜夔词中的传统节庆民俗研究　成友宝　西南民族大学学报　2004.1
姜夔与杨万里七言绝句比较　周荷初　中州学刊　2004.4
论白石词之人格情结及其表现艺术　胡遂　文学遗产　2004.4
论姜夔诗词的创新性　杨晓慧　重庆工商大学学报　2004.4
徘徊于诗境与词境之间的义山情诗与白石情词　蔡燕　曲靖师范学院学报　2004.5
浅析姜夔词小序　徐林　宜宾学院学报　2004增刊
山色有无中——论姜夔的词风　蔡永恒　成都理工大学学报　2005.2
诗词共源,异曲同工:论姜夔诗词思想内容的一致性　杨晓慧　焦作工学院学报　2004.2
试论姜夔词过片的结构功能　胡静,邓红梅　南阳师范学院学报　2005.2
试论姜夔的诗学观与其词创作之关系　甘松　郧阳师范高等专科学校学报　2004.2
谈白石词的结构　陈毓文　宜宾学院学报　2004.3
红绿映衬翻俗为雅　陶文鹏　古典文学知识　2005.4
姜夔《满江红》解读　房日晰　光明日报　2004.9

刘克庄(1187—1269)

后村咏史诗略论　王述尧　河北大学学报　2004.2
刘后村题画诗论略　王述尧　盐城师范学院学报　2004.2
刘克庄"本色"诗论　严国荣　陕西师范大学学报　2004.3

元好问(1190—1257)

严羽(1195—1245)

王柏(1197—1274)

吴文英(1200—1260)

史达祖(?—?)

谢枋得(1226—1289)

方回(1227—1307)

论《瀛奎律髓》对梅尧臣五律的评点　聂巧平，李光生　西南民族大学学报　2004.2

从《瀛奎律髓》看方回对宋诗的基本评价　张小明，王笑梅　黄山学院学报　2005.1

论方回的江西宗派学说及其对陈与义的评价　高利华　社会科学战线　2004.6

刘辰翁(1232—1297)

刘辰翁杜诗批点本的三种形态　张静　杜甫研究学刊　2004.1

刘辰翁父子与宋元之际江西文坛　刘明今，杜鹃　文学遗产　2005.4

刘辰翁暮年词作论　霍有明，牛海蓉　陕西师范大学学报　2004.1

刘辰翁咏春词的意蕴解读　顾宝林　江西教育学院学报　2004.4

刘辰翁有意评点过词吗？　张静，莫砺锋　江西社会科学　2004.12

论刘辰翁的小说评点修辞思想：以《世说新语》评点为例　曹辛华　山东师范大学学报　2004.2

尚奇：南宋散文的另一种风貌——论刘辰翁的散文　曹丽萍　兰州学刊　2005.6

遗民执杖唐巾起：论刘辰翁词作遗民心态特征　沈家庄，顾宝林　广西大学学报　2004.6

周密(1232—1298)

《水村》一诗，周密所作吗？　任竞泽　宜春学院学报　2004.3

浅谈周密笔记中的"变怪谶应之谈"　冯溢华　太原师范学院学报　2005.2

文天祥(1236—1282)

文天祥"留取丹心照汗青"诗句有出处　萧东海　井冈山师范学院学报　2004.1

文天祥诗歌的艺术特征　文艳蓉　徐州教育学院学报　2004.3

国家不幸诗家幸：论文天祥对杜诗的接受　黄桂凤　绥化学院学报　2005.6

南宋象棋大师文天祥　刘文源　井冈山师范学院学报　2004.4

诗人总被状元累：文天祥前期诗歌创作琐谈　李子广，董义连　内蒙古工业大学学报　2004.1

文天祥佚文《吉水竹塘甫阳王先生传》及其史料价值　杜九香，彭福华　南昌

大学学报　2004.5

《〈指南录〉后序》标点献疑　雷汉卿　古汉语研究　2004.2

王沂孙(1240－1310)

论碧山词的艺术风格　李建英　北京青年政治学院学报　2004.2

汪元量(1241－1317)

黄冠氅服下的儒家情结:汪元量的儒家思想兼论杜甫对汪元量的影响　李青枝　河北理工学院学报　2004.3

凄凉哀怨的移民心声:论汪元量词的内容分类与艺术风格　江合友　上饶师范学院学报　2004.1

汪元量词浅探　温雪莹　西南交通大学学报　2005.1

蒋　捷(?－?)

试论前人对竹山词的毁誉及其原因　郑海涛　船山学刊　2004.4

蒋捷"竹山"之号来历考　高莹　石家庄学院学报　2005.1

蒋捷词心三部曲　牛海蓉　陕西师范大学继续教育学报　2004.2

蒋捷三考　马茂军,张海沙　文学遗产　2004.4

蒋捷考异五题　郑海涛　广州大学学报　2005.11

蒋捷生平行实考　郑海涛　昆明师范高等专科学校　2004.1

论蒋捷词的漂泊情怀及其文化意蕴　路成文　湖北大学学报　2004.2

论蒋捷词的艺术风格　潘大春　南京师大学报　2004.3

论蒋捷的"自为"孤独　杨传庆　语文学刊　2005.11

论竹山词对迦陵词的影响　郑海涛　船山学刊　2005.3

凄凉一片秋声:蒋捷词意象分析　史华娜　渭南师范学院学报　2004.1

试论蒋捷的白话词　房日晰　光明日报　2004.4

无奈与无依的漂泊:蒋捷词的情感主旋律　张静　台州学院学报　2005.2

读蒋捷词《虞美人》(听雨)　崔胜利　文史知识　2004.11

戴表元(1244－1310)

戴表元的著述及其流传考略　刘飞　古籍整理研究学刊　2004.6

戴表元诗文集版本研究　李欣　江西师范大学学报　2005.1

世人羡桃源,桃源复何有:戴表元诗歌的隐逸主题剖析　刘飞　阜阳师范学院学报　2005.2

仇远(1247—1326)

宋元词人仇远《无弦琴谱》思想内容辨析　彭洁莹　洛阳师范学院学报　2005.3

张炎(1248—1319)

张炎北游时间是一年不是十一年:与谢桃坊先生商榷　刘荣平　中国韵文学刊　2004.3

张炎的词学思想与戏剧观念　胡明伟　齐齐哈尔大学学报　2004.3

张炎的雅词理论与创作实践　许海　五邑大学学报　2004.2

张炎和《词源》　王维国　青海师专学报　2005.3

试论张炎《词源》对后世词论的影响　丘斯迈　华中师范大学学报　2004.2

论《词源》中之"骚雅"　李岳,朱国林　长江大学学报　2004.6

论张炎的闲愁词　苏爱梅　乐山师范学院学报　2005.4

论张炎艳情词的新变　许芳红　南阳师范学院学报　2004.1

论张炎对陶渊明之接受　韩立平　安徽师范大学学报　2005.2

浅析张炎的"意趣"说　吕丽红　山东教育学院学报　2005.5

试论张炎的艳情词　张雷宇　西安电子科技大学学报　2004.3

试论张炎对遗民词的开拓　张雷宇　中国矿业大学学报　2004.2

析张炎的清空论　李晓云　康定民族高等专科学校学报　2004.1;鄂州大学学报　2004.2

一半是空中传恨:论张炎艳情词的新变　许芳红　南阳师范学院学报　2004.1

再论张炎的闲愁词　苏爱梅　乐山师范学院学报　2005.10

赵孟頫(1254—1322)

从赵孟頫诗歌的用典看其思想变化　董惠民　湖州师范学院学报　2004.3

论赵孟頫仕元的心态历程　赵维江,张洙　西北师范大学学报　2004.1

刘将孙(1257—1325?)

刘将孙的诗文成就　查洪德　文学遗产　2004.2

其他

北宋西蜀隐逸诗人张俞考论　祝尚书　西华大学学报　2005.1

北宋词人王观生平事迹考　李欣,王兆鹏　上海师范大学学报　2005.5

吴可新研二题　高明峰　绍兴文理学院学报　2004.1
任渊宋诗校释平议　慈波　重庆社会科学　2005.11
论任渊及其《山谷诗集注》　张承凤　文学遗产　2005.4
王安上生平仕历及文学考论　汤江浩　福州大学学报　2004.4
从《诗人玉屑》的编纂看魏庆之的晚唐诗观　陈汉文　许昌学院学报　2004.6
中国妇女文学之翘楚:契丹族女诗人萧瑟瑟及其作品　周惠泉　古典文学知识　2004.1
宋代湘籍贤吏杨大异生平事迹考述　鲍新山　船山学刊　2004.4
略论杨甲的诗　房日晰,房向莉　咸阳师范学院学报　2004.3
面对雄关的沉思:读张舜民《长城赋》　刘培　名作欣赏　2004.6
鲁人之所瞻,子与山嵯峨:纪念徂徕先生石介诞生1000周年　李强　阴山学刊　2005.4
宋代词僧仲殊写景词的艺术特色　李蓉,刘尊明　湖北大学成人教育学院学报　2004.1
南宋词人易祓行年考　王可喜,王兆鹏　中国韵文学刊　2005.4
邹浩羁管广西昭州诗论　黄权才　广西师范学院学报　2005.2
辽代契丹族女诗人萧观音的诗词　周惠泉　文史知识　2004.11
金源完颜璟文行诗词考评　周延良　民族文学研究　2004.2
金代文风的开创者:宇文虚中及其诗歌创作　周惠泉　古典文学知识　2005.3
金元之际诗人房皞探微　刘达科　江苏大学学报　2004.6
金末元初诗人张宇考论　张琴　太原师范学院学报　2004.3